senta alla Francia il raro spettacolo d
netto Principe, che in ancor tenera et.
l' animo alle buone discipline, dimentica gli agi
della grandezza, concorre animosamente nell'
aringo del merito, ed accende di generosa emu-
lazione coloro, cui la fortuna fu men larga de' più
ricerchi suoi doni. Sì vaghi fiori che germogliar
si mirano in rigoglioso rampollo di altera pianta,
presagiscono fin d'ora i più dolci frutti per l' avve-
nire. Nè solamente delle virtù domestiche e civili
intendo io di favellare, ma benanche delle guerriere e delle publiche: delle quali tutte Vostra Altezza trova uno splendido esempio ne' suoi Au-
gusti Genitori. E fu così che in altra età da noi
più remota i Reti e di Vindelici videro il giovinetto Druso guerreggiar valorosamente sull' Alpi,
e sentirono allora di quanta importanza si fosse
un' accurata e brillante instituzione, e qual pregio
acquistasse una bella indole nutrita all' ombra di
fausti e gloriosi penetrali. Ed è per onor delle lettere che la posterità ricorda fra i fatti memorabili
del Magno Alessandro le generose lagrime da lui
versate nella sua adolescenza sulle pagine im-

mortali del cantore d' Achille. Per tali e sì preziosi titol, io mi confido che Vostra Altezza vorrà accogliere benignamente l' omaggio della divozion mia nel libro che ho l' onore di dedicarle, il quale tuttochè presentasi sotto straniera spoglia alla Francia, per contenere il fior degli scritti dei più belli ingegni d' Italia, straniero del tutto non sembrerà ad un paese che non è nuovo a quanto vi ha di bello e di grande nelle lettere, nelle scienze e nelle arti.

Io sono col più profondo rispetto,

DI VOSTRA ALTEZZA SERENISSIMA,

Umo devmo obbimo servid*.
FRANCESCO BRANCIA.

Parigi 30 giugno 1823.

Tesoro Della Poesia Italiana Antica E Moderna, Osia Antologia Italiana... – Primary Source Edition

Francesco Brancia

COLLEZIONE

DE' MIGLIORI

AUTORI ITALIANI

ANTICHI E MODERNI.

TOMO XXXVIII.

TESORO DELLA POESIA ITALIANA

ANTICA E MODERNA.

DELLA STAMPERIA DI J. SMITH, 16, RUE MONTMORENCY.

TESORO

DELLA

POESIA ITALIANA

ANTICA E MODERNA,

OSSIA

ANTOLOGIA ITALIANA

DEL CAV. F. BRANCIA.

> Omnis loquendi elegantia, quanquam expolitur scientia litterarum, tamen augetur legendis oratoribus et poetis.
>
> CIC., *De Oratore*, lib. III.

PARIGI:

BAUDRY, LIBRERIA EUROPEA,

3, QUAI MALAQUAIS, PRÈS LE PONT DES ARTS,

E STASSIN E XAVIER, 9, RUE DU COQ.

1840.

A SUA ALTEZZA SERENISSIMA

IL DUCA DI CHARTRES,

Etc. Etc. Etc.

ALTEZZA SERENISSIMA,

Un libro compilato nel disegno di erudir la gioventù nella più armoniosa fra le moderne favelle, non potea per sua ventura fregiarsi d'un più bel nome, nè ad altri meglio e con maggior lusinga per le lettere e per i letterati intitolarsi, quanto a Vostra Altezza Serenissima. *Ella pre-*

I.   a

AVVERTIMENTO

PRELIMINARE.

—

Sɪ è detto con molta verità che la geometria sia la miglior logica, e lo studio delle matematiche più efficace che tutte le regole scolastiche della dialettica per assuefar l'intelletto a ragionare. Io direi del pari che un' antologia ben fatta potrebbe equivalere al miglior trattato di eloquenza, poichè guidando l'immaginazione e la mente del lettore alla contemplazione del bello (il che dicesi estetica) lo forma insensibilmente a discernere, imitare ed emulare le bellezze medesime. Ed in vero chiunque leggerà con indifferenza *la morte di Ugolino, l'assalto di Parigi, la morte di Clorinda*, o simili tratti, e non proverà diletto, nè sentirà commoversi ed infiammarsi a tali letture, deponga per sempre il proponimento di scrivere, poichè tutte le poe-

tiche del mondo e tutte le opere didascaliche,
e sieno pure de' più gravi maestri, non var-
ranno a risvegliare in lui una scintilla di gusto,
nè a trarlo giammai dalla quisquiglia della
mediocrità. Nè credasi esser questo metodo
per avventura nuovo e bizzarro. I Greci fin
dai tempi di Pericle usavano far leggere ai
loro alunni i tratti più luminosi di Esíodo e
d' Omero. Il princípal profitto che essi se ne
promettevano, era quello di avvezzare i giovani alla retta intelligenza del testo di quei
sublimi scrittori, e quindi a scriver correttamente e con eleganza. Oltre a ciò serviva quel
libro a formarli al vezzo d'una buona pronunzia, ad insinuar loro l' atticismo della greca
favella, ad alimentar la memoria, ad ispirare
i primi germi del gusto e della virtù, e finalmente era di base all' esercizio della decla-
mazione; esercizio quanto caro agli antichi,
altrettanto dai nostri moderni educatori a torto
e vergognosamente trascurato. Cicerone e
Quintiliano, consuonando di massima coi loro
maestri, non cessarono d' inculcare alla gioventù latina la lettura dei grandi modelli, e la
scelta di essi. Per tacer di tanti altri, piacemi

citar per ultimo fra i moderni il dotto e virtuoso Rollin. Nel suo squisito trattato sul metodo d'imparare e d'insegnare le belle lettere, si mostrò egli più che altri persuaso che la via dell'esempio era da preferirsi alla nojosa sterilità de' precetti; e che per trar profitto dalle grandi opere egli è mestieri d'apprendere innanzi tratto a leggerle e gustarle.

Ottimo divisamento adunque fu quello dei signori Noël e Delaplace, i quali negli anni scorsi diedero opera a perfezionare ed arricchire l'insegnamento delle lettere francesi e latine, col pubblicar ch'essi fecero le *Lezioni di Letteratura e di Morale* per le due lingue. Il successo non equivoco che ha ottenuto questo libro in Francia e fuori, è senza dubbio in gran parte dovuto al modo istruttivo e piacevole che essi tennero per istradare i giovani alle lettere, e ricondurvi i provetti e le persone del bel mondo; presentando loro in bell'ordine disposti i fiori dell'eloquenza scevri da spine, e da ogni maniera di velenose propagini. E però essi trassero dalle opere de' classici, e di quegli autori moderni che per castità di lingua e purità di stile son da por pari ai primi, i pezzi

*

più tersi e più belli in guisa che ne risultasse ad un tempo una lezione di lingua, di stile, di gusto e di morale.

Un libro sì fatto mi sembra che manchi assolutamente all' Italia[1]. Io son compreso di maraviglia e di rammarico nell' osservare che un paese, il quale dopo il caos della barbarie ebbe prima di ogni altro la gloria di far rivivere le scienze, le lettere e le arti; e che vanta una letteratura, la quale sorta prima delle altre ad ingentilire i costumi europei, è tuttavia ricca e brillante in ogni maniera di scritture, abbia poi tale e tanta scarsezza, per non dir mancanza di libri elementari atti ad agevolare il conseguimento e la buona instituzione della più armoniosa fra le moderne favelle! Prima che il padre Soave avesse pensato a darci una grammatica italiana più adatta al bisogno de' giovani, nelle scuole d' Italia questo studio o non si faceva punto, o si faceva sopra libercoletti di niun nome. Chi poi sentiva il deside-

---

[1] Non intendo con ciò menomare la lode che merita la scelta del Tagliazucchi, e l' altra publicata anonima in Milano nel 1810. Mi sembra però di poter francamente asserire, che nè l' una nè l' altra di codeste scelte riunisce tutte le vedute enunciate nel corso di questo avvertimento.

rio d'imparare o la vergogna di non aver impa-
rato la propria lingua, era costretto a ricorrere
alle opere del Bembo, del Cinonio, del Buon-
mattei e del Corticelli; e lascio a chiunque
ha fior di senno il giudicare di qual pazienza
faccia d'uopo armarsi, e quanta noja patire a
sì fatte letture[1]. Prima che il signor Grassi
avesse concepito il bel disegno di darne un
saggio di *Sinonimi Italiani*, e che sarebbe a de-
siderarsi che per sua gloria, come per vantaggio comune, volesse egli portare a compimento,
non si aveva neppure idea nelle scuole italiane
di uno studio, che presso gli antichi ebbero in
sì gran pregio i due lumi del Lazio, Giulio Cesare e Cicerone, e che a tempi a noi più vicini
introdotto in Francia per Girard, Beauzée,
Roubaud, d'Alembert e Marmontel, ha tanto
contribuito ad accrescere precisione e pro-
prietà alle locuzioni, donde deriva quella chia-
rezza e perspicuità che tanto lodasi nello stil
francese. Il dizionario del Rubbi è tutt' altro

---

[1] Vuolsi ricordare con la debita lode la bella grammatica italiana e francese colla quale il signor Biagioli ha
saputo agevolare l'acquisto della nostra favella a' Francesi
ed a coloro che del francese idioma son periti.

che un libro utile in questo senso. Sappiamo
pure che trovasi in Italia un trattato di proso-
dia; ma sappiamo del pari che questo è talmente
imperfetto che ad altro non serve se non che
ad eccitare il desiderio di vederne publicato un
migliore. Infine tutti sappiamo che egli vi è
un *Vocabolario della Crusca* ove attingere e ricorrere in qualunque caso; ed ultimamente i
signori Monti e Perticari ci hanno dimostrato
di una maniera irrefragabile, ch'egli è alieno
dalla perfezione, e però vorrebbesi in gran
parte emendare e rifondere. Dopo tutto questo
le accademie e gli archimandriti delle nostre
scuole vanno arzigogolando per investigare
qual sia la cagione della decadenza del gusto,
e perchè s'introduca il neologismo straniero
nelle scritture italiane? Io dimanderei loro
piuttosto: per qual prodigio accade egli che vi
sia in Italia chi sappia scrivere italianamente
senza quei soccorsi che sono indispensabili e
che trovansi presso le altre culte nazioni? Stu-
diate nei trecentisti, si soggiunge per rimedio
e panacea di tanto male. Tolga il cielo ch'io
m'opponga a siffatta maniera di pensare, o
disapprovi il rimedio proposto. Dico solo, e il

dirò pure con tutta candidezza, che cotesto rimedio mi sembra pel maggior numero impraticabile. E si potrà egli pretendere che nella prima età s'ingolfi un giovane in un pelago di letture, e si pasca di leggende, di cronache, di fioretti, e svolga fra Guittone, fra Jacopone, il Pataffio, e simili altre anticaglie? E se giovane non può pretendersi che affronti sì fatta lungheria di studio, si pretenderà egli che adulto, quando lo studio delle scienze esatte, e delle morali, e di quelle che alla civil società più si appartengono, attira a se l'attenzione dell'uomo, ch'egli allora ponendo tutto da parte, si occupi esclusivamente a rifrustar codici, e si chiuda in una biblioteca per uscirne sessagenario in istato di dettar forbitamente un testamento, ovvero accingersi a parlare ai morti? E da questo fonte derivano, se mal non m'appongo, due deplorabili conseguenze. La prima si è che alcuni pochi dedicandosi esclusivamente allo studio della lingua e delle sue squisitezze, portano tant'oltre il loro amore per l'eleganza, che giungono ad uno stile sì fattamente leccato e contorto, che diviene un vero gergo inteso da pochissimi, ed inintelli-

gibile per la più parte de'leggitori. La seconda
si è quella disparità che osservasi non pure
fra le scritture dei dotti e degli idioti, ma anche in quelle dei dotti fra loro. Di fatto chi si
occupa d'idee profonde, e di lunghe e ragio-
nate materie, rare volte congiunge all'importanza de' pensieri l'eleganza dell'elocuzione;
e così *vice versa*. Ecco perchè si ammira il
Gravina e non s'intende il Vico : si leggono
con diletto ed istruzione i ragionamenti del
Segretario Fiorentino sulle decadi di Tito Livio, e si desidera un'altezza di stile pari alla
sublimità de' concetti, nelle dotte e profonde
carte del Montesquieu italiano.

Ove pongasi mente a tanto disordine, si
scorgerà di leggieri di quanta utilità possa essere un'antologia che serva qual via di comu-
nicazione fra il linguaggio comune e quello
dei dotti; *fra lo stil de' moderni e il sermon
prisco*. So bene che in varj tempi furono pu-
blicate diverse scelte di sonetti e canzoni, la
più parte di poesia amatoria, maniera sveue-
vole di poetare della quale (dal Petrarca in
fuori) il tempo e la moda hanno oggimai fatto
ragione e vendetta. Se altre antologie vi sono,

niuna fin ora ch'io sappia ha preso a svolgere
per via di esempj oltre le bellezze anche le
differenze dello stile considerato nelle sue parti principali, nel che consiste a mio credere la
magia delle scritture ed il magistero dell'arte
di scrivere. Io ebbi l'ozio e la vaghezza d'im-
prendere un tal lavoro, ed ho seguito l'ordine
e la divisione medesima che tennero i due
letterati francesi testè lodati; salvo alcuni can-
giamenti, che l'indole e la ricchezza della letteratura italiana mi han fatto giudicare indispensabili. Mi lusingo di aver fatto con ciò
cosa grata segnatamente a due classi di persone. Primieramente a quei giovani italiani
che aspirano a scrivere correttamente e con
eleganza il patrio idioma, e poi a quegli stranieri che vaghi d'apprendere la dolcissima
nostra favella, non han bisogno per tal mezzo
di svolgere una copiosa biblioteca per rin-
tracciarne le principali bellezze. Potrà dunque considerarsi questo libro come una gal-
leria di dipinti di eccellenti artefici, nella
quale i giovani nazionali e forestieri possono
osservare il vario stile e addimesticarsi colle
differenti maniere dei maestri dell'arte; ed i

provetti riandare quelle bellezze ch' ebbero
già campo di commendare.

Parmi superfluo l'avvertire che in un libro
destinato principalmente ad istruzione della
gioventù ed a sollievo degli adulti, non si debbe ·
cercarvi alcuna relazione ad idee politiche di
qualsivoglia natura. Io porto opinione che al
Gusto in fatto di lettere nuoce egualmente e
lo spirito di parte, e la rabbia de' pedanti, e il
sentenziar degli scioli, ed il torvo cipiglio dell'
impostura. Lo stesso dicasi per ciò che riguarda
i costumi. Spiace ai buoni il veder talvolta
anche le dotte pagine di sublimi ingegni con-
taminate da sozze immagini, e da illecebrose
scurrilità, nelle quali essi trascorsero per colpa
del secolo in cui viveano. E però questo libro
potrà supplire a quei giovani italiani, ai quali
viene interdetta ne' collegi la lettura di parecchie opere de' nostri classici, come per tacer
di tant' altre, dirò che avviene del Decame-
ron del Boccaccio fondatore della nostra pro-
sa, e del Furioso del divino Ariosto principal
maestro d'italiana eleganza.

Se dal publico verrà favorevolmente accolto questo volume di versi, io mi propongo

di far succedere un volume di prose compilato nello stesso ordine e collo stesso intendimento. In quanto a me son pago di aver potuto offrire un picciol tributo di ricordanza all' Italia, da cui vivo lontano, riproducendo versi degnissimi di cedro, e di perenne celebrità.

.

ANTOLOGIA

ITALIANA.

NARRAZIONI.

Morte del conte Ugolino[1].

La bocca sollevò dal fiero pasto
Quel peccator, forbendola a' capelli
Del capo, ch' egli avea diretro guasto.
   Poi cominciò: tu vuoi ch' i' rinnovelli
Disperato dolor che' l cuor mi preme,

[1] Ugolino de' conti della Gherardesca nobile pisano della fazione guelfa, che accordossi coll' arcivescovo Ruggieri degli Ubaldini a cacciare il nipote Nino giudice della Gallura, che era divenuto signore di Pisa: e cacciátolo fecesi esso conte padrone della città, ma l'arcivescovo mosso da invidia e da gelosia di partito, concitandogli contro tutto il popolo con l'ajuto di tre potenti famiglie, Gualandi, Sismondi e Lanfranchi, inalberata la croce si portò armata mano a casa del conte, e accagionatolo di tradimento, lo fece prigione con quattro figliuoli, serrandoli nella torre ch' è su la piazza degli anziani: e in fine, perchè non fosse dato loro più da mangiare, gettarono le chiavi della torre in Arno, e lo lasciarono insieme coi figliuoli miseramente morire di fame: *Vill. l. 7, cap.* 120, 127. Finge il poeta d' incontrarlo nell' inferno, e da lui ascolta i particolari della dolorosa sua morte.

Già pur pensando, pria ch' io ne favelli.

Ma se le mie parole esser den seme,
Che frutti infàmia al traditor ch' io rodo,
Parlare e lagrimar vedrai insieme.

I' non so chi tu sìe, nè per che modo
Venuto se' quaggiù; ma fiorentino
Mi sembri veramente, quand' i' t' odo.

Tu de' saper ch' i' fu' 'l conte Ugolino
E questi l'arcivescovo Ruggieri;
Or ti dirò perch' i' son tal vicino.

Che per l'effetto de' suo' ma' pensieri
Fidandomi di lui io fossi preso
E poscia morto, dir non è mestieri.

Però quel che non puoi avere inteso,
Cioè come la morte mia fu cruda,
Udirai, e saprai se m' ha offeso.

Breve pertugio dentro dalla muda,
La qual per me ha 'l titol della fame,
E 'n che conviene ancor ch' altri si chiuda,

M' avea mostrato per lo suo forame
Più lune già, quand' i' feci 'l mal sonno,
Che del futuro mi squarciò 'l velame.

Questi pareva a me maestro e donno,
Cacciando 'l lupo e i lupicini al monte,
Per che i pisan veder Lucca non ponno.

Con cagne magre, studiose e conte
Gualandi con Sismondi e con Lanfranchi
S'avea messi dinanzi dalla fronte.

In picciol corso mi pareano stanchi
Lo padre e i figli, e con l'agute sane
Mi parea lor veder fender li fianchi.

Quando fui desto innanzi la dimane,

Pianger sentii fra 'l sonno i miei figliuoli,
Ch' erano meco, e dimandar del pane.

Ben se' crudel, se tu già non ti duoli,
Pensando ciò ch' al mio cor s' annunziava:
E se non piangi, di che pianger suoli?

Già eran desti, e l' ora s' appressava,
Che 'l cibo ne soleva essere addotto,
E per suo sogno ciascun dubitava.

Ed io sentii chiavar l' uscio di sotto
All' orribile torre; ond' io guardai
Nel viso a' miei figliuoi senza far motto.

I' non piangeva, sì dentro impietrai:
Piangevan' elli; ed Anselmuccio mio
Disse: tu guardi sì, padre: che hai?

Però non lagrimai, nè rispos' io
Tutto quel giorno, nè la notte appresso,
Infin che l' altro sol nel mondo uscìo.

Com' un poco di raggio si fu messo
Nel doloroso carcere ed io scôrsi
Per quattro visi il mio aspetto stesso,

Ambo le mani per dolor mi morsi;
E quei pensando, ch' io 'l fessi per voglia
Di manicar, di subito levorsi,

E disser: padre, assai ci fia men doglia,
Se tu mangi di noi; tu nè vestisti
Queste misere carni, e tu le spoglia.

Quetàmi allor, per non fargli più tristi.
Quel dì, e l' altro stemmo tutti muti.
Ahi dura terra, perchè non t' apristi?

Posciachè fummo al quarto dì venuti,
Gaddo mi si gittò disteso a' piedi,
Dicendo, padre mio, che non m' ajuti?

*

Quivi morì; e come tu mi vedi,
Vid' io cascar li tre ad uno ad uno
Tra 'l quinto dì e 'l sesto: ond' io mi diedi
   Già cieco a brancolar sopra ciascuno,
E due dì gli chiamai, poich' e' fur morti:
Poscia più che 'l dolor potè 'l digiuno.
   Quand' ebbe detto ciò, con gli occhi torti
Riprese 'l teschio misero co' denti,
Che furo all' osso, come d' un can, forti.

           DANTE. *Inferno* can. XXXIII.

Francesca da Rimini[1].

Poscia ch' i' ebbi il mio dottore udito
Nomar le donne antiche e i cavalieri,
Pietà mi vinse, e fui quasi smarrito.
   I' cominciai: poeta, volentieri
Parlerei a que' duo ch' insieme vanno,
E pajon sì al vento esser leggieri.
   Ed egli a me: vedrai quando saranno
Più presso a noi, e tu allor gli prega
Per quell' amor ch' ei mena, e quei verranno.
   Sì tosto, come 'l vento a noi gli piega,
Muovo la voce: o anime affannate,
Venite a noi parlar, s' altri nol niega.
   Quali colombe dal disio chiamate,

---

[1] Francesca figliuola di Guido da Polenta signor di Ravenna, fu dal padre maritata a Lanciotto figliuolo di Malatesta signor di Rimini, voloroso ma deforme della persona: il perchè innamorata di Paolo suo cognato, cavaliere di bel tratto ed avvenente, fu insieme con lui dal marito uccisa.

Con l' ali aperte e ferme al dolce nido
Vengon per aere da voler portate;
   Cotali uscir' della schiera ov' è Dido,
A noi venendo per l' aer maligno;
Sì forte fu l' affettuoso grido.
   O animal grazïoso, e benigno,
Che visitando vai per l' aer perso
Noi che tignemmo 'l mondo di sanguigno;
   Se fosse amico il re dell' universo,
Noi pregheremmo lui per la tua pace,
Poich' hai pietà del nostro mal perverso.
   Di quel ch' udire e che parlar vi piace
Noi udiremo e parleremo a vui,
Mentrechè 'l vento, come fa, si tace.
   Siede la terra, dove nata fui,
Su la marina dove 'l Po discende
Per aver pace co' seguaci sui.
   Amor, ch' al cor gentil ratto s' apprende,
Prese costui della bella persona,
Che mi fu tolta, e 'l modo ancor m' offende.
   Amor, ch' a null' amato amar perdona,
Mi prese del costui piacer sì forte,
Che, come vedi, ancor non m' abbandona.
   Amor condusse noi ad una morte:
Caina attende chi vita ci spense.
Queste parole da lor ci fur porte.
   Da ch' io 'ntesi quell' anime offense,
Chinai 'l viso, e tanto 'l tenni basso,
Fin che 'l poeta mi disse: che pense?
   Quando risposi, cominciai: o lasso,
Quanti dolci pensier, quanto disio
Menò costoro al doloroso passo!

Po' mi rivolsi a loro, e parla' io,
E cominciai: Francesca, i tuoi martiri
A lagrimar mi fanno tristo e pio.
    Ma dimmi: al tempo de' dolci sospiri,
A che e come concedette amore,
Che conosceste i dubbiosi desiri?
    Ed ella a me: nessun maggior dolore
Che ricordarsi del tempo felice
Nella miseria; e ciò sa 'l tuo dottore.
    Ma, se a conoscer la prima radice
Del nostro amor tu hai cotanto affetto,
Farò come colui che piange e dice.
    Noi leggevamo un giorno per diletto
Di Lancillotto, come amor lo strinse:
Soli eravamo, e senza alcun sospetto.
    Per più fiate gli occhi ci sospinse
Quella lettura, e scolorocci 'l viso;
Ma solo un punto fu quel che ci vinse.
    Quando leggemmo il disiato riso
Esser baciato da cotanto amante,
Questi, che mai da me non fia diviso,
    La destra mi baciò tutto tremante.
Galeotto fu il libro, e chi lo scrisse;
Quel giorno più non vi leggemmo avante.
    Mentre che l' uno spirto questo disse,
L' altro piangeva si, che di pietade
Io venni meno come s' io morisse,
    E caddi come corpo morto cade.

DANTE. Inferno can. v.

Ginevra di Scozia.

Voglio che sappi, signor mio, ch' essendo
Tenera ancora, alli servigi venni
De la figlia del re, con cui crescendo,
Buon luogo in corte ed onorato tenni.
Crudele amore al mio stato invidendo
Fe' che seguace (ahi lassa!) li divenni;
Fe' d'ogni cavalier, d'ogni donzello
Parermi il duca d'Albanìa più bello.

Perch' egli mostrò amarmi più che molto,
Io ad amar lui con tutto il cor mi mossi:
Ben s' ode il ragionar, si vede il volto;
Ma dentro il petto mal giudicar puossi.
Credendo, amando, non cessai, che accolto
L' ebbi mal cauta, e non guardai ch' io fossi
Di tutte le real camere in quella,
Che più secreta avea Ginevra bella;

Dove tenea le sue cose più care,
E dove le più volte ella dormia.
Si può di quella in s'un verone entrare,
Che fuor del muro al discoperto uscia.
Io facea il mio amator quivi montare,
E la scala di corde, onde salia,
Io stessa dal veron giù gli mandai,
Qual volta meco averlo desiai.

Chè tante volte ve lo fei venire,
Quanto Ginevra me ne diede l'agio;
Che solea mutar letto, or per fuggire
Il tempo ardente, or il brumal malvagio.
Non fu veduto d'alcun mai salire,
Però che quella parte del palagio

Risponde verso alcune case rotte,
Dove nessun mai passa o giorno o notte.

    Continuò per molti giorni e mesi
Tra noi secreto l'amoroso gioco;
Sempre crebbe l'amore, e sì m' accesi,
Che tutta dentro io mi sentia di foco;
E cieca ne fui sì, ch' io non compresi
Ch' egli fingeva molto e amava poco;
Ancor che li suo' inganni discoperti
Esser doveanmi a mille segni certi.

    Dopo alcun dì si mostrò nuovo amante
Della bella Ginevra. Io non so appunto
S'allora cominciasse, o pur innante
Dell' amor mio, n' avesse il cor già punto.
Vedi, s'in me venuto era arrogante,
S'imperio nel mio cor s'aveva assunto;
Che mi scoperse, e non ebbe rossore
Chiedermi aiuto in questo nuovo amore.

    Ben mi dicea ch' uguale al mio non era,
Nè vero amor quel ch' egli avea a costei;
Ma simulando esserne acceso, spera
Celebrarne i legittimi imenei.
Dal re ottenerla fia cosa leggiera,
Qualor vi sia la volontà di lei;
Che di sangue e di stato in tutto il regno
Non era, dopo il re, di lui 'l più degno.

    Mi persuade, se per opra mia
Potesse al suo signor genero farsi,
(Che veder posso, che se n'alzeria
A quanto presso al re possa uomo alzarsi),
Che me n' avria buon merto, e non saria
Mai tanto beneficio per scordarsi;

E ch' alla moglie e ch' ad ogni altro innante
Mi porrebbe egli in sempre essermi amante.

  Io ch' era tutta a satisfargli intenta,
Nè seppi o volsi contradirgli mai,
E sol quei giorni io mi vidi contenta,
Ch' averlo compiaciuto mi trovai;
Piglio l'occasïon che s' appresenta
Di parlar d' esso, e di lodarlo assai;
Ed ogni industria adopro, ogni fatica,
Per far del mio amator Ginevra amica.

  Feci col core e con l' effetto tutto
Quel che far si poteva, e sallo Iddio;
Nè con Ginevra mai potei far frutto,
Ch' io le ponessi in grazia il duca mio:
E questo, chè ad amar ella avea indutto
Tutto il pensiero e tutto il suo disio,
Un gentil cavalier bello e cortese
Venuto in Scozia di lontan paese;

  Che con un suo fratel ben giovinetto
Venne d' Italia a stare in questa corte:
Si fe nell' arme poi tanto perfetto,
Che la Brettagna non avea il più forte.
Il re l' amava, e ne mostrò l' effetto;
Che gli donò di non picciola sorte
Castella e ville, e giurisdizioni,
E lo fe grande al par de' gran baroni.

  Grato era al re, più grato era alla figlia
Quel cavalier, chiamato Arïodante,
Per esser valoroso a maraviglia;
Ma più, ch' ella sapea che l' era amante.
Nè Vesuvio, nè il monte di Siciglia,
Nè Troia avvampò mai di fiamme tante,

Quanto ella conoscea che per suo amore
Arïodante ardea per tutto il core.

    L' amar che dunque ella facea colui
Con cor sincero e con perfetta fede,
Fe' che pel duca male udita fui,
Nè mai risposta da sperar mi diede:
Anzi, quanto io pregava più per lui,
E gli studiava d' impetrar mercede,
Ella, biasmandol sempre e dispregiando,
Se gli venia più sempre inimicando.

    Io confortai l' amator mio sovente,
Che volesse lasciar la vana impresa;
Nè si sperasse mai volger la mente
Di costei, troppo ad altro amore intesa.
E gli feci conoscer chiaramente,
Come era sì d' Arïodante accesa,
Che quanta acqua è nel mar, piccola dramma
Non spegneria della sua immensa fiamma.

    Questo da me più volte Polinesso
(Che così nome ha il duca) avendo udito,
E ben compreso e visto per se stesso,
Che molto male era il suo amor gradito;
Non pur di tanto amor si fu rimesso,
Ma di vedersi un altro preferito,
Come superbo, così mal sofferse,
Che tutto in ira e in odio si converse.

    E tra Ginevra e l' amator suo pensa
Tanta discordia e tanta lite porre,
E farvi inimicizia così intensa,
Che mai più non si possino comporre;
E por Ginevra in ignominia immensa,
Donde non s' abbia o viva o morta a torre:

Nè dell' iniquo suo disegno meco
Volle, o con altri ragionar, che seco.

Fatto il pensier: Dalinda mia, mi dice,
(Che così son nomata) saper dei,
Che come suol tornar dalla radice
Arbor, che tronchi e quattro volte e sei;
Così la pertinacia mia infelice,
Benchè sia tronca da i successi rei,
Di germogliar non resta; chè venire
Pur vorria a fin di questo suo desire.

E non lo bramo tanto per diletto,
Quanto perchè vorrei vincer la prova;
E non potendo farlo con effetto,
S' io lo fo imaginando, anco mi giova.
Voglio, qual volta tu mi dai ricetto,
Quando allora Ginevra si ritrova
Nuda nel letto, che pigli ogni vesta,
Ch' ella posta abbia, e tutta te ne vesta.

Come ella s' orna, e come il crin dispone
Studia imitarla, e cerca il più che sai
Di parer dessa, e poi sopra il verone
A mandar giù la scala ne verrai.
Io verrò a te con imaginazione,
Che quella sii, di cui tu i panni avrai,
E così spero me stesso ingannando,
Venir in breve il mio desir scemando.

Così diss' egli. Io, che divisa e scevra,
E lungi era da me, non posi mente
Che questo, in che pregando egli persevra,
Era una fraude pur troppo evidente;
E dal veron co i panni di Ginevra
Mandai la scala, onde salì sovente,

E non m' accorsi prima dell' inganno,
Che n' era già tutto accaduto il danno.

    Fatto in quel tempo con Arïodante
Il duca avea queste parole o tali;
(Che grandi amici erano stati innante
Che per Ginevra si fesson rivali):
Mi maraviglio (incominciò il mio amante)
Ch' avendoti io fra tutti li mie' uguali
Sempre avuto in rispetto e sempre amato,
Ch' io sia da te sì mal rimunerato.

    Io son ben certo che comprendi e sai
Di Ginevra e di me l' antiquo amore;
E per sposa legittima oggimai
Per impetrarla son dal mio signore.
Perchè mi turbi tu? perchè pur vai
Senza frutto in costei ponendo il core?
Io ben a te rispetto avrei, per Dio,
S' io nel tuo grado fossi, e tu nel mio.

    Ed io, rispose Arïodante a lui,
Di te mi maraviglio maggiormente;
Che di lei prima innamorata fui,
Che tu l' avessi vista solamente:
E so che sai quanto è l' amor tra nui,
Ch' esser non può, di quel che sia, più ardente;
E sol d' essermi moglie intende e brama,
E so che certo sai ch' ella non t' ama.

    Perchè non hai tu dunque a me il rispetto
Per l' amicizia nostra che domande,
Ch' a te aver debba, e ch' io t' avre' in effetto
Se tu fossi con lei di me più grande?
Nè men di te per moglie averla aspetto,
Se ben tu sei più ricco in queste bande;

Io non son meno al re, che tu sia, grato;
Ma più di te dalla sua figlia amato.

Oh, disse il duca a lui, grande è cotesto
Errore, a che t' ha il folle amor condutto!
Tu credi esser più amato; io credo questo
Medesmo: ma si può vedere al frutto.
Tu fammi ciò ch' hai seco manifesto,
Ed io il secreto mio t' aprirò tutto;
E quel di noi, che manco aver si veggia,
Ceda a chi vince, e d' altro si proveggia.

E sarò pronto, se tu vuoi ch' io giuri,
Di non dir cosa mai che mi riveli:
Così voglio ch' ancor tu m' assicuri,
Che quel ch' io ti dirò, sempre mi celi.
Venner dunque d' accordo agli scongiuri,
E posero le man su gli evangeli;
E poi che di tacer fede si diero,
Ariodante incominciò primiero;

E disse per lo giusto e per lo dritto,
Come tra se e Ginevra era la cosa;
Ch' ella gli avea giurato e a bocca, e in scritto,
Che mai non saria ad altri ch' a lui sposa;
E, se dal re le venia contraditto,
Gli promettea di sempre esser ritrosa
Da tutti gli altri maritaggi poi,
E viver sola in tutti i giorni suoi.

E ch' esso era in speranza pel valore,
Ch' avea mostrato in arme a più d' un segno,
Ed era per mostrare a laude, a onore,
A beneficio del re, e del suo regno,
Di crescer tanto in grazia al suo signore,
Che sarebbe da lui stimato degno

Che la figliuola sua per moglie avesse,
Poi che piacer a lei così intendesse.

   Poi disse: a questo termine son io,
Nè credo già ch' alcun mi venga appresso,
Nè cerco più di questo, nè disio
Dell' amor d' essa aver segno più espresso;
Nè più vorrei, se non quanto da Dio
Per connubio legittimo è concesso:
E saria in vano il domandar più innanzi;
Che di bontà so come ogn' altra avanzi.

   Poi ch' ebbe il vero Arïodante esposto
Della mercè, ch' aspetta a sua fatica,
Polinesso, che già s' avea proposto
Di far Ginevra al suo amator nemica,
Cominciò: sei da me molto discosto,
E vo' che di tua bocca anco tu 'l dica;
E del mio ben veduta la radice,
Che confessi me solo esser felice.

   Finge ella teco, ne t' ama, nè prezza;
Che ti pasce di speme e di parole:
Oltra questo il tuo amor sempre a sciocchezza,
Quando meco ragiona, imputar suole.
Io ben d' esserle caro altra certezza
Veduta n' ho, che di promesse e fole;
E tel dirò sotto la fè in secreto;
Benchè farei più il debito a star cheto.

   Non passa mese che tre quattro e sei
E talor dieci sere io non mi trovi
Secretamente a favellar con lei,
Che all' amoroso ardor sai quanto giovi.
Sì che tu puoi veder, s' a' piacer miei,
Son d' agguagliar le ciance che tu provi.

Cedimi adunque e d'altro ti provedi,
Poi che sì inferïor di me ti vedi.

   Non ti vo' creder questo, gli rispose
Arïodante, e certo so che menti;
E composto fra te t' hai queste cose,
Acciò che dall'impresa io mi spaventi.
Ma perchè a lei son troppo ingiuriose,
Questo, ch' hai detto, sostener convienti;
Che non bugiardo sol, ma voglio ancora,
Che tu sei traditor, mostrarti or ora.

   Soggiunse il duca : non sarebbe onesto,
Che noi volessim la battaglia torre
Di quel che t' offerisco manifesto,
Quando ti piaccia, innanzi agli occhi porre.
Resta smarrito Arïodante a questo,
E per l' ossa un tremor freddo gli scorre;
E se creduto ben gli avesse a pieno,
Venia sua vita allora allora meno.

   Con cor trafitto e con pallida faccia,
E con voce tremante e bocca amara
Rispose : quando sia che tu mi faccia
Veder questa avventura tua sì rara,
Prometto di costei lasciar la traccia,
A te sì liberale, a me sì avara;
Ma ch' io tel voglia creder non far stima,
S' io non lo veggio con quest' occhi prima.

   Quando ne sarà il tempo, avviserotti,
Soggiunse Polinesso; e dipartisse.
Non credo che passar più di due notti,
Ch' ordine fu che 'l duca a me venisse.
Per scoccar dunque i lacci che condotti
Avea sì cheti, andò al rivale, e disse,

Che s' ascondesse la notte seguente
Tra quelle case, ove non sta mai gente:
   E dimostrogli un luogo a dirimpetto
Di quel verone, ove solea salire.
Arïodante avea preso sospetto,
Che lo cercasse far quivi venire,
Come in un luogo dove avesse eletto
Di por gli aguati, e farvelo morire
Sotto questa finzion, che vuol mostrargli
Quel di Ginevra, che impossibil pargli.

   Di volervi venir prese partito,
Ma in guisa che di lui non sia men forte;
Perchè accadendo che fosse assalito,
Si trovi sì, che non tema di morte.
Un suo fratello avea saggio ed ardito,
Il più famoso in arme della corte,
Detto Lurcanio; e avea più cor con esso,
Che se dieci altri avesse avuto appresso.

   Seco chiamollo, e volse che prendesse
L' arme, e la notte lo menò con lui:
Non che 'l secreto suo già gli dicesse,
Nè l' avria detto ad esso, nè ad altrui.
Da se lontano un trar di pietra il messe:
Se mi senti chiamar, vien, disse, a nui;
Ma se non senti, prima ch' io ti chiami,
Non ti partir di qui, frate, se m' ami.

   Va pur, non dubitar, disse il fratello;
E così venne Arïodante cheto,
E si celò nel solitario ostello,
Ch' era d' incontro al mio veron secreto.
Vien d' altra parte il fraudolente e fello,
Che d' infamar Ginevra era sì lieto;

E fa il segno tra noi solito innante
A me che dell' inganno era ignorante.
 Ed io con veste candida e fregiata
Per mezzo a liste d' oro, e d' ogn' intorno,
E con rete pur d' or, tutta adombrata
Di bei fiocchi vermigli, al capo intorno;
(Foggia che sol fu da Ginevra usata,
Non d' alcun' altra) udito il segno, torno
Sopra il veron, ch' in modo era locato,
Che mi scopria dinanzi e d' ogni lato.
 Lurcanio in questo mezzo dubitando
Che 'l fratello a pericolo non vada,
O come è pur comun disio, cercando
Di spiar sempre ciò che ad altri accada;
L' era pian pian venuto seguitando,
Tenendo l' ombre e la più oscura strada:
E a men di dieci passi a lui discosto
Nel medesimo ostel s' era riposto.
 Non sapendo io di questo cosa alcuna,
Venni al veron nell' abito ch' ho detto,
Sì come già venuta era più d' una
E più di due fiate a buono effetto.
Le vesti sì vedean chiare alla luna;
Nè dissimile essendo anch' io d' aspetto,
Nè di persona da Ginevra molto,
Fece parer un per un altro il volto:
 E tanto più, ch' era gran spazio in mezzo
Fra dove io venni e quelle inculte case.
Ai due fratelli che stavano al rezzo,
Il duca agevolmente persuase
Quel ch' era falso. Or pensa in che ribrezzo
Ariodante, in che dolor rimase.

*I.   2

Vien Polinesso, e alla scala s' appoggia,
Che giù mandaigli; e monta in su la loggia.

    A prima giunta io gli porgo le braccia,
Imperoch' io non penso esser veduta:
E sì l' accolgo con allegra faccia
Come far soglio ad ogni sua venuta.
Egli più dell' usato si procaccia
Di farmi festa, e la sua fraude ajuta.
Quell' altro al rio spettacolo condutto,
Misero sta lontano, e vede il tutto.

    Cade in tanto dolor, che si dispone
Allora allora di voler morire;
E il pome della spada in terra pone,
Che sulla punta si volea ferire.
Lurcanio, che con grande ammirazione
Avea veduto il duca a me salire,
Ma non già conosciuto chi si fosse,
Scorgendo l' atto del fratel, si mosse;

    E gli vietò che con la propria mano
Non si passasse in quel furore il petto.
S' era più tardo, o poco più lontano,
Non giugnea a tempo, e non faceva effetto.
Ah misero fratel, fratello insano,
Gridò, perch' hai perduto l' intelletto,
Ch' una femina a morte trar ti debbia?
Ch' ir possan tutte come al vento nebbia.

    Cerca far morir lei, che morir merta;
E serva a più tuo onor tu la tua morte.
Fu d' amar lei, quando non t' era aperta
La fraude sua: or è da odiar ben forte;
Poi che con gli occhi tuoi tu vedi certa
Quanto sia ingannatrice e di che sorte.

Serba quest' arme, che volti in te stesso,
A far dinanzi al re tal fallo espresso.
   Quando si vide Arïodante giunto
Sopra il fratel, la dura impresa lascia;
Ma la sua intenzion da quel ch' assunto
Avea già di morir, poco s' accascia.
Quindi si leva, e porta non che punto,
Ma trapassato il cor d' estrema ambascia:
Pur finge col fratel che quel furore
Non abbia più, che dianzi avea nel core.
   Il seguente mattin, senza far motto
Al suo fratello o ad altri, in via si messe
Da la mortal disperazion condotto;
Nè di lui per più dì fu chi sapesse.
Fuor che 'l duca e il fratel, ogn' altro indotto
Era, chi mosso al dipartir l' avesse.
Nè la casa del re di lui diversi
Ragionamenti, e in tutta Scozia fersi.
   In capo d' otto o di più giorni in corte
Venne innanzi a Ginevra un viandante,
E novelle arrecò di mala sorte:
Che s' era in mar sommerso Arïodante
Di volontaria sua libera morte,
Non per colpa di borea o di levante.
D' un sasso che sul mar sporgea molt' alto,
Avea col capo in giù preso un gran salto.
   Colui dicea: pria che venisse a questo,
A me, che a caso riscontrò per via,
Disse: vien meco, acciò che manifesto
Per te a Ginevra il mio successo sia;
E dille poi, che la cagion del resto
Che tu vedrai di me, ch' or ora fia,

È stato sol, perch' ho troppo veduto:
Felice, se senza occhi io fossi suto!

Eramo a caso sopra Capobasso,
Che verso Irlanda alquanto sporge in mare.
Così dicendo, di cima d' un sasso
Lo vidi a capo in giù sott' acqua andare.
Io lo lasciai nel mare, ed a gran passo
Ti son venuto la nuova a portare.
Ginevra, sbigottita e in viso smorta,
Rimase a quello annunzio mezza morta.

Oh dio, che disse e fece poi che sola
Si ritrovò nel suo fidato letto!
Percosse il seno, e si stracciò la stola,
E fece all' aureo crin danno e dispetto;
Ripetendo sovente la parola
Ch' Ariodante avea in estremo detto:
Che la cagion del suo caso empio e tristo
Tutta venia per aver troppo visto.

Il rumor scorse di costui per tutto,
Che per dolor s' avea dato la morte.
Di questo il re non tenne il viso asciutto,
Nè cavalier nè donna della corte.
Di tutti il suo fratel mostrò più lutto;
E si sommerse nel dolor sì forte,
Ch' ad esempio di lui contra se stesso
Voltò quasi la man, per irgli appresso:

E molte volte ripetendo seco,
Che fu Ginevra che 'l fratel gli estinse,
E che non fu se non quell' atto bieco
Che di lei vide, ch' a morir lo spinse;
Di voler vendicarsene sì cieco
Venne, e sì l' ira e sì il dolor lo vinse,

Che di perder la grazia vilipese,
Ed aver l' odio del re e del paese:

E innanzi al re, quando era più di gente
La sala piena, se ne venne, e disse:
Sappi, signor, che di levar la mente
Al mio fratel, sì ch' a morir ne gisse,
Stata è la figlia tua sola nocente;
Ch' a lui tanto dolor l' alma trafisse
D' aver veduta lei poco pudica,
Che più che vita ebbe la morte amica.

Erane amante; e perchè le sue voglie
Disoneste non fur, nol vo' coprire.
Per virtù meritarla aver per moglie
Da te sperava, e per fedel servire:
Ma, mentre il lasso ad odorar le foglie
Stava lontano, altrui vide salire,
Salir su l' arbor riserbato, e tutto
Essergli tolto il disiato frutto.

E seguitò, come egli avea veduto
Venir Ginevra sul verone, e come
Mandò la scala, onde era a lei venuto
Un drudo suo, di chi egli non sa il nome;
Che s' avea, per non esser conosciuto,
Cambiati i panni e nascose le chiome.
Soggiunse che con l' arme egli volea
Provar, tutto esser ver ciò che dicea.

Tu puoi pensar, se 'l padre addolorato
Riman, quando accusar sente la figlia;
Sì perchè ode di lei quel che pensato
Mai non avrebbe, e n' ha gran maraviglia;
Sì perchè sa che fia necessitato,
Se la difesa alcun guerrier non piglia,

Il qual Lurcanio possa far mentire,
Di condannarla, e farla poi morire.

Io non credo, signor, che ti sia nova
La legge nostra, che condanna a morte
Ogni donna e donzella, che sì prova
Di se far copia altrui, ch' al suo consorte.
Morta ne vien, s' in un mese non trova
In sua difesa un cavalier sì forte,
Che contra il falso accusator sostegna
Che sia innocente e di morire indegna.

Ha fatto il re bandir per liberarla,
(Che pur gli par ch' a torto sia accusata)
Che vuol per moglie, e con gran dote darla
A chi torrà l' infamia che l' è data.
Che per lei comparisca non si parla
Guerriero ancora, anzi l' un l' altro guata;
Che quel Lurcanio in arme è così fiero,
Che par che di lui tema ogni guerriero.

Atteso ha l' empia sorte, che Zerbino,
Fratel di lei, nel regno non si trove;
Che va già molti mesi peregrino
Mostrando di se in arme inclite prove:
Chè quando si trovasse più vicino
Quel cavalier gagliardo, o in luogo, dove
Potesse avere a tempo la novella,
Non mancheria d' aiuto alla sorella.

Il re, ch' intanto cerca di sapere
Per altra prova, che per arme ancora,
Se sono queste accuse o false o vere,
Se dritto o torto è che sua figlia mora;
Ha fatto prender certe cameriere,
Che lo dovrian saper, se vero fora;

Ond' io previdi, che se presa era io,
Troppo periglio era del duca e mio.

E la notte medesima mi trassi
Fuor della corte, e al duca mi condussi;
E gli feci veder, quanto importassi
Al capo d' ambedue, se presa io fussi.
Lodommi, e disse ch' io non dubitassi:
A' suoi conforti poi venir m' indussi
Ad una sua fortezza, ch' è qui presso,
In compagnia di dui che mi diede esso.

Hai sentito, signor, con quanti effetti
Dell' amor mio fei Polinesso certo;
E s' era debitor per tai rispetti
D' avermi cara o no, tu 'l vedi aperto.
Or senti il guiderdon ch' io ricevetti;
Vedi la gran mercè del mio gran merto:
Vedi se deve, per amare assai,
Donna sperar d' esser amata mai.

Che questo ingrato, perfido e crudele,
Della mia fede ha preso dubbio al fine;
Venuto è in sospizion ch' io non rivele
A lungo andar le fraudi sue volpine.
Ha finto, acciò che m' allontani e cele
Fin che l' ira e il furor del re decline,
Voler mandarmi ad un suo luogo forte,
E mi volea mandar dritto alla morte:

Chè di secreto ha commesso alla guida,
Che, come m' abbia in queste selve tratta,
Per degno premio di mia fè m'uccida.
Così l' intenzïon gli venia fatta,
Se tu non eri appresso alle mia grida.
Ve' come amor ben chi lui segue tratta!

Così narrò Dalinda al paladino,
Seguendo tutta volta il lor cammino;
   A cui fu sopra ogni avventura grata
Questa d' aver trovata la donzella,
Che gli avea tutta l' istoria narrata
Dell' innocenza di Ginevra bella.
E se sperato avea (quando accusata
Ancor fosse a ragion) d' ajutar quella;
Con via maggior baldanza or viene in prova,
Poi ch' evidente la calunnia trova.

        ARIOSTO. *Orlando furioso* can. v.

Rinaldo palesa l' innocenza di Ginevra.

   E verso la città di santo Andrea,
Dove era il re con tutta la famiglia;
E la battaglia singolar dovea
Esser della querela della figlia;
Andò Rinaldo, quanto andar potea,
Fin che vicino giunse a poche miglia,
Alla città vicino giunse, dove
Trovò un scudier, ch' avea più fresche nove.
   Ch' un cavaliere istrano era venuto,
Ch' a difender Ginevra s' avea tolto,
Con non usate insegne, e sconosciuto,
Però che sempre ascoso andava molto;
E che dopo che v' era, ancor veduto
Non gli avea alcuno al discoperto il volto;
E che 'l proprio scudier, che gli servia,
Dicea giurando : io non so dir chi sia.

Non cavalcaro molto, ch' alle mura
Si trovar' della terra, e in su la porta.
Dalinda andar più innanzi avea paura;
Pur va, poi che Rinaldo la conforta.
La porta è chiusa; ed a chi n' avea cura
Rinaldo domandò: questo che importa?
E fugli detto, perchè 'l popol tutto
A veder la battaglia era ridutto,

Che tra Lurcanio, e un cavalier istrano
Si fa nell' altro capo della terra,
Ove era un prato spazïoso e piano;
E che già cominciata hanno la guerra.
Aperto fu al signor di Mont' Albano;
E tosto il portinar dietro gli serra.
Per la vuota città Rinaldo passa,
Ma la donzella al primo albergo lassa.

E dice che sicura ivi si stia,
Fin che ritorni a lei, che sarà tosto;
E verso il campo poi ratto s' invia,
Dove li dui guerrier dato e risposto
Molto s' aveano, e davan tuttavia.
Stava Lurcanio di mal cor disposto
Contra Ginevra; e l' altro in sua difesa
Ben sostenea la favorita impresa.

Sei cavalier con lor nello steccato
Erano a piedi armati di corazza
Col duca d' Albanìa, ch' era montato
Su un possente corsier di buona razza.
Come a gran contestabile, a lui dato
La guardia fu del campo e della piazza;
E di veder Ginevra in gran periglio
Avea 'l cor lieto ed orgoglioso il ciglio.

Rinaldo se ne va tra gente e gente;
Fassi far largo il buon destrier Bajardo.
Chi la tempesta del suo venir sente,
A dargli via non par zoppo, nè tardo.
Rinaldo vi compar sopra eminente,
E ben rassembra il fior d' ogni gagliardo;
Poi si ferma all' incontro, ove il re siede :
Ognun s' accosta per udir che chiede :

Rinaldo disse al re : magno signore,
Non lasciar la battaglia più seguire;
Perchè di questi due qualunque muore,
Sappi ch' a torto tu 'il lasci morire.
L' un crede aver ragione ed è in errore,
E dice il falso, e non sa di mentire;
Ma quel medesmo error, che 'l suo germano
A morir trasse, a lui pon l' arme in mano.

L' altro non sa, se s' abbia dritto o torto;
Ma sol per gentilezza e per bontade
In pericol si è posto d' esser morto,
Per non lasciar morir tanta beltade.
Io la salute all' innocenza porto,
Porto il contrario a chi usa falsitade.
Ma per dio questa pugna prima parti,
Poi mi dà udienza a quel ch' io vo' narrarti.

Fu dall' autorità d' un uom sì degno,
Come Rinaldo gli parea al sembiante,
Sì mosso il re, che disse e fece segno
Che non andasse più la pugna innante;
Al quale insieme, ed ai baron del regno,
E ai cavalieri, e all' altre turbe tante
Rinaldo fe l' inganno tutto espresso,
Ch' avea ordito a Ginevra Polinesso.

Indi s' offerse di voler provare
Con l' arme, ch' era ver quel ch' avea detto.
Chiamasi Polinesso, ed ei compare,
Ma tutto conturbato nell' aspetto:
Pur con audacia cominciò a negare.
Disse Rinaldo: or noi vedrem l' effetto.
L' uno e l' altro era armato, il campo fatto;
Sì che senza indugiar vengono' al fatto.

Oh quanto ha il re, quanto ha il suo popol caro,
Che Ginevra a provar s' abbia innocente!
Tutti han speranza, che Dio mostri chiaro,
Ch' impudica era detta ingiustamente.
Crudel, superbo, e riputato avaro
Fu Polinesso, iniquo e fraudolente;
Sì che ad alcun miracolo non fia,
Che l'inganno da lui tramato sia.

Sta Polinesso con la faccia mesta,
Col cor tremante e con pallida guancia;
E al terzo suon mette la lancia in resta.
Così Rinaldo inverso lui si lancia,
Che disioso di finir la festa
Mira a passargli il petto con la lancia;
Nè discorde al desir seguì l' effetto,
Che mezza l' asta gli cacciò nel petto.

Fisso nel tronco lo trasporta in terra
Lontan dal suo destrier più di sei braccia.
Rinaldo smonta subito, e gli afferra
L' elmo, pria che si levi e gli lo slaccia.
Ma quel che non può far più troppa guerra,
Gli domanda mercè con umil faccia;
E gli confessa, udendo il re e la corte,
La frande sua, che l' ha condotto a morte.

Non finì il tutto, e in mezzo la parola
E la voce, é la vita l' abbandona.
Il re, che liberata la figliuola
Vede da morte e da fama non buona,
Più s' allegra, gioisce e racconsola,
Che, s' avendo perduto la corona,
Ripor se la vedesse allora allora;
Sì che Rinaldo unicamente onora.

E poi ch' al trar dell' elmo conosciuto
L' ebbe, perch' altre volte l' avea visto;
Levò le mani a Dio, che d' un ajuto
Com' era quel, gli avea sì ben provisto.
Quell' altro cavalier, che sconosciuto,
Soccorso avea Ginevra al caso tristo,
Ed armato per lei s' era condutto,
Stato da parte era a vedere il tutto.

Dal re pregato fu di dire il nome,
O di lasciarsi almen veder scoperto,
Perchè da lui fosse premiato, come
Di sua buona intenzion chiedeva il merto.
Quel, dopo lunghi preghi, dalle chiome
Si levò l' elmo, e fe palese e certo
Quel che nell' altro canto ho da seguire,
Se grato vi sarà l' istoria udire.

ARIOSTO. *Or. fur.* can. v.

Trionfo di Ginevra e d' Ariodante.

Miser chi mal oprando si confida,
Ch' ognor star debbia il maleficio occulto;
Che, quando ogni altro taccia, intorno grida

L' aria e la terra istessa in ch' è sepulto:
E Dio fa spesso che 'l peccato guida
Il peccator, poi ch' alcun dì gli ha indulto,
Che se medesmo, senza altrui richiesta,
Inavvedutamente manifesta.

Avea creduto il miser Polinesso
Totalmente il delitto suo coprire,
Dalinda consapevole d' appresso
Levandosi, che sola il potea dire:
E aggiungendo il secondo al primo eccesso,
Affrettò il mal che potea differire,
E potea differire, e schivar forse;
Ma se stesso spronando, a morir corse.

E perdè amici a un tempo e vita, e stato,
E onor, che fu molto più grave danno.
Dissi di sopra, che fu assai pregato
Il cavalier, che ancor chi sia non sanno.
Alfin si trasse l' elmo, e 'l viso amato
Scoperse, che più volte veduto hanno;
E dimostrò, come era Arïodante,
Per tutta Scozia lagrimato innante;

Arïodante, che Ginevra pianto
Avea per morto, e 'l fratel pianto avea,
Il re, la corte, il popol tutto quanto;
Di tal bontà, di tal valor splendea.
Adunque il peregrin mentir di quanto
Dianzi di lui narrò, quivi apparea;
E fu pur ver, che dal sasso marino
Gittarsi in mar lo vide a capo chino.

Ma, come avviene a un disperato spesso,
Che da lontan brama e disia la morte,
E l' odia poi, che se la vede appresso,

Tanto gli pare il passo acerbo e forte;
Arïodante, poi ch' in mar fu messo,
Si pentì di morire; e come forte,
E come destro e più d' ogni altro ardito,
Si mise a nuoto, e ritornossi al lito;

E dispregiando e nominando folle
Il desir ch' ebbe di lasciar la vita,
Si mise a camminar bagnato e molle,
E capitò all' ostel d' un eremita.
Quivi secretamente indugiar volle
Tanto che la novella avesse udita,
Se del caso Ginevra s' allegrasse,
O pur mesta e pietosa ne restasse.

Intese prima, che per gran dolore
Ella era stata a rischio di morire.
La fama andò di questo in modo fuore,
Che ne fu in tutta l' isola che dire:
Contrario effetto a quel che per errore
Credea aver visto con suo gran martire.
Intese poi, come Lurcanio avea
Fatta Ginevra appresso il padre rea.

Contra il fratel d' ira minor non arse,
Che per Ginevra già d' amore ardesse;
Che troppo empio e crudele atto gli parse,
Ancora che per lui fatto l' avesse.
Sentendo poi, che per lei non comparse
Cavalier che difender la volesse;
Che Lurcanio sì forte era, e gagliardo
Ch' ognun d' andarli contra avea riguardo.

E chi n' avea notizia, il riputava
Tanto discreto, e sì saggio ed accorto,
Che se non fosse ver quel che narrava,

Non si porrebbe a rischio d' esser morto;
Per questo la più parte dubitava
Di non pigliar questa difesa a torto;
Arïodante, dopo gran discorsi,
Pensò all' accusa del fratello opporsi.

Ah lasso! io non potrei, seco dicea,
Sentir per mia cagion perir costei,
Troppo mia morte fora acerba e rea,
Se innanzi a me morir vedessi lei.
Ella è pur la mia donna e la mia dea,
Questa è la luce pur degli occhi miei:
Convien ch' a dritto e a torto per suo scampo
Pigli l' impresa, e resti morto in campo.

So ch' io m' appiglio al torto, e al torto sia:
E ne morrò, nè questo mi sconforta;
Se non ch' io so, che per la morte mia
Sì bella donna ha da restar poi morta.
Un sol conforto nel morir mi fia,
Che se 'l suo Polinesso amor le porta,
Chiaramente vedere avrà potuto,
Che non s' è mosso ancor per darle ajuto;

E me, che tanto espressamente ha offeso,
Vedrà, per lei salvare, a morir giunto.
Di mio fratello insieme, il quale acceso
Tanto foco ha, vendicherommi a un punto:
Ch' io lo farò doler, poi che compreso
Il fine avrà del suo crudele assunto:
Creduto vendicar avrà il germano,
E gli avrà dato morte di sua mano.

Conchiuso ch' ebbe questo nel pensiero,
Nuove arme ritrovò, nuovo cavallo;
E sopraveste nera e scudo nero

Portò, fregiato a color verdegiallo.
Per avventura si trovò un scudiero
Ignoto in quel paese, e menato hallo;
E sconosciuto, come ho già narrato,
S' appresentò contra il fratello armato.

    Narrato v' ho come il fatto successe,
Come fu conosciuto Arïodante.
Non minor gaudio n' ebbe il re, ch'-avesse
Della figliuola liberata innante.
Seco pensò che mai non si potesse
Trovar un più fedele e vero amante;
Che dopo tanta ingiuria, la difesa
Di lei contra il fratel proprio avea presa.

    E per sua inclinazion, ch' assai l' amava,
E per li preghi di tutta la corte,
E di Rinaldo che più di altri instava,
Della bella figliuola il fa consorte.
La duchea d' Albanìa ch' al re tornava,
Dopo che Polinesso ebbe la morte,
In miglior tempo discader non puote,
Poi che la dona alla sua figlia in dote.

ARIOSTO. Or. fur. can. VI.

Isabella e Zerbino.

    Isabella son io che figlia fui
Del re mal fortunato di Galizia;
Ben dissi fui, ch' or non son più di lui,
Ma di dolor, d' affanno e di mestizia:
Colpa d' amor, ch' io non saprei di cui
Dolermi più, che della sua nequizia;

Che dolcemente ne i principj applaude,
E tesse di nascosto inganno e fraude.

Già mi vivea di mia sorte felice,
Gentil, giovane, ricca, onesta e bella;
Vile e povera or sono, or infelice,
E s'altra è peggior sorte, io sono in quella.
Ma voglio sappi la prima radice,
Che produsse quel mal che mi flagella;
E ben ch'ajuto poi da te non esca,
Poco non mi parrà che te n'incresca.

Mio padre fe in Bajona alcune giostre,
Esser denno oggimai dodici mesi.
Trasse la fama nelle terre nostre
Cavalieri a giostrar di più paesi:
Fra gli altri (o fia ch'amor così mi mostre,
O che virtù pur se stessa palesi)
Mi parve da lodar Zerbino solo,
Che del gran re di Scozia era figliuolo.

Il qual poi che far prove in campo vidi
Miracolose di cavalleria,
Fui presa del suo amore, e non m'avvidi,
Ch'io mi conobbi più non esser mia:
E pur, ben che 'l suo amor così mi guidi,
Mi giova sempre avere in fantasia,
Ch'io non misi il mio core in luogo immondo,
Ma nel più degno e bel ch'oggi sia al mondo.

Zerbino di bellezza e di valore
Sopra tutti i signori era eminente.
Mostrommi, e credo mi portasse amore,
E che di me non fosse meno ardente.
Non ci mancò chi del comune ardore
Interprete fra noi fosse sovente.

Poi che di vista ancor fummo disgiunti,
Che gli animi restàr sempre congiunti.

Però che dato fine alla gran festa,
Il mio Zerbino in Scozia fe' ritorno.
Se sai che cosa è amor, ben sai che mesta
Restai, di lui pensando notte e giorno;
Ed era certa che non men molesta
Fiamma intorno al suo cor facea soggiorno.
Egli non fece al suo desio più schermi,
Se non che cercò via di seco avermi.

E perchè vieta la diversa fede,
Essendo egli cristiano, io saracina,
Ch' al mio padre per moglie non mi chiede,
Per furto indi levarmi si destina.
Fuor della ricca mia patria, che siede
Tra verdi campi allato alla marina,
Aveva un bel giardin sopra una riva,
Che colli intorno e tutto il mar scopriva.

Gli parve il luogo a fornir ciò disposto,
Che la diversa religion ci vieta:
E mi fa saper l'ordine che posto
Avea di far la nostra vita lieta.
Appresso a santa Marta avea nascosto
Con gente armata una galea secreta,
In guardia d'Odorico di Biscaglia,
In mare e in terra mastro di battaglia.

Nè potendo in persona far l'effetto,
Perch' egli allora era dal padre antico
A dar soccorso al re di Francia astretto,
Manderia in vece suo questo Odorico,
Che di tutti i fedeli amici eletto
S' avea pel più fedele, e pel più amico,

E ben esser dovea, se i benefici
Sempre hanno forza d' acquistar gli amici.
   Verria costui sopra un navilio armato
Al terminato tempo indi a levarmi.
E così venne il giorno disiato,
Che dentro il mio giardin lasciai trovarmi.
Odorico la notte accompagnato
Di gente valorosa all' acqua e all' armi,
Smontò ad un fiume alla città vicino,
E venne chetamente al mio giardino.
   Quindi fui tratta alla galea spalmata,
Prima che la città n' avesse avvisi:
Della famiglia ignuda e disarmata
Altri fuggiro, altri restaro uccisi,
Parte captiva meco fu menata.
Così dalla mia terra io mi divisi,
Con quanto gaudio, non ti potrei dire,
Sperando in breve il mio Zerbin fruire.
   Voltati sopra Mongia eramo appena,
Quando ci assalse alla sinistra sponda
Un vento, che turbò l' aria serena,
E turbò il mare, e al ciel gli levò l' onda.
Salta un maestro ch' a traverso mena,
E cresce ad ora ad ora, e soprabbonda;
E cresce e soprabbonda con tal forza,
Che val poco alternar poggia con orza.
   Non giova calar vele, e l' arbor sopra
Corsia legar, nè ruinar castella;
Che ci veggiam, mal grado, portar sopra
Acuti scogli appresso alla Roccella.
Se non ci ajuta quel che sta di sopra,
Ci spinge in terra la crudel procella.

3.

Il vento rio ne caccia in maggior fretta,
Che d'arco mai non s'avventò saetta.

Vide il periglio il Biscaglino, e a quello
Usò un rimedio che fallir suol spesso.
Ebbe ricorso subito al battello:
Calossi, e me calar fece con esso.
Sceser due altri, e ne scendea un drappello,
Se i primi scesi l'avesser concesso;
Ma con le spade li tenner discosto,
Tagliar la fune, e ci allargammo tosto.

Fummo gittati a salvamento al lito
Noi, che nel palischermo eramo scesi:
Periron gli altri col legno sdrucito:
In preda al mare andar tutti gli arnesi.
All'eterna bontade, all'infinito
Amor, rendendo grazie, le man stesi,
Che non m'avesse dal furor marino
Lasciato tor di riveder Zerbino.

Come ch'io avessi sopra il legno e vesti
Lasciato, e gioie, e l'altre cose care,
Pur che la speme di Zerbin mi resti,
Contenta son che s'abbia il resto il mare.
Non sono, ove scendemmo, i liti pesti
D'alcun sentier, nè intorno albergo appare,
Ma solo il monte, al qual mai sempre fiede
L'ombroso capo il vento, e 'l mare il piede.

Quivi il crudo tiranno amor che sempre
D'ogni promessa sua fu disleale,
E sempre guarda come involva e stempre
Ogni nostro disegno razionale,
Mutò con triste e disoneste tempre
Mio conforto in dolor, mio bene in male;

Che quell' amico, in chi Zerbin si crede,
Di desire arse, ed agghiacciò di fede.

O che m' avesse in mar bramata ancora,
Nè fosse stato a dimostrarlo ardito,
O cominciasse il desiderio allora
Che l' agio v' ebbe dal solingo lito,
Disegnò quivi senza più dimora
Condurre al fin l' ingordo suo appetito;
Ma prima da se torre un delli dui,
Che nel battel campati eran con nui.

Quell' era uomo di Scozia, Almonio detto,
Che mostrava a Zerbin portar gran fede,
E commendato per guerrier perfetto
Da lui fu, quando ad Odorico il diede.
Disse a costui che biasmo era e difetto,
Se mi traeano alla Rocella a piede;
E lo pregò ch' innanzi volesse ire,
A farmi incontra alcun ronzin venire.

Almonio, che di ciò nulla temea,
Immantinente innanzi il cammin piglia
Alla città che 'l bosco ci ascondea,
E non era lontana oltra sei miglia.
Odorico scoprir sua voglia rea
All' altro finalmente si consiglia;
Sì, perchè tor non se lo sa d' appresso,
Sì, perchè avea gran confidenza in esso.

Era Corebo di Bilbao nomato
Quel di ch' io parlo, che con noi rimase,
Che da fanciullo picciolo allevato
S' era con lui nelle medesme case.
Poter con lui comunicar l' ingrato
Pensiero il traditor si persuase,

Sperando ch' ad amar saria più presto
Il piacer dell' amico, che l' onesto.

 Corebo, che gentile era e cortese,
Non lo potè ascoltar senza gran sdegno;
Lo chiamò traditore, e gli contese
Con parole e con fatti il rio disegno.
Grande ira all' uno e all' altro il core accese,
E con le spade nude ne fer segno.
Al trar de' ferri, io fui dalla paura
Volta a fuggir per l' alta selva oscura.

 Odorico, che mastro era di guerra,
In pochi colpi a tal vantaggio venne,
Che per morto lasciò Corebo in terra,
E per le mie vestigie il cammin tenne.
Prestogli amor (se 'l mio creder non erra)
Acciò potesse giungermi, le penne,
E gl' insegnò mille lusinghe e preghi,
Con che ad amarlo e compiacer mi pieghi.

 Ma tutto indarno, che fermata e certa
Più tosto era a morir ch' a satisfarli.
Poi ch' ogni prego, ogni lusinga esperta
Ebbe, e minacce, e non potean giovarli;
Si ridusse alla forza a faccia aperta.
Nulla mi val che supplicando parli
Della fè ch' avea in lui Zerbino avuta,
E ch' io nelle sue man m' era creduta.

 Poi che gittar mi vidi i preghi in vano,
Nè mi sperare altronde altro soccorso,
E che più sempre cupido e villano
A me venia, come famelico orso;
Io mi difesi con piedi e con mano,
Ed adopraivi sino a l' ugne e il morso,

Pelaigli il mento, e gli graffiai la pelle,
Con stridi che n' andavano alle stelle.

Non so, se fosse caso o li miei gridi,
Che si doveano udir lungi una lega,
O pur ch' usati sian correre ai lidi,
Quando navilio alcun si rompe o annega;
Sopra il monte una turba apparir vidi,
E questa al mare, e verso noi si piega.
Come la vede il Biscaglin venire,
Lascia l' impresa, e voltasi a fuggire.

Contra quel disleal mi fu ajutrice
Questa turba, signor; ma a quella image
Che sovente il proverbio il volgo dice,
Cader della padella nella brage.
Gli è ver, ch' io non son stata sì infelice,
Nè le lor menti ancor tanto malvage,
Ch' abbino violata mia persona;
Non che sia in lor virtù, nè cosa buona:

Ma perché, se mi serban, com' io sono
Vergine, speran vendermi più molto.
Finito è il mese ottavo, e viene il nono,
Che fu il mio vivo corpo quì sepolto.
Del mio Zerbino ogni speme abbandono,
Che già, per quanto ho da lor detti accolto,
M' han promessa, e venduta a un mercadante
Che portare al soldan mi de' in levante.

ARIOSTO. *Or. fur.* can. XIII.

Morte di Sveno narrata a Goffredo Buglione.

Sveno, del re de' Dani unico figlio,
Gloria e sostegno alla cadente etade,
Esser tra quei bramò, che 'l tuo consiglio
Seguendo, han cinto per Gesù le spade.
Nè timor di fatica o di periglio,
Nè vaghezza del regno, nè pietade
Del vecchio genitor, sì degno affetto
Intiepidir nel generoso petto.

Lo spingeva un desio d'apprender l'arte
Della milizia faticosa e dura
Da te, sì nobil mastro: e sentia in parte
Sdegno e vergogna di sua fama oscura,
Già di Rinaldo il nome in ogni parte
Con gloria udendo in verdi anni matura.
Ma più ch'altra cagione, il mosse il zelo
Non del terren, ma dell'onor del cielo.

Precipitò dunque gl'induggj, e colse
Stuol di scelti compagni audace e fero:
E dritto inver la Tracia il cammin volse
Alla città che sede è dell'impero.
Quì il greco augusto in sua magïon l'accolse:
Quì poi giunse in tuo nome un messaggiero.
Questi appien gli narrò come già presa
Fosse Antiochia, e come poi difesa:

Difesa incontra al Perso, il qual con tanti
Uomini armati ad assediarvi mosse,
Che sembrava che d'arme e d'abitanti
Vuoto il gran regno suo rimaso fosse.
Di te gli disse; e poi narrò d'alquanti,

Sin ch' a Rinaldo giunse, e qui fermosse.
Contò l' ardita fuga, e ciò che poi
Fatto di glorioso avea tra voi.

Soggiunse al fin, come già il popol franco
Veniva a dar l' assalto a queste porte:
E invitò lui, ch' egli volesse almanco
Dell' ultima vittoria esser consorte.
Questo parlare al giovinetto fianco
Del fero Sveno è stimolo sì forte,
Ch' ognora un lustro pargli infra' pagani
Rotare il ferro, e insanguinar le mani.

Par che la sua viltà rimproverarsi
Senta nell' altrui gloria; e se ne rode:
E chi 'l consiglia, e chi 'l prega a fermarsi,
O che non esaudisce, o che non ode.
Rischio non teme, fuor che 'l non trovarsi
De' tuoi gran rischi a parte e dì tua lode.
Questo gli sembra sol periglio grave:
Degli altri, o nulla intende, o nulla pave.

Egli medesmo sua fortuna affretta,
Fortuna che noi tragge, e lui conduce:
Perocch' appena al suo partire aspetta
I primi rai della novella luce.
È per miglior la via più breve eletta:
Tale ei la stima, ch' è signore e duce.
Nè i passi più difficili, o i paesi
Schivar si cerca de' nemici offesi.

Or difetto di cibo, or cammin duro
Trovammo, or violenza ed or agguati:
Ma tutti fur vinti i disagi, e furo
Or uccisi i nemici ed or fugati.
Fatto avean ne' perigli ogni uom securo

Le vittorie, e insolenti i fortunati,
Quando un dì ci accampammo ove i confini
Non lunge erano omai de' Palestini.

   Quivi da' precursori a noi vien detto
Ch' alto strepito d' arme avean sentito;
E viste insegne e indizj onde han sospetto
Che sia vicino esercito infinito.
Non pensier, non color, non cangia aspetto,
Non muta voce il signor nostro ardito;
Benchè molti vi sian ch' al fero avviso
Tingean di bianca pallidezza il viso.

   Ma dice: oh quale omai vicina abbiamo
Corona o di martirio, o di vittoria!
L' una spero io ben più; ma non men bramo
L' altra ove è maggior merto e pari gloria.
Questo campo, o fratelli, ove or noi siamo,
Fia tempio sacro ad immortal memoria,
In cui l' età futura additi e mostri
Le nostre sepolture, o i trofei nostri.

   Così parla; e le guardie indi dispone,
E gli uffìcj comparte e la fatica.
Vuol ch' armato ognun giaccia, e non depone
Ei medesmo gli arnesi e la lorica.
Era la notte ancor nella stagione
Ch' è più del sonno e del silenzio amica;
Allorchè d' urli barbareschi udissi
Romor che giunse al cielo ad agli abissi.

   Si grida: all' arme, all' arme: e Sveno involto
Nell' arme, innanzi a tutti oltre si spinge;
E magnanimamente i lumi e 'l volto
Di color d' ardimento infiamma e tinge.
Ecco siamo assaliti; e un cerchio folto

Da tutti i lati ne circonda e stringe:
E intorno un bosco abbiam d' aste e di spade;
E sovra noi di strali un nembo cade.

Nella pugna inegual (perocchè venti
Gli assalitori sono incontra ad uno)
Molti d' essi piagati, e molti spenti
Son da cieche ferite all' aer bruno.
Ma il numero degli egri e de' cadenti
Fra l' ombre oscure non discerne alcuno.
Copre la notte i nostri danni, e l' opre
Della nostra virtute insieme copre.

Pur sì fra gli altri Sveno alza la fronte,
Ch' agevol è ch' ognun vedere il possa:
E nel bujo le prove anco son conte
A chi vi mira, e l' incredibil possa·
Di sangue un rio, d' uomini uccisi un monte
D' ogni intorno gli fanno argine e fossa:
E dovunque ne va, sembra che porte
Lo spavento negli occhi, e in man la morte.

Così pugnato fu sin che l' albore,
Rosseggiando nel ciel, già n' apparia,
Ma poichè scosso fu il notturno orrore
Che l' orror delle morti in se copria,
La disiata luce a noi terrore
Con vista accrebbe dolorosa e ria:
Che pien d' estinti il campo, e quasi tutta
Nostra gente vedemmo omai distrutta.

Duomila fummo, e non siam cento. Or quando
Tanto sangue egli mira e tante morti,
Non so se 'l cor feroce al miserando
Spettacolo si turbi e si sconforti.
Ma già nol mostra; anzi la voce alzando:

Seguiam (ne grida) que' compagni forti
Ch' al ciel, lunge dai laghi averni e stigj,
N' han segnati col sangue alti vestigj.

Disse; e lieto, credo io, della vicina
Morte così nel cor, come al sembiante,
Incontro alla barbarica ruina
Portonne il petto intrepido e costante.
Tempra non sosterrebbe, ancorchè fina
Fosse, e d' acciajo no, ma di diamante,
I feri colpi onde egli il campo allaga:
E fatto è il corpo suo solo una piaga.

La vita no, ma la virtù sostenta
Quel cadavero indomito e feroce.
Ripercote percosso, e non s' allenta;
Ma quanto offeso è più, tanto più nuoce.
Quando ecco, furiando, a lui s' avventa
Uom grande ch' ha sembiante e guardo atroce:
E dopo lunga ed ostinata guerra
Coll' aita di molti al fin l' atterra.

Cade il garzone invitto; (ahi caso amaro!)
Nè v' è fra noi chi vendicare il possa.
Voi chiamo in testimonio, o del mio caro
Signor sangue ben sparso, e nobil ossa;
Ch' allor non fui della mia vita avaro,
Nè schivai ferro, nè schivai percossa:
E se piaciuto pur fosse là sopra,
Ch' io vi morissi, il meritai coll' opra.

TASSO. *Gerusalemme liberata* can. VIII.

Olindo e Sofronia.

Mentre il tiranno[1] s'apparecchia all' armi,
Soletto Ismeno un dì gli s' appresenta,
Ismen che trar di sotto ai chiusi marmi
Può corpo estinto, e far che spiri e senta;
Ismen che al suon de' mormoranti carmi
Sin nella reggia sua Pluto spaventa,
E i suoi demòn negli empj uffici impiega
Pur come servi, e gli discioglie e lega.

Questi or Macone adora, e fu cristiano:
Ma i primi riti anco lasciar non puote;
Anzi sovente in uso empio e profano
Confonde le due leggi a se mal note.
Ed or dalle spelonche ove lontano
Dal vulgo esercitar suol l'arti ignote,
Vien nel pubblico rischio al suo signore:
A re malvagio consiglier peggiore.

Signor (dicea), senza tardar sen viene
Il vincitore esercito temuto:
Ma facciam noi ciò che a noi far conviene:
Darà il ciel, darà il mondo ai forti ajuto.
Ben tu di re, di duce hai tutte piene
Le parti; e lunge hai visto e provveduto.
S' empie in tal guisa ogni altro i proprj uffici,
Tomba fia questa terra a' tuoi nemici.

Io, quanto a me, ne vengo e del periglio
E dell' opre compagno ad aitarte.
Ciò che può dar di vecchia età consiglio,

[1] Aladino soldano di Gerusalemme.

Tutto prometto, e ciò che magica arte.
Gli angeli che dal cielo ebbero esiglio,
Costringerò delle fatiche a parte.
Ma dond' io voglia incominciar gl' incanti,
E con quai modi, or narrerotti avanti.

Nel tempio de' cristiani occulto giace
Un sotterraneo altare; e quivi è il volto
Di colei che sua diva, e madre face
Quel vulgo del suo Dio nato e sepolto.
Dinanzi al simulacro accesa face
Continua splende: egli è in un velo avvolto.
Pendono intorno in lungo ordine i voti
Che vi portaro i creduli devoti.

Or questa effigie lor, di là rapita,
Voglio che tu di propria man trasporte,
E la riponga entro la tua meschita,
Io poscia incanto adoprerò sì forte,
Ch' ognor, mentre ella qui fia custodita,
Sarà fatal custodia a queste porte.
Tra mura inespugnabili il tuo impero
Securo fia per nuovo alto mistero.

Sì disse, e 'l persuase: e impaziente
Il re sen corse alla magion di Dio;
E sforzò i sacerdoti, e irreverente
Il casto simulacro indi rapìo,
E portollo a quel tempio ove sovente
S' irrita il ciel col folle culto e rio.
Nel profan loco e sulla sacra imago
Susurrò poi le sue bestemmie il mago.

Ma come apparse in ciel l' alba novella,
Quel, cui l' immondo tempio in guardia è dato,
Non rivide l' immagine dov' ella

Fu posta, e in van cerconne in altro lato.
Tosto n' avvisa il re ch' alla novella
Di lui, si mostra fieramente irato;
Ed immagina ben, ch' alcun fedele
Abbia fatto quel furto, e che sel cele.

O fu di man fedele opra furtiva,
O pur il ciel qui sua potenza adopra,
Che di colei ch' è sua regina e diva,
Sdegna che loco vil l' immagin copra:
Ch' incerta fama è ancor, se ciò s' ascriva
Ad arte umana, od a mirabil opra.
Ben è pietà, che la pietade e 'l zelo
Uman cedendo, autor sen creda il cielo.

Il re ne fa con importuna inchiesta
Ricercar ogni chiesa, ogni magione;
Ed a chi gli nasconde o manifesta
Il furto o il reo, gran pene e premj impone:
E 'l mago di spiarne anco non resta
Con tutte l' arti il ver, ma non s' appone;
Che 'l cielo (opra sua fosse, o fosse altrui)
Celolla ad onta degl' incanti a lui.

Ma poichè 'l re crudel vide occultarse
Quel che peccato de' fedeli ei pensa,
Tutto in lor d' odio infellonissi, ed arse
D' ira e di rabbia immoderata, immensa.
Ogni rispetto oblia: vuol vendicarse,
(Segua che puote) e sfogar l' alma accensa.
Morrà, (dicea) non andrà l' ira a voto
Nella strage comune il ladro ignoto.

Purchè 'l reo non si salvi, il giusto pera
E l' innocente. Ma qual giusto io dico?
E' colpevol ciascun; nè in loro schiera

Uom fu giammai del nostro nome amico.
S' anima v' è nel nuovo error sincera,
Basti a novella pena un fallo antico.
Su su, fedeli miei; su via prendete
Le fiamme e 'l ferro: ardete ed uccidete.

 Così parla alle turbe; e se n' intese
La fama tra' fedeli immantinente,
Ch' attoniti restar, sì gli sorprese
Il timor della morte omai presente.
E non è chi la fuga o le difese,
Lo scusare o 'l pregare ardisca o tente.
Ma le timide genti e irresolute,
Donde meno speraro ebber salute.

 Vergine era fra lor di già matura
Verginità, d' alti pensieri e regi,
D' alta beltà; ma sua beltà non cura,
O tanto sol, quant' onestà sen fregi.
È il suo pregio maggior, che tra le mura
D' angusta casa asconde i suoi gran pregi;
E de' vagheggiatori ella s' invola
Alle lodi, agli sguardi, inculta e sola.

 Pur guardia esser non può, ch' in tutto celi
Beltà degna ch' appaja e che s' ammiri:
Nè tu il consenti, amor; ma la riveli
D' un giovanetto ai cupidi desiri.
Amor ch' or cieco, or argo, ora ne veli
Di benda gli occhi, ora ce gli apri e giri;
Tu per mille custodie entro ai più casti
Verginei alberghi il guardo altrui portasti.

 Colei Sofronia, Olindo egli s' appella;
D' una cittate entrambi, e d' una fede.
Ei che modesto è si, com' essa è bella,

Brama assai, poco spera e nulla chiede;
Nè sa scoprirsi, o non ardisce: ed ella
O lo sprezza, o nol vede, o non s' avvede.
Così finora il misero ha servito
O non visto, o mal noto, o mal gradito.

S' ode l' annunzio intanto, e che s' appresta
Miserabile strage al popol loro.
A lei che generosa è quanto onesta,
Viene in pensier come salvar costoro.
Move fortezza il gran pensier; l' arresta
Poi la vergogna e 'l virginal decoro:
Vince fortezza; anzi s' accorda, e face
Se vergognosa, e la vergogna audace.

La vergine tra 'l vulgo uscì soletta,
Non coprì sue bellezze, e non l' espose:
Raccolse gli occhi, andò nel vel ristretta
Con ischive maniere e generose.
Non sai ben dir s' adorna o se negletta;
Se caso od arte il bel volto compose.
Di natura, d' amor, de' cieli amici
Le negligenze sue sono artifici.

Mirata da ciascun, passa e non mira
L' altera donna, e innanzi al re sen viene:
Nè perchè irato il veggia, il piè ritira,
Ma il fero aspetto intrepida sostiene.
Vengo, signor, gli disse (e 'ntanto l' ira
Prego sospenda, e 'l tuo popolo affrene)
Vengo a scoprirti e vengo a darti preso
Quel reo che cerchi, onde sei tanto offeso.

All' onesta baldanza, all' improviso
Folgorar di bellezze altere e sante,
Quasi confuso il re, quasi conquiso,

I. 4

Frenò lo sdegno, e placò il fier sembiante,
S' egli era d' alma, o se costei di viso
Severa manco, ei diveniane amante:
Ma ritrosa beltà ritroso core
Non prende; e sono i vezzi esca d' amore.

    Fu stupor, fu vaghezza e fu diletto,
S' amor non fu, che mosse il cor villano.
Narra (ei le dice) il tutto: ecco io commetto
Che non s' offenda il popol tuo cristiano.
Ed ella. Il reo si trova al tuo cospetto:
Opra è il furto, signor, di questa mano:
Io l' immagine tolsi; io son colei
Che tu ricerchi, e me punir tu dei.

    Così al pubblico fato il capo altero
Offerse, e 'l volle in se sola raccorre.
Magnanima menzogna, or quando è il vero
Sì bello che si possa a te preporre?
Riman sospeso, e non sì tosto il fero
Tiranno all' ira, come suol, trascorre.
Poi la richiede: io vuò che tu mi scopra
Chi diè consiglio, e chi fu insieme all' opra.

    Non volli far della mia gloria altrui
Nè pur minima parte: (ella gli dice)
Sol di me stessa io consapevol fui,
Sol consigliera e sola esecutrice.
Dunque in te sola (ripigliò colui)
Caderà l' ira mia vendicatrice.
Disse ella: è giusto; esser a me conviene,
Se fui sola all' onor, sola alle pene.

    Quì comincia il tiranno a risdegnarsi,
Poi le domanda: ov' hai l' imago ascosa?
Non la nascosi (a lui risponde) io l' arsi,

E l' arderla stimai laudabil cosa:
Così almen non potrà più violarsi
Per man di miscredenti ingiuriosa.
Signore, o chiedi il furto o 'l ladro chiedi·
Quel non vedrai in eterno, e questo il vedi.

Benchè nè furto è il mio, nè ladra io sono:
Giusto è ritor ciò ch' a gran torto è tolto.
Or questo udendo, in minaccevol suono
Freme il tiranno e 'l fren dell' ira è sciolto.
Non speri più di ritrovar perdono
Cor pudico, alta mente o nobil volto:
E 'ndarno amor contra lo sdegno crudo,
Di sua vaga bellezza a lei fa scudo.

Presa è la bella donna; e incrudelito
Il re la danna entro un incendio a morte.
Già 'l velo e 'l casto manto è a lei rapito;
Stringon le molli braccia aspre ritorte.
Ella si tace, e in lei non sbigottito,
Ma pur commosso alquanto è il petto forte:
E smarrisce il bel volto in un colore
Che non è pallidezza, ma candore.

Divulgossi il gran caso, e quivi tratto
Già 'l popol s' era: Olindo anco v' accorse.
Dubbia era la persona, e certo il fatto
Venia, che fosse la sua donna in forse.
Come la bella prigioniera in atto
Non pur di rea, ma di dannata ei scorse;
Come i ministri al duro ufficio intenti
Vide, precipitoso urtò le genti.

Al re gridò: non è, non è già rea
Costei del furto, e per follia sen vanta:
Non pensò, non ardì, nè far potea,

4.

Donna sola e inesperta opra cotanta.
Come ingannò i custodi? e della dea
Con qual' arti involò l' imagin santa?
Se 'l fece, il narri. Io l' ho, signor, furata.
Ahi tanto amò la non amante amata!

    Soggiunse poscia: io là donde riceve
L' alta vostra meschita e l' aura e 'l die,
Di notte ascesi; e trapassai per breve
Foro, tentando inaccessibil vie.
A me l' onor, la morte a me si deve:
Non usurpi costei le pene mie.
Mie son quelle catene; e per me questa
Fiamma s' accende, e 'l rogo a me s' appresta.

    Alza Sofronia il viso, e umanamente
Con occhi di pietate in lui rimira:
A che ne vieni, o misero innocente?
Qual consiglio o furor ti guida o tira?
Non son io dunque senza te possente
A sostener ciò che d' un uom può l' ira?
Ho petto anch' io, ch' ad una morte crede
Di bastar solo, e compagnia non chiede.

    Così parla all' amante; e nol dispone
Sì, ch' egli si disdica o pensier mute.
Oh spettacolo grande! ove a tenzone
Sono amore e magnanima virtute;
Ove la morte al vincitor si pone
In premio, e 'l mal del vinto è la salute.
Ma più s' irrita il re, quant' ella ed esso
È più costante in incolpar se stesso.

    Pargli che vilipeso egli ne resti,
E che 'n disprezzo suo sprezzin le pene.
Credasi (dice) ad ambo: e quella e questi

Vinca; e la palma sia qual si conviene.
Indi accenna ai sergenti, i quai son presti
A legare il garzon di lor catene.
Sono ambo stretti al palo stesso; e volto
È il tergo al tergo, e 'l volto ascoso al volto. ✻
 Composto è lor dintorno il rogo omai,
E già le fiamme il mantice v' incita:
Quando il fanciullo in dolorosi lai
Proruppe, e disse a lei ch' è seco unita:
Questo dunque è quel laccio ond' io sperai
Teco accoppiarmi in compagnia di vita?
Questo è quel foco ch' io credea che i cori
Ne dovesse infiammar d' eguali ardori?
 Altre fiamme, altri nodi amor promise:
Altri ce n' apparecchia iniqua sorte.
Troppo, ahi ben troppo ella già noi divise!
Ma duramente or ne congiunge in morte.
Piacemi almen, poichè 'n sì strane guise
Morir pur dei, del rogo esser consorte,
Se del letto non fui: duolmi il tuo fato;
Il mio non già, poich' io ti mora a lato.
 Ed oh mia morte avventurosa appieno,
Oh fortunati miei dolci martiri,
S' impetrerò che giunto seno a seno,
L' anima mia nella tua bocca io spiri;
E venendo tu meco a un tempo meno,
In me fuor mandi gli ultimi sospiri!
Così dice piangendo: ella il ripiglia
Soavemente, e in tai detti il consiglia:
 Amico, altri pensieri, altri lamenti
Per più alta cagione il tempo chiede.
Che non pensi a tue colpe? e non rammenti

Qual Dio prometta ai buoni ampia mercede?
Soffri in suo nome, e fian dolci i tormenti;
E lieto aspira alla superna sede.
Mira il ciel com' è bello, e mira il sole
Ch' a se par che n' inviti e ne console.

Quì il volgo de' pagani il pianto estolle:
Piange il fedel, ma in voci assai più basse.
Un non so che d' inusitato e molle
Par che nel duro petto al re trapasse.
Ei presentillo, e si sdegnò; nè volle
Piegarsi, e gli occhi torse e si ritrasse.
Tu sola il duol comun non accompagni,
Sofronia; e pianta da ciascun, non piagni.

Mentre sono in tal rischio, ecco un guerriero
(Che tal parea) d' alta sembianza e degna;
E mostra, d' arme e d' abito straniero,
Che di lontan peregrinando vegna.
La tigre che sull' elmo ha per cimiero,
Tutti gli occhi a se trae, famosa insegna,
Insegna usata da Clorinda in guerra:
Onde la credon lei, nè 'l creder erra.

Costei gl' ingegni femminili e gli usi
Tutti sprezzò fin dall' età più acerba:
Ai lavori d' Aracne, all' ago, ai fusi
Inchinar non degnò la man superba:
Fuggì gli abiti molli e i lochi chiusi;
Che ne' campi onestate anco si serba:
Armò d' orgoglio il volto, e si compiacque
Rigido farlo, e pur rigido piacque.

Tenera ancor, con pargoletta destra
Strinse e lentò d' un corridore il morso:
Trattò l' asta e la spada; ed in palestra

Indurò i membri, ed allenògli al corso.
Poscia o per via montana o per silvestra
L' orme seguì di fier leone e d' orso:
Seguì le guerre; e 'n quelle e fra le selve,
Fera agli uomini parve, uomo alle belve.

Viene or costei dalle contrade perse,
Perchè ai cristiani a suo poter resista;
Bench' altre volte ha di lor membra asperse
Le piagge, e l' onda di lor sangue ha mista.
Or quinci in arrivando, a lei s' offerse
L' apparato di morte a prima vista.
Di mirar vaga, e di saper qual fallo
Condanni i rei, sospinge oltre il cavallo.

Cedon le turbe; e i duo legati insieme
Ella si ferma a riguardar da presso.
Mira che l' una tace, e l' altro geme,
E più vigor mostra il men forte sesso ·
Pianger lui vede in guisa d' uom cui preme
Pietà, non doglia, o duol non di se stesso;
E tacer lei cogli occhi al ciel sì fisa,
Ch' anzi 'l morir par di quaggiù divisa.

Clorinda intenerissi, e si condolse
D' ambeduo loro, e lacrimonne alquanto;
Pur maggior sente il duol per chi non duolse;
Più la move il silenzio, e meno il pianto.
Senza troppo indugiare ella si volse
Ad un uom che canuto avea da canto:
Deh dimmi: chi son questi? ed al martoro
Qual gli conduce o sorte o colpa loro?

Così pregollo; e da colui risposto
Breve, ma pieno, alle domande fue.
Stupissi udendo, e immaginò ben tosto

Ch' egualmente innocenti eran que' due.
Già di vietar lor morte ha in se proposto,
Quanto potranno i preghi o l' armi sue.
Pronta accorre alla fiamma, e fa ritrarla,
Che già s' appressa, ed a ministri parla.

Alcun non sia di voi, che 'n questo duro
Ufficio oltra seguire abbia baldanza,
Finch' io non parli al re: ben v' assecuro
Ch' ei non v' accuserà della tardanza.
Ubbidiro i sergenti, e mossi furo
Da quella grande sua regal sembianza.
Poi verso il re si mosse; e lui tra via
Ella trovò, che 'n contrà lei venia.

Io son Clorinda: (disse) hai forse intesa
Talor nomarmi; e quì, signor, ne vegno
Per ritrovarmi teco alla difesa
Della fede comune e del tuo regno.
Son pronta (imponi pur) ad ogni impresa:
L' alte non temo, e l' umili non sdegno.
Voglimi in campo aperto, o pur tra 'l chiuso
Delle mura impiegar, nulla ricuso.

Tacque; e rispose il re: qual sì disgiunta
Terra è dall' Asia o dal cammin del sole,
Vergine gloriosa, ove non giunta
Sia la tua fama, e l' onor tuo non vole?
Or che s' è la tua spada a me congiunta,
D' ogni timor m' affidi e mi console:
Non, s' escercito grande unito insieme
Fosse in mio scampo, avrei più certa speme.

Già già mi par ch' a giunger quì Goffredo
Oltra il dovere indugi. Or tu dimandi
Ch' impieghi io te: sol di te degne credo

L' imprese malagevoli e le grandi.
Sovra i nostri guerrieri a te concedo
Lo scettro; e legge sia quel che comandi.
Così parlava. Ella rendea cortese
Grazie per lodi; indi il parlar riprese:
  Nuova cosa parer dovrà per certo,
Che preceda ai servigj il guiderdone;
Ma tua bontà m' affida: io vuò che 'n merto
Del futuro servir, que' rei mi done.
In don gli chieggio, e pur, se 'l fallo è incerto,
Gli danna inclementissima ragione.
Ma taccio questo, e taccio i segni espressi
Ond' argomento l' innocenzia in essi;
  E dirò sol, ch' è quì comun sentenza,
Che i cristiani togliessero l' imago:
Ma discord' io da voi; nè però senza
Alta ragion del mio parer m' appago.
Fu delle nostre leggi irreverenza
Quell' opra far che persuase il mago;
Che non convien ne' nostri tempj a nui
Gl' idoli avere, e men gl' idoli altrui.
  Dunque suso a Macon recar mi giova
Il miracol dell' opra; ed ei la fece
Per dimostrar che i tempj suoi con nuova
Religion contaminar non lece.
Faccia Ismeno incantando ogni sua prova,
Egli a cui le malìe son d' arme in vece.
Trattiamo il ferro pur noi cavalieri;
Quest' arte è nostra e 'n questa sol si speri.
  Tacque ciò detto: e 'l re, bench' a pietade
L' irato cor difficilmente pieghi,
Pur compiacer la volle; e 'l persuade

Ragione, e 'l move autorità di preghi.
Abbian vita (rispose) e libertade;
E nulla a tanto intercessor si neghi.
Siasi questa giustizia, ovver perdono,
Innocenti gli assolvo e rei gli dono.
 Così furon disciolti. Avventuroso
Ben veramente fu d' Olindo il fato;
Ch' atto potè mostrar, che 'n generoso
Petto al fine ha d' amore amor destato.
Va dal rogo alle nozze; ed è già sposo
Fatto di reo, non pur d' amante amato.
Volle con lei morire: ella non schiva,
Poichè seco non muor, che seco viva.

TASSO. *Ger. lib.* can. II.

Il Cocomero incantato.

 Dopochè tanto a ricercare è ito[1],
Che i calli dietro ha fatto in sulla sella,
Giunse una sera al luogo d' un romito,
Che a restar l' invitò nella sua cella.
A lui parve toccare il ciel col dito,
(Per non aver a star fuori alla stella)
Il passar dentro, ed egli e il servitore;
Ringraziando il buon uom di tal favore.
 Vestia di bigio il vecchio macilente,
Facendo penitenza per Macone:
E perch' ei fu nell' accattar frequente,
Per nome si chiamò fra Pigolone.

---

[1] Brunetto andando in cerca della donna immaginaria, della quale il di lui fratello Nardino era pazzamente invaghito, la trova per la seguente avventura.

Costui, com'io diceva, allegramente
In cella raccettò le due persone:
Spogliò il cavallo e gli tritò la paglia:
Sul desco poi distese la tovaglia.

E gli trovò buon pane e buon formaggio,
Tutto accattato, ed erbe crude e cotte,
E del vino fiorito quanto un maggio,
Ch'egli è di quel delle centuna botte:
Di che spesso ciascun pigliando a saggio,
Stettero a crocchio insieme tutta notte:
E perchè per proverbio dir si suole:
La lingua batte dove il dente duole.

Brunetto, che teneva il campanello,
Dice chi sia, e che di casa egli esce
Non per suo conto, ma d'un suo fratello,
Del quale infino all'anima gl'incresce;
Perchè gli pare uscito di cervello,
Non si sa s'ei si sia più carne o pesce.
Così piangendo in far di ciò memoria,
Per la minuta contagli la storia.

Sta Pigolone attento a collo torto
Ad ascoltarlo: e poich'egli ha finito:
Figliuol, risponde a lui, datti conforto,
E sappi che tu sei nato vestito;
Che quì è l'uom salvatico Magorto,
Ch'è un bestione, un diavol travestito;
Che se tu lo vedessi, uh egli è pur brutto!
Basta a suo tempo conterotti il tutto.

Egli ha un giardino posto in un bel piano,
Ch'è ognor fiorito e verde tutto quanto:
Giardiniero non v'è, nè ortolano,
Che d'entrarvi nessun può darsi vanto:

Da per se lo lavora di sua mano,
E da se lo fondò per via d'incanto,
Con una casa bella di stupore,
Che vi potrebbe star l'imperadore.

    Ma ti vo' dar adesso un'abbozzata
Qui presto presto della sua figura.
Ei nacque d'un folletto e d'una fata
A Fiesol n'una buca delle mura:
Ed è si brutto poi, che la brigata
Solo al suo nome crepa di paura:
Oh questo è il caso a por fra i Nocentini
A far mangiar la pappa a quei bambini.

    Oltrech'ei pute come una carogna,
Ed è più nero della mezzanotte,
Ha il ceffo d'orso e il collo di cicogna,
Ed una pancia come una gran botte:
Va in su i balestri, ed ha bocca di fogna,
Da dar ripiego a un tin di mele cotte:
Zanne ha di porco e naso di civetta,
Che cola in bocca e del continuo getta.

    Gli copron gli occhi i peli delle ciglia,
Ed ha cert'ugna lunghe mezzo braccio:
Gli uomini mangia, e quando alcun ne piglia,
Per lui si fa quel giorno un berlingaccio
Con ogni pappalecco e gozzoviglia;
Ch'ei fa prima còl sangue il suo migliaccio,
La carne assetta in varj e buon bocconi,
E della pelle ne fa maccheroni.

    Dell'ossa poi ne fa stuzzicadenti,
Niente in somma v'è che vada male;
Sicchè, Brunetto, figliuol mio, tu senti
Ch'egli è un cattivo ed orrido animale.

Ora torniamo a' suoi scompartimenti,
Ove son frutte buone quanto il sale,
Vaghe piante, bei fiori ed altre cose,
Com' io ti potrei dir maravigliose.

Ma lasciando per or l' altre da parte,
Cocomeri vi son di certa razza,
Che chi ne può aver uno, e poi lo parte,
Vi trova una bellissima ragazza;
Che per esser astuta la sua parte,
Diratti, che tu gli empia una sua tazza
A un di quei fonti lì sì chiari e freddi;
Ma se la servi, a Lucca ti riveddi.

Tu puoi far conto allor d' averla vista,
Perchè mentr' ella beve un' acqua tale,
Ti fuggirà in un subito di vista,
E tu resterai quivi uno stivale:
Se tu non l' ubbidisci, ella, ch' è trista,
Vedendo che il pregare e il dir non vale,
Intorno ti farà per questo fine
Un million di forche e di moine.

E se di compiacerla poi ricusi,
Dirà, che tu buon cavalier non sia,
Mentre conforme all' obbligo non usi
Servitù colle dame e cortesia;
Ma lascia dire e tien gli orecchi chiusi,
Non ti piccar di ciò, sta pure al quia,
Gracchi a sua posta, tu non le dar bere,
Acciò non fugga, e poi ti stia il dovere.

Con questa, che sarà fatta a pennello
Come tu cerchi, leverai dal cuore
Ogni doglia, ogni affanno al tuo fratello,
Ed io ten entro già mallevadore.

Vientene dunque meco, e sta' in cervello,
Cammina piano e fa' poco romore;
Che se e' ci sente a sorte o scuopre il cane,
Non occorr' altro, no' abbiam fatto il pane.

   Zitti dunque, nessun parli o risponda:
Andiamo, ch' e' s' ha a ir poco lontano.
Così va innanzi, e l' altro lo seconda,
E il servitor gli segue anch' ei pian piano;
Ma quel demonio che va sempre in ronda,
Gli sente, e gli vuol vincer della mano;
Perchè gli aspetta, e il vecchio, ch' alla siepe
Vien primo, acchiappa com' un gran di pepe.

   A casa lo strascina, e te lo ficca
N' un sacco, e colla corda ve lo serra:
E fatto questo, a un canapo l' appicca,
Che vien dal palco giù vicino a terra:
E per pigliar il resto della cricca,
Esce poi fuora; ma nel fatto egli erra,
Che quand' ei prese quello, gli altri due
Ad aspettarlo avuto avrian del bue:

   Ed oggimai si trovano in franchigia;
Sicchè Magorto quivi ne rimane
Un bel minchione, e n' è tanto in valigia,
Che nè manco daria la pace a un cane:
Sfogarsi intende, e a quella veste bigia
Vuole un po' meglio scardassar le lane;
Perciò su verso il bosco col pennato
A tagliar un querciuol và difilato.

   Brunetto, che l' osserva di nascosto,
Vedutolo partire, entra nell' orto,
E corre a casa, di veder disposto
Quel ch' è del vecchio, s' egli è vivo o morto:

Così chiuso in quel sacco il trova posto,
Che 'l poverin, trovandosi a mal porto
E trema e stride, e par che giù pel gozzo
Egli abbia una carrucola da pozzo.
 Ed ei le corde al sacco a un tratto sciolte,
E fatto quel meschino uscirne fuore,
Che lo ringrazia, e bacia mille volte,
E fa un salto poi per quell' amore;
Vi mette il can, che guarda le ricolte,
Dandogli ajuto ed egli e il servitore:
E poi, con piatti e più vasi di terra
Due fiaschi di vin rosso, e lo riserra.
 E l' attacca alla fune in quella guisa,
Ch' egli era prima, e poi di quivi sfratta:
E del fatto crepando delle risa
Di nuovo con quegli altri si rimpiatta.
Quando Magorto in giù viene a ricisa,
Con una stanga in man cotanto fatta,
Perchè gli par mill' anni con quel tronco
Di far vedere altrui, ch' ei non è monco.
 Arriva in casa, e sbracciasi, e si mette
(Serrato l' uscio) con quel suo randello
Sopr' a quel sacco a far le sue vendette,
Suonando, quant' ei può, sodo a martello.
Il romito, che stava alle velette,
(Perchè l' uscio ha di fuora il chiavistello)
Andò (benchè tremando, e con spavento
Che avea di lui) e ve lo serrò drento.
 Ed ei, ch' è in sulle furie, non vi bada;
Che infin ch' ei non si sfoga, non ha posa.
Sta intanto il vecchio all' uscio fermo in strada
Ad origliare, per udir qualcosa:

E sente dire: o leccapeverada,
Carne stantia, barba piattolosa,
Ribaldo, santinfizza e gabbadei,
Ch' a quel d' altrui pon cinque, e levi sei.
    Guardate quì la gatta di Masino,
Che riprendeva il vizio ed il peccato,
Se il monello ha le man fatte a oncino
Per gire a sgraffignar pel vicinato!
Ma quel, ch' hai tolto a me, ladro assassino,
Non dubitar, ti costerà salato;
Che tante volte al pozzo va la secchia,
Ch' ella vi lascia il manico e l' orecchia.
    Poi sente, ch' egli dopo una gran bibbia
D' ingiurie, dà nel sacco una percossa,
Che tutte le stoviglie spezza e tribbia,
E ch' ei diceva: orsù gli ho rotto l' ossa:
E che di nuovo un altro ne raffibbia,
E che (facendo il vin la terra rossa)
Soggiunge: o quanto sangue ha nelle vene!
Questo ghiottone, a me, beeva bene.
    Bench' ei creda finita aver la festa,
Tira di nuovo, e dà vicino al fondo:
Ed il suo cane acchiappa in sulla testa,
Che fa urli, che van nell' altro mondo;
Ond' egli stupefatto assai ne resta,
Dicendo: quì è quando io mi confondo:
Se tutt' il sangue egli ha di già versato,
Come a gridar può egli aver più fiato?
    Brunetto in questo mentre col suo fante
Avea di già, scorrendo pel giardino,
Il luogo ritrovato, e quelle piante,
Ov' è colei che chiede il suo Nardino:

E già l' ha tratta fuor bella e galante,
Che non si vedde mai il più bel sennino:
E con un suo bocchin da sciorre aghetti
Chiede da ber, ma non già se l' aspetti.

   Perch' ei del certo, in quanto a contentarla,
Non ci ha nè meno un minimo pensiero:
E però quante volte ella ne parla,
Muta discorso e la riduce al zero;
Ma perch' ella è mozzina, e colla ciarla
Le monache trarria del monastero,
Vede, che s' ella bada troppo a dire,
Si lascerebbe forse convertire.

   Però per non cadere in questo errore,
La piglia a un tratto, e se la porta in strada:
Ed al vecchio fa dir pel servitore,
Che più tempo non è di stare a bada,
E ch' ei ne venga, ch' ei l' aspetta fuore,
Acciò con essi anch' egli se ne vada;
Che lì non vuol lasciarlo nelle peste,
Ma condurlo al paese alle lor feste.

   Così di là poi tutti fer partita,
Ma più d' ogn' altro allegra la fanciulla;
Perchè non prima fu dell' orto uscita,
Ch' ogni incanto, ogni voglia in lei s' annulla:
Anzi a' lor preghi in sul caval salita,
Senza più ragionar di ber, nè nulla,
Va sempre innanzi agli altri un trar di mano,
Fiera e bizzarra come un capitano.

   Brunetto si ridea di Pigolone,
Perch' ei parea nel viso un fico vieto,
E menava a due gambe di spadone,
Come egli avesse avuto i birri dreto:

E la donna diceva: Giambracone,
Che la duri: ed il vecchio mansueto,
Che si vedeva fatto il lor zimbello:
Dàgli pur (rispondea) ch' egli è sassello.
   Così scherzando, com' io dico, in briglia
Ne vanno senza mai sentirsi stanchi:
E sempre ognun più calda se la piglia,
Perchè il timor gli spinge e sprona i fianchi;
Perciò dopo aver fatte molte miglia,
E che lor parve un tratto d' esser franchi,
Tutti affannati per sì lunga via,
D' accordo si fermaro a un' osteria.
       LIPPI. *Malmantile racquistato* can. VII.

Ercole e Caco.

   Mira colà quella scoscesa rupe,
E quei rotti macigni, e di quel colle
Quell' alpestra ruina, e quel deserto.
Ivi era già remota, e dentro al monte
Cavata una spelonca, ov' unqua il sole
Non penetrava. Abitatore un ladro
N' era, Caco chiamato, un mostro orrendo,
Mezzo fera, mezzuomo e d' uman sangue
Avido sì, che 'l suol n' avea mai sempre
Tiepido, ne grommavan le pareti;
Ne pendevano i teschi intorno affissi,
Di pallor, di squallor luridi e marci.
Vulcano era suo padre: e de' suoi fochi
Per la bocca spirando atri vapori
Gìa d' un colosso e d' una torre in guisa.

Contra sì diro mostro, dopo molti
Dannaggi e molte morti, il tempo al fine
Ne diede, e questo dio soccorso e scampo.
Egli di Spagna vincitor ne venne
In queste parti; de le spoglie altere
Di Gerione, in cui tre volte estinse
In tre corpi una vita, e ne condusse
Tal quì d' Ibero un copioso armento,
Ch' avea pien questo fiume e questa valle.
  Caco ladron feroce e furioso
D' ogni misfatto, e d' ogni sceleranza
Ardito e frodolente esecutore,
Quattro tori involonne, e quattro vacche,
Ch' eran fior de l' armento. E perchè l' orme
Indizio non ne dessero, a rovescio
Per la coda gli trasse, e ne la grotta
Gli condusse, e calògli. Eran l' impronte
De' lor piè volte al campo, e verso l' antro
Segno non si vedea ch' a la spelonca
Il cercator drizzasse. Avea già molti
Giorni d' Anfitrion tenuto il figlio
Quì le sue mandre, e ben pasciuto e grasso
Era il suo armento; sì che nel partire
Tutte queste foreste, e questi colli
Di querimonie e di muggiti empiero.
Mugghiò da l' altro canto, e 'l vasto speco
Da lunge rintonar fece una vacca
De le rinchiuse. Onde schernita e vana
Restò di Caco la custodia e 'l furto:
Ch' udilla Alcide: e d' ira, e di furore
In un subito acceso, a la sua mazza,
Ch' era di quercia noderosa e grave,

Diè di piglio; e correndo, al monte ascese.
Quel dì da' nostri primamente Caco
Temer fu visto. Si smarrì ne gli occhi,
Si mise in fuga, e fu la fuga un volo;
Tal gli aggiunse un timor le penne a' piedi.
Tosto che ne la grotta si rinchiuse,
Allentò le catene, e di quel monte
Una gran falda a la sua bocca oppose.
Ch' a la bocca de l' antro un sasso immane
Avea con ferri, e con paterni ordigni
Di cataratta accomodato in guisa,
Con puntelli per entro e stanghe e sbarre.
   Ecco Tirinzio arriva, e come è spinto
Da la sua furia, va per tutto in volta
Fremendo, ora a i vestigj, ora a i muggiti,
Ora a l' entrata della grotta intento.
E portato da l' impeto, tre volte
Scorse de l' Aventino ogni pendice:
Tre volte al sasso de la soglia intorno
Si mise indarno: e tre volte affannato
Ritornò nella valle a riposarsi.
   Era de la spelonca al dorso in cima
Di selce d' ogni intorno dirupata
Un cucuzzolo altissimo ed alpestro,
Ch' a i nidi d' avoltoj, e di tali altri
Augelli di rapina e di carogna
Era opportuno albergo. A questo intorno
Alfin si mise, e siccom' era al fiume
Da sinistra inchinato; egli a rincontro
Lo spinse da la destra, lo divelse,
Col calce de la mazza a leva il pose,
E gli diè volta. A quel fracasso il cielo

Rintonò tutto, si crollar le ripe,
E 'l fiume impaurito si ritrasse.
Allor di Caco fu lo speco aperto,
Scoprissi la sua reggia, e le sue dentro
Ombrose e formidabili caverne:
Come chi de la terra il globo aprisse
A viva forza, e de l' inferno il centro
Discovrisse in un tempo, e che di sopra
De l' abisso vedesse quelle oscure
Dal cielo abbominate orride bolge:
Vedesse Pluto a l' improviso lume
Restar del sole attonito e confuso;
Cotal Caco da subito splendore
Ne la sua tomba abbarbagliato, e chiuso
Digrignar qual mastino Ercole vide.
E non più tosto il vide, che di sopra
Sassi, travi, tronconi, ogn' arme addosso
Folgorando avventògli. Ei che nè fuga
Avea, nè schermo al suo periglio altronde,
Da le sue fauci (maraviglia a dirlo!)
Vapori e nubi a vomitar si diede
Di fumo, di caligine e di vampa,
Tal, che miste le tenebre col foco
Togliean la vista a gli occhi, e 'l lume a l' antro.
Non però si contenne il forte Alcide,
Che d' un salto in quel baratro gittossi
Per lo spiraglio, e là 'v' era del fumo
La nebbia, e l' ondeggiar più denso e 'l foco
Più rogio, a lui che 'l vaporava indarno
S' addusse. E lo ghermì, gli fece un nodo
De le sue braccia; e a la gola e 'l fianco
Gli strinse, che scoppiar gli fece il petto,

E schizzar gli occhi; e 'l foco, e 'l fiato e l' alma
In un tempo gli estinse. Indi la bocca
Aprì de l' antro, e la frodata preda
E del suo frodatore il sozzo corpo
Fuor per un piè ne trasse. A cui d' intorno
Corser le genti a maraviglia ingorde
Di veder gli occhi biechi, il volto atroce,
L' ispido petto e l' ammorzato foco.

CARO. *Trad. di Virgilio.*

Orfèo ed Euridice.

Fuggendo innanzi ad Aristeo la bella
Dell' odrisio cantor pudica donna,
Fra l' alta erba non vide orrido serpe,
Che nel candido piè morte le impresse.
Lei pianse il coro delle ninfe amiche,
E il duro Geta, l' attica Oritia,
E l' Ebro, e l' Emo ed il Pangeo lei pianse.
Egli, cercando su la fida cetra
Con le dita affannose alcun conforto,
Te, dolce sposa, te per gli ermi liti,
Te, se aggiornò, te, se annottò, cantava.
Nello speco di Tenaro, che a Dite
Conduce, alfin si mise, e senza tema
Mosse il piè vivo tra la morta gente
Citareggiando, e le dolenti case
Di stupor grato riempiendo: stette
Cerbero con le gole aperte e ferme,
E nelle bocche agli angui, ond' è chiomata
Delle furie la testa, il fischio tacque.

Ma come al trono d' ebano e di bronzo
Ove s' adagia il dio, giunse davanti,
Tanta sul labbro, e su le corde tanta
L' ingegno ed il dolor poser dolcezza,
Che la pietra natia mollir sentissi
Nel core a poco a poco il terzo Giove:
Già stende il ferreo scettro, ed Euridice
All' amoroso citarista è resa.

Già un nuovo stame alla conocchia intorn
Rimesso avean le parche, ed Euridice
L' addolcitor dell' Erebo seguia.

Vinti eran già tutti gl' inciampi, quando
Repentina follia, ma di perdono
Degna (se perdonar sapesse Pluto)
L' incauto amante ecco assalìo. Ristè,
E la cara Euridice, in quel che al giorno
Con esso uscia, dimentico, e all' ardente
Desir cedendo, ahi! riguardò: periro
Tutte allor le fatiche, infranti i patti
Crudeli fur, mugghiò tre volte Averno.
Oh chi, diss' ella, me infelice, e a un tempo
Te perde, Orfèo? donde furor cotanto?
Mi richiamano i fati, e il mortal sonno
Gli ondeggianti occhi miei di nuovo chiude.
Per sempre addio: da tenebrosa notte
Sono involta e rapita, e in vano io queste
Debili braccia, ahi! non più tua, ti stendo.
Disse, e tosto disparve; e lui, che indarno
Già brancolando, e brancicando l' ombre
E risponder volèa, più non iscorge,
Nè più l' atra egli può, Caronte il vieta,
Vac ar palude. Vedovo due volte,

Che far mai? dove andar? con quai lamenti
Vincer di nuovo i dei d' inferno? Fredda
Colei già solca l' inamabil gorgo.
Ben sette mesi sotto alpestre balza,
E in riva dello Strimone deserto,
Ai venti egli, ed all' onde i suoi funesti
Casi narrò con lagrimosi carmi.
Come usignuol, che dal frondoso pioppo
Lamentar s' ode, se una man crudele
Gli trasse giù dall' appostato nido
I figliuoletti non ancor pennuti:
Piange la notte sovra i rami assiso,
Solingo piange, e mai non cessa, ed empie
Della sua doglia e di dolcezza i campi.
Verso dal labbro non gli usciva, in cui
Euridìce non fosse, e le sue voci
Soavi eran così, ch' ei disarmava
Le fere più superbe; onde fu visto
Ritirar l' unghie ed abbassar le chiome
Il re de' boschi, e sino al tigre cadde
Dalla faccia il terror, l' ira dal core.
Ohimè! donne fur dunque, in cui potèo
La rabbia più che nelle stesse tigri?
È ver, che poi nulla beltà gli piacque,
Che tutti ei disprezzò del biondo Imene
I più ricerchi letti. Ah potean nuovi
Desiri entrar nel cor d' Orfèo? Sdegnate
Di Tracia quindi le più illustri donne
Tra le misteriose orgie notturne
Gli s' avventaro col pungente tirso,
Cento volte il colpiro, e non contente,
Dirlo potrò? fero il bel corpo in brani,

E lo sparser qua e là per la campagna.
Ed anche allora, mentre al mar travolta
Va per l' onde dell' Ebro la recisa
Dal nobil collo sanguinosa testa,
Chiama Euridice ancor la fredda lingua
Con fioca voce, e mormora sul labbro
Il fuggitivo spirto, oh sventurata
Euridìce! e del fiume ambo le sponde
Euridìce ripetono, Euridìce!

PINDEMONTE. *Imit. di Virgilio.*

Pericolo di Silvia.

  Presentito avea Aminta (ed io fui, lasso
Colui, che riferillo, e che 'l condussi:
Or me ne pento) che Silvia dovea
Con Dafne ire a lavarsi ad una fonte.
Là dunque s' inviò dubbio, ed incerto,
Mosso non dal suo cor, ma sol dal mio
Stimolar importuno, e spesso in forse
Fu di tornar indietro, ed io 'l sospinsi
Pur mal suo grado innanzi: or, quando omai
C' era il fonte vicino, ecco sentiamo
Un femminil lamento: e quasi a un tempo
Dafne veggiam che battea palma a palma,
La qual come ci vide, alzò la voce:
Ah, correte, gridò: Silvia è sforzata.
L' innamorato Aminta, che ciò intese,
Si spiccò com' un pardo, ed io seguillo.
Ecco miriamo a un' arbore legata
La giovinetta ignuda come nacque

Ed a legarla fune era il suo crine,
Il suo crine medesmo in mille nodi
Alla pianta era avvolto: e 'l suo bel cinto
Che del sen virginal fu pria custode,
Di quello stupro era ministro, ed ambo
Le mani al duro tronco le stringea,
E la pianta medesma avea prestati
Legami contra lei, ch' una ritorta
D' un pieghevole ramo avea ciascuna
Delle tenere gambe. A fronte a fronte
Un satiro villan noi lì videmmo,
Che di legarla pur allor finia.
Ella quanto potea, faceva schermo
Ma, che potuto avrebbe a lungo andare?
Aminta con un dardo, che tenea
Nella man destra, al satiro avventossi
Come un leone; ed io frattanto pieno
M' avea di sassi il grembo, onde fuggissi.
Come la fuga dell' altro concesse
Spazio a lui di mirare, egli rivolse
I cupidi occhi in quelle membra belle
Che, come suole tremolare il latte
Ne' giunchi, sì parean morbide e bianche,
E tutto 'l vidi sfavillar nel viso,
Poscia accostossi pianamente a lei
Tutto modesto, e disse: o bella Silvia,
Perdona a queste man, se troppo ardire
È l' appressarsi alle tue dolci membra,
Perchè necessità dura le sforza,
Necessità di scioglier questi nodi;
Nè questa grazia, che fortuna vuole
Conceder loro, tuo mal grado sia.

Ella nulla rispose
Ma disdegnosa, e vergognosa, a terra
Chinava il viso e 'l delicato seno,
Quanto potea torcendosi, celava.
Egli fattosi innanzi il biondo crine
Cominciò a sviluppare, e disse intanto:
Già di nodi si bei non era degno
Così ruvido tronco, or, che vantaggio
Hanno i servi d' amor, se lor commune
È con le piante il prezioso laccio?
Pianta crudel, potesti quel bel crine
Offender tu, ch' a te feo tanto onore?
Quinci con le sue man le mani sciolse
In modo tal, che parea che temesse
Pur di toccarle, e desiasse insieme.
Si chinò poi per islegarle i piedi:
Ma, come Silvia in libertà le mani
Si vide, disse in atto dispettoso:
Pastor non mi toccar son di Diana,
Per me stessa saprò sciogliermi i piedi.
Ei si trasse in disparte riverente,
Non alzando pur gli occhi per mirarla;
Negando a se medesmo il suo piacere,
Per torre a lei fatica di negarlo.
Io, che m' era nascoso, e vedea il tutto
E udia il tutto, allor fui per gridare.
Pur mi ritenni. Or odi strana cosa;
Dopo molta fatica ella si sciolse,
E sciolta appena, senza dire addio,
A fuggir cominciò com' una cerva,
E pur nulla cagion avea di tema,
Che l' era noto il rispetto d' Aminta.

TASSO. *L' Aminta.*

La Caccia del cinghiale.

Quivi confusa in fra la spessa turba
De' vicini pastori,
Ch' eran concorsi alla famosa caccia,
Stav' io fuor delle tende
Spettatrice amorosa
Vie più dei cacciator che della caccia.
A ciascun moto della fera alpestre
Palpitava il cor mio:
A ciascun atto del mio caro Silvio,
Correa subitamente
Con ogni affetto suo l' anima mia.
Ma il mio sommo diletto
Turbava assai la paventosa vista
Del terribil cinghiale,
Smisurato di forza e di grandezza.
Come rapido turbo
D' impetuosa e subita procella,
Che tetti e piante e sassi e ciò ch' incontra,
In poco giro, in poco tempo atterra,
Così a un solo rotar di quelle zanne
E spumose e sanguigne,
Si vedean tutti insieme
Cani uccisi, aste rotte, uomini offesi.
Quante volte bramai
Di patteggiar con la rabbiosa fera,
Per la vita di Silvio il sangue mio!
Quante volte d' accorrervi, e di fare
Con questo petto al suo bel petto scudo!
Quante volte dicea

Fra me stessa, perdona
Fiero cignal, perdona,
Al delicato sen del mio bel Silvio.
Così meco parlava
Sospirando e pregando.
Quand' egli di squamosa e dura scorza,
Il suo Melampo armato,
Contra la fera impetuoso spinse,
Che più superba ogn' ora
S' avea fatto d' intorno
Di molti uccisi cani, e di feriti
Pastori orrida strage.
Linco, non potrei dirti
Il valor di quel cane;
E ben ha gran ragion Silvio se l' ama.
Come irato leon, che 'l fiero corno
Dell' indomito tauro
Ora incontri, ora fugga,
Una sola fiata
Che nel tergo l' afferri
Con le robuste branche,
Il ferma sì ch' ogni poter n' emunge,
Tale il forte Melampo
Fuggendo accortamente
Gli spessi giri, le mortali rote
Di quella fera mostruosa, al fine
L' assannò nell' orecchia:
E dopo averla impetuosamente
Prima crollata alquante volte e scossa,
Ferma la tenne sì che potea farsi
Nel vasto corpo suo, quantunque altrove
Leggiermente ferito,

Di ferita mortal certo disegno.
Allor subitamente il mio bel Silvio
Invocando Diana:
Drizza tu questo colpo,
Disse, ch' a te fo voto
Di sacrar, santa dea, l' orribil teschio.
E 'n questo dir, dalla faretra d' oro
Tratto un rapido strale,
Fin dall' orecchia al ferro
Tese l' arco possente,
E nel medesmo punto
Restò piagato, ove confina il collo
Con l' omero sinistro, il fier cinghiale,
Il qual subito cadde: io respirai
Vedendo Silvio mio fuor di periglio.

GUARINI. Il Pastor fido.

Giuditta di ritorno in Betulia narra la morte di Oloferne.

Udite. Appena
Da Betulia partii, che m' arrestaro
Le guardie ostili. Ad Oloferne innanzi
Son guidata da loro. Egli mi chiese
A che vengo, e chi son. Parte io gli scopro,
Taccio parte del vero. Ei non intende,
E approva i detti miei. Pietoso, umano
(Ma straniera in quel volto
Mi parve la pietà) m' ode, m' accoglie,
M' applaude, mi consola. A lieta cena
Seco mi vuol. Già su le mense elette

Fumano i vasi d' or. Già vuota il folle,
Fra' cibi, ad or ad or tazze frequenti
Di licor generoso, e a poco a poco
Comincia a vacillar. Molti ministri
Eran d' intorno a noi; ma ad uno ad uno
Tutti si dileguàr. L' ultimo d'essi
Rimaneva, e il peggior. L' uscio costui
Chiuse, partendo, e mi lasciò con lui.
Ogni cimento è lieve
Ad inspirato cor. Scorsa gran parte
Era omai della notte. Il campo intorno
Nel sonno universal taceva oppresso.
Vinto Oloferne istesso
Dal vino in cui s' immerse oltre il costume,
Steso dormia su le funeste piume.
Sorgo; e tacita allor colà m' appresso,
Dove prono ei giacea; rivolta al cielo,
Più col cor, che col labbro: «ecco l' istante, »
Dissi, «o Dio d' Israel, che un colpo solo
« Liberi il popol tuo. Tu 'l promettesti;
« In te fidata io l' intrapresi; e spero
« Assistenza da te. » Sciolgo, ciò detto,
Da' sostegni del letto
L' appeso acciar; lo snudo; il crin gli stringo
Con la sinistra man; l' altra sollevo,
Quanto il braccio si stende; i voti a Dio
Rinnovo in sì gran passo;
E su l' empia cervice il colpo abbasso.
Apre il barbaro il ciglio; e incerto ancora
Fra 'l sonno e fra la morte, il ferro immerso
Sentesi nella gola. Alle difese
Sollevarsi procura, e gliel contende

L' imprigionato crin. Ricorre a' gridi,
Ma interrotte la voce
Trova le vie del labbro, e si disperde.
Replico il colpo; ecco l' orribil capo
Dagli omeri diviso.
Guizza il tronco reciso
Sul sanguigno terren; balzar mi sento
Il teschio semivivo
Sotto la man che 'l sostenea; quel volto
A un tratto scolorir, mute parole
Quel labbro articolar, quegli occhi intorno
Cercar del sole i rai,
Morire e minacciar vidi, e tremai.
Respiro al fine, e del trionfo illustre
Rendo grazie all' autor. Svelta dal letto
La superba cortina, il capo esangue
Sollecita n' involgo; alla mia fida
Ancella lo consegno,
Che non lungi attendea; del duce estinto
M' involo al padiglion; passo fra' suoi
Non vista o rispettata, e torno a voi.

METASTASIO. *Betulia liberata.*

———

Eufrosine narra alle Grazie sue germane un' astuzia
di Amore.

 Là dove fra le sponde
Della bassa Amatunta il mar s' interna,
All' ombra d' uno scoglio,
Che la fronte sublime
Incurva a vagheggiar l' onda tranquilla,

Io con la canna e l'amo
I pesci un giorno insidiava. Amore
Era con me; ma su l' erboso lido
Stava a' suoi scherzi intento, ed io di lui
Niuna cura prendea. Vide il fallace
La mia fiducia, e n' abusò. Nasconde
Sotto un folto cespuglio
Di dittamo fiorito alquanti strali;
Cela tra' fiori e l' erba in altro lato
Sottilissima rete; indi improviso
Grida: ahimè son ferito, e con le palme
Si copre il volto. Io getto l' amo, e volo
A chiedergli che avvenne. Un' ape, ei dice,
Un' ape mi piagò, soccorso, aita....
E fra tanto piangea. Credula io sento
Impietosirmi. Al dittamo vicino
Per sanarlo ricorro, e mentre in fretta
Le più giovani foglie
Scegliendo vo, ne' fraudolenti strali
Urto, mi pungo. Il traditor dal pianto
Passa subito al riso; altro non bramo,
Grida, già risanai; guarda; e m' addita
La guancia illesa, anzi non mai ferita.
Chi può dir l' ira mia? Per vendicarmi
A lui corro, ei mi fugge, in cento giri
Quinci e quindi m' avvolge, e insidioso
Mi conduce fuggendo al laccio ascoso.
Io, che no 'l so, v' inciampo, e prigioniero
Mi sento il piè. Crebbe al secondo oltraggio
In me l' ira e il rigor; pugnai; ma i lacci
Pur fransi al fin, pur mi disciolsi, e certo
Giunto l' avrei; ma intanto,

Che a togliermi d' impaccio
Fra lo sdegno e 'l rossor tardai confusa,
Fuggì ridendo, e mi lasciò delusa.

    METASTASIO. *Le Grazie vendicate.*

Egisto ammazza un masnadiere.

Nè ciò pensai, nè a far ciò ch' io pur feci
Empia sete mi spinse, o voglia avara.
Anzi a chi me spogliare e uccider volle,
Per mia pura difesa a tor la vita
I' fui costretto. In testimon ne chiamo
Quel Giove che in Olimpia, ha pochi giorni,
Venerai nel gran tempio. Il mio cammino
Cheto e soletto i' proseguia; allor quando
Per quella via che in ver Laconia guida,
Un uom vidi venir, d' età conforme,
Ma di selvaggio e truce aspetto: in mano
Nodosa clava avea. Fissò in me gli occhi
Torvi, poi riguardò se quinci o quindi
Gente apparia: poichè appressati fummo
Appunto al varco del marmoreo ponte
Ecco un braccio m' afferra, e le mie vesti,
E quanto ho meco altero chiede, e morte
Bieco minaccia. Io con sicura fronte
Sprigiono il braccio a forza; egli a due mani,
La clava alzando, mi prepara un colpo,
Che se giunto m' avesse, le mie sparse
Cervella foran or giocondo pasto
A i rapidi avoltoj: ma ratto allora
Sottentrando il prevenni, ed a traverso

Lo strinsi e l'incalzai: così abbracciati
Ci dibattemmo alquanto, indi in un fascio
N' andammo a terra; ed arte fosse o sorte,
Io restai sopra, ed ei percosse in guisa
Sovra una pietra il capo, che il suo volto
Impallidì ad un tratto, e le giunture
Disciolte, immobil giacque. Allor mi corse
Tosto al pensier, che su la via restando
Quel funesto spettacolo, inseguito
D' ogni parte i' sarei fra poco: in core
Però mi venne di lanciar nel fiume
Il morto, o semivivo; e con fatica
(Ch'inutil era per riuscire, e vana)
L' alzai da terra, e in terra rimaneva
Una pozza di sangue: a mezzo il ponte
Portailo in fretta, di vermiglia striscia
Sempre rigando il suol; quinci cadere
Col capo in giù il lasciai: piombò, fendendo
L' acqua con gran fragor: in alto salse
Lo spruzzo, e l' onda sovra lui si chiuse
Nè 'l vidi più, che 'l rapido torrente
L' avrà travolto e ne' suoi gorghi spinto.
Giacean nel suol la clava, e negra pelle
Che nel pugnar gli si sfibbiò dal petto:
Queste io tolsi, non già come rapine,
Ma per vano piacer quasi trofei.

MAFFEI. *La Merope.*

6.

Lo stesso argomento.

Io m'era al vecchio genitor di furto
Sottratto, incauto; e già più mesi attorno
Men giva errando per città diverse,
Quando oggi alfin quì m'avviava. Un colle
Stretto e solingo, che ai pedon dà via
Lungo il Pamiso, con veloci piante
Venia calcando, impaziente molto
Di porre il piè nella città, che mostra
Mi fea da lungi vaga e in un pomposa
D'alti palagi e di superbe torri.
Quand'ecco, a me di contro altr'uom venire
Più frettoloso assai: son d'uom che fugge
I passi suoi; giovin l'aspetto; gli atti
Arroganti, assoluti: ei di lontano
Con man mi accenna ch'io gli sgombri il passo.
Angustissimo il loco, ad uno appena
Adito dà: sul fiume alto scoscende
Il mal sentier per una parte; l'altra
Irta d'ispidi dumi, assai fa schivo
D'accostarvisi l'uomo. Il modo spiacque
A me, libero nato, uso soltanto
D'obbedire alle leggi, e a ceder solo
Ai più vecchi di me: m'inoltro io quindi.
Ei, con voce terribile: «ritratti,
«O ch'io...» mi grida. Ardo di sdegno allora:
«Ritratti tu» gli replico. Già presso
Siam giunti: ei caccia un suo pugnal dal fianco
E su me corre: io non avea pugnale,
Ma cor; lo aspetto di piè fermo; ei giunge;

Io sottentro, il ricingo, e in men che il dico,
L' atterro: invan dibattesi; il conficco
Con mie ginocchia al suol: sua destra afferro
Con ambe mani; ei freme indarno, io salda
Glie la ritengo, immota. Quando ei troppo
Debil si scorge al paragone, a finta
Mercede viene; io 'l credo, il lascio; ei tosto
A tradimento un colpo, qual quì il vedi,
Mi vibra; i panni squarcia; il colpo striscia:
Lieve è il dolor, ma troppa è l' ira: io cieco,
Di man gli strappo il rio pugnal;... trafitto
Nel sangue ei giace —. Troppo mi dolse
Sfuggito appena il colpo di man m' era.
Non uso al sangue, io m' avvilii, temetti;
Che far, non mi sapea: prima il coltello
Lanciai nel fiume; indi pensier mi venne
Pur di lanciar il misero; di torre
Ogni indizio così parvemi, e il feci.
Vedi se avvezzo era ai delitti; ahi folle!
Così com' era insanguinato, io corsi,
Senza saper dove mi andassi, al ponte.
Ivi da tuoi, ch' io non fuggia, fui preso;
E qui m' han tratto. Io nulla tacqui: il giuro.

ALFIERI. *La Merope.*

Morte di Polifonte.

Era già in punto il sagrificio, e i peli
Del capo il sacerdote avea già tronchi
Al toro per gittargli entro la fiamma.
Stava da un lato il re, dall' altro in atto

Di chi a morir sen va, Merope: intorno
La varia turba rimirando, immota
E taciturna. Io ch' era alquanto in alto,
Vidi Cresfonte aprir la folla, e innanzi
Farsi a gran pena, acceso in volto, e tutto
Da quel di pria diverso: a sboccar venne
Poco lungi dall' ara, e ritrovossi
Dietro appunto al tiranno. Allora stette
Alquanto altero e fosco, e l' occhio bieco
Girò d' intorno. Quì il narrar vien manco;
Poichè la sacra preparata scure,
Che fra patere e vasi aveva innanzi,
L' afferrare a due mani, e orribilmente
Calarla, e all' empio re fenderne il collo,
Fu un sol momento; e fu in un punto solo
Ch' io vidi il ferro lampeggiar in aria,
E che il misero a terra stramazzò.
Del sacerdote in su la bianca veste
Lo spruzzo rosseggiò; più gridi alzarsi,
Ma in terra i colpi ei replicava. Adrasto,
Ch' era vicin, ben si avventò; ma il fiero
Giovane, qual cinghial si volse, e in seno
Gli piantò la bipenne. Or chi la madre
Pinger potrebbe? si scagliò qual tigre,
Si pose innanzi al figlio, ed a chi incontra
Veniagli, opponea il petto. Alto gridava
In tronche voci: è figlio mio, è Cresfonte,
Questi è 'l re vostro: ma il rumor, la calca
Tutto opprimea: chi vuol fuggir, chi innanzi
Vuol farsi, or spinta, or risospinta ondeggia,
Qual messe al vento, la confusa turba,
E lo perchè non sa; correr, ritrarsi,

Urtare, interrogar, fremer, dolersi,
Urli, stridi, terror, fanciulli oppressi,
Donne sossopra, oh fiera scena! il toro
Lasciato in sua balìa spavento accresce,
E salta, e mugge; echeggia d' alto il tempio.
Chi s' affanna d' uscir, preme e s' ingorga,
E per troppo affrettar ritarda: in vano
Le guardie là, che custodian le porte,
Si sforzaro d' entrar, che la corrente
Le svolse, e seco al fin le trasse. Intanto
Erasi intorno a noi drappel ridotto
D' antichi amici: sfavillavan gli occhi
Dell' ardito Cresfonte, e altero e franco
S' avviò per uscir fra suoi ristretto.
Io, che disgiunta ne rimasi, al fosco
Adito angusto, che al palagio guida,
Mi corsi, e gli occhi rivolgendo, io vidi
Sfigurato e convolto (orribil vista!)
Spaccato il capo e 'l fianco, in mar di sangue
Polifonte giacer: prosteso Adrasto
Ingombrava la terra, e semivivo
Contorcendosi ancor, mi fe spavento,
Gli occhi appannati nel singhiozzo aprendo.
Rovesciata era l' ara, e sparsi e infranti
Canestri, e vasi, e tripodi e coltelli.

MAFFEI. La Merope.

I Giuochi Pitj.

Dirò. — Di Grecia all' adunanza illustre
Per li delfici ludi Oreste venne.
E là primiera ad alta voce udendo
Bandir la gara del pedestre corso,
Entrò splendido in lizza e maestoso,
Maraviglia di tutti; e dell' aringo
Tosto adeguando alla sembianza il fine,
Il primo onor della vittoria ottenne. —
Poco a dirti per molto, io mai non vidi
Tanta d' uom lena ed opre tali. In somma
Di quante giostre in quel primiero giorno
Fur bandite e commesse, egli di tutte
Portò la palma, e proclamato sempre
Fu vincitor l' argivo Oreste, il figlio
D' Agamennon già condottier de' greci.
Ma se un dio ne persegue, invan sottrarsi
Tenta l' uom, benchè forte. Il dì seguente,
Che al sorgere del sole era il certame
Delle quadrighe, in campo anch' egli venne
Fra molti aurighi: Achivo l' un; di Sparta
L' altro; due Libj; ed ei venia per quinto
Con tessale puledre. Etolo il sesto,
Biondi corsieri aggiunti al carro avea;
Il settimo Magnesio; era Eniano
Bianco i destrier l' ottavo; e della sacra
Atene il nono; e di Beozia l' altro
Che li diece compiea. Gli arbitri eletti
Trasser le sorti, e in ordine di quelle
Postati i cocchi, a uno squillar di tromba

Sbucaron tutti, ai cavalli gridando,
E squassando le briglie. Empiè l' arena
Tosto un fragor di romorose rote:
Iva in alto la polve: l'un con l' altro
Misti e confusi, alla pungente sferza
Niun perdonava, onde l' un l' altro a prova
Oltrepassarsi. Ai precorrenti aurighi
Su le terga sbuffavano la spuma
I seguenti cavalli; e sempre Oreste
Presso presso la meta ripiegava
Il fervid' asse, rallentando al destro
Corsier la briglia, e rattenendo il manco.
E già incolumi tutti, aveano il sesto
Altri, e il settimo giro altri compiuto,
Quando i destrier dell' Eniano indocili
Rivoltansi repente, e dan di fronte
Entro i cocchi Barcei. L' un contro l' altro
Forte urtò, l' un su l' altro arrovesciossi,
E pien fu tosto d' equestri naufragj
Tutto il campo criseo. Questo veggendo
Il pro d' Atene aurigator, le redini
Stringe ad un tratto, e da una parte sbalza,
Evitando de' carri, e de' cavalli
La confusa burrasca. Ultimo Oreste
Segue, nel fin tutto fidando; e visto
Restar quel solo, un forte grido incute
Nell' orecchio a' destrieri: e già l' aggiugne,
E già d' ambe le mute a paro a paro
Erano i gioghi, ed or questi ed or quegli
Sporgea più innanzi de' corsier col capo.
Ma il misero garzon, ritto sul cocchio
Gli altri giri trascorsi, ecco la guida

Inavvedutamente rilasciando
Al corridor che per voltar piegava,
Forte die' nella meta; entro le rote
L'asse spezzò; precipitò dal carro;
Fra le briglie s'avvolse, e per lo circo
Dileguaronsi rapidi i cavalli. —
Mandar le genti un doloroso grido,
Quando il vider caduto, e tanto strazio
Soffrir giovin sì prode, orribilmente
Per terra strascinato, or alto or basso
Rotante i piè; fin che gli aurighi a stento
Le furenti puledre rattenute,
Nel ritrassero pesto, insanguinato,
Tal che nessun più degli amici suoi
Ravvisar lo potea. Tosto arso a lui
Fu il rogo; e chiuso il cenere infelice
Di sì grande persona in picciol' urna
Qua recheran Focensi eletti, ond'egli
Abbia almen tomba nella patria terra.—

BELLOTTI. *Trad. di Sofocle.*

PITTURE.

Firenze e suoi antichi costumi.

Fiorenza dentro della cerchia antica,
Ond' ella toglie ancora e terza e nona
Si stava in pace sobria e pudica.
    Non avea catenella, non corona,
Non donne contigiate, non cintura
Che fosse a veder più che la persona.
    Non faceva nascendo ancor paura
La figlia al padre, che 'l tempo e la dote
Non fuggian quinci e quindi la misura.
    Non avea case di famiglia vote;
Non v' era giunto ancor Sardanapalo
A mostrar ciò che 'n camera si puote.
    Non era vinto ancora Montemalo
Dal vostro Uccellatojo, che com' è vinto
Nel montar su, così sarà nel calo.
    Bellincion Berti vid' io andar cinto
Di cuojo e d' osso, e venir dallo specchio
La donna sua senza 'l viso dipinto:
    E vidi quel de' Nerli e quel del Vecchio
Esser contenti alla pelle scoverta,
E le sue donne al fuso ed al pennecchio:
    O fortunata! e ciascuna era certa
Della sua sepoltura, ed ancor nulla
Era per Francia nel letto deserta.

L' una vegghiava a studio della culla,
E consolando usava l' idioma,
Che pria li padri e le madri trastulla.

L' altra traendo alla rocca la chioma,
Favoleggiava con la sua famiglia
De' Trojani, di Fiesole e di Roma.

Saria tenuta allor tal maraviglia
Una Cianghella, un Lapo Salterello,
Qual or saria Cincinnato e Corniglia.

A così riposato e così bello
Viver di cittadini, a così fida
Cittadinanza, a così dolce ostello

Maria mi diè, chiamata in alte grida;
E nell' antico vostro batisteo
Insieme fui cristiano e Cacciaguida.

DANTE. *Paradiso* can. XV.

—————

Uomini illustri dell' antichità.

Io non sapea da tal vista levarme,
Quand' io udii: pon mente all' altro lato,
Che s' acquista ben pregio altro che d' arme.

Volsimi da man manca, e vidi Plato,
Che 'n quella schiera andò più presso al segno
Al qual aggiunge a chi dal cielo è dato.

Aristotele poi pien d' alto ingegno;
Pitagora, che primo umilemente
Filosofia chiamò per nome degno.

Socrate e Senofonte, e quell' ardente
Vecchio a cui fur le muse tanto amiche,
Ch' Argo, e Micena e Troja se ne sente.

Questi cantò gli errori e le fatiche
Del figliuol di Laerte e della diva,
Primo pittor delle memorie antiche.

A man a man con lui cantando giva
Il Mantoan, che di par seco giostra,
Ed uno al cui passar l' erba fioriva:

Quest' è quel Marco Tullio in cui si mostra
Chiaro quant' ha eloquenza e frutti e fiori;
Questi son gli occhi della lingua nostra.

Dopo venia Demostene, che fuori
È di speranza omai del primo loco,
Non ben contento de' secondi onori.

Un gran fòlgor parea tutto di foco;
Eschine il dica che 'l potè sentire,
Quando presso al suo tuon parve già roco.

Io non posso per ordine ridire
Questo o quel dove mi vedessi, o quando,
E qual innanzi andar, e qual seguire:

Che cose innumerabili pensando,
E mirando la turba tale e tanta,
L' occhio il pensier m' andava desviando.

Vidi Solon, di cui fu l' util pianta
Che s' è mal culta, mal frutto produce;
Con gli altri sei di cui Grecia si vanta.

Quì vid' io nostra gente aver per duce
Varrone, il terzo gran lume romano,
Che quanto 'l miro più, tanto più luce.

Crispo Salustio, e seco a mano a mano
Uno che gli ebbe invidia e videl torto;
Cioè 'l gran Tito Livio padoano.

Mentr' io mirava, subito ebbi scorto
Quel Plinio veronese suo vicino,

A scriver molto, a morir poco accorto.
   Poi vidi 'l gran platonico Plotino,
Che, credendosi in ozio viver salvo,
Prevento fu dal suo fiero destino,
   Il qual seco venia dal matern' alvo,
E però providenza ivi non valse;
Poi Crasso, Antonio, Ortensio, Galba, e Calvo
   Con Pollion ch' in tal superbia salse,
Che contra quel d' Arpino armar le lingue,
E i duo cercando fame indegne e false.
   Tucidide vid' io, che ben distingue
I tempi, e i luoghi e loro opre leggiadre,
E di che sangue qual campo s' impingue.
   Erodoto di greca istoria padre
Vidi, e dipinto il nobil geometra
Di triangoli, tondi e forme quadre.
   E quel che 'nver di noi divenne pietra,
Porfirio che d' acuti sillogismi
Empiè la dialettica faretra,
   Facendo contra 'l vero arme i sofismi,
E quel di Coo, che fe' via miglior l' opra,
Se ben intesi fosser gli aforismi.
   Apollo ed Esculapio gli son sopra,
Chiusi, ch' appena il viso gli comprende,
Sì par che i nomi il tempo limi e copra.
   Un di Pergamo il segue, e da lui pende
L' arte guasta fra noi, allor non vile,
Ma breve e oscura, ei la dichiara e stende.
   Vidi Anassarco intrepido e virile,
E Senocrate più saldo ch' un sasso,
Che nulla forza il volse ad atto vile.
   Vidi Archimede star col viso basso,

PITTURE.

E Democrito andar tutto pensoso,
Per suo voler di lume e d' oro casso.

   Vid' Ippia il vecchiarel, che già fu oso
Dir: i' so tutto; e poi di nulla certo,
Ma d' ogni cosa Archesilao dubbioso.

   Vidi in suoi detti Eraclito coperto,
E Diogene cinico in suoi fatti,
Assai più che non vuol vergogna, aperto;

   E quel che lieto i suoi campi disfatti
Vide e deserti, d' altra merce carco,
Credendo averne invidiosi patti.

   Iv' era il curioso Dicearco,
Ed in suoi magisteri assai dispari
Quintiliano e Seneca e Plutarco.

   Vid' ivi alquanti ch' han turbati i mari
Con venti avversi ed intelletti vaghi,
Non per saper, ma per contender chiari,

   E tar come leoni, e come draghi
Con le code avvinchiarsi. Or che è questo,
Ch' ognun del suo saper par che s' appaghi?

   Carneade vidi in suoi studj sì desto
Che, parland' egli, il vero e 'l falso appena
Si discernea; così nel dir fu presto.

   La lunga vita e la sua larga vena
D' ingegno pose in accordar le parti,
Che 'l furor letterato a guerra mena.

   Nè 'l poteo far; che come crebber l' arti,
Crebbe l' invidia, e col sapere insieme
Ne' cuori enfiati i suoi veneni sparti.

   Contra 'l buon sire che l' umana speme
Alzò, ponendo l' anima immortale,
S' armò Epicuro, onde sua fama geme,

Ardito a dir ch' ella non fosse tale;
Così al lume fu famoso e lippo
Con la brigata al suo maestro eguale;
   Di Metrodoro parlo, e d' Aristippo.
Poi con gran subbio e con mirabil fuso
Vidi tela sottil tesser Crisippo.
   Degli stoici 'l padre alzato in suso
Per far chiaro suo dir, vidi Zenone
Mostrar la palma aperta e 'l pugno chiuso.
   E per fermar sua bella intenzione,
La sua tela gentil tesser Cleante,
Che tira al ver la vaga opinione.
   Quì lascio, e più di lor non dico avante.
PETRARCA. Trionfo della Fama.

La Discordia nel campo d' Agramante.

Come che la Discordia avesse rotto
Tutto il dosso e le braccia, pur temendo
Un' altra volta ritrovarsi sotto
A quei gran colpi, a quel furor tremendo,
Corre a pigliare i mantici di botto;
Ed agli accesi fochi esca aggiungendo,
Ed accendendone altri, fa salire
Da molti cori un alto incendio d' ire.
   E Rodomonte, e Mandricardo e insieme
Ruggier n' infiamma sì, che innanzi al Moro
Li fa tutti venire, or che non preme
Carlo i pagani, anzi il vantaggio è loro.
Le differenze narrano, ed il seme
Fanno saper da cui produtte foro;

Poi del re si rimettono al parere,
Chi di lor prima il campo debba avere.

    Marfisa del suo caso anco favella,
E dice che la pugna vuol finire
Che cominciò col Tartaro; perch' ella
Provocata da lui vi fu a venire:
Nè per dar loco all' altre, volea quella
Un' ora, non che un giorno differire,
Ma d' esser prima fa l' istanzia grande,
Ch' alla battaglia il Tartaro domande.

    Non men vuol Rodomonte il primo campo
Da terminar col suo rival l' impresa,
Che per soccorrer l' africano campo
Ha già interrotta, e fin a quì sospesa.
Mette Ruggier le sùe parole a campo,
E dice che patir troppo gli pesa,
Che Rodomonte il suo destrier gli tenga,
E che a pugna con lui prima non venga.

    Per più intricarla il Tartaro vien anche,
E niega che Ruggiero ad alcun patto
Debba l' aquila aver dall' ale bianche;
E d' ira e di furore è così matto,
Che vuol, quando dagli altri tre non manche,
Combatter tutte le querele a un tratto.
Nè più dagli altri ancor saria mancato,
Se 'l consenso del re vi fosse stato.

    Con preghi il re Agramante e buon ricordi
Fa quanto può, perchè la pace segua·
E quando al fin tutti li vede sordi
Non voler assentire a pace o a tregua;
Va discorrendo come almen gli accordi
Sì, che l' un dopo l' altro il campo assegua;

E pel miglior partito alfin gli occorre
Ch' ognuno a sorte il campo s' abbia a torre.
    Fè quattro brevi porre: un Mandricardo
E Rodomonte insieme scritto avea;
Nell' altro era Ruggiero e Mandricardo;
Rodomonte e Ruggier l' altro dicea:
Dicea l' altro Marfisa e Mandricardo.
Indi all' arbitrio dell' instabil dea
Li fece trarre: e 'l primo fu il signore
Di Sarza a uscir con Mandricardo fuore.
    Mandricardo e Ruggier fu nel secondo;
Nel terzo fu Ruggiero e Rodomonte,
Restò Marfisa e Mandricardo in fondo;
Di che la donna ebbe turbata fronte.
Nè Ruggier più di lei parve giocondo:
Sa che le forze dei duo primi pronte
Han tra lor da finir le liti in guisa,
Che non ne fia per se, nè per Marfisa.
    Giacea non lungi da Parigi un loco,
Che volgea un miglio o poco meno intorno:
Lo cingea tutto un argine non poco
Sublime, a guisa d' un teatro adorno.
Un castel già vi fu, ma a ferro e a foco
Le mura e i tetti ed a ruina andorno.
Un simil può vederne in su la strada,
Qualvolta a Borgo il Parmigiano vada.
    In questo loco fu la lizza fatta,
Di brevi legni d' ognintorno chiusa,
Per giusto spazio quadra, al bisogno atta,
Con due capaci porte, come s' usa.
Giunto il dì ch' al re par che si combatta
Tra i cavalier che non ricercan scusa,

Furo appresso alle sbarre in ambi i lati
Contra i rastrelli i padiglion tirati.

Nel padiglion ch' è più verso ponente
Sta il re d' Algier che ha membra di gigante.
Gli pon lo scoglio in dosso del serpente
L' ardito Ferraù con Sacripante.
Il re Gradasso e Falsiron possente
Sono in quell' altro al lato di levante,
E metton di sua man l' arme trojane
In dosso al successor del re Agricane.

Sedeva in tribunale amplo e sublime
Il re d' Africa, e seco era l' Ispano;
Poi Stordilano, e altre genti prime
Che riveria l' esercito pagano.
Beato a chi pon' dare argini e cime
D' arbori stanza che gli alzi dal piano!
Grande è la calca, e grande in ogni lato
Popolo ondeggia intorno al gran steccato.

Eran con la regina di Castiglia
Regine e principesse e nobil donne
D' Aragon, di Granata e di Siviglia,
E fin di presso all' atlantee colonne:
Tra quai di Stordilan sedea la figlia
Che di duo drappi avea le ricche gonne;
L' un d' un rosso mal tinto, e l' altro verde;
Ma 'l primo quasi imbianca e il color perde.

In abito succinto era Marfisa,
Qual si convenne a donna ed a guerriera.
Termoodonte forse a quella guisa
Vide Ippolita ornarsi e la sua schiera.
Già con la cotta d' arme alla divisa
Del re Agramante in campo venut' era

7.

L' araldo a far divieto, e metter leggi,
Che nè in fatto nè in detto alcun parteggi.

La spessa turba aspetta disiando
La pugna, e spesso incolpa il venir tardo
De' duo famosi cavalieri; quando
S' ode dal padiglion di Mandricardo
Alto rumor che vien moltiplicando.
Or sappiate, signor, che 'l re gagliardo
Di Sericana e 'l Tartaro possente
Fanno il tumulto e 'l grido che si sente.

Avendo armato il re di Sericana
Di sua man tutto il re di Tartaria,
Per porgli al fianco la spada soprana,
Che già d' Orlando fu, se ne venia;
Quando nel pome scritto Durindana
Vide, e 'l quartier ch' Almonte aver solia,
Ch' a quel meschin fu tolto ad una fonte
Dal giovinetto Orlando in Aspramonte.

Vedendola, fu certa ch' era quella
Tanto famosa del signor d' Anglante,
Per cui con grande armata, e la più bella
Che già mai si partisse di levante,
Soggiogato avea il regno di Castella,
E Francia vinta esso pochi anni innante:
Ma non può immaginarsi, come avvenga
Ch' or Mandricardo in suo poter la tenga.

E dimandògli se per forza o patto
L' avesse tolta al conte, e dove e quando.
E Mandricardo disse ch' avea fatto
Gran battaglia per essa con Orlando;
E come finto quel s' era poi matto,
Così coprire il suo timor sperando,

Ch' era d' aver continua guerra meco,
Fin che la buona spada avesse seco.

E dicea ch' imitato avea il castore,
Il qual si strappa i genitali sui,
Vedendosi alle spalle il cacciatore,
Che sa che non ricerca altro da lui.
Gradasso non udì tutto il tenore,
Che disse: non vo' darla a te nè altrui.
Tanto oro, tanto affanno e tanta gente
Ci ho speso, che è ben mia debitamente.

Cercati pur fornir d' un 'altra spada;
Ch' io voglio questa, e non ti paja nuovo.
Pazzo o saggio ch' Orlando se ne vada,
Averla intendo, ovunque io la ritrovo.
Tu senza testimoni in su la strada
Te l' usurpasti: io quì lite ne movo.
La mia ragion dirà mia scimitarra;
E faremo il giudicio nella sbarra.

Prima, di guadagnarla t' apparecchia,
Che tu l'adopri contra Rodomonte.
Di comprar prima l' arme è usanza vecchia,
Ch' alla battaglia il cavalier s' affronte.
Più dolce suon non mi viene all' orecchia,
(Rispose alzando il Tartaro la fronte,)
Che quando di battaglia alcun mi tenta;
Ma fa che Rodomonte lo consenta.

Fa che sia tua la prima, e che si tolga
Il re di Sarza la tenzon seconda;
E non ti dubitar ch' io non mi volga,
E ch' a te ed ad ogni altro io non risponda,
Ruggier gridò: non vo' che si disciolga
Il patto, o più la sorte si confonda:

O Rodomonte in campo prima saglia,
O sia la sua dopo la mia battaglia.

   Se di Gradasso la ragion prevale,
Prima acquistar che porre in opra l'arme,
Nè tu l'aquila mia dalle bianche ale
Prima usar dei, che non me ne disarme:
Ma poi ch'è stato il mio voler già tale,
Di mia sentenza non voglio appellarme,
Che sia seconda la battaglia mia,
Quando del re d'Algier la prima sia.

   Se turberete voi l'ordine in parte,
Io totalmente turberollo ancora.
Io non intendo il mio scudo lasciarte,
Se contra me non lo combatti or ora.
Se l'uno e l'altro di voi fosse Marte
(Rispose Mandricardo irato allora,)
Non saria l'un nè l'altro atto a vietarme
La buona spada o quelle nobili arme.

   E tratto dalla collera, avventosse
Col pugno chiuso al re di Sericana;
E la man destra in modo gli percosse,
Che abbandonar gli fece Durindana.
Gradasso, non credendo ch'egli fosse
Di così folle audacia e così insana,
Colto improviso fu, che stava a bada,
E tolta sì trovò la buona spada.

   Così scornato, di vergogna e d'ira
Nel viso avvampa, e par che getti foco;
E più l'affligge il caso e lo martira,
Poichè gli accade in sì palese loco.
Bramoso di vendetta si ritira,
A trar la scimitarra, addietro un poco.

Mandricardo in se tanto si confida,
Che Ruggiero anco alla battaglia sfida.
    Venite pure innanzi ambeduo insieme,
E vengane pel terzo Rodomonte,
Africa e Spagna e tutto l' uman seme;
Ch' io son per sempre mai volger la fronte.
Così dicendo, quel che nulla teme,
Mena d' intorno la spada d' Almonte;
Lo scudo imbraccia disdegnoso e fiero
Contra Gradasso e contra il buon Ruggiero.
    Lascia la cura a me, dicea Gradasso,
Ch' io guarisca costui de la pazzia.
Per dio, dicea Ruggier, non te la lasso,
Ch' esser convien questa battaglia mia.
Va indietro tu; vavvi pur tu: nè passo
Però tornando, gridan tuttavia;
Ed attaccossi la battaglia in terzo,
Ed era per uscirne un strano scherzo,
    Se molti non si fossero interposti
A quel furor, non con troppo consiglio;
Ch' a spese lor quasi imparar' che costi
Voler altri salvar con suo periglio.
Nè tutto 'l mondo mai gli avria composti,
Se non venia col re di Spagna il figlio
Del famoso Troiano, al cui cospetto
Tutti ebbon riverenzia e gran rispetto.
    Si fe Agramante la cagione esporre
Di questa nuova lite così ardente:
Poi molto affaticossi per disporre
Che per quella giornata solamente
A Mandricardo la spada d' Ettorre
Concedesse Gradasso umanamente,

Tanto che avesse fin l'aspra contesa
Ch' avea già incontra Rodomonte presa.

   Mentre studia placargli il re Agramante,
Ed or con questo ed or con quel ragiona;
Dall'altro padiglion tra Sacripante
E Rodomonte un' altra lite suona.
Il re Circasso, come è detto innante,
Stava di Rodomonte alla persona;
Ed egli e Ferraù gli aveano indotte
L'arme del suo progenitor Nembrotte.

   Ed eran poi venuti ove il destriero
Facea, mordendo, il ricco fren spumoso,
Io dico il buon Frontin, per cui Ruggiero
Stava iracondo e più che mai sdegnoso.
Sacripante ch' a por tal cavaliero
In campo avea, mirava curioso,
Se ben ferrato e ben guernito e in punto
Era il destrier, come doveasi appunto.

   E venendo a guardargli più a minuto
I segni, le fattezze isnelle ed atte,
Ebbe fuor d'ogni dubbio conosciuto,
Che questo era il destrier suo Frontalatte,
Che tanto caro già s'avea tenuto,
Per cui già avea mille querele fatte;
E poi che gli fu tolto, un tempo volse
Sempre ire a piedi: in modo gliene dolse.

   Innanzi Albracca gli l' avea Brunello
Tolto di sotto quel medesmo giorno
Ch' ad Angelica ancor tolse l'anello,
Al conte Orlando Balisarda e 'l corno,
E la spada a Marfisa: ed avea quello,
Dopo che fece in Africa ritorno,

Con Balisarda insieme a Ruggier dato,
Il qual l' avea Frontin poi nominato.

Quando conobbe non si apporre in fallo,
Disse il Circasso al re d' Algier rivolto:
Sappi, signor, che questo è mio cavallo,
Ch' ad Albracca di furto mi fu tolto.
Ben avrei testimoni da provallo;
Ma perchè son da noi lontani molto,
Se alcun lo nega, io gli vo' sostenere
Con l' arme in man le mie parole vere.

Ben son contento, per la compagnia
In questi pochi dì stata fra noi,
Che prestato il cavallo oggi ti sia;
Ch' io veggo ben che senza far non puoi;
Però con patto, se per cosa mia
E prestata da me conoscer vuoi:
Altrimente d' averlo non far stima,
O se non lo combatti meco prima.

Rodomonte, del quale un più orgoglioso
Non ebbe mai tutto il mestier dell' arme;
Al quale in esser forte e coraggioso
Alcuno antico d' uguagliar non parme;
Rispose: Sacripante, ogni altro ch' oso,
Fuor che tu, fosse in tal modo a parlarme,
Con suo mal si saria tosto avveduto
Che meglio era per lui di nascer muto.

Ma per la compagnia che, come hai detto,
Novellamente insieme abbiamo presa,
Ti son contento aver tanto rispetto,
Ch' io t' ammonisca a tardar questa impresa,
Finchè della battaglia veggi effetto,
Che fra il Tartaro e me tosto fia accesa;

Dove porti uno esempio innanzi spero,
Che avrai di grazia a dirmi: abbi il destriero.

Gli è teco cortesia l' esser villano
(Disse il Circasso pien d' ira e di sdegno;)
Ma più chiaro ti dico ora e più piano,
Che tu non faccia in quel destrier disegno:
Che te lo difendo io, tanto ch' in mano
Questa vindice mia spada sostegno;
E metterovvi insino l' ugna e 'l dente,
Se non potrò difenderlo altrimente.

Venner dalle parole alle contese,
Ai gridi, alle minacce, alla battaglia,
Che per molt' ira in più fretta s' accese,
Che s' accendesse mai per foco paglia.
Rodomonte ha l' usbergo ed ogni arnese,
Sacripante non ha piastra nè maglia;
Ma par, sì ben con lo schermir s' adopra,
Che tutto con la spada si ricuopra.

Non era la possanza e la fierezza
Di Rodomonte, ancor ch' era infinita,
Più che la provvidenza e la destrezza,
Con che sue forze Sacripante aita.
Non voltò ruota mai con più prestezza
Il macigno sovran che 'l grano trita,
Che faccia Sacripante or mano or piede
Di qua di là, dove il bisogno vede.

Ma Ferraù, ma Serpentino arditi
Trasson le spade, e si cacciâr tra loro,
Dal re Grandonio, da Isolier seguiti,
Da molti altri signor del popol moro.
Questi erano i romori i quali uditi
Nell' altro padiglion fur da costoro,

Quivi per accordar venuti in vano
Col Tartaro, Ruggiero e 'l Sericano.
    Venne chi la novella al re Agramante
Riportò certa, come pel destriero
Avea con Rodomonte Sacripante
Incominciato un aspro assalto e fiero.
Il re confuso da discordie tante,
Disse a Marsilio : abbi tu quì pensiero,
Che fra questi guerrier non segua peggio,
Mentre all' altro disordine io proveggio.
    Rodomonte, che 'l re suo signor mira,
Frena l' orgoglio, e torna indietro il passo;
Nè con minor rispetto si ritira,
Al venir d' Agramante il re Circasso.
Quel dimanda la causa di tant' ira
Con real viso, e parlar grave e basso ;
E cerca, poi che n' ha compreso il tutto,
Porli d' accordo, e non vi fa alcun frutto.
    Il re Circasso il suo destrier non vuole
Ch' al re d' Algier più lungamente resti,
Se non si umilia tanto di parole,
Che lo venga a pregar, che glie lo presti.
Rodomonte superbo come suole,
Gli risponde : nè il ciel, nè tu faresti
Che cosa che per forza aver potessi,
Da altri, che da me, mai conoscessi.
    Il re chiede al Circasso, che ragione
Ha nel cavallo, e come gli fu tolto :
E quel di parte in parte il tutto espone,
Ed esponendo s' arrossisce in volto,
Quando gli narra che 'l sottil ladrone
Ch' in un alto pensier l' aveva colto,

La sella su quattro aste gli suffolse,
E di sotto il destrier nudo gli tolse.

   Marfisa che tra gli altri al grido venne,
Tosto che 'l furto del cavallo udì,
In viso si turbò; chè le sovvenne
Che perdè la sua spada ella quel dì;
E quel destrier che parve aver le penne
Da lei fuggendo, riconobbe quì:
Riconobbe anco il buon re Sacripante,
Che non avea riconosciuto innante.

   Gli altri ch' erano intorno, e che vantarsi
Brunel di questo aveano udito spesso,
Verso lui cominciaro a rivoltarsi,
E far palesi cenni ch' era desso;
Marfisa sospettando, ad informarsi
Da questo e da quell' altro ch' avea appresso,
Tanto che venne a ritrovar, che quello
Che le tolse la spada, era Brunello:

   E seppe che pel furto, onde era degno
Che gli annodasse il collo un capestro unto,
Dal re Agramante al Tingitano regno
Fu, con esempio inusitato, assunto.
Marfisa, rinfrescando il vecchio sdegno,
Disegnò vendicarsene a quel punto,
E punir scherni e scorni che per strada
Fatti l' avéa sopra la tolta spada.

   Dal suo scudier l' elmo allacciar si fece;
Che del resto dell' arme era guernita.
Senza usbergo io non trovo che mai diece
Volte fosse veduta alla sua vita,
Dal giorno che a portarlo assuefece
La sua persona, oltre ogni fede ardita.

Con l' elmo in capo andò dove fra i primi
Brunel sedea negli argini sublimi.

Gli diede a prima giunta ella di piglio
In mezzo il petto, e da terra levollo,
Come levar suol col falcato artiglio
Talvolta la rapace aquila il pollo;
E là dove la lite innanzi al figlio
Era del re Troian, così portollo.
Brunel, che giunto in male man si vede,
Pianger non cessa e domandar mercede.

Sopra tutti i rumor, strepiti e gridi,
Di che 'l campo era pien quasi ugualmente,
Brunel, ch' ora pietade, ora sussidi
Domandando venia, così si sente,
Ch' al suono di rammarichi e di stridi
Si fa d' intorno accor tutta la gente.
Giunta innanzi al re d' Africa Marfisa,
Con viso altier gli dice in questa guisa:

Io voglio questo ladro tuo vassallo
Con le mie mani impender per la gola,
Perchè il giorno medesmo che 'l cavallo
A costui tolle, a me la spada invola.
Ma s' egli è alcun che voglia dir ch' io fallo,
Facciasi innanzi, e dica una parola;
Che in tua presenzia gli vuò sostenere
Che se ne mente, e ch' io fo il mio dovere.

Ma perchè si potria forse imputarme
Ch' ho atteso a farlo in mezzo a tante liti,
Mentre che questi più famosi in arme
D' altre querele son tutti impediti;
Tre giorni ad impiccarlo io vo' indugiarme.
Intanto o vieni o manda chi l' aiti;

Che dopo, se non fia chi me lo vieti,
Farò di lui mille uccellacci lieti.

Di quì presso a tre leghe a quella torre
Che siede innanzi ad un picciol boschetto,
Senza più compagnia mi vado a porre,
Che d' una mia donzella e d' un valletto.
S' alcuno ardisce di venirmi a torre
Questo ladron, là venga, ch' io l' aspetto.
Così disse ella, e dove disse, prese
Tosto la via, nè più risposta attese.

Sul collo innanzi del destrier si pone
Brunel, che tuttavia tien per le chiome.
Piange il misero e grida, e le persone,
In che sperar solia, chiama per nome.
Resta Agramante in tal confusione
Di questi intrichi, che non vede come
Poterli sciorre; e gli par via più greve
Che Marfisa Brunel così gli leve.

Non che l' apprezzi o che gli porti amore,
Anzi più giorni son che l' odia molto,
E spesso ha d' impiccarlo avuto in core,
Dopo che gli era stato l' anel tolto.
Ma quest' atto gli par contra il suo onore,
Sì che n' avvampa di vergogna in volto.
Vuole in persona egli seguirla in fretta,
E a tutto suo poter farne vendetta.

Ma il re Sobrino, il quale era presente,
Da questa impresa molto il dissuade,
Dicendogli che mal conveniente
Era all' altezza di sua maestade,
Se ben avesse d' esserne vincente
Ferma speranza e certa sicurtade:

Più ch' onor, gli fia biasmo che si dica,
Ch' abbia vinto una femmina a fatica.

Poco l' onore e molto era il periglio
D' ogni battaglia che con lei pigliasse;
E che gli dava per miglior consiglio,
Che Brunello alle forche aver lasciasse:
E se credesse che un alzar di ciglio
A torlo dal capestro gli bastasse;
Non dovea alzarlo per non contraddire
Che s' abbia la giustizia ad eseguire.

Potrai mandare un che Marfisa preghi,
Dicea, che in questo giudice ti faccia,
Con promission, ch' al ladroncel si leghi
Il laccio al collo, e a lei si sodisfaccia:
E quando anco ostinata te lo neghi,
Se l' abbia, e 'l suo desir tutto compiaccia:
Purchè da tua amicizia non si spicchi,
Brunello e gli altri ladri tutti impicchi.

Il re Agramante volentier s' attenne
Al parer di Sobrin discreto e saggio;
E Marfisa lasciò, che non le venne,
Nè patì ch' altri andasse a farle oltraggio;
Nè di farla pregare anco sostenne;
E tollerò, Dio sa con che coraggio,
Per poter acchetar liti maggiori,
E del suo campo tor tanti rumori.

Di ciò si ride la Discordia pazza,
Che pace o tregua omai più teme poco.
Scorre di qua e di là tutta la piazza,
Nè può trovar per allegrezza loco.
La Superbia con lei salta e gavazza,
E legne ed esca va aggiungendo al foco;

E grida sì, che fin nell' alto regno
Manda a Michel della vittoria segno.
   Tremò Parigi e torbidossi Senna
All' alta voce, a quell' orribil grido;
Rimbombò il suon fin alla selva Ardenna
Sì, che lasciar' tutte le fere il nido.
Udiron l' Alpi e il monte di Gebenna,
Di Blaia e d' Arli e di Roano il lido;
Rodano e Sonna udì, Garonna e il Reno:
Si strinsero le madri i figli al seno.

                ARIOSTO. *Or. fur.* can. XXVII.

Erminia fra i pastori.

   Intanto Erminia fra l' ombrose piante
D' antica selva dal cavallo è scorta:
Nè più governa il fren la man tremante;
E mezza quasi par tra viva e morta.
Per tante strade si raggira e tante
Il corridor che 'n sua balìa la porta,
Ch' al fin dagli occhi altrui pur si dilegua,
Ed è soverchio omai ch' altri la segua.
   Qual dopo lunga e faticosa caccia
Tornansi mesti ed anelanti i cani
Che la fera perduta abbian di traccia,
Nascosa in selva dagli aperti piani;
Tal, pieni d' ira e di vergogna in faccia,
Riedono stanchi i cavalier cristiani.
Ella pur fugge; e timida e smarrita
Non si volge a mirar s' anco è seguita.
   Fuggì tutta la notte, e tutto il giorno

Errò senza consiglio e senza guida,
Non udendo o vedendo altro dintorno,
Che le lagrime sue, che le sue strida.
Ma nell' ora che 'l sol dal carro adorno
Scioglie i corsieri, e in grembo al mar s' annida,
Giunse del bel Giordano alle chiare acque,
E scese in riva al fiume, e quì si giacque.

   Cibo non prende già; chè de' suoi mali
Solo si pasce, e sol di pianto ha sete:
Ma 'l sonno che de' miseri mortali
È col suo dolce oblìo posa e quiete,
Sopì co' sensi i suoi dolori, e l' ali
Dispiegò sovra lei placide e chete:
Nè però cessa Amor con varie forme
La sua pace turbar mentre ella dorme.

   Non si destò finchè garrir gli augelli
Non sentì lieti, e salutar gli albori;
E mormorare il fiume e gli arboscelli,
E coll' onda scherzar l' aura e co' fiori.
Apre i languidi lumi, e guarda quelli
Alberghi solitarj de' pastori;
E parle voce uscir tra l' acqua e i rami,
Ch' ai sospiri ed al pianto la richiami.

   Ma son, mentre ella piange, i suoi lamenti
Rotti da un chiaro suon ch' a lei ne viene,
Che sembra, ed è di pastorali accenti
Misto, e di boscherecce inculte avene.
Risorge, e là s' indrizza a passi lenti;
E vede un uom canuto all' ombre amene
Tesser fiscelle alla sua greggia accanto,
Ed ascoltar di tre fanciulli il canto.

   Vedendo quivi comparir repente

L' insolite arme, sbigottir' costoro·
Ma gli saluta Erminia, è dolcemente
Gli affida, e gli occhi scopre e i bei crin d' oro.
Seguite (dice) avventurosa gente
Al ciel diletta, il bel vostro lavoro;
Che non portano già guerra quest' armi
All' opre vostre, ai vostri dolci carmi.

    Soggiunse poscia: o padre, or che dintorno
D' alto incendio di guerra arde il paese,
Come quì state in placido soggiorno,
Senza temer le militari offese?
Figlio (ei rispose) d' ogni oltraggio o scorno
La mia famiglia e la mia greggia illese
Sempre quì fur, nè strepito di Marte
Ancor turbò questa remota parte.

    O sia grazia del ciel, che l' umiltade
D' innocente pastor salvi e sublime;
O che, sì come il folgore non cade
In basso pian, ma sull' eccelse cime;
Così 'l furor di peregrine spade
Sol de' gran re l' altere teste opprime:
Nè gli avidi soldati a preda alletta
La nostra povertà vile e negletta.

    Altrui vile e negletta, a me sì cara,
Che non bramo tesor nè regal verga;
Nè cura o voglia ambiziosa o avara
Mai nel tranquillo del mio petto alberga.
Spengo la sete mia nell' acqua chiara
Che non tem' io che di venen s' asperga:
E questa greggia e l' orticel dispensa
Cibi non compri alla mia parca mensa:

    Chè poco è il desiderio, e poco è il nostro

Bisogno onde la vita si conservi.
Son figli miei questi ch' addito e mostro
Custodi della mandra, e non ho servi.
Così men vivo in solitario chiostro,
Saltar veggendo i capri snelli e i cervi,
Ed i pesci guizzar di questo fiume,
E spiegar gli augelletti al ciel le piume.
    Tempo già fu, quando più l' uom vaneggia
Nell' età prima, ch' ebbi altro desio;
E disdegnai di pasturar la greggia,
E fuggii dal paese a me natio:
E vissi in Menfi un tempo, e nella reggia
Fra i ministri del re fui posto anch' io:
E benchè fossi guardian degli orti,
Vidi e conobbi pur l' inique corti.
    E lusingato da speranza ardita
Soffrii lunga stagion ciò che più spiace.
Ma poich' insieme coll' età fiorita
Mancò la speme e la baldanza audace,
Piansi i riposi di quest' umil vita,
E sospirai la mia perduta pace;
E dissi: o corte, addio. Così agli amici
Boschi tornando, ho tratto i dì felici.
    Mentre ei così ragiona, Erminia pende
Dalla soave bocca, intenta e cheta;
E quel saggio parlar ch' al cor le scende,
De' sensi in parte le procelle acqueta.
Dopo molto pensar, consiglio prende,
In quella solitudine secreta
Infino a tanto almen farne soggiorno,
Ch' agevoli fortuna il suo ritorno.
    Onde al buon vecchio dice: o fortunato,

8.

Ch' un tempo conoscesti il male a prova,
Se non t' invidii il ciel sì dolce stato,
'Delle miserie mie pietà ti mova;
E me teco raccogli in questo grato
Albergo ch' abitar teco mi giova.
Forse fia che 'l mio core infra quest' ombre
Del suo peso mortal parte disgombre.

Che se di gemme e d' or che 'l vulgo adora
Sì come idoli suoi, tu fossi vago,
Potresti ben, tante n' ho meco ancora,
Renderne il tuo desio contento e pago.
Quinci, versando da' begli occhi fuora
Umor di doglia cristallino e vago,
Parte narrò di sue fortune; e intanto
Il pietoso pastor pianse al suo pianto.

TASSO. Ger. lib. can. VII.

La Madre degli uccelletti.

Io credo ben, che spirito vivace
Informi gli animai che sono in terra,
Quanti ne accoglie in seno il mar capace,
Quanti il giro del ciel ne alberga e serra;
Spirto che presti lor quasi la face,
Per cui ciascuno in suo desir non erra;
E che il supremo artefice immortale
Lor doni ingegno a la fortuna eguale.

Il qual sì come il cielo empì di spirti
Fra loro in eccellenza sì diversi,
Come in un bosco son cipressi e mirti,
Ed in un prato fior vermigli e persi;

Così fra questi, che fia lungo a dirti,
Di minor pregio ingegni abbia dispersi:
Benchè opera di lor poi non si veda,
Cui libertà d' elezion preceda.

Ma se necessitade anco gli stringa
Di provida natura a l' opre loro,
Mira con qual consiglio altri s' accinga,
Altri a compier s' adopri il suo lavoro.
Come il covil si cerchi, e 'l nido finga:
Come ai figli prepari esca e ristoro:
Come ognun li difenda, e con qual cura
Stenda il pensiero alla stagion futura.

Qual architetto mai pietra con pietra
Con tanta simmetria pose e ordinanza?
Qual meccanico industre o geomètra
Ordì congegno o misurò distanza,
Che non ceda a un augel che va per l' etra
Quando tesse le mura alla sua stanza?
O la materia o l' artificio ammiri,
O i rozzi esordj o i più compiuti giri.

Dove altissima quercia intesse l' ombra
Vedi annidarsi i palombi amorosi.
Il merlo negro il suo tessuto ingombra
Sotto l' edera folta in sassi ascosi;
Sotto una pietra alla campagna sgombra
Trae la lodoletta i suoi riposi.
Chi quà chi là segreti alberghi e soli
Cerca, ove meglio ai rubator s' involi.

Ma in van si cela al guardo accesa face
Che vince l' ombra più romita e chiusa;
Vede la madre il bifolco rapace,
Che a un ramo solo è di volar sempre usa.

E udì dall' alto il querulo e loquace
Nido, che i parti da se stesso accusa;
Appostò il loco, nè pietate il tenne,
E li rapì che non avean le penne.

La madre che trovar i figli crede,
Torna con l' esca in bocca all' arbor fido,
E guarda intorno misera, e non vede
Altro che 'l vuoto e depredato nido;
E perchè a tanto mal non sa dar fede
Spesso gli chiama, e ne raccoglie il grido,
Se da vicino o in più riposta fronda
A lei che piange sì qualcun risponda.

E va e vien da questa a quella parte
Spesse fiate come amor la mena;
E perchè tanto errò su l' ali sparte
Che stanca in aria si sostiene appena,
Da un ramo all' aura miserabil parte
Fa della doglia sua, de la sua pena;
E guarda il cielo, e guarda la campagna,
E non cessa un momento che non piagna.

Divino amor, che ne' terreni petti
Vai seminando le tue dolci cure,
Le incerte gioje, i vigili sospetti,
I desir, le speranze e le paure;
Dammi, che mentre i gloriosi effetti
Cantando m' alzi alle cagioni oscure,
Oscure al volgo, e la cagion tu sei,
Suoni la tua virtù ne' versi miei.

LORENZI. *La Coltivaz. de' monti.*

La Bellezza dell' universo.

Stavasi ancora la terrestre mole
Del caos sepolta nell' abisso informe,
E sepolta con lei la luna e il sole;
   E tu [1] del sommo Facitor su l' orme
Spaziando, con esso preparavi
Di questo mondo l' ordine e le forme.
   V' era l' eterna Sapïenza, e i gravi
Suoi pensier ti venia manifestando
Stretta in santi d' amor nodi soavi.
   Teco scorrea per l' infinito, e quando
Dalle cupe del nulla ombre ritrose
L' onnipossente creator comando
   Sbucar fe' tutte le mondane cose,
E al guerreggiar degli elementi infesti
Silenzio e calma inaspettata impose,
   Tu con essa alla grande opra scendesti,
E con possente man del furibondo
Caos le tenebre indietro respingesti,
   Che con muggito orribile e profondo
Là del creato su le rive estreme
S' odon le mura flagellar del mondo;
   Simili a un mar che per burrasca freme
E sdegnando il confine, le bollenti
Onde solleva, e il lido assorbe e preme.
   Poi ministra di luce e di portenti
Del ciel volando pe' deserti campi
Seminasti di stelle i firmamenti:

[1] Il poeta dirige il suo discorso alla Bellezza divina che intende
aver preseduto alla creazione del mondo.

Tu coronasti di sereni lampi
Al sol la fronte, e per te avvien che il crine
Delle comete rubiconde avvampi,
   Che agli occhi di quaggiù spogliate alfine
Del reo presagio di feral fortuna,
Invian fiamme innocenti e porporine.
   Di tante faci alla silente e bruna
Notte trapunse la tua mano il lembo,
E un don le festi della bianca luna;
   E di rose all' Aurora empiesti il grembo,
Che poi sopra i sopiti egri mortali
Piovon di perle rugiadose un nembo.
   Quindi alla terra indirizzasti l' ali,
Ed ebber dal poter de' tuoi splendori
Vita le cose inanimate e frali.
   Tumide allor di nutritivi umori
Si fecondar' le glebe, e si fer' manto
Di molli erbette e d' olezzanti fiori.
   Allor, degli occhi lusinghiero incanto,
Crebber le chiome ai boschi, e gli arboscelli
Grato stillar' dalle cortecce il pianto;
   Allor dal monte corsero i ruscelli
Mormorando, e la florida riviera
Lambir' freschi e scherzosi i venticelli.
   Tutta del suo bel manto primavera
Copria la terra: ma la vasta idea
Del gran fabro compita ancor non era.
   Di sua vaghezza inutile parea
Lagnarsi il suolo; e con più bel desiro,
Sguardo e amor di viventi alme attendea.
   Tu allor dipinta d' un sorriso in giro
Dei quattro venti su le penne tese

L' aura mandasti del divin sospiro,
 La terra in sen l' accolse, e la comprese,
E un dolce movimento, un brividio
Serpeggiar per le viscere s' intese;
 Onde un fremito diede e concepio;
E il suol, che tutto già s' ingrossa e figlia
La brulicante superficie aprio.

 Dalle gravide glebe, oh maraviglia!
Fuori allor si lanciò scherzante e presta
La vaga delle belve ampia famiglia.

 Ecco dal suolo liberar la testa,
Scuoter le giubbe, e tutto uscir d' un salto
Il biondo imperator della foresta:

 Ecco la tigre e il leopardo in alto
Spiccarsi fuora della rotta bica,
E fuggir nelle selve a salto a salto.

 Vedi sotto la zolla che l' implica,
Divincolarsi il bue, che pigro e lento
Isviluppa le gran membra a fatica:

 Vedi pien di magnanimo ardimento
Sovra i piedi balzar ritto il destriero,
E nitrendo sfidar nel corso il vento;

 Indi il cervo ramoso, ed il leggiero
Daino fugace, e mille altri animanti,
Qual mansueto e qual ritroso e fiero.

 Altri per valli e per campagne erranti,
Altri di tane abitator crudeli,
Altri dell' uomo difensori e amanti.

 E lor di macchia differente i peli
Tu di tua mano dipingesti, o diva,
Con quella mano che dipinse i cieli.

 Poi dei color più vaghi, onde l' estiva

Stagion delle campagne orna l' aspetto,
E de' freschi ruscei smalta la riva,
  L' ale spruzzasti al vagabondo insetto,
E le lubriche anella serpentine
Del più caduco vermicciuol negletto.

  Nè quì ponesti all' opra tua confine,
Ma via seguendo la mirabil traccia
Stender ti piacque dell' idee divine.

  Cinta adunque di calma e di bonaccia
Delle marine interminabil onde
Lanciasti un guardo su l'azzurra faccia.

  Penetrò nelle cupe acque profonde
Quel guardo, e con bollor grato natura
Intiepidille, e diventar' feconde;

  E tosto varj d' indole e figura
Guizzaro i pesci, e fin dall' ime arene
Tutta increspar' la liquida pianura.

  I delfin snelli colle curve schiene
Uscir' danzando, e mezzo il mar copriro
Col vastissimo ventre orche e balene.

  Fin gli scogli e le sirti allor sentiro
Il vigor di quel guardo e la dolcezza,
E di coralli e d' erbe si vestiro.

  Ma che? non son, non sono, alma Bellezza,
Il mar, le belve, le campagne, i fonti,
Il sol teatro della tua grandezza.

  Anche sul dorso dei petrosi monti,
Talor t' assidi maestosa e rendi
Belle dell' Alpi le nevose fronti.

  Talor sul giogo abbrustolato ascendi
Del fumante Etna, e nell' orribil veste
Delle sue fiamme ti ravvolgi e splendi.

Tu del nero aquilon sulle funeste
Ale per l' aria alteramente vieni,
E passeggi sul dorso alle tempeste.

Ivi spesso d' orror gli occhi sereni
Ti copri, e mille intorno al capo accenso
Rugghiano i tuoni e strisciano i baleni.

Ma sotto il vel di tenebror sì denso
Non ti scorge del vulgo il debil lume,
Che si confonde nell' error del senso:

Sol ti ravvisa di Sofia l' acume,
Che nelle sedi di natura ascose
Ardita spinge del pensier le piume.

Nel danzar de le stelle armonïose
Ella ti vede e nell' occulto amore,
Che informa e attragge le create cose:

Te ricerca con occhio indagatore
Di botaniche armato acute lenti
Ne le fibre or d' un' erba ed or d' un fiore:

Te de' corpi mirar negli elementi
Sogliono al gorgoglìo d' acre vasello
I chimici curvati e pazïenti.

Ma più le forme del divin tuo bello
Discopre la sparuta anatomia,
Allor che armata di sottil coltello

I cadaveri incide, e l' armonia
Delle membra rivela, e il penetrale
Di nostra vita attentamente spia.

MONTI.

Morte di Lorenzo Mascheroni.

Come face al mancar dell' alimento
Lambe gli aridi stami, e di pallore
Veste il suo lume ognor più scarso e lento;
 E guizza irresoluta, e par che amore
Di vita la richiami, infin che scioglie
L' ultimo volo e sfavillando muore:
 Tal quest' alma gentil, che morte or toglie
All' italica speme, e su lo stelo
Vital, che verde ancor fioria, la coglie;
 Dopo molto affannarsi entro il suo velo,
E anelar stanca su l' uscita, alfine
L' ali aperse e raggiando alzossi al cielo.
 Le virtù, che diverse e pellegrine
La vestir' mentre visse, il mesto letto
Cingean bagnate i rai, scomposte il crine.
 Della patria l' amor santo e perfetto,
Che amor di figlio e di fratello avanza,
Empie a mille la bocca, a dieci il petto.
 L' amor di libertà, bello, se stanza
Ha in cor gentile, e se in cor basso e lordo,
Non virtù, ma furore e scelleranza.
 L' amor di tutti, a cui dolce è il ricordo
Non del suo dritto, ma del suo dovere,
E l' altrui bene oprando al proprio è sordo.
 Umiltà, che fa suo l' altrui volere;
Amistà, che precorre al prego e dona,
E il dono asconde con un bel tacere.
 Poi le nove virtù che in Elicona
Danno al muto pensier con aurea rima

L' ali, il color, la voce e la persona.

Colei che gl' intelletti apre e sublima,
E col valor di finte cifre il vero
Valor de' corpi immaginati estima;

Colei che li misura, e del primiero
Compasso armò di Dio la destra, quando
Il grand' arco curvò dell' emispero;

E spinse in giro i soli incoronando
L' ampio creato di fiammanti mura,
Contro cui del caosse il mar mugghiando,

E crollando le dighe, entro la scura
Eternità rimbomba, e paurosa
Fa del suo regno dubitar natura.

Eran queste le dee, che lamentosa
Fean corona alla spoglia, che d' un tanto
Spirto, di vita nel cammin, fu sposa.

Ecco il cor, dicea l' una, in che sì santo,
Sì fervido del giusto arse il desiro:
E la man pose al core, e ruppe in pianto.

Ecco la dotta fronte onde s' apriro
Sì profondi pensieri, un' altra disse:
E la fronte toccò con un sospiro.

Ecco la destra, ohimè! che li descrisse,
Venia sclamando un' altra: e baci ardenti
Su la man fredda singhiozzando affisse.

Poggia intanto quell' alma alle lucenti
Sideree rote, e or questa spera, or quella
Di sua luce l' invita entro i torrenti.

Vieni, dicea del terzo ciel la stella:
Quì di Valchiusa è il cigno, e meno altera
La sua donna con seco, e assai più bella.

Quì di Bice il cantor, quì l' altra schiera

De' vati amanti; e tu, cantor lodato
D' un' altra Lesbia, ascendi alla mia sperà.

   Vien, di Giove dicea l' astro lunato:
Quì riposa quel grande che su l' Arno
Me di quattro pianeti ha coronato.

   Vien quegli occhi a mirar, che il ciel spiarno
Tuttoquanto, e lui visto, ebber disdegno
Veder oltre la terra, e s' oscurarno.

   Tu, che dei raggi di quel divo ingegno
Filosofando ornasti i pensier tui, .
Vien; tu con esso di goder se' degno.

   Ma di rincontro folgorando, i sui
Tabernacoli d' oro apriagli il sole,
E vieni, ei pur dicea, resta con nui.

   Io son la mente della terrea mole,
Io la vita ti diedi, io la favilla
Che in te trasfuse la giapezia prole.

   Rendimi dunque l' immortal scintilla,
Che tua salma animò; nelle regali
Tende rientra del tuo padre, e brilla.

   D' italo nome troverai quì tali
Che dell' uman sapere archimandriti
Al tuo pronto intelletto impennar' l' ali.

   Colui, che strinse ne' suoi specchi arditi
Di mia luce gli strali, e fe' parere
Cari a Marcello di Sicilia i liti;

   Primo quadrò la curva dal cadere
De' projetti creata, e primo vide
Il contener delle contente sfere.

   Seco è il Calabro antico, che precide
Alle mie rote il giro, e del mio figlio
La sognata caduta ancor deride.

Quì Cassin, che in me tutto affisse il ciglio
Fortunato così, ch' altri giammai
Non fe' più bello del veder periglio.
    Quì Bianchin, quì Riccioli, ed altri assai
Del ciel conquistatori, ed Oriano
L' amico tuo quì assunto un dì vedrai;
    Lui che primiero dell' intatto Urano
Co' numeri frenò la via segreta,
Orian degli astri indagator sovrano.
    Questi dal centro del maggior pianeta
Uscian richiami, e vieni, anima dia,
Par ch' ogni stella per lo ciel ripeta.
    Sì dolce udiasi intanto un' armonia,
Che qual più dolce suono arpa produce
Di lavoro mortal mugghio saria.
    E il sol sì viva saettò la luce,
Che il più puro tra noi giorno sereno
Notte agli occhi saria quando è più truce.
    Qual tra mille fioretti in prato ameno
Vago parto d' april, la fanciulletta
Disiosa d' ornar la tempia e il seno,
    Or su questo, or su quel pronta si getta,
Vorria tutti predarli, e li divora
Tutti con gli occhi ingorda e semplicetta;
    Tal quell' alma trasvola, e s' innamora
Or di quel raggio, ed or di questo, e brama
Fruir di tutti, e niun l' acqueta ancora.
    Perocchè più possente a se la chiama
Cura d' amore di quei cari in traccia,
Che amò fra' vivi, e più fra gli astri or ama.

MONTI.

Coro de' patriarchi che accompagna Cristo nella
sua ascensione al cielo.

Poscia d' antichi padri, oh! quale, e quanto
Stuolo s' avanza di Sionne al monte!
Ecco il primier, che fra la gioja e il pianto
Con la pentita man vela la fronte.
Mostra il figliuol nel sanguinoso ammanto
Del fraterno livore i danni e l' onte;
Se di tue frodi allor ridesti, o inferno,
Or vinto piangi, e fia il tuo pianto eterno.

Ecco l' eroe, che nel securo legno
La naufragante umanità raccolse,
Quando il grande d' Iddio vindice sdegno
Tuonò dall' alto e l' atre nubi sciolse:
O di salute venerando segno,
Che pochi eletti al fero eccidio tolse,
Arca, tu fosti dell' augusta croce
Sul Golgota feral l' imago atroce.

Quegli è d' Us il pastore, e a lui si legge
Il comando di Dio fra ciglio e ciglio,
Che obbediente alla severa legge
Guida sul Moria l' innocente figlio.
Lo conforta pietà, fede lo regge,
Nè dubbio pende in quel crudel periglio;
E su quel monte istesso adombra il fausto
Del figliuol di Maria grande olocausto.

Veggio colui, che pria nell' onde immerso,
Poscia il popol di Dio trasse d' Egitto,
Che rammenta i prodigj, e il re perverso,
L' infocata colonna e il gran tragitto;

Gli empj puniti, il Cananeo disperso
L' ardente rovo, il Sina e il suo delitto;
Ma revestita alfin la spoglia occulta
Nel figurato Redentore esulta.

   Quindi fra mille e mille il re profeta
L' alte di Dio misericordie canta;
E de' credenti fra la turba lieta
Di più bei raggi l' aureo crine ammanta;
E la voce discioglie irrequieta
Al suon concorde della cetra santa,
Voce al cui modular ristanno intenti
Librati in aere i serafini ardenti:

   Finchè le frali membra, o Spirto, annodi,
La lingua mia più che il pensier veloce
Narri del mio Signor l' eterne lodi,
E sia sacra a lui sol l' arpa e la voce.
Insorse minaccioso, e ordì sue frodi
Degli avversarj suoi lo stuol feroce,
Irato ei gli percosse, e quegl' infidi
Fuggiro urlando ai disperati lidi.

   Al gran re della gloria, o cieli, aprite
Sovra i cardini d' or l' eterne porte:
Nol ravvisate ancora? Udite, udite
È il Dio delle virtù nell' armi forte,
Dio, che serrò l' irremeabil Dite,
Dio che morendo trionfò di morte,
Che mille eletti e mille invitto duce
Alla beata eternità conduce.

   Forman le nubi il lieve carro, e i venti
Al ratto corso sottopongon l' ale.
Nè già splendongli in man folgori ardenti,
Nè gli offusca il sembiante ira fatale.

Ma volgendo alla Grazia i rai lucenti,
Che al suo fianco s' asside, in alto sale,
E resta, dice, nel mortal soggiorno,
Finchè il mio splenderà tremendo giorno.
    Tu mia ministra il mio volere adempi,
Finch' io non alzo inesorabil trono,
Quando al mio grido tremeranno gli empi,
Più che il nocchiero al rimbombar del tuono.
Allora, o eterni premj, o eterni scempi
Mostreranno il mio sdegno e il mio perdono,
E in mezzo alle fatali empiree tube
Cinto verrò di luminosa nube.
    Così Davìde, e degli eletti il coro
Cantando ripetea l' alto sonante
Dell' alate parole almo tesoro,
E n' echeggiò la terra e il ciel stellante.
O beato drappello umil t' adoro,
E in te da lunge affisso il guardo errante,
In te, che vai nel glorioso acquisto
Eternalmente a trionfar con Cristo.
LAMPREDI.

La Vita rustica.

    O beato colui che in pace vive
De' lieti campi suoi proprio cultore!
A cui stando lontan dall' altre genti
La giustissima terra il cibo apporta,
E sicuro il suo ben si gode in seno.
Se ricca compagnia non hai d' intorno
Di gemme e d' ostro; nè le case ornate

Di legni peregrin, di statue e d' oro,
Nè le muraglie tue coperte e tinte
Di pregiati color, di vesti aurate,
Opre chiare e sottil di Perso e d' Indo;
Se il letto genital di regie spoglie
E di sì bel lavor non aggia il fregio
Da far tutta arrestar la gente ignara;
Se non spegni la sete e toi la fame
Con vasi antichi, in cui dubbioso sembri
Tra bellezza e valor chi vada innante;
Se le soglie non hai dentro e di fuore
Di chi parte, e chi vien calcate e cinte;
Nè mille vani onor ti scorgi intorno:
Sicuro almen nel poverello albergo
Che di legni vicin del natio bosco
E di semplici pietre ivi entro accolte
T' hai di tua propria man fondato e strutto;
Con la famiglia pia t' adagi e dormi.
Tu non temi d' altrui forza nè inganni,
Se non del lupo, e la tua guardia è il cane,
Il cui fedel amor non cede a prezzo.
Qualor ti svegli all' apparir dell' alba
Non trovi fuor chi le novelle apporte
Di mille a tuoi desir contrarj effetti.
Nè camminando, o stando a te conviene
All' altrui satisfar più che al tuo core.
Or sopra il verde prato, or sotto il bosco,
Or nell' erboso colle, or lungo il rio,
Or lento, or ratto a tuo diporto vai,
Or la scure, or l' aratro, or falce, or marra,
Or quinci, or quindi, ov' il bisogno sprona
Quand' è il tempo miglior soletto adopri.

L' offeso vulgo non ti grida intorno
Che derelitte in te dorman le leggi.
Come a null' altra par dolcezza reca
Dall' arbor proprio, e da te stesso inserto
Tra la casta consorte e i cari figli
Quasi in ogni stagion goderse i frutti!
Poi darne al suo vicin: contando d' essi
La natura, il valor, la patrie e 'l nome,
E del suo coltivar la gloria e l' arte,
Giungendo al vero onor più larga lode?
Indi menar talor nel cavo albergo
Del prezioso vin l' eletto amico
Divisar dei sapor, mostrando come
L' uno ha grasso il terren, l' altro ebbe pioggia?
E di questo e di quel di tempo in tempo
Ogni cosa narrar che torni in mente?
Quinci mostrar le pecorelle, e i buoi
Mostrargli il fido can, mostrar le vacche,
E mostrar la ragion che d' anno in anno,
Han doppiato più volte i figli e 'l latte?
Poi menarlo ove stan le biade e i grani,
In varj monticei posti in disparte?
E la sposa fedel, ch' anco ella vuole
Mostrar ch' indarno mai non passa il tempo,
Lietamente a veder d' intorno il mena
La lana, il lin, le sue galline e l' uova,
Che di donnesco oprar son frutti e lode?
E di poi ritrovar montando in alto
La mensa inculta di vivande piena
Semplici e vaghe, le cipolle e l' erba
Del suo fresco giardin, l' agnel che il giorno
Avea tratto il pastor di bocca al lupo,

Che mangiato gli avea la testa e 'l fianco?
Ivi senza temer cicuta e tosco
Di chi cerchi il tuo regno, o 'l tuó tesoro
Cacciar la fame; senza affanno e cura
D' altro, che di dormir la notte intera,
E trovarsi al lavor nel nuovo sole?

ALAMANNI. La Coltivazione.

Alluvione dell' Adige.

Non per altra cagione un così vasto
Allagamento e memorabil scempio,
Quasi appunto sul fin del quarto lustro
Di questo ahi troppo a noi secol funesto,
Coprì di lutto, di sciagure e danni
Le mie dolci contrade, e te diletta
Inclita patria mia; poichè soffiando
Da l' arso clima degli Etiopi adusti
Più giorni un vento austral, indi traverso
Valicato il Tirreno, i gioghi alfine
Retici invase, e sì cocenti sparse
Sopra d' essi il crudel le rabbios' ale,
Tal di quei s' indonnò, che tutte a un tratto
Le pruine stemprò, le nevi e i ghiacci,
Che raccolto v' avea borea pur dianzi.
Nè quì s' arrestò il mal: rotte e disciolte
Del ciel, cred' io, le cateratte, e scossi
I cardin degli eolj orrendi claustri,
Tanti su i colli e i sottoposti piani
Versar torrenti, e sì n' empiero i fiumi,
Che cozzando col mar, sospesi in alto,

Più dì dubbia fra lor fu la vittoria.
Quindi torbo e spumoso e d' ira gonfio,
Non capendo omai più nel solit' alveo
La disusata piena, e a destra e a manca
Traboccandola fuor l' Adige altero,
Ratto a scorrer si diede, e a inondar campi,
Crollando argini e ponti, e in ogni parte
Ad aprirsi orgoglioso a forza il passo.
L' umide, alpestri e boscherecce ninfe
Non più, qual già solean, liete ed adorne,
Ma insane, minaccevoli e feroci
Furiando quà e là, tai grida e pianti
Giano spargendo, e cotali urli e strida
Cui nè Rodope mai, nè i bianchi gioghi
Udiron del Pangèo fra l' orgie, o l' Emo.
Esse prime l' orrendo infausto carme
Feralmente intonaro, esse da l' alto
Diero il primo segnal di tanta guerra.
Vidersi allora abbandonar fuggendo
Pale, Cerere e Pan in preda a l' acque
I lor lieti soggiorni, e 'l pampinoso
Col barbato figliuol dell' India nume.
Nè il buon vecchio Silvan, nè 'l vacillante
Silen con l' asinel restossi a dietro,
Ma pungendogli ognora i lombi e l' anche,
Di fuggir affrettossi, e addursi in salvo.
Tutto doglia in quel tempo era e spavento,
Lagrime e orror. Attonito e smarrito
Il bifolco, il cultor, ogni più accorto
Di greggi guardian, o pur d' armenti,
Il più avvezzo ai malor colono antico,
Traendo in fretta a più sublime parte

I suoi poveri arredi, ognun beato
Già chiamando colui, che alberga in monte.
Miser! che ovunque il piè volgesse, o 'l guardo,
Da le ondose voragini la morte
Minacciante vedea venirsi incontro.
Ma al terribile suon di bronzi e d' armi,
Al scintillar d' accese umide canne,
Fra il vento e fra le tenebre e la pioggia,
Terra e zolle recando e legni e paglie
E rustici strumenti e scuri e vanghe,
I più robusti giovani, i più audaci
Esperti abitator (nulla curando
I vicini perigli e la dolente
Attonita famiglia e i dei penati)
Accorrean d' ogni parte a far riparo;
Mentre pallide intanto e lagrimanti
Le suocere, le curve avole inferme,
Le fanciulle, le spose, i vecchi stanchi,
Di voti e doni le domestich' are
Coprian, sposi e fratei chiamando a nome.
Chi potrebbe ridir l' angoscia e i danni
De' tuoi mesti figliuoli, or gioja e speme,
Doglia allora e terror, almo mio fiume,
Mirandoti portar spumoso e irato
Tanta ruina in su l' orribil corno?
Chi potrebbe adeguar, piangendo, tanti,
Alma diletta al ciel mia patria antica,
De' tuoi borghi più bei, de' miglior campi,
E di dentro e di fuor, scempj funesti?
Atterrati edificj, argin disciolti,
Inondati cammin, sommerse piazze,
Querule voci, alti lamenti e strida,

E vagir di bambini, e urlar di cani
Ne' rapiti tugurj al mar travolti.
Fiera scena a mirar! Funesto atroce
Spettacol lagrimoso! Entro vaganti
Schifi a sorte ghermiti, o aggiunte travi
I grami cittadin, le vergin chiuse,
Solo a salvar la cara vita intente,
Ogni arnese miglior posto in oblio,
Dagli accorti vicini in salvo addursi;
Mentre la plebe vi restava, ahi lassa!
Colma d' orror a i dubbj casi esposta,
Quale mercè nel gran periglio, e quale
Procacciando salvezza in seno a l'onde.
Così avvenne del pian; ma d' altra parte,
Dove il suolo vieppiù si adima e abbassa,
E a l' Eridan più braccia e a l' Adria stende,
Tutto fessi un sol fiume, anzi un sol lago,
O piuttosto un sol mar; gli altri compagni
O figliuoli, o germani usi versargli
Le ritratte da lui ricchezze in seno,
Il giuncoso Menago, il buon Piganzo,
Il Bussetto, il Tregnon, il torbid' Alpo,
Con la Delga sua sposa, ad altri rivi
Torsersi altrove; nè a te punto valse
Tartaro paludoso, umile e pago
Ir fra l' Adige e 'l Po del proprio letto;
Nè che 'l primo tu fossi, in cui soggetti
Campi inaffiati da tue placid' acque
Dessero a esterna gente amico albergo,
Che di sì nobil gran lieti ci feo.
Tu pur con gli altri fiumi un' egual sorte
Avesti, e ugual timore il cor ti punse,

Non tornasser di Pirra i gravi giorni,
Quando appariro nuovi mostri, e tutta
Cacciò Proteo la greggia in cima ai monti.
      SPOLVERINI. *Coltivaz. del riso* can. II.

La Peste del Peloponneso.

Una tal causa di contagio, un tale
Mortifero fervor già le campagne
Ne' cecropj confin rese funeste,
Fè deserte le vie, di cittadini
Spopolò le città: poichè venendo
Dai confin dell' Egitto ond' ebbe in prima
L' origin sua, molto di cielo e molto
Valicato di mar, le genti al fine
Di Pandione assalse, indi appestati
Tutti a schiere morian. Primieramente
Essi avean d' un fervore acre infiammata
La testa, e gli occhi rosseggianti e sparsi
Di sanguinosa luce: entro le fauci
Colavan marcia, e da maligne e tetre
Ulcere intorno assediato e chiuso
Era il varco alla voce; e degli umani
Sensi e segreti interprete la lingua
D' atro sangue piovea debilitata
Dal male, al moto grave, aspra a toccarsi.
Indi, poichè 'l mortifero veleno
Sceso era al petto per le fauci, e giunto
All' affannato cor, tutti i vitali
Claustri allor vacillavano, un orrendo
Puzzo volgea fuor della bocca il fiato

Similissimo a quel che spira intorno
De' corrotti cadaveri, già tutte
Languian dell' alma e della mente affatto
L' abbattute potenze, e sulla stessa
Soglia omai della morte il corpo infermo,
Languiva anch' egli: un' ansiosa angoscia
Del male intollerabile compagna
Era, e misto col gemito un lamento
Continuo, e spesso un singhiozzar dirotto
Notte e dì senza requie a ritirarsi
Sforzando i nervi e le convulse membra,
Sciogliea del corpo i travagliati spirti,
Noia a noia aggiungendo e duolo a duolo.
Nè di soverchio ardor fervide alcuno
Avea l' estime parti, anzi in toccarlo
Tepide si sentian, di quasi inuste
Ulcere rosseggiante era per tutto
L' infermo corpo in quella guisa appunto,
Che suole allor che per le membra il sacro
Fuoco si sparge; ardea nel petto intanto
Divorante le viscere una fiamma,
Nello stomaco ardea quasi un' accesa
Fornace sì, che non potean le membra
Fuorchè la nudità, nulla soffrire
Benchè tenue e leggiero, al vento al freddo
Volontarj esponeansi, altri di loro
Nell' onde algenti si lanciar de' fiumi,
Molti precipitosi a bocca aperta
Si gettavan ne' pozzi; era sì intensa
La sete, che immergea gli aridi corpi
Insaziabilmente entro le fredde
Acque, che breve stilla all' arse fauci

Parean gli ampj torrenti. Alcuna requie
Non avea il mal, stanchi giacean gl' infermi,
Timida l' arte Macaonia e mesta
Non s' ardia favellar, l' intere notti
Privi affatto di sonno i lumi ardenti
Stralunavan degli occhi, ed altri molti
Davan segni di morte, era dall' alma
Perturbata la mente, e sempre involta
Fra cordoglio e timor, rugoso il ciglio,
Severo il volto e furibondo, in altri
Sollecite l' orecchie e d' un eterno
Rumore ingombre, il respirar frequente
E grande e raro, d' un sudor gelato
Madido il collo e splendido, gli sputi
Tenui piccioli e salsi, e d' un colore
Simili al croco, e per le arsicce e rauche
Fauci da grave tosse appena eretti.
I nervi in oltre delle mani attrarsi
Solean, tremar gli articoli, e da' piedi
Salir pian piano all' altre membra un gelo
Duro nunzio di morte, avean compresse
Fino all' estremo dì le nari, in punta
Tenue il naso ed aguzzo, occhi sfoscati,
Cave tempie e contratte e fredda ed aspra
Pelle ed orrido ceffo e crespa fronte.
Nè molto già dalla penosa e cruda
Morte oppressi giacean, la maggior parte
Perian l' ottavo dì, molti anco il nono
Esalavan lo spirto, e se alcun d' essi
V' era (che v' era pur) che da sì fiero
Morbo scampasse, ei nondimen corroso
Da sozze piaghe, e da soverchia e nera

Proluvie d' alvo estenuato, al fine
Tisico si morìa. Con grave duolo
Di testa anche talor putrido sangue
Grondar solea dall' oppilate nari
In sì gran copia, che prostrate e dome
Dell' infermo le forze, a dileguarsi
Quindi 'l corpo astringea. Chi poi del tetro
Sangue schivava il gran profluvio, ingombri
Tosto i nervi e gli articoli dal grave
Malor sentiasi e fin l' istesse parti
Genitali del corpo. Altri temendo
Gravemente la morte, il viril sesso
Troncar col ferro: altri restaro in vita
Privi de' piedi e dalle mani, ed altri
Perdean degli occhi i dolci amati lumi,
Tale avean del morir tema e spavento!
E molti ancor della trascorsa etàde
La memoria perdean, sicchè se stessi
Non potean più conoscere. E giacendo
Quà e là di cadaveri insepolti
Smisurate cataste, i corvi e i cani
I nibbi i lupi non per tanto e l' altre
Fiere belve ed augelli o fuggian lungi
Per ischifare il lezzo, o tocche appena
Con l' affamato rostro o col digiuno
Dente le carni lor, tremanti al suolo
Cadean anch' essi e vi morian languendo.
Nè però temerario alcun augello
Ivi 'l giorno apparia, nè dalle selve
Nel notturno silenzio uscian le fiere:
Languian di lor la maggior parte oppresse
Dal morbo e sì morian: principalmente

Steso in mezzo alla via de' fidi cani
L' abbattuto vigor, l' egra e dolente
Alma vi deponea, poichè 'l veleno
Contagioso del mal, toglieva a forza
Dalle membra la vita. Erano a gara
Rapiti i vasti funerali, e senza
L' usate pompe. Alcun rimedio certo
Più comun non v' avea : ciò che ad alcuno
Diede il volgersi in petto il vital spirto
Dell' aria e vagheggiar del cielo i templi,
Ruina ad altri apparecchiava e morte.
Fra tanti e sì gran mali era il peggiore
D' ogni altro e il più crudele e miserando,
Che appena il morbo gli assalia, che tutti
Quasi a morte dannati e privi affatto
D' ogni speranza sbigottiti e mesti
Giaceansi, e con pietoso occhio guardando
Degli altri i funerali, anch' essi in breve
Senz' ajuto aspettar, nel luogo stesso
Moriansi : e questo sol più che null' altro
Strage a strage aggiungea, che il rio veleno
Dell' ingordo malor sempre acquistava
Nuove forze dagli egri, e sempre quindi
Nuova gente assalia : poichè chiunque
Troppo di viver desiosi e troppo
Timidi di morir fuggian gl' infermi,
Di visitar negando i suoi più cari
Amici, anzi sovente empi aborrendo
La madre il padre la consorte i figli,
Con morte infame abbandonati, e privi
D' ogni umano argomento, il fio dovuto
Pagavan poi di sì gran fallo, e quasi

Bestie a torme morian per poca cura. .
Ma chi pronto accorrea per ajutargli,
Periva o di contagio o di soverchia
Fatica a cui di sottoporsi astretto
Era dalla vergogna e dalle voci
Lisinghiere degli egri e di lamenti
Queruli miste. Di tal morte adunque
Morian tutti i migliori, e contrastando
Di seppellir negli altrui luoghi i propri
Lor morti, dalle lagrime e dal pianto
Tornavan stanchi ai loro alberghi. In letto
Quindi giacea la maggior parte oppressa
Da mestizia e dolor, nè si potea
Trovare in tempo tale un che non fosse
Infermo o morto o in grav' angoscia o in pianto.

In oltre ogni pastore, ogni guardiano
D' armenti, e già con essi egri languiano
I nervuti bifolchi, e nell' anguste
Lor capanne stivati e dall' orrenda
Mendicità più che dal morbo oppressi,
S' arrendeano alla morte. Ivi mirarsi
Potean su i figli estinti i genitori
Cader privi di vita, ed all' incontro
Spesso de' cari pegni i corpi lassi
Sovra i padri e le madri esalar l' alma.

Nè di si grave mal picciola parte
Concorse allor dalle vicine ville
Nelle città: quivi 'l portò la copia
De' languidi villan, che vi convenne
D' ogni parte appestata. Era già pieno
Ogni luogo ogni albergo, onde angustiati
Da sì fatte strettezze ognor più crude,

La morte allor gli accumulava a monti.
Molti da grave insopportabil sete
Aspramente abbattuti il proprio corpo
Gìan voltolando per le strada, e giunti
Ai bramati silani, ivi distesi
Giaceansi in abbandono, e con ingorde
Brame nel dolce umor bevean la morte.
E molte anch' oltre a ciò vedute avresti
Per le pubbliche vie miseramente
D' ogn' intorno perir languide membra
D' uomini semivivi orride e sozze
Di funesto squallore e ricoperte
Di vilissimi stracci, immonde e brutte
D' ogni lordura, e in un l' arsiccia pelle
Secca sulle nud' ossa e quasi affatto
Nelle sordide piaghe omai sepolta.
Tutti al fin degli dei gli eccelsi templi
Eran pieni di morti, e d' ogn' intorno
Di cadaveri onusti: i lor custodi
Fatti in van per pietà d' ospiti infermi
Vi avean refugio: e degli eterni e santi
Numi la maestà, la veneranda
Religion quasi del tutto omai
S' era posta in non cale. Il duol presente
Superava il timor. Più non v' avea
Luogo l' antica usanza, onde quel pio
Popolo seppellir solennemente
Solea gli estinti: ognun confuso e mesto
S' avacciava all' impresa, e al suo consorte
Come meglio potea dava sepolcro.
E molti ancor da subito accidente
E da terribil povertà costretti

Fer cose indegne: i consanguinei stessi
Ponean con alte spaventose strida
Su i roghi altrui, vi sopponean le ardenti
Faci, e spesso fra lor gravi contese
Facean con molto sangue, anzi che privi
D'ufficio estremo abbandonare i corpi.

MARCHETTI. *Trad. di Lucrezio.*

Apertura del tempio di Giano.

Era in Lazio un costume, che venuto
É poi di mano in man di Lazio in Alba,
E d'Alba in Roma, ch'or del mondo è capo;
Che nel muover de l'armi ai Geti, agl'Indi,
Agli Arabi, agli Ircani, a qual sia gente
Ch'elle sian mosse, siccom'ora ai Parti
Per ricovrar le mal perdute insegne;
S'apron le porte de la guerra in prima.
Queste son due che per la riverenza,
Per la religione e per la tema
Del fiero Marte, orribili e tremende
Sono alle genti. E con ben cento sbarre
Di rovere, di ferro, di metallo
Stan sempre chiuse, e lor custode è Giano.
Ma quando per consiglio e per decreto
De' padri si determina, e s'approva,
Che si guerreggi; il consolo egli stesso,
Siccome è l'uso, in abito e con pompa,
Ch'ha da' Gabini origine e da' regi,
Solennemente le disferra, e l'apre.
Ed egli stesso al suon delle catene,

E de la rugginosa orrida soglia
La guerra intuona: guerra dopo lui,
Grida la gioventù: guerra e battaglia
Suonan le trombe, ed è la guerra inditta.
In questa guisa era Latino astretto
D' annunziarla ai Teucri. A lui quest' atto
D' aprir le triste e spaventose porte
Si dovea come a rege. Ma il buon padre
Schivo di sì nefando ministero
S' astenne di toccarle; e gli occhi indietro
Volse per non vederle e si nascose.

    Ma per torre ogni indugio, un' altra volta
Ella stessa regina de' celesti
Dal ciel discese, e di sua propria mano
Pinse, disgangherò, ruppe e sconfisse
De le sbarrate porte ogni ritegno
Sì che l' aperse· Allor l' Ausonia tutta,
Ch' era dianzi pacifica e quieta,
S' accese in ogni parte. E quà pedoni,
Là cavalie a la campagna ognuno,
Ognuno a l'arme, a maneggiar destrieri,
A fornirsi di scudi, a provar elmi,
A far chi con la cote, e chi con l' unto
Ciascuno il ferro suo lucido e terso.
Altri s' addestra a sventolar le insegne,
Altri a spiegar le schiere, e con diletto
S' ode annitrir cavalli, e suonar tube.
Cinque grosse città, con mille modi
A fabbricare, a risarcir si danno
D' ogni sorte armi. La possente Atina,
Ardea l' antica, Tivoli il superbo,
E Crustumenio, e la torrita Antenna.

Quì si vede cavar elmi e celate,
Là torcere e covrír targhe e pavesi,
Per tutto riforbire, aguzzar ferri,
Annestar maglie, rinterzar corazze,
E per fregiar più nobili armature,
Tirar lame d' acciar, fila d' argento.
Ogni bosco fa lance, ogni fucina
Disfà vomeri e marre: e spiedi e spade
Si forman dai bidenti e dalle falci.
Suonan le trombe, dassi il contrassegno,
Gridasi all' armi. E chi cavalli accoppia
E chi prend' elmo, e chi picca, e chi scudo.
Questi ha la piastra, a quei la maglia in dosso,
E la sua fida spada ognuno accanto.

CARO. Trad. di Virgilio.

I Giardini inglesi.

Oh chi mi leva in alto, e chi mi posa
Tra quegli ameni, dilettosi, immensi
Boscherecci teatri! oh chi mi posa
Su que' verdi tappeti, entro que' foschi
Solitarj ricoveri, nel grembo
Di quelle valli, ed a que' colli in vetta!
Non recise colà bellica scure
Le gioconde ombre, i consueti asili
Là non cercaro invan gli ospiti augelli;
Nè primavera s' ingannò, veggendo
Sparito dalla terra il noto bosco,
Che a rivestir venia delle sue frondi.
Sol nella man del giardinier solerte

Mandò lampi colà l' acuto ferro,
Che rase il prato, ed agguagliollo, e i rami,
Che tra lo sguardo, e le lontane scene
Si ardivano frappor, dotto corresse.
Prospetti vaghi, inaspettati incontri,
Bei sentieri, antri freschi, opachi seggi,
Lente acque, e mute all' erba, e ai fiori in mezzo
Precipitanti d' alto acque tonanti,
Dirupi di sublime orror dipinti:
Campo e giardin, lusso erudito e agreste
Semplicità; quinci ondeggiar le messe,
Pender le capre da un' aerea balza,
La valle mugolar, belare il colle,
Quinci marmoreo sovra l' onde un ponte
Curvarsi, e un tempio biancheggiar tra il verde,
Straniere piante frondeggiar, che d' ombre
Spargono americane il suol britanno,
E su ramo, che avea per altri augelli
Natura ordito, augei cantar d' Europa:
Mentre superbo delle arboree corna
Va per la selva il cervo, e spesso il capo
Volge, e ti guarda; e in mezzo all' onde il cigno
Del piè fa remo, il collo inarca, e fende
L' argenteo lago: così bel soggiorno
Sentono i bruti stessi, e delle selve
Scuoton con istupor la cima i venti.
Deh perchè non poss' io tranquilli passi
Muovere ancor per quelle vie, celarmi
Sotto l' intreccio ancor di que' frondosi
Rami ospitali, e udir da lunge appena
Mugghiar del mondo la tempesta, urtarsi
L' un contra l' altro popolo, corone

Spezzarsi, e scettri? Oh quanta strage! oh quanto
Scavar di fosse, e traboccar di corpi,
E ai condottier trafitti alzar di tombe!

PINDEMONTE.

Il Mattino.

Sorge il mattino in compagnia dell' alba
Innanzi al sol che di poi grande appare
Su l' estremo orizzonte a render lieti
Gli animali e le piante e i campi e l' onde.
Allora il buon villan sorge dal caro
Letto, cui la fedel sposa e i minori
Suoi figlinoletti intiepidir la notte;
Poi sul collo recando i sacri arnesi,
Che prima ritrovar Cerere e Pale,
Va col bue lento innanzi al campo, e scuote
Lungo il picciol sentier da' curvi rami
Il rugiadoso umor che, quasi gemma,
I nascenti del sol raggi rifrange.
Allora sorge il fabbro, e la sonante
Officina riapre, e all' opre torna
L' altro dì non perfette; o se d' chiave
Ardua e ferrati ingegni all' inquieto
Ricco l' arche assecura, o se d' argento
E d' oro incider vuol gioielli e vasi,
Per ornamento a nuove spose o a mense.

PARINI.

La Notte.

Già, di tenebre involta e di perigli,
Sola squallida mesta alto sedevi
Sulla timida terra. Il debil raggio
Delle stelle remote e de' pianeti,
Che nel silenzio camminando vanno,
Rompea gli orrori tuoi sol quanto è d' uopo
A sentirli vie più. Terribil ombra
Giganteggiando si vedea salire
Su per le case e su per l' alte torri
Di teschi antiqui seminate al piede;
E upupe e gufi e mostri avversi al sole
Svolazzavan per essa, e con ferali
Stridi portavan miserandi augurj;
E lievi dal terreno e smorte fiamme
Di su di giù vagavano per l' aere
Orribilmente tacito ed opaco;
E al sospettoso adultero, che lento
Col cappel sulle ciglia e tutto avvolto
Nel mantel se ne gìa con l' armi ascose,
Colpieno il core e lo strignean d' affanno.
E fama è ancor che pallide fantasime
Lungo le mura dei deserti tetti
Spargean lungo acutissimo lamento,
Cui di lontan per entro al vasto bujo
I cani rispondevano ululando.

PARINI.

I Giuochi della sera.

Già per l' aula beata a cento intorno
Dispersi tavolier seggon le dive,
Seggon gli eroi che dell' Esperia sono
Gloria somma o speranza. Ove di quattro
Un drappel si raccoglie, e dove un altro
Di tre soltanto. Ivi di molti e grandi
Fogli dipinti il tavolier si sparge;
Quì di pochi e di brevi. Altri combatte,
Altri sta sopra a contemplar gli eventi
Della instabil fortuna, e i tratti egregi
Del sapere o dell' arte. In fronte a tutti
Grave regna il consiglio; e li circonda
Maestoso silenzio. Erran sul campo
Agevoli ventagli, onde le dame
Cercan ristoro all' agitato spirto
Dopo i miseri casi. Erran sul campo
Lucide tabacchiere. Indi sovente
Un' util rimembranza, un pronto avviso
Con le dita si attigne; e spesso volge
I destini del gioco e delle veglia
Un atomo di polve. Ecco sen ugne
La panciuta matrona intorno al labbro
Le calugini adulte : ecco sen ugne
Le nari delicate e un po' di guancia
La sposa giovinetta. Invano il guardo
D' esperto cavalier, che già su lei
Medita nel suo cor future imprese,
Le domina dall' alto i pregi ascosi;
E invan d' un altro timidetto ancora
Il pertinace piè l' estrema punta

Del bel piè le sospinge. Ella non sente,
O non vede o non cura. Entro a que' fogli,
Ch' ella con man sì lieve ordina e turba,
Delle pompe muliebri a lei concesse
Or s' agita la sorte. Ivi è raccolto
Il suo cor, la sua mente. Amor sorride,
E luogo e tempo a vendicarsi aspetta.
    Chi la vasta quiete osa da un lato
Romper con voci successive or aspre
Or molli or alte ora profonde, sempre
Con tenore ostinato al par di secchi
Che scendano o ritornino piagnenti
Dal cupo alveo dell' onda; o al par di ruote
Che sotto al carro pesante per lunga
Odansi strada scricchiolar lontano.
L' ampia tavola è questa, a cui s' aduna
Quanto mai per aspetto o per maturo
Senno il nobil concilio ha di più grave
O fra le dive suocere, o fra i nonni,
O fra i celibi già da molti lustri
Memorati nel mondo. In sul tappeto
Sorge grand' urna, che poi scossa in volta,
La dovizia de' numeri comparte
Fra i giocator, cui numerata è innanzi
D' imagini diverse alma vaghezza.
Qual finge il vecchio che con man la negra
Sopra le grandi porporine brache
Veste raccoglie, e rubicondo il naso
Di grave stizza, alto minaccia e grida,
L' aguzza barba dimenando. Quale
Finge colui che con la gobba enorme,
E il naso enorme, e la forchetta enorme

Le cadenti lasagne avido ingoia.
Quale il multicolor Zanni leggiadro,
Che col pugno posato al fesso legno
Sovra la punta dell' un piè s' innoltra,
E la succinta natica rotando
Altrui volge faceto il nero ceffo.
Nè d' animali ancor copia vi manca,
O al par d' umana creatura l' orso
Ritto in due piedi, o il miccio, o la ridente
Scimia o il caro asinello, onde a se grato
E giocatrici e giocator fan speglio.

PARINI.

Alcune rarità dei tre regni della natura.

Quanto nell' alpe e nelle aerie rupi
Natura metallifera nasconde;
Quanto respira in aria, e quanto in terra,
E quanto guizza negli acquosi regni
Ti fia schierato all' occhio: in ricchi scrigni
Con avveduta man l' ordin dispose
Di tre regni le spoglie. Imita il ferro
Crisoliti e rubin; sprizza dal sasso
Il liquido mercurio; arde funesto
L' arsenico; traluce ai sguardi avari
Dalla sabbia nativa il pallid' oro.
Che se ami più dell' eritrea marina
Le tornite conchiglie, inclita Ninfa;
Di che vivi color, di quante forme
Trassele il bruno pescator dall' onda!
L' aurora forse le spruzzò de' misti

Raggi, e godè talora andar torcendo
Con la rosata man lor cave spire.
Una del collo tuo le perle in seno
Educò verginella; all' altra il labbro
Della sanguigna porpora ministro
Splende; di questa la rugosa scorza
Stette con l' or su la bilancia e vinse.
Altre si fero, in van dimandi come,
Carcere e nido in grembo al sasso; a quelle
Qual dea del mar d' incognite parole
Scrisse l' eburneo dorso? e chi di righe
E d' intervalli sul forbito scudo
Sparse l' arcana musica? da un lato
Aspre e ferrigne giaccion molte: e grave
D' immane peso assai rosa dall' onde
La rauca di Triton buccina tace.
Questo ad un tempo è pesce ed è macigno,
Questa è qual più la vuoi chiocciola o selce.
    Tempo già fu che le profonde valli,
E 'l nubifero dorso d' Appennino
Copriano i salsi flutti; pria che il cervo
La foresta scorresse, e pria che l' uomo
Dalla gran madre antica alzasse il capo.
L' ostrica allor su le pendici alpine
La marmorea locò famiglia immensa:
Il nautilo contorto all' aure amiche
Aprì la vela, equilibrò la conca;
D' Africo poscia al minacciar, raccolti
Gl' inutil remi e chiuso al nicchio in grembo,
Deluse il mar: scuola al nocchier futuro.
Cresceva intanto di sue vote spoglie,
Avanzi della morte, il fianco al monte.

Quando da lungi preparato, e ascosto
A mortal sguardo dall' eterne stelle
Sopravvenne destin; lasciò d' Atlante,
E di Tauro le spalle, e in minor regno
Contrasse il mar le sue procelle e l' ire:
Col verde pian l' altrice terra apparve.
Conobbe Abido il Bosforo; ebbe nome
Adria ed Eusin; dall' elemento usato
Deluso il pesce, e sotto l' alta arena
Sepolto, in pietra rigida si strinse:
Vedi che la sua preda ancora addenta.
Queste scaglie incorrotte, e queste forme
Ignote al nuovo mar manda dal Bolca
L' alma del tuo Pompei patria Verona.

    Son queste l' ossa che lasciar' sul margo
Del palustre Tesin dall' alpe intatta
Dietro alla rabbia punica discese
Le immani afriche belve? o da quest' ossa
Già rivestite del rigor di sasso
Ebbe lor piè non aspettato inciampo?
Che quì già forse italici elefanti
Pascea la piaggia, e Roma ancor non era;
Nè lidi a lidi avea imprecato, ed armi
Contrarie ad armi la deserta Dido.

    Non lungi accusan la vulcania fiamma
Pomici scabre e scoloriti marmi.
Bello è il veder lungi dal giogo ardente
Le liquefatte viscere dell' Etna,
Lanciati sassi al ciel. Altro fu svelto
Dal sempre acceso Stromboli; altro corse
Sul fianco del Vesevo onda rovente.
O di Pompeo o d' Ercole già colte

Città comparse ed obliate, alfine
Dopo sì lunga età risorte al giorno!
Presso i misteri d' Iside e le danze
Dal negro ciel venuto a larghi rivi
Voi questo cener sovraggiunse; in voi
Gli aurei lavor di pennel greco offese.
    Dove voi lascio innamorati augelli,
Sotto altro cielo ed altro sol volanti?
Te risplendente del color del foco;
Te ricco di corona; te di gemme
Distinto il tergo; e te miracol novo
D' informe rostro e di pennuta lingua?
Tu col gran tratto d' ala il mar traversi;
Tu pur esile colibrì vestito
D' instabili color dell' etra ai campi
Con brevissima penna osi fidarti.
    Ora gli sguardi a se col fulgid' ostro
Chiaman dell' ali e con le macchie d' oro
Le occhiute leggerissime farfalle,
Onor d' erbose rive: ai caldi soli
Uscir dal carcer trasformate, e breve
Ebbero il dono della terza vita.
Questa suggeva il timo, e questa il croco,
Non altramente che dall' auree carte
De' tesori dircei tu cogli il fiore.
Questa col capo folgorante l' ombre
Ruppe all' ignudo american che in traccia
Notturno va dell' appiattata fera.
    E voi non tacerò, voi di dolci acque
Celeri figli, e di salati stagni:
Te, delfin vispo, cui del vicin nembo
Fama non dubbio accorgimento diede,

E pietà quasi umana e senso al canto;
Te che di lunga spada armato il muso
Guizzi qual dardo, e le balene assalti;
Te che, al sol tocco di tue membra inermi,
Di subita mirabile percossa
L' avido pescator stendi sul lido.

 Ardirò ancor tinta d' orrore esporre
Ai cupidi occhi tuoi diversa scena,
Lesbia gentil; turpi sembianze e crude,
Che disdegnò nel partorir la terra.
Nè strane fiano a te nè men gioconde,
A te che già, tratta per man dal novo
Plinio tuo dolce amico, a Senna in riva
Per li negati al volgo aditi entrasti.

 Prole tra maschi incognita; rifiuto
Del dilicato sesso; orror d' entrambi
Nacque costui. Qual colpa sua, qual ira
Dell' avaro destino a lui fu madre?
Qual infelice amore o fiera pugna
Strinse così l' un contro l' altro questi
Teneri ancor nel carcere natale,
Che appena giunti al dì, dal comun seno
Con due respir che s' incontraro uscendo,
L' alma indistinta resero alle stelle?

 Costui se lunga età veder potea,
Era ciclope: mira il torvo ciglio
Unico in mezzo al volto. Un altro volto
Questi porta sul tergo, ed era Giano.
Or ve' mirabil mostro! senza capo,
Son poche lune, e senza petto uscito
Al sol, del viver suo per pochi istanti
Fece tremando e palpitando fede.

Folle chi altier sen va di ferree membra
Ebbro di gioventù! Perchè nel corso
Precorri il cervo, e 'l lupo al bosco sfidi,
E l' orrido cinghial vinci alla pugna,
Già t' ergi re degli animali. Intanto
Famiglia di viventi entro tue carni,
Te non veggente, e sotto la robusta
Pelle, di te lieta si pasce, e beve
Secura il sangue tuo tra fibra e fibra.
Questo di vermi popolo infinito
Ospite rose un dì viscere vivo.
E tal di lor cui non appar di capo
Certo vestigio, qual lo vedi, lungo
Ben trenta spanne, intier si trasse a stento
Dai moltiplici error labirintei.
Qual nelle coste si forò l' albergo
Col sordo dente, e quale al cor si pose.
Nè sol dell' uom, ma degli armenti al campo
Altri seguia le torme, e mentre l' erba
Tondea la mite agnella, alcun di loro
Limando entro il cervel, dall' alta rupe
Vertiginosa in rio furor la trasse.
Tal quaggiù dell' altrui vita si nutre,
Altre a nudrirne condannata, l' egra
Vita mortal, che il ciel parco dispensa.
   Ecco il lento bradìpo, il simo urango,
Il ricinto armadillo, l' istrice irto,
Il castoro architetto, il muschio alpestre,
La crudel tigre, l' armellin di neve.
Ecco il lurido pipa, a cui dal tergo
Cadder maturi al sol tepido i figli:
L' ingordo can, che triplicati arrota

I denti e 'l navigante inghiotte intero.
Torvo così dal Senegallo sbuca
L' ippopotàmo, e con l' informe zampa
Dell' estuosa zona occupa il lido.
Guarda vertebre immani! e sono avanzi:
Sì smisurata la balena rompe
Nella polar contrada i ghiacci irsuti!

    È spoglia, non temer se la trisulca
Lingua dardeggia, e se minaccia il salto
La maculata vipera, e i colubri,
Che accesi solcan infocate arene.
Quì minor di sua fama il vol raccoglie
Il drago; quì il terror del Nilo stende
Per sette e sette braccia il sozzo corpo;
Quì dal sonante strascino tradito
Il crotalo implacabile, quì l' aspe,
E tutti i mostri suoi l' Africa manda.

    Chi è costui che d' alti pensier pieno
Tanta filosofia porta nel volto?
È il divin Galileo, che primo infranse
L' idolo antico, e con periglio trasse
Alla nativa libertà le menti:
Novi occhi pose in fronte all' uomo, Giove
Cinse di stelle; e fatta accusa al sole
Di corruttibil tempra, il locò poi,
Alto compenso, sopra immobil trono.
L' altro che sorge a lui rimpetto, in vesta
Umil ravvolto, e con dimessa fronte,
È Cavalier, che d' infiniti campi
Fece alla taciturna algebra dono.
O sommi lumi dell' Italia! il culto
Gradite dell' Orobia pastorella

Ch' entra fra voi, che le vivaci fronde
Spicca dal crine e al vostro piè le sparge.

MASCHERONI. Invito a Lesbia.

L' Orto botanico.

Andiamo, Lesbia; pullular vedrai
Entro tepide celle erbe salubri,
Dono di navi peregrine: stanno
Le prede di più climi in pochi solchi.
Aspettan te, chiara bellezza, i fiori
Dell' Indo: avide al sen tuo voleranno
Le morbide fragranze americane,
Argomento di studio e di diletto.
Come verdeggia il zucchero tu vedi
A canna arcade simile: qual pende
Il legume d' Aleppo dal suo ramo,
A coronar le mense util bevanda.
Qual sorga l' ananas, come la palma
Incurvi, premio al vincitor, la fronda.
Ah non sia chi la man ponga alla scorza
Dell' albero fallace avvelenato,
Se non vuol ch' aspre doglie a lui prepari
Rossa di larghi margini la pelle.
Questa pudica dalle dita fugge;
La solcata mammella arma di spine
Il barbarico cacto; al sol si gira
Clizia amorosa: sopra lor trasvola
L' ape ministra dell' aereo mele.
Dal calice succhiato in ceppi stretta
La mosca in seno al fior trova la tomba.

Quì pure il sonno con pigre ali, molle
Dall' erbe lasse conosciuto dio
S' aggira, e al giunger d' espero rinchiude
Con la man fresca le stillanti boccie,
Che aprirà ristorate il bel mattino.
E chi potesse udir de' verdi rami
Le segrete parole allor che i furti
Dolci fa il vento su gli aperti fiori
Degli odorati semi, e in giro porta
La speme della prole a cento fronde:
Come al marito suo parria gemente
L' avida pianta susurrar! che nozze
Han pur le piante; e zefiro leggiero
Discorritor dell' indiche pendici
A quei fecondi amor plaude aleggiando.
    Erba gentil (nè v' è sospir di vento)
Vedi inquieta tremolar sul gambo;
Non vive? e non dirai ch' ella pur senta?
Ricerca forse il patrio margo e 'l rio,
E duolsi d' abbracciar con le radici
Estranea terra sotto stelle ignote,
E in europea prigion bevere a stento
Brevi del sol per lo spiraglio i rai.
E ancor chi sa che in suo linguaggio i germi
Compagni, di quell' ora non avvisi
Che il sol da noi fuggendo, alla lor patria,
Alla Spagna novella il giorno porta?
Noi pur noi, Lesbia, alla magione invita....

     MASCHERONI. *Invito a Lesbia.*

DESCRIZIONI.

———

La Porta dell' Inferno, e l' Acheronte.

Per me si va nella città dolente:
Per me si va nell' eterno dolore:
Per me si va tra la perduta gente.
   Giustizia mosse 'l mio alto fattore:
Fecemi la divina potestate,
La somma sapienza e 'l primo amore.
   Dinanzi a me non fur cose create,
Se non eterne, ed io eterna duro:
Lasciate ogni speranza voi, che 'ntrate.
   Queste parole di colore oscuro
Vid' io scritte al sommo d' una porta:
Perch' io: maestro, il senso lor m' è duro.
   Ed egli a me, come persona accorta;
Qui si convien lasciare ogni sospetto:
Ogni viltà convien che qui sia morta.
   Noi sem venuti al luogo ov' i' t' ho detto
Che vederai le genti dolorose,
Ch' hanno perduto 'l ben dello 'ntelletto.
   E poichè la sua mano alla mia pose,
Con lieto volto, ond' i' mi confortai,
Mi mise dentro alle segrete cose.
   Quivi sospiri, pianti ed alti guai
Risonavan per l' aer senza stelle,
Perch' io al cominciar ne lagrimai.

Diverse lingue, orribili favelle,
Parole di dolore, accenti d'ira,
Voci alte, fioche, e suon di man con elle

Facevano un tumulto, il qual s'aggira
Sempre 'n quell' aria senza tempo tinta,
Come la rena, quando 'l turbo spira.

Ed io, ch' avea d'error la testa cinta,
Dissi : maestro, che è quel ch' i' odo ?
E che gent' è, che par nel duol sì vinta ?

Ed egli a me : questo misero modo
Tengon l'anime triste di coloro,
Che visser senza infamia e senza lodo.

Mischiate sono a quel cattivo coro
Degli angeli, che non furon ribelli,
Nè fur fideli a Dio, ma per se foro.

Cacciarli i ciel, per non esser men belli :
Nè lo profondo inferno gli riceve ;
Ch' alcuna gloria i rei avrebber d'elli.

Ed io : maestro, che è tanto greve
A lor, che lamentar gli fa sì forte ?
Rispose : dicerolti molto breve.

Questi non hanno speranza di morte :
E la lor cieca vita è tanto bassa,
Che 'nvidiosi son d'ogni altra sorte.

Fama di loro il mondo esser non lassa ;
Misericordia e giustizia gli sdegna.
Non ragioniam di lor, ma guarda, e passa.

Ed io, che riguardai, vidi un' insegna,
Che girando correva tanto ratta,
Che d'ogni posa mi pareva indegna :

E dietro le venia sì lunga tratta
Di gente, ch' i' non avrei mai creduto

Che morte tanta n'avesse disfatta.

Poscia ch'io v'ebbi alcun riconosciuto,
Guardai, e vidi l'ombra di colui,
Che fece, per viltate, il gran rifiuto.

Incontanente intesi, e certo fui,
Che quest'era la setta de' cattivi
A Dio spiacenti, ed a' nemici sui.

Questi sciaurati, che mai non fur vivi,
Erano ignudi, e stimolati molto
Da mosconi, e da vespe ch'eran ivi.

Elle rigavan lor di sangue il volto,
Che mischiato di lagrime a' lor piedi
Da fastidiosi vermi era ricolto.

E poi, ch'a riguardare oltre mi diedi,
Vidi gente alla riva d'un gran fiume:
Perch'i' dissi: maestro, or mi concedi,

Ch'io sappia, quali sono, e qual costume
Le fa parer di trapassar sì pronte,
Com'io discerno per lo fioco lume.

Ed egli a me: le cose ti fien conte,
Quando noi fermerem li nostri passi
Su la trista riviera d'Acheronte.

Allor con gli occhi vergognosi e bassi,
Temendo, no 'l mio dir gli fusse grave,
In fino al fiume di parlar mi trassi.

Ed ecco verso noi venir per nave
Un vecchio bianco per antico pelo,
Gridando, guai a voi, anime prave:

Non isperate mai veder lo cielo:
I' vengo per menarvi all'altra riva
Nelle tenebre eterne in caldo e 'n gelo ·

E tu che se' costì, anima viva,

Partiti da cotesti, che son morti:
Ma poi ch' e' vide ch' i' non mi partiva,
   Disse: per altre vie, per altri porti
Verrai a piaggia, non qui, per passare:
Più lieve legno convien che ti porti.
   E 'l duca a lui: Caron, non ti crucciare:
Vuolsi così colà, dove si puote
Ciò che si vuole, e più non dimandare.
   Quinci fur quete le lanose gote
Al nocchier della livida palude,
Che intorno agli occhi avea di fiamme rote.
   Ma quell' anime, ch' eran lasse e nude,
Cangiar colore, e dibattero i denti,
Ratto che 'nteser le parole crude.
   Bestemmiavano Iddio, e i lor parenti,
L' umana spezie, il luogo, il tempo, e 'l seme
Di lor semenza, e di lor nascimenti.
   Poi si ritrasser tutte quante insieme,
Forte piangendo, alla riva malvagia,
Ch' attende ciascun uom che Dio non teme.
   Caron dimonio, con occhi di bragia,
Loro accennando, tutte le raccoglie:
Batte col remo qualunque s' adagia.
   Come d' autunno si levan le foglie,
L' una appresso dell' altra, infin che 'l ramo
Rende alla terra tutte le sue spoglie,
   Similemente il mal seme d' Adamo:
Gittansi di quel lito ad una ad una,
Per cenni, com' augel per suo richiamo.
   Così sen vanno su per l' onda bruna,
Ed avanti che sien di là discese,
Anche di qua nuova schiera s' aduna.

Figliuol mio, disse il maestro cortese,
Quelli, che muojon nell' ira di Dio,
Tutti convengon qui d' ogni paese;
    E pronti sono al trapassar del rio;
Che la divina giustizia gli sprona
Sì chè la tema si volge in disio.
    Quinci non passa mai anima buona:
E però se Caron di te si lagna,
Ben puoi saper omai che 'l suo dir suona.
    Finito questo, la buja campagna
Tremò sì forte, che dello spavento
La mente di sudore ancor mi bagna.
    La terra lagrimosa diede vento,
Che balenò una luce vermiglia,
La qual mi vinse ciascun sentimento,
    E caddi, come l' uom, cui sonno piglia.

DANTE. Inf. can. III.

Cerbero.

Cerbero, fiera crudele, e diversa,
Con tre gole caninamente latra
Sovra la gente che quivi è sommersa.
    Gli occhi ha vermigli, e la barba unta ed atra,
E 'l ventre largo, ed unghiate le mani:
Graffia gli spirti, gli scuoja, ed isquatra.
    Urlar gli fa la pioggia come cani:
Dell' un de' lati fanno all' altro schermo:
Volgonsi spesso i miseri profani.
    Quando ci scorse Cerbero il gran vermo,
Le bocche aperse, e mostrocci le sanne:

Non avea membro che tenesse fermo.

E 'l duca mio distese le sue spanne,
Prese la terra, e con piene le pugna,
La gittò dentro alle bramose canne.

Qual' è quel cane ch' abbajando agugna,
E si racqueta, poichè 'l pasto morde,
Che solo a divorarlo intende e pugna.

Cotai si fecer quelle facce lorde
Dello dimonio Cerbero, che 'ntrona
L' anime sì, ch' esser vorrebber sorde.

DANTE. Inf. can. VI.

Le Furie.

Ove in un punto vidi dritte ratto
Tre furie infernal di sangue tinte,
Che membra femminili aveano ed atto,

E con idre verdissime eran cinte:
Serpentelli e ceraste avean per crine,
Onde le fiere tempie eran' avvinte.

E quei, che ben conobbe le meschine
Della regina dell' eterno pianto,
Guarda, mi disse, le feroci Erine.

Quest' è Megera dal sinistro canto:
Quella, che piange dal destro, è Aletto:
Tisifone è nel mezzo: e tacque a tanto:

Con l' unghie si fendea ciascuna il petto:
Batteansi a palme, e gridavan sì alto,
Ch' i' mi strinsi al poeta per sospetto.

DANTE. Inf. can. IX.

Le Arpie.

Non era ancor di là Nesso arrivato
Quando noi ci mettemmo per un bosco,
Che da nessun sentiero era segnato.

   Non frondi verdi, ma di color fosco;
Non rami schietti, ma nodosi e 'nvolti,
Non pomi v' eran, ma stecchi con tosco.

   Non han sì aspri sterpi, nè sì folti
Quelle fiere selvagge, che 'n odio hanno
Tra Cecina e Corneto i luoghi colti.

   Quivi le brutte Arpie lor nido fanno,
Che cacciar' delle Strofade i Trojani,
Con tristo annunzio di futuro danno.

   Ale hanno late, e colli e visi umani,
Piè con artigli, e pennuto 'l gran ventre:
Fanno lamenti in su gli alberi strani.
              DANTE. *Inf.* can. XIII.

Trasformazione di un uomo in serpente.

   Mentre che sì parlava, ed ei trascorse,
E tre spiriti venner sotto noi,
De' quai nè io, nè 'l duca mio s' accorse,

   Se non, quando gridar: chi siete voi?
Perchè nostra novella si ristette,
Ed intendemmo pure ad essi poi.

   I' non gli conoscea: ma e' seguette,
Come suol seguitar per alcun caso,
Che l' un nomare all' altro convenette

Dicendo: Cianfa dove fia rimaso?
Perch' io, acciocchè 'l duca stesse attento,
Mi posi 'l dito su dal mento al naso.

Se tu se' or, lettore, a creder lento
Ciò ch' io dirò, non sarà maraviglia:
Ch' io, che 'l vidi, appena il mi consento.

Com' i' tenea levate in lor le ciglia;
E un serpente con sei piè si lancia
Dinanzi all' uno, e tutto a lui s' appiglia.

Co' piè di mezzo gli avvinse la pancia,
E con gli anterior le braccia prese:
Poi gli addentò e l' una e l' altra guancia.

Gli diretani alle cosce distese,
E miseli la coda tr' amendue,
E dietro per le ren' su la ritese.

Ellera abbarbicata mai non fue
Ad alber sì, come l' orribil fiera
Per l' altrui membra avviticchiò le sue.

Poi s' appiccar come di calda cera
Fossero stati, e mischiar lor colore:
Nè l' un, nè l' altro già parea quel ch' era.

Come procede innanzi dall' ardore,
Per lo papiro suso un color bruno,
Che non è nero ancora e 'l bianco muore.

Gli altri due riguardavano, e ciascuno
Gridáva: Omè Agnel, come ti muti!
Vedi, che già non se' nè duo, nè uno.

Già eran li duo capi un divenuti,
Quando n' apparver duo figure miste,
In una faccia, ov' eran duo perduti.

Fèrsi le braccia duo di quattro liste:
Le cosce con le gambe, il ventre e 'l casso

Divenner membra, che non fur mai viste.

Ogni primajo aspetto ivi era casso:
Due, e nessun l' imagine perversa
Parea, e tal sen' gìa con lento passo.

DANTE. *Inf.* can. XXV.

Trasformazione reciproca di un uomo e di un serpente.

Come 'l ramarro sotto la gran fersa
De' dì canicular cangiando siepe,
Folgore par, se la via attraversa:

Così parea, venendo, verso l' epe
De gli altri due un serpentello acceso,
Livido e nero, come gran di pepe.

E quella parte, donde prima è preso
Nostro alimento, all' un di lor trafisse:
Poi cadde giuso innanzi lui disteso.

Lo trafitto il mirò, ma nulla disse:
Anzi co' piè fermati sbadigliava,
Pur come sonno o febbre l' assalisse.

Egli il serpente, e quei lui riguardava:
L' un per la piaga, e l' altro per la bocca
Fummavan forte, e 'l fummo s' incontrava.

Taccia Lucano omai, là dove tocca
Del misero Sabello e di Nassidio,
Ed attenda ad udir quel ch' or sì scocca.

Taccia di Cadmo e d' Aretusa Ovidio:
Che se quello in serpente, e quella in fonte
Converte, poetando, i' non lo 'nvidio:

Che duo nature mai a fronte a fronte
Non trasmutò, sì che amendue le forme

A cambiar lor materie fosser pronte.

   Insieme si risposero a tai norme,
Che 'l serpente la coda in forca fesse,
E 'l feruto ristrinse insieme l' orme.

   Le gambe con le cosce seco stesse
S' appiccar sì, che 'n poco la giuntura
Non facea segno alcun che si paresse.

   Togliea la coda fessa la figura
Che si perdeva là, e la sua pelle
Si facea molle, e quella di là dura.

   I' vidi entrar le braccia per l' ascelle,
E i duo piè della fiera, ch' eran corti,
Tanto allungar, quanto accorciavan quelle.

   Poscia li piè dirietro insieme attorti
Diventaron lo membro che l' uom cela,
E 'l misero del suo n' avea duo porti.

   Mentre che 'l fummo l' un a l' altro vela
Di color nuovo, e genera 'l pel suso
Per l' una parte, e dall' altra il dipela,

   L' un si levò, e l' altro cadde giuso,
Non torcendo però le lucerne empie,
Sotto le quai ciascun cambiava muso.

   Quel ch' era dritto, il trasse 'n ver le tempie,
E di troppa materia, che 'n là venne,
Uscìr gli orecchi delle gote scempie:

   Ciò che non corse in dietro e si ritenne,
Di quel soverchio fe' naso alla faccia,
E le labbra ingrossò quanto convenne:

   Quel che giaceva, il muso innanzi caccia,
E gli orecchi ritira per la testa,
Come face le corna la lumaccia:

   E la lingua, ch' aveva unita e presta

Prima a parlar, si fende, e la forcuta
Nell' altro si richiude, e 'l fummo resta.

L' anima, ch' era fiera divenuta,
Si fugge sufolando per la valle,
E l' altro dietro a lui parlando sputa.

Poscia gli volse le novelle spalle,
E disse all' altro: i' vo', che Buoso corra,
Com' ho fatt' io, carpon per questo calle.

Così vid' io la settima zavorra
Mutare e trasmutare, e quì mi scusi
La novità, se fior la penna abborra.

DANTE. *Inf.* can. XXV.

I Giganti.

Noi demmo 'l dosso al misero vallone
Su per la ripa che 'l cinge dintorno,
Attraversando senza alcun sermone.

Quivi era men che notte e men che giorno,
Sì che 'l viso n' andava innanzi poco:
Ma io sentii sonare un alto corno,

Tanto ch' avrebbe ogni tuon fatto fioco,
Che contra se la sua via seguitando
Dirizzò gli occhi miei tutti ad un loco.

Dopo la dolorosa rotta, quando
Carlo Magno perdè la santa gesta,
Non sonò sì terribilmente Orlando.

Poco portai in là volta la testa,
Che mi parve veder molte alte torri.
Ond' io: maestro, dì, che terra è questa?

Ed egli a me: però che tu trascorri

Per le tenebre troppo dalla lungi,
Avvien che poi nel maginare aborri.

    Tu vedra 'ben, se tu là ti congiungi,
Quanto 'l senso s' inganna di lontano:
Però alquanto più te stesso pungi.

    Poi caramente mi prese per mano,
E disse: pria che noi siam più avanti,
Acciocchè 'l fatto men ti paja strano,

    Sappi, che non son torri, ma giganti,
E son nel pozzo intorna dalla ripa
Dall' ombilico in giuso tutti quanti.

    Come quando la nebbia si dissipa,
Lo sguardo a poco a poco raffigura
Ciò che cela 'l vapor, che l' aere stipa:

    Così forando l' aer grossa e scura,
Più e più appressando inver la sponda
Fuggimmi errore, e crescemmi paura;

    Perochè come in su la cerchia tonda
Montereggion di torri si corona;
Così la proda, che 'l pozzo circonda,

    Torreggiavan di mezza la persona
Gli orribili giganti, cui minaccia
Giove del cielo ancora, quando tuona:

    Ed io scorgeva già d' alcun la faccia,
Le spalle e 'l petto, e del ventre gran parte,
E per le coste giù ambo le braccia.

    Natura certo, quando lasciò l' arte
Di sì fatti animali, assai fe bene,
Per tor cotali esecutori a Marte:

    E s' ella d' elefanti e di balene
Non si pente, chi guarda sottilmente,
Più giusta e più discreta la ne tiene:

Chè dove l' argomento della mente
S' aggiunge al mal volere ed alla possa,
Nessun riparo vi può far la gente.

La faccia sua mi parea lunga e grossa,
Come la pina di san Pietro a Roma;
E a sua proporzione eran l' altr' ossa:

Sì che la ripa, ch' era perizoma
Dal mezzo in giù, ne mostrava ben tanto
Di sopra, che di giungere alla chioma

Tre Frison s' averian dato mal vanto ·
Peroch' i' ne vedea trenta gran palmi
Dal luogo in giù, dov' uom s' affibbia 'l manto.

Rafel mai amech zabi almi,
Cominciò a gridar la fiera bocca,
Cui non si convenien più dolci salmi.

E 'l duca mio ver lui: anima sciocca,
Tienti col corno, e con quel ti disfoga,
Quand' ira, od altra passion ti tocca.

Cercati al collo, e troverai la soga
Che 'l tien legato, o anima confusa,
E vedi lui che 'l gran petto ti doga.

Poi disse a me: egli stesso s' accusa:
Questi è Nembrotto, per lo cui mal cotò,
Pure un linguaggio nel mondo non s' usa.

Lasciamlo stare, e non parliamo a vuoto:
Chè così è a lui ciascun linguaggio,
Come 'l suo ad altrui, ch' a nullo è noto.

Facemmo adunque più lungo viaggio
Volti a sinistra, e al trar d' un balestro
Trovammo l' altro assai più fiero e maggio.

A cinger lui qual che fosse il maestro,
Non so io dir: ma ei tenea succinto

Dinanzi l' altro, e dietro 'l braccio destro
   D' una catena, che 'l teneva avvinto
Dal collo in giù, sì che 'n su lo scoperto
Si ravvolgeva insino al giro quinto.
   Questo superbo voll' essere sperto
Di sua potenza contra 'l sommo Giove,
Disse 'l mio duca, ond' egli ha cotal merto:
   Fialte ha nome: e fece le gran pruove
Quando i giganti fer paura a i dei:
Le braccia, ch' ei menò, giammai non muove.
   Ed io a lui: s' esser puote, i' vorrei,
Che dello smisurato Briareo
Esperienza avesser gli occhi miei:
   Ond' ei rispose: tu vedrai Anteo
Presso di quì, che parla, ed è disciolto,
Che ne porrà nel fondo d' ogni reo.
   Quel che tu vuoi veder, più là è molto,
Ed è legato, e fatto come questo,
Salvo, che più feroce par nel volto.
   Non fu tremuoto già tanto rubesto,
Che scotesse una torre così forte,
Come Fialte a scuotersi fu presto.
   Allor temetti più che mai la morte,
E non v' era mestier più che la dôtta
S' i' non avessi viste le ritorte.
   Noi procedemmo più avanti allotta,
E venimmo ad Anteo, che ben cinqu' alle
Senza la testa uscia fuor della grotta.
   O tu, che nella fortunata valle,
Che fece Scipion di gloria reda,
Quand' Annibal co' suoi diede le spalle,
   Recasti già mille lion per preda,

E che se fossi stato all' alta guerra
De' tuoi fratelli, ancor par ch' ei si creda,
   Ch' avrebber vinto i figli della terra;
Mettine giuso (e non ten vegna schifo)
Dove Cocito la freddura serra.

   Non ci far ire a Tizio, nè a Tifo:
Questi può dar di quel che qui si brama:
Però ti china, e non torcer lo grifo.

   Ancor ti può nel mondo render fama:
Ch' ei vive, e lunga vita ancora aspetta,
Se innanzi tempo grazia a se nol chiama.

   Così disse 'l maestro: e quegli in fretta
Le man distese, e prese il duca mio,
Ond' Ercole sentì già grande stretta.

   Virgilio quando prender si sentio,
Disse a me: fatti 'n qua sì, ch' io ti prenda:
Poi fece sì, ch' un fascio er' egli ed io.

   Qual pare a riguardar la Carisenda
Sotto 'l chinato, quand' un nuvol vada
Sovr' essa sì, ched ella incontro penda:

   Tal parve Anteo a me che stava a bada
Di vederlo chinare, e fu talora,
Ch' i' avrei volut' ir per altra strada:

   Ma lievemente al fondo che divora
Lucifero con Giuda, ci posò:
Nè sì chinato lì fece dimora,

   E come albero in nave si levò.
               DANTE. *Inf.* can. XXXI.

Satanasso.

Come quando una grossa nebbia spira,
O quando l' emisperio nostro annotta,
Par da lungi un mulin che 'l vento gira,
    Veder mi parve un tal dificio allotta:
Poi per lo vento mi ristrinsi retro
Al duca mio; che non v' era altra grotta.
    Già era (e con paura il metto in metro)
Là dove l' ombre tutte eran coverte,
E trasparean, come festuca in vetro.
    Altre stanno a giacere, altre stanno erte,
Quella col capo, e quella con le piante;
Altra, com' arco, il volto a' piedi inverte.
    Quando noi fummo fatti tanto avante,
Ch' al mio maestro piacque di mostrarmi
La creatura ch' ebbe il bel sembiante,
    Dinanzi mi si tolse, e fe' restarmi,
Ecco Dite, dicendo, ed ecco il loco,
Ove convien che di fortezza t' armi.
    Com' i' divenni allor gelato e fioco,
Nol dimandar, lettor, ch' i' non lo scrivo,
Però ch' ogni parlar sarebbe poco.
    I' non morii, e non rimasi vivo:
Pensa oramai per te, s' hai fior d' ingegno,
Qual' io divenni, d' uno e d'altro privo.
    Lo 'mperador del doloroso regno
Da mezzo 'l petto uscia fuor della ghiaccia:
E più con un gigante i' mi convegno,
    Che i giganti non fan con le sue braccia:
Vedi oggimai, quant' esser dee quel tutto,

Che a così fatta parte si confaccia.

S' ei fu sì bel, com' egli è ora brutto,
E contra 'l suo fattore alzò le ciglia:
Ben dee da lui procedere ogni lutto.

O quanto parve a me gran maraviglia,
Quando vidi tre facce alla sua testa!
L' una dinanzi, e quella era vermiglia:

L' altre eran due, che s' aggiungeano a questa,
Sovr' esso 'l mezzo di ciascuna spalla,
E si giungeano al luogo della cresta:

E la destra parea tra bianca e gialla:
La sinistra a vedere era tal, quali
Vengon di là, ove 'l Nilo s' avvalla.

Sotto ciascuna uscivan due grand' ali,
Quanto si conveniva a tant' uccello:
Vele di mar non vid' io mai cotali.

Non avean penne, ma di vipistrello
Era lor modo: e quelle svolazzava,
Sì che tre venti si movean da ello.

Quindi Cocito tutto s' aggelava:
Con sei occhi piangeva, e per tre menti
Gocciava 'l pianto e sanguinosa bava.

Da ogni bocca dirompea co' denti
Un peccatore a guisa di maciulla,
Sì che tre ne facea così dolenti.

A quel dinanzi il mordere era nulla
Verso 'l graffiar, che tal volta la schiena
Rimanea della pelle tutta brulla.

Quell' anima lassù ch' ha maggior pena,
Disse 'l maestro, è Giuda Scariotto,
Che 'l capo ha dentro, e fuor le gambe mena.

De gli altri duo, ch' hanno 'l capo di sotto,

Quei che pende dal nero ceffo, è Bruto:
Vedi come si storce, e non fa motto:
   E l' altro è Cassio, che par sì membruto.
Ma la notte risurge, e ora mai
È da partir, che tutto avem veduto.
             DANTE. *Inf.* can. XXXIV.

La Peste Messinese.

   Dal porto, dove il mar sembra che stagni,
Io colla guida qual amante figlio
Che la tenera sua madre accompagni,
   Presi via d' orror carca e di periglio,
In cui morte di mille umane spoglie
Lordo rendea l' insanguinato artiglio.
   Fuor dell' abbandonate immonde soglie,
Giacean gli avanzi della plebe abbietta
Su vili paglie e infracidite foglie:
   Altri con gola orrendamente infetta
Di gangrenose bolle; altri avvampati
Il petto da fatal febbre negletta;
   Altri da lunga fame omai spossati,
Non pel velen, ma pel languore infermi,
Fra l' altrui membra putride sdrajati;
   Ed altri in lor natio vigor più fermi,
Benchè lasciati sotto i corpi estinti,
Sorti fra l' ossa accatastate e i vermi;
   Ma di squallor mortifero dipinti,
E per orecchie rose, e labbra mozze,
Dai volti umani in modo fier distinti.
   Le illustri donne a par delle più rozze

Al comun fonte per attinger l' acque
Gian nude il piede, e il crine incolte e sozze :
   E chi di lor nel sonno eterno tacque
A un lieve sorso, e chi raminga e sola,
Pria di giunger al fonte, esangue giacque.
   Gli amici, cui parte d' affanno invola
L' alterna vista, si guatavan fiso
Nel mesto incontro senza far parola :
   Poi fra il duol ristagnato all' improvviso
Sì dirotte spargean lagrime acerbe,
Che avrian un sasso per pietà diviso.
   Talor silenzio, qual avvien che serbe
L' aria muta fra inospiti deserti
Colmi di sabbia, e d' acque privi e d' erbe,
   E singhiozzi talor fiochi ed incerti,
Poi strida alte e ululati, e in flebil metro
Querele erranti per gli spazj aperti,
   Sì che il lor suono acutamente tetro
Crescea più raddoppiato, e in se confuso
Dal mar, dai monti ripercosso indietro.
   Ogni tempio era infaustamente chiuso :
Immoti i sacri bronzi, e alle notturne
Lampade tolto di risplender l' uso :
   Le armoniose canne taciturne,
E senza l' immortal vittima l' are,
E senza nenie pie le squallid' urne.
   Con lei, che a me non altrui vista appare,
Io giunsi al fin della funebre strada
Fra imagin' pel doglioso ordin sì amare.
   Ivi cangiando via non si dirada,
Anzi cresce l' orror, cui non contrasta
Alma ancor forte, e in rimembrarlo agghiada.

In mezzo a valle solitaria e vasta
Stridea scoppiando fra le vampe ingorde
Di cento adusti ceppi ampia catasta.

 Con picche armate in ferro adunco, e lorde
Di melma tratti eran que' corpi al rogo,
Cui più vita sì dura il cor non morde:

 Sacerdoti e fanciulle, e quei che il giogo
Marital strinse', ignudi e insiem confusi,
Da vicin tolti, e da rimoto luogo:

 E fra questi (ah! chi fia che adombri, o scusi
D' alta necessitate il gran delitto?)
Vivi, che ancor movean gli occhi non chiusi;

 Ma palpitanti col ronciglio fitto
Nella gola, i sospir versando e il sangue
Dal collo in sì crudel foggia trafitto.

 Strascinata ogni donna ed uom esangue
Ad arder con pietà tanto inumana,
Come striscia per terra ignobil angue,

 La faccia avea deformemente strana,
E questa sì, che non serbava alcuna
Orma in se lieve di sembianza umana.

VARANO.

Gli Angeli sterminatori.

Poichè adorato umìle ebbi con esso
L' invisibil di Dio gloria tremenda,
Che a fral guardo mirar non è permesso,

 Sbigottito scoprii negli atti orrenda
Schiera, che ovunque voli, avvien per tutto
Che fra eccidio e dolor le nubi fenda.

Vedi, ei soggiunse allor, qual tragge frutto
L'alma dal vaneggiar de' suoi pensieri,
Vedi quei che a recar la morte e il lutto
 Stanno su l'ale pronti aspri guerrieri,
Coll'occhio attento in aspettar il cenno,
Contro cui scampo arte, o valor non speri.

 Quel che calcante armi e trofei t'accenno,
E' l'angiol, che mutò Nabucco in belva,
E tolse a lui coll'alterezza il senno;
 E d'ogni cruda fiera che s'inselva,
Lo fè compagno, onde co' suoi muggiti
Del grand'Eufrate empiè l'acque e la selva.

 L'altro, ch'agita in aria i vanni arditi,
È quel, che nella notte in ciel segnata,
Lo squallor mise negli Egizj liti,
 E scannò i primi figli: sguainata
Ancor tenea la fulminante spada,
Che di sanguigne strisce era bagnata.

 Quegli, cui par che dalla fronte cada
Gruppo di lampi al suol per cener farne,
D'Asfalte nella fertile contrada
 Vibrò le fiamme ultrici a divorarne
L'infame terra, e la consunse, ed arse
Degli empj abitator l'ossa e la carne.

 L'altro, cui scritto su le ciglia apparse
Sterminator, colle man preste e fiere
Di Siloe in riva il sangue Assiro sparse,
 E serba ancor delle svenate schiere
All'asta, che ne' petti armati immerse,
Le ravvolte da lui Caldee bandiere.

 Questi nella Giudea, mentr'egli offerse
In sagrifizio a Dio vittime tante,

La strada all' aure venenate aperse
 Del buon re sciolto in pianto agli occhi avante:
Vedi che ancor la feral tazza aggira
D' orribili furor colma e fumante.
 Cent' altri poi, da cui vendetta spira,
Ei m' additò scelti al terribil uso
Della celeste irreparabil ira;
 Ond' io dall' atra vision confuso,
Con fioca voce: oimè! padre, gli dissi;
Grande è il mio fallo, e non l' ascondo o scuso.

VARANO.

Lo stesso argomento.

Levò lo sguardo; ed ecco all' improvviso
Laddove il Cancro il piè d' Alcide abbranca,
E discende la via del paradiso,
 Ecco aprirsi del ciel le porte a manca
Su i cardini di bronzo; e una virtude
Intrinseca le gira e le spalanca.
 Risuonò d' un fragor profondo e rude
Dell' olimpo la volta, e tre guerrieri
Calar fur visti di sembianze crude:
 Nere sul petto le corazze, e neri
Nella manca gli scudi, e nereggianti
Sul capo tremolavano i cimieri;
 E furtive dall' elmo e folgoranti
Scorrean le chiome della bionda testa
Per lo collo e per l' omero ondeggianti·
 La volubile bruna sopravvesta,
Da brune penne ventilata, addietro

Rendea rumor di pioggia e di tempesta:
  Del sopracciglio sotto l' arco tetro.
Uscian lampi dagli occhi, uscia paura;
E la faccia parea bollente vetro.
  Questi, e l' altro campion seduto a cura
Dell' estinto Luigi, angeli sono
Di terrore, di morte e di sventura.
  Venir son usi dell' Eterno al trono,
Quando cruda a' mortai volge la sorte,
E rompe la ragion del suo perdono.
  D' Egitto il primo l' incruente porte
Nell' arcana percosse orribil notte,
Che feo de' padri le speranze morte.
  L' altro è quei che sul campo estinte e rotte
Lasciò le forze che il superbo Assiro
Contro l' umile Giuda avea condotte.
  Dalla spada del terzo i colpi usciro
Che di pianto sonanti e di ruina
Fischiar per l' aure di Sion s' udiro,
  Quando la provocata ira divina
Al mite genitor fe' d' Absalòne
Caro il censo costar di Palestina.
  L' ultimo fiero volator garzone
Uno è de' sei, cui vide l' accigliato
Ezechiello arrivar dall' aquilone,
  In mano aventi uno stocco affilato,
E percotenti ognun che per la via
Del *Tau* la fronte non vedean segnato.
  Tale e tanta del ciel se ne venìa
Dei procellosi arcangeli possenti
La terribile e nera compagnìa.
  Come gruppo di folgori cadenti

Sotto piovoso ciel, quando sparute
Taccion le stelle, e fremon l'onde e i venti.

   Il sibilo sentì delle battute
Ale Parigi; ed arretrò la Senna
Le sue correnti stupefatte e mute.

   Vogeso ne tremò, tremò Gebenna,
E il Bebricio Pirene: e lungo e roco
Corse un lamento per la mesta Ardenna.

   Al lor primo apparir dier ratto il loco
L'assetate del Tartaro caterve,
Un grido alzando doloroso e fioco.

   Come fugge talor delle proterve
Mosche uno stuolo, che alla beva intento
Sul vaso pastoral bulica e ferve;

   Che al toccar della conca in un momento
Levansi tutte; e quale alla muraglia,
Qual si lancia alla mano, e quale al mento:

   Tal si dilegua l'infernal ciurmaglia,
Ed altri una pendente nuvoletta,
D'ira sbuffando, a lacerar si scaglia.

   Sovra il mar tremolante altri si getta,
E sveglia le procelle: altri s'avvolve
Nel nembo genitor della saetta.

   Si turbina taluno entro la polve.
E tal altro col guizzo del baleno
Fende la terra, e in fumo si dissolve.

MONTI.

L' Isola di Cipro, e la reggia di Venere.

Vagheggia Cipri un dilettoso monte,
Che del gran Nilo i sette corni vede
Al primo rosseggiar dell' orizzonte,
Ove poggiar non lice a mortal piede.
Nel giogo un verde colle alza la fronte;
Sott' esso aprico un lieto pratel siede;
U' scherzando tra' fior lascive aurette,
Fan dolcemente tremolar l' erbette.

Corona un muro d' or l' estreme sponde
Con valle ombrosa di schietti arboscelli,
Ove in su' rami fra novelle fronde
Cantan gli loro amor soavi augelli.
Sentesi un grato mormorio dell' onde,
Che fan duo freschi e lucidi ruscelli,
Versando dolce con amar liquore,
Ove arma l' oro de' suoi strali Amore.

Nè mai le chiome del giardino eterno
Tenera brina o fresca neve imbianca:
Ivi non osa entrar ghiacciato verno:
Non vento l' erbe o gli arboscelli stanca:
Ivi non volgon gli anni il lor quaderno;
Ma lieta primavera mai non manca,
Che i suoi crin biondi e crespi all' aura spiega,
E mille fiori in ghirlandetta lega.

Lungo le rive i frati di Cupido,
Che solo usan ferir la plebe ignota,
Con alte voci e fanciullesco grido
Aguzzan lor saette ad una cota.

Piacere, Insidia posati in su 'l lido
Volgono il perno alla sanguigna rota:
Il fallace Sperar col van Disio
Spargon nel sasso l' acqua del bel rio.

    Dolce Paura, e timido Diletto,
Dolci ire, e dolci paci insieme vanno:
Le Lagrime si lavan tutto il petto,
E 'l fiumicello amaro crescer fanno:
Pallore smorto, e paventoso Affetto
Con Magrezza si duole e con Affanno:
Vigil Sospetto ogni sentiero spia:
Letizia balla in mezzo della via.

    Voluttà con Bellezza si gavazza:
Va fuggendo il Contento, e siede Angoscia:
Il cieco Errore or qua or là svolazza:
Percotesi il Furor con man la coscia:
La Penitenzia misera stramazza,
Che del passato error s' è accorta poscia.
Nel sangue Crudeltà lieta si ficca,
E la Disperazion se stessa impicca.

    Tacito Inganno, e simulato Riso
Con cenni astuti, messaggier de' cuori,
E fissi sguardi con pietoso viso
Tendon lacciuoli a' giovani tra' fiori:
Stassi col volto in su la palma assiso
Il Pianto in compagnia de' suoi dolori;
E quinci e quindi volta senza modo
Licenzia non ristretta in alcun nodo.

    Cotal milizia i tuoi figli accompagna,
Venere bella, madre degli amori.
Zefiro il prato di rugiada bagna,
Spargendolo di mille vaghi odori:

Ovunque vola, veste la campagna
Di rose, gigli, violette e fiori:
L'erba di sua bellezza ha maraviglia;
Bianca, cilestra, pallida e vermiglia.
    Trema la mammoletta verginella
Con occhi bassi onesta e vergognosa:
Ma viè più lieta, più ridente e bella
Ardisce aprire il seno al sol la rosa:
Questa di verdi gemme s'incappella:
Quella si mostra allo sportel vezzosa:
L'altra che 'n dolce foco ardea pur ora,
Languida cade, e 'l bel pratello infiora.
    L'alba nutrica d'amoroso nembo
Gialle, sanguigne, candide viole:
Descritto ha il suo dolor Giacinto in grembo:
Narciso al rio si specchia, come suole:
In bianca vesta con purpureo lembo
Si gira Clizia pallidetta al sole:
Adon rinfresca a Venere il suo pianto.
Tre lingue mostra Croco, e ride Acanto.
    Mai rivestì di tante gemme l'erba
La novella stagion, che 'l mondo avviva.
Sovr'esso il verde colle alza superba
L'ombrosa chioma, ù il sol mai non arriva:
E sotto vel di spessi rami serba
Fresca e gelata una fontana viva,
Con sì pura, tranquilla e chiara vena,
Che gli occhi non offesi al fondo mena.
    L'acqua da viva pomice zampilla,
Che con suo arco il bel monte sospende;
E per fiorito solco indi tranquilla
Pingendo ogni sua orma al fonte scende;

Dalle cui labbra un grato umor distilla,
Che 'l premio di lor ombre agli arbor rende.
Ciascun si pasce a mensa non avara;
E par che l'un dell'altro cresca a gara.

    Cresce l'abeto schietto e senza nocchi,
Da spander l'ale a borea in mezzo l'onde,
L'elce che par di mel tutta trabocchi,
E il laur che tanto fa bramar sue fronde:
Bagna Cipresso ancor pel cervo gli occhi,
Con chiome or aspre, or già distese e bionde;
Ma l'arbor che già tanto ad Ercol piacque,
Col platan si trastulla intorno all'acque.

    Surge robusto il cerro, ed alto il faggio,
Nodoso il cornio, e 'l salcio umido e lento,
L'olmo fronzuto, e 'l frassin più selvaggio:
Il pino alletta con suo fischio il vento.
L'avornio tesse ghirlandette al maggio;
Ma l'acer d'un color non è contento.
La lenta palma serba pregio a' forti:
L'ellera va carpon co' piè distorti.

    Mostransi adorne le viti novelle
D'abiti varj e con diversa faccia.
Questa gonfiando fa crepar la pelle:
Questa racquista le perdute braccia:
Quella tessendo vaghe e liete ombrelle
Pur con pampinee fronde Apollo scaccia:
Quella ancor monca piange a capo chino,
Spargendo or acqua, per versar poi vino.

    Il chiuso e crespo bosso al vento ondeggia,
E fa la piaggia di verdura adorna:
Il mirto, che sua dea sempre vagheggia,
Di bianchi fiori i verdi capelli orna.

Ivi ogni fiera per amor vaneggia:
L'un ver l'altro i montoni arman le corna;
L'un l'altro cozza, e l'un l'altro martella,
Davanti all'amorosa pecorella.

I mugghianti giovenchi appiè del colle
Fan vie più cruda e dispietata guerra
Col collo e 'l petto insanguinato e molle,
Spargendo al ciel co' piè l'erbosa terra.
Pien di sanguigna schiuma il cinghial bolle,
Le larghe zanne arruota, e 'l grifo serra,
E rugge, e raspa, e per armar sue forze
Frega il calloso cuojo a dure scorze.

Provan lor pugna i daini paurosi,
E per l'amata druda arditi fansi:
Ma con pelle vergata aspri e rabbiosi
I tigri infuriati a ferir vansi.
Sbatton le code; e con occhi focosi
Ruggendo i fier leon di petto dansi.
Zuffola e soffia il serpe per la biscia,
Mentr'ella con tre lingue al sol si liscia.

Il cervo appresso alla Massilia fera
Co' piè levati la sua sposa abbraccia:
Fra l'erba ove più ride primavera,
L'un coniglio con l'altro s'accovaccia.
Le semplicette capre vanno a schiera
Da' can sicure all'amorosa traccia;
Sì l'odio antico e 'l natural timore
Nè petti ammorza, quando vuole, amore.

I muti pesci in frotta van notando
Dentro al vivente e liquido cristallo,
E spesso intorno al fonte roteando,
Guidan felice e dilettoso ballo:

Tal volta sopra l' acqua, un po' guizzando,
Mentre l' un l' altro segue, escono a gallo:
Ogni lor atto sembra festa e giuoco;
Nè spengon le fredde acque il dolce foco.

   Gli augelletti dipinti intra le foglie
Fan l' aere addolcir con nuove rime;
E fra più voci un' armonia s' accoglie
Di sì beate note e sì sublime,
Che mente involta in queste umane spoglie
Non potria sormontare alle sue cime:
E dove Amor gli scorge pel boschetto,
Saltan di ramo in ramo a lor diletto.

   Al canto della selva eco rimbomba:
Ma sotto l' ombra ch' ogni ramo annoda,
La passeretta gracchia, e attorno romba:
Spiega il pavon la sua gemmata coda:
Bacia il suo dolce sposo la colomba:
I bianchi cigni fan sonar la proda:
E presso ad una vaga tortorella
Il pappagallo squittisce e favella.

   Quivi Cupido e i suoi pennuti frati,
Lassi già di ferire uomini e dei,
Prendon diporto, e con gli strali aurati
Fan sentire alle fiere i crudi omei.
La dea Ciprigna fra' suoi dolci nati
Spesso sen viene, e Pasitea con lei,
Quetando in lieve sonno gli occhi belli
Fra l' erbe e' fiori, e' giovani arboscelli.

   Move dal colle mansueta e dolce
La schiena del bel monte, e sopra i crini,
D' oro e di gemme un gran palazzo folce,
Sudato già nei Cicilian cammini.

Le tre ore, che 'n cima son bobolce,
Pascon d' ambrosia i fior sacri e divini:
Nè prima del suo gambo un se ne coglie:
Ch' un altro al ciel più apre le sue foglie.

Raggia davanti all' uscio una gran pianta,
Che fronde ha di smeraldo e pomi d' oro;
E pomi ch' arrestar ferno Atalanta,
Che ad Ippomene dierno il verde alloro.
Sempre sovr' essa Filomena canta;
Sempre sott' essa è delle ninfe un coro.
Spesso Imeneo col suon di sua zampogna
Tempra lor danze, e pur le nozze agogna.

La regia casa il sereno aer fende,
Fiammeggiante di gemme e di fin oro,
Che chiaro giorno a mezza notte accende;
Ma vinta è la materia dal lavoro.
Sopra colonne adamantine pende
Un palco di smeraldo, in cui già foro
Aneli e stanchi dentro a Mongibello
Sterope e Bronte ed ogni lor martello.

Le mura attorno d' artificio miro
Forma un soave e lucido berillo.
Passa pel dolce oriental zaffiro
Nell' ampio albergo il dì puro e tranquillo;
Ma il letto d' oro, in cui l' estremo giro
Si chiude contra a Febo, apre il vessillo.
Per varie pietre il pavimento ameno
Di mirabil pittura adorna il seno.

Mille e mille color forman le porte,
Di gemme e di sì vivi intagli chiare,
Che tutte altre opre sarian rozze e morte,
Da far di se natura vergognare.

Nell' una è sculta l' infelice sorte
Del vecchio Celio; e in vista irato pare
Suo figlio, e con la falce adunca sembra
Tagliar del padre le feconde membra.
  Ivi la terra con distesi ammanti
Par ch' ogni goccia di quel sangue accoglia;
Onde nate le furie e i fier giganti
Di sparger sangue in vista mostran voglia.
D' un seme stesso in diversi sembianti
Pajon le ninfe uscite senza spoglia,
Pur come snelle cacciatrici in selva,
Gir saettando or una or altra belva.
  Nel tempestoso Egeo in grembo a Teti
Si vede il fusto genitale accolto,
Sotto diverso volger di pianeti
Errar per l' onde in bianca schiuma avvolto,
E dentro nata, in atti vaghi e lieti,
Una donzella non con uman volto,
Da' zefiri lascivi spinta a proda,
Gir sopra un nicchio; e par che 'l ciel ne goda.
  Vera la schiuma, e vero il mar direste,
Il nicchio ver, vero il soffiar de' venti.
La dea negli occhi folgorar vedreste,
E 'l ciel riderle attorno e gli elementi:
L' ore premer l' arena in bianche veste,
L' aura increspar li crin distesi e lenti.
Non una, non diversa esser lor faccia;
Come par che a sorelle ben confaccia.
  Giurar potresti che dell' onde uscisse
La dea premendo con la destra il crino,
Con l' altra il dolce pomo ricoprisse;
E stampata dal piè sacro e divino,

D' erba e di fior la rena si vestisse:
Poi con sembiante lieto e pellegrino
Dalle tre ninfe in grembo fosse accolta,
E di stellato vestimento involta.

    Questa con ambe man le tien sospesa
Sopra l' umide trecce una ghirlanda
D' oro e di gemme orientali accesa:
Quella una perla agli orecchi accomanda:
L' altra al bel petto, a' bianchi omeri intesa
Par che ricchi monili intorno spanda,
De' qua' solean cerchiar lor proprie gole
Quando nel ciel guidavan le carole.

    Indi pajon levate in ver le spere
Seder sopra una nuvola d' argento:
L' aer tremante ti parria vedere
Nel duro sasso, e tutto 'l ciel contento:
Tutti li dii di sua beltà godere,
E del felice letto aver talento:
Ciascun sembrar nel volto maraviglia,
Con fronte crespa e rilevate ciglia.

    Nello estremo se stesso il divin fabro
Formò, felice di sì dolce palma,
Ancor della fucina irsuto e scabro,
Quasi obliando per lei ogni salma,
Con desire aggiungendo labro a labro,
Come tutta d' amor gli ardesse l' alma:
E par via maggior foco acceso in ello,
Che quel ch' avea lasciato in Mongibello.

    Nell' altra, in un famoso e bianco tauro
Si vede Giove per amor converso
Portarne il dolce suo ricco tesauro,
E lei volgere il viso al lito perso

In atto paventosa: e i be' crin d' auro
Scherzan nel petto per lo vento avverso:
La vesta ondeggia, e indietro fa ritorno;
L' una man tien al dorso e l' altra al corno.

Le ignude piante a se ristrette accoglie,
Quasi temendo il mar che non le bagne: .
Tale atteggiata di paure e doglie
Par chiami in van le sue dolci compagne;
Le quali assise tra fioretti e foglie
Dolenti Europa ciascheduna piagne.
Europa, suona il lito, Europa, riedi:
Il toro nuota, e talor bacia i piedi.

Or si fa Giove un cigno, or pioggia d' oro;
Or di serpente, or di pastor fa fede,
Per fornir l' amoroso suo lavoro;
Or trasformarsi in aquila si vede,
Come amor vuole, e nel celeste coro
Portar sospeso il suo bel Ganimede;
Lo quale ha di cipresso il capo avvinto,
Ignudo tutto e sol d' erbetta cinto.

Fassi Nettuno un lanoso montone;
Fassi un torvo giovenco per amore:
Fassi un cavallo il padre di Chirone:
Diventa Febo in Tessaglia un pastore:
E 'n piccola capanna si ripone
Colui ch' a tutto 'l mondo dà splendore,
Nè gli giova a sanar sue piaghe acerbe,
Perchè conosca la virtù dell' erbe.

Poi segue Dafne, e 'n sembianza si lagna
Come dicesse, o ninfa, non ten gire:
Ferma il piè, ninfa, sopra la campagna,
Ch' io non ti seguo per farti morire:

Così cerva leon, così lupo agna;
Ciascuno il suo nemico suol fuggire;
Me perchè fuggi, o donna del mio core,
Cui di seguirti è sol cagione amore?

Dall' altra parte la bella Arianna
Con le sorde acque di Teseo si duole,
E dell' aura, e del sonno che la inganna,
Di paura tremando, come suole
Per picciol ventolin palustre canna;
Par che in atto abbia impresse tai parole:
Ogni fiera di te meno è crudele;
Ognun di te più mi saria fedele.

Vien sopra un carro d' ellera e di pampino
Coperto Bacco, il qual duo tigri guidano,
E con lui par che l' alta rena stampino
Satiri e Bacche, e con voci alte gridano.
Quel si vede ondeggiar: quei par ch' inciampino:
Quel con un cembal bee: quei par che ridano:
Qual fa d' un corno, e qual delle man ciotola:
Qual ha preso una ninfa, e qual si rotola.

Sopra l' asin Silen, di ber sempre avido,
Con vene grosse nere e di mosto umide,
Marcido sembra, sonnacchioso e gravido,
Le luci ha di vin rosse, enfiate e fumide:
L' ardite ninfe l' asinel suo pavido
Pungon col tirso; ed ei con le man tumide
A' crin s' appiglia; e mentre sì l' attizzano,
Casca nel collo, e i satiri lo rizzano.

Quasi in un tratto vista, amata e tolta
Dal fiero Pluto Proserpina pare
Sopra un gran carro, e la sua chioma sciolta
A' zefiri amorosi ventilare.

13.

La bianca vesta in un bel grembo accolta
Sembra i colti fioretti giù versare.
Si percuote ella il petto, e in vista piagne,
Or la madre chiamando, or le compagne.

Posa giù del leone il fiero spoglio
Ercole, e veste femminina gonna:
Colui che 'l mondo da grave cordoglio
Avea scampato; ed or serve una donna.
E può soffrir d' amor l' indegno orgoglio,
Chi con gli omer già fece al ciel colonna:
E quella man, con che era a tenere uso
La clava poderosa, or torce un fuso.

Gli omer setosi a Polifemo ingombrano
L' orribil chiome, e nel gran petto cascano;
E fresche ghiande l' aspre tempie adombrano:
Presso a se par sue pecore che pascano.
Nè a costui dal cor giammai disgombrano
Li dolci acerbi lai che d' amor nascano:
Anzi tutto di pianto e dolor macero
Seggia in un freddo sasso appiè d' un acero.

Dall' una all' altra orecchia un arco face
Il ciglio irsuto lungo ben sei spanne:
Largo sotto la fronte il naso giace;
Pajon di schiuma biancheggiar le zanne.
Tra' piedi ha il cane; sotto il braccio tace
Una zampogna ben di cento canne.
E guarda il mar ch' ondeggia, e alpestri note
Par canti, e mova le lanose gote.

E dica ch' ella è bianca più che il latte,
Ma più superba assai ch' una vitella;
E che molte ghirlande le ha già fatte,
E serbale una cerva molto bella,

Un orsacchin che già col can combatte,
E che per lei si macera e flagella:
E che ha gran voglia di saper nuotare
Per andare a trovarla infin nel mare.

Duo formosi delfini un carro tirano;
Sovr' esso è Galatea che 'l fren corregge
E quei nuotando parimente spirano;
Ruotasi attorno più lasciva gregge.
Qual le salse onde sputa, e quai s' aggirano
Qual par che per amor giuochi e vanegge.
La bella ninfa con le suore fide
Di sì rozzo cantar vezzosa ride.

Intorno al bel lavor serpeggia acanto
Di rose e mirti e lieti fior contesto;
Con vari augei sì fatti, che il lor canto
Pare udir negli orecchi manifesto:
Nè d' altro si pregiò Vulcan mai tanto,
Nè 'l vero stesso ha più del ver che questo.
E quanto l' arte intra se non comprende,
La mente immaginando chiaro intende.

Questo è il loco che tanto a Vener piacque,
A Vener bella, alla madre d' Amore.
Quì l' arcier fraudolente in prima nacque,
Che spesso fa cangiar voglia e colore.
Quel che soggioga il ciel, la terra e l' acque,
Che tende agli occhi reti, e prende il core;
Dolce in sembianti, in atto acerbo e fello;
Giovane nudo e faretrato augello.

POLIZIANO.

L' Isola d' Alcina.

Non vide nè 'l più bel, nè 'l più giocondo
Da tutta l' aria, ove le penne stese;
Nè, se tutto cercato avesse il mondo,
Vedria di questo il più gentil paese,
Ove dopo un girarsi di gran tondo,
Con Ruggier seco il grande augel discese.
Culte pianure e delicati colli,
Chiare acque, ombrose ripe e prati molli:

Vaghi boschetti di soavi allori,
Di palme e d' amenissime mortelle,
Cedri ed aranci ch' avean frutti e fiori
Contesti in varie forme, e tutte belle,
Facean riparo ai fervidi calori
De' giorni estivi con lor spesse ombrelle;
E tra quei rami con sicuri voli
Cantando se ne gìano i rusignuoli.

Tra le purpuree rose e i bianchi gigli,
Che tepida aura freschi ognora serba,
Sicuri si vedean lepri e conigli,
E cervi con la fronte alta e superba,
Senza temer ch' alcun gli uccida o pigli,
Pascano, o stiansi ruminando l' erba:
Saltano i daini, e i capri snelli e destri,
Che sono in copia in quei luoghi campestri.

Come sì presso è l' ippogrifo a terra,
Ch' esser ne può men periglioso il salto,
Ruggier con fretta dell' arcion si sferra,
E si ritrova in sull' erboso smalto.

Tuttavia in man le redini si serra,
Che non vuol che 'l destrier più vada in alto;
Poi lo lega nel margine marino
A un verde mirto in mezzo un lauro e un pino.

E quivi appresso, ove sorgea una fonte
Cinta di cedri e di feconde palme:
Pose lo scudo, e l' elmo dalla fronte
Si trasse, e disarmossi ambe le palme,
Ed ora alla marina, ed ora al monte
Volgea la faccia all' aure fresche ed alme,
Che l' alte cime con mormorii lieti
Fean tremolar de i faggi e degli abeti.

Bagna talor nella chiara onda e fresca
L' asciutte labbra, e con le man diguazza,
Acciò che delle vene il calor esca,
Che gli ha acceso il portar della corazza.
Nè meraviglia è già ch' ella gl' incresca,
Chè non è stato un far vedersi in piazza;
Ma senza mai posar, d' arme guernito,
Tre mila miglia ognor correndo era ito.

Quivi stando il destrier, ch' avea lasciato
Tra le più dense frasche alla fresch' ombra,
Per fuggir si rivolta, spaventato
Di non so che, che dentro al bosco adombra;
E fa crollar sì il mirto, ove è legato,
Che delle frondi intorno il piè gl' ingombra.
Crollar fa il mirto, e fa cader la foglia,
Nè succede però che se ne scioglia.

Come ceppo talor, che le midolle
Rare e vote abbia, e posto al foco sia;
Poi che per gran calor quell' aria molle
Resta consunta, che in mezzo l' empìa,

Dentro risuona, e con strepito bolle
Tanto, che quel furor trovi la via;
Così mormora e stride, e si corruccia
Quel mirto offeso, e al fine apre la buccia.

 Onde con mesta e flebil voce uscìo
Espedita e chiarissima favella,
E disse: se tu sei cortese e pio,
Come dimostri alla presenza bella,
Leva questo animal dall' arbor mio;
Basti che 'l mio mal proprio mi flagella,
Senza altra pena, senza altro dolore,
Ch' a tormentarmi ancor venga di fuore.

 Al primo suon di quella voce, torse
Ruggiero il viso, e subito levosse;
E poi ch' uscir dall' arbore s' accorse,
Stupefatto restò più che mai fosse.
A levarne il destrier subito corse;
E con le guance di vergogna rosse,
Qual che tu sii, perdonami, dicea,
O spirto umano, o boschereccia dea.

 Il non aver saputo che s' asconda
Sotto ruvida scorza umano spirto,
M' ha lasciato turbar la bella fronda,
E far ingiuria al tuo vivace mirto;
Ma non restar però, che non risponda
Chi tu ti sia, ch' in corpo orrido ed irto,
Con voce e razionale anima vivi,
Se da grandine il ciel sempre ti schivi.

 E s'ora, o mai potrò questo dispetto
Con alcun beneficio compensarte,
Per quella bella donna ti prometto,
Quella che di me tien la miglior parte,

Ch'io farò con parole e con effetto,
Ch' avrai giusta cagion di me lodarte.
Come Ruggiero al suo parlar fin diede,
Tremò quel mirto dalla cima al piede.

    Poi si vide sudar su per la scorza,
Come legno dal bosco allora tratto,
Che del foco venir sente la forza,
Poscia ch' in vano ogni ripar gli ha fatto;
E cominciò: tua cortesia mi sforza
A discoprirti in un medesmo tratto,
Chi fossi io prima, e chi converso m' aggia
In questo mirto in sull' amena spiaggia.

    Il nome mio fu Astolfo, e paladino
Era di Francia assai temuto in guerra:
D' Orlando e di Rinaldo era cugino,
La cui fama alcun termine non serra:
E si spettava a me tutto il domino,
Dopo il mio padre Otton, dell' Inghilterra:
Leggiadro e bel fui sì, che di me accesi
Più d' una donna, e al fin me solo offesi.

    Ritornando io da quelle isole estreme,
Che da levante il mar indico lava,
Dove Rinaldo, ed alcun' altri insieme
Meco fur chiusi in parte oscura e cava;
Ed onde liberate le supreme
Forze n' avean del cavalier di Brava,
Ver ponente io venìa lungo la sabbia,
Che del settentrion sente la rabbia.

    E come la via nostra, e il duro e fello
Destin ci trasse, uscimmo una mattina
Sopra la bella spiaggia, ove un castello
Siede sul mar della possente Alcina.

Trovammo lei ch'uscita era di quello,
E stava sola in ripa alla marina;
E senza rete e senza amo traeva
Tutti li pesci al lito che voleva.

Veloci vi correvano i delfini;
Vi venia a bocca aperta il grosso tonno;
I capidogli coi vecchi marini
Vengon turbati dal lor pigro sonno;
Mule, salpe, salmoni e coracini
Nuotano a schiere in più fretta che ponno;
Pistrici, fisiteri, orche e balene
Escon del mar con mostruose schiene.

Veggiamo una balena, la maggiore
Che mai per tutto il mar veduta fosse:
Undici passi e più dimostra fuore
Dell'onde salse le spallacce grosse.
Caschiamo tutti insieme in uno errore,
(Perch'era ferma, e che mai non si scosse)
Ch'ella sia un'isoletta ci credemo;
Così distante ha l'un dall'altro estremo.

Alcina i pesci uscir facea dell'acque
Con semplici parole e puri incanti.
Con la fata Morgana Alcina nacque,
Io non so dir s'a un parto, o dopo o innanti.
Guardommi Alcina, e subito le piacque
L'aspetto mio, come mostrò ai sembianti:
E pensò con astuzia e con ingegno
Tormi a' compagni, e riuscì il disegno.

Ci venne incontra con allegra faccia,
Con modi graziosi e riverenti,
E disse: cavalier, quando vi piaccia
Far oggi meco i vostri alloggiamenti,

Io vi farò veder nella mia caccia
Di tutti i pesci sorte differenti;
Chi scaglioso, chi molle e chi col pelo,
E saran più che non ha stelle il cielo.

E volendo veder una sirena,
Che col suo dolce canto accheta il mare,
Passiam di qui fin su quell' altra arena,
Dove a quest' ora suol sempre tornare:
E ci mostrò quella maggior balena,
Che, come io dissi, un' isoletta pare.
Io, che sempre fui troppo (e me n' incresce)
Volonteroso, andai sopra quel pesce.

Rinaldo m' accennava, e similmente
Dudon, ch' io non v' andassi, e poco valse;
La fata Alcina con faccia ridente,
Lasciando gli altri duo, dietro mi salse.
La balena all' ufficio diligente,
Nuotando se n' andò per l' onde salse.
Di mia sciocchezza tosto fui pentito;
Ma troppo mi trovai lungi del lito.

Rinaldo si cacciò nell' acqua a nuoto
Per ajutarmi, e quasi sì sommerse;
Perchè levossi un furioso Noto,
Che d' ombra il cielo e 'l pelago coperse.
Quel che di lui seguì poi, non m' è noto.
Alcina a confortarmi si converse
E quel dì tutto, e la notte che venne,
Sopra quel mostro in mezzo il mar mi tenne:

Fin che venimmo a questa isola bella,
Di cui gran parte Alcina ne possiede,
E l' ha usurpata ad una sua sorella,
Che 'l padre già lasciò del tutto erede,

Perchè sola legittima avea quella:
E (come alcun notizia me ne diede,
Che pienamente instrutto era di questo)
Sono quest' altre due nate d' incesto.

E come sono inique e scelerate,
E piene d' ogni vizio infame e brutto,
Così quella, vivendo in castitate,
Posto ha nelle virtuti il suo cor tutto.
Contra lei queste due son congiurate;
E già più d' un esercito hanno instrutto,
Per cacciarla dell' isola, e in più volte
Più di cento castella l' hanno tolte.

Nè ci terrebbe ormai spanna di terra
Colei che Logistilla è nominata;
Se non che quinci un golfo il passo serra,
E quindi una montagna inabitata,
Siccome tien la Scozia e l' Inghilterra
Il monte e la riviera separata.
Ne però Alcina, nè Morgana resta,
Che non le voglia tor ciò che le resta.

Perchè di vizj è questa coppia rea,
Odia colei, perchè è pudica e santa.
Ma per tornare a quel ch' io ti dicea,
E seguir poi com' io divenni pianta;
Alcina in gran delizie mi tenea,
E del mio amor ardeva tutta quanta;
Nè minor fiamma nel mio core accese
Il veder lei sì bella e sì cortese.

Io mi godea le delicate membra;
Pareami aver quì tutto il ben raccolto,
Che fra' mortali in più parti si smembra,
A chi più ed a chi meno, e a nessun molto.

Nè di Francia, nè d' altro mi rimembra:
Stavami sempre a contemplar quel volto:
Ogni pensiero, ogni mio bel disegno
In lei finia, nè passava oltre il segno.

Io da lei altrettanto era, e più, amato:
Alcina più non si curava d' altri:
Ella ogni altro suo amante avea lasciato;
Che innanzi a me ben ce ne fur degli altri.
Me consiglier, me avea dì e notte allato,
E me fe quel che comandava agli altri.
A me credeva, a me si riportava,
Nè notte o dì con altri mai parlava.

Deh perchè vo le mie piaghe toccando,
Senza speranza poi di medicina?
Perchè l' avuto ben vo rimembrando,
Quando io patisco estrema disciplina?
Quando credea d' esser felice, e quando
Credea ch' amar più mi dovesse Alcina,
Il cor, che m' avea dato, si ritolse,
E ad altro nuovo amor tutta si volse.

Conobbi tardi il suo mobile ingegno,
Usato amare e disamare a un punto:
Non era stato oltre a due mesi in regno,
Ch' un nuovo amante al loco mio fu assunto.
Da se cacciommi la fata con sdegno;
E dalla grazia sua m'ebbe disgiunto;
E seppi poi, che tratti a simil porto
Avea mill' altri amanti, e tutti a torto.

E perchè essi non vadano pel mondo
Di lei narrando la vita lasciva,
Chi qua, chi là per lo terren fecondo
Li muta altri in abete, altri in oliva;

Altri in palma, altri in cedro, altri, secondo
Che vedi me, su questa verde riva;
Altri in liquido fonte, alcuni in fera,
Come più aggrada a quella fata altera.

Or tu, che sei per non usata via,
Signor, venuto all' isola fatale,
Acciò ch' alcun amante per te sia
Converso in pietra o in onda, o fatto tale;
Avrai d' Alcina scettro e signoria,
E sarai lieto sopra ogni mortale;
Ma certo sii di giunger tosto al passo
D' entrar o in fera o in fonte o in legno o in sasso.

Io te n' ho dato volentieri avviso,
Non ch' io mi creda che debbia giovarte;
Pur meglio fia che non vadi improvviso,
E de' costumi suoi tu sappia parte:
Che forse, com' è differente il viso,
È differente ancor l' ingegno e l' arte.
Tu saprai forse riparare al danno;
Quel che saputo mill' altri non hanno.

Ruggier, che conosciuto avea per fama,
Ch' Astolfo alla sua donna cugin era,
Si dolse assai che in steril pianta e grama
Mutato avesse la sembianza vera;
E per amor di quella che tanto ama,
(Pur che saputo avesse in che maniera)
Gli avria fatto servigio; ma ajutarlo
In altro non potea che in confortarlo.

Lo fe meglio che seppe; e domandolli
Poi, se via c' era ch' al regno guidassi
Di Logistilla, o per piano o per colli,
Sì, che per quel d' Alcina non andassi.

Che ben ve n' era un' altra, ritornolli
L' arbore a dir, ma piena d' aspri sassi,
S' andando un poco innanzi alla man destra,
Salisse il poggio in ver la cima alpestra.

Ma che non pensi già, che seguir possa
Il suo cammin per quella strada troppo:
Incontro avrà di gente ardita, e grossa
E fiera compagnia con duro intoppo.
Alcina ve li tien per muro e fossa
A chi volesse uscir fuor del suo groppo.
Ruggier quel mirto ringraziò del tutto,
Poi da lui si partì dotto ed instrutto.

Venne al cavallo, e lo disciolse, e prese
Per le redini, e dietro se lo trasse;
Nè, come fece prima, più l' accese,
Perchè malgrado suo non lo portasse.
Seco pensava come nel paese
Di Logistilla a salvamento andasse.
Era disposto e fermo usar ogni opra,
Che non gli avesse imperio Alcina sopra.

Pensò di rimontar nel suo cavallo,
E per l' aria spronarlo a nuovo corso;
Ma dubitò di far poi maggior fallo;
Che troppo mal quel gli ubbidiva al morso.
Io passerò per forza, s' io non fallo,
Dicea tra se, ma vano era il discorso.
Non fu due miglia lungi alla marina,
Che la bella città vide d' Alcina.

Lontan si vede una muraglia lunga,
Che gira intorno e gran paese serra;
E par che la sua altezza al ciel s' aggiunga,
E d' oro sia dall' alta cima a terra.

Alcun dal mio parer qui si dilunga,
E dice ch' ella è alchimia, e forse ch' erra,
Ed anco forse meglio di me intende;
A me par oro, poi che sì risplende.

Come fu presso alle sì ricche mura,
Che 'l mondo altre non ha della lor sorte,
Lasciò la strada che per la pianura
Ampia e diretta andava alle gran porte;
Ed a man destra, a quella più sicura
Ch' al monte gìa, piegossi il guerrier forte:
Ma tosto ritrovò l' iniqua frotta
Dal cui furor gli fu turbata e rotta.

Non fu veduta mai più strana torma,
Più mostruosi volti e peggio fatti:
Alcun dal collo in giù d' uomini han forma,
Col viso altri di scimie, altri di gatti;
Stampano alcun' co' piè caprini l' orma;
Alcuni son centauri agili ed atti,
Son giovani imprudenti e vecchi stolti,
Chi nudi, e chi di strane pelli involti.

Chi senza freno in s' un destrier galoppa,
Chi lento va con l' asino e col bue:
Altri salisce ad un centauro in groppa,
Struzzoli molti han sotto, aquile e grue:
Ponsi altri a bocca il corno, altri la coppa;
Chi femmina e chi maschio, e chi amendue:
Chi porta uncino, e chi scala di corda,
Chi pal di ferro, e chi una lima sorda.

Di questi il capitano si vedea
Aver gonfiato il ventre e 'l viso grasso;
Il qual su una testuggine sedea',
Che con gran tardità mutava il passo.

Avea di qua e di là chi lo reggea,
Perch' egli era ebro, e tenea il ciglio basso:
Altri la fronte gli asciugava e il mento,
Altri i panni scotea per fargli vento.

Un ch' avea umana forma i piedi e 'l ventre,
E collo avea di cane, orecchie e testa,
Contra Ruggiero abbaja, acciò ch' egli entre
Nella bella città ch' addietro resta.
Rispose il cavalier: nol farò, mentre
Avrà forza la man di regger questa,
(E gli mostra la spada, di cui volta
Avea l' aguzza punta alla sua volta.)

Quel mostro lui ferir vuol d' una lancia,
Ma Ruggier presto se gli avventa addosso;
Una stoccata gli trasse alla pancia,
E la fe un palmo riuscir pel dosso.
Lo scudo imbraccia, e quà e là si lancia:
Ma l' inimico stuolo è troppo grosso:
L' un quinci il punge, e l'altro quindi afferra;
Egli s' arresta, e fa lor aspra guerra.

L' un sin ai denti, e l' altro sin al petto
Partendo va di quella iniqua razza;
Ch' alla sua spada non s' oppone elmetto,
Nè scudo, nè panziera, nè corazza:
Ma da tutte le parti è così astretto,
Che bisogno saria per trovar piazza,
E tener da se largo il popol reo,
D' aver più braccia e man che Briareo.

Se di scoprire avesse avuto avviso
Lo scudo che già fu del negromante;
Io dico quel ch' abbarbagliava il viso,
Quel ch' all' arcione avea lasciato Atlante;

Subito avria quel brutto stuol conquiso,
E fattosel cader cieco davante:
E forse ben, che disprezzò quel modo,
Perchè virtude usar volle e non frodo.

Sia quel che può, piuttosto vuol morire,
Che rendersi prigione a sì vil gente.
Eccoti intanto dalla porta uscire
Del muro, ch' io dicea d' oro lucente,
Due giovani ch' ai gesti ed al vestire
Non eran da stimar nate umilmente,
Nè da pastor nutrite con disagi,
Ma fra delizie di real palagi.

L' una e l' altra sedea s' un liocorno,
Candido più che candido armellino;
L' una e l' altra era bella, e di sì adorno
Abito, e modo tanto pellegrino,
Ch' all' uom, guardando e contemplando intorno,
Bisognerebbe aver occhio divino,
Per far di lor giudizio; e tal saria
Beltà, s' avesse corpo e Leggiadria.

L' una e l' altra n' andò, dove nel prato
Ruggiero è oppresso dallo stuol villano.
Tutta la turba si levò da lato,
E quelle al cavalier porser la mano,
Che tinto in viso di color rosato,
Le donne ringraziò dell' atto umano;
E fu contento, compiacendo loro,
Di ritornarsi a quella porta d' oro.

L' adornamento che s' aggira sopra
La bella porta, e sporge un poco avante,
Parte non ha, che tutta non si copra
Delle più rare gemme di levante.

Da quattro parti si riposa sopra
Grosse colonne d'integro diamante.
O vero o falso ch'all'occhio risponda,
Non è cosa più bella o più gioconda.

Su per la soglia, e fuor per le colonne
Corron scherzando lascive donzelle,
Che, se i rispetti debiti alle donne
Servasser più, sarian forse più belle.
Tutte vestite eran di verdi gonne,
E coronate di frondi novelle.
Queste con molte offerte, e con buon viso
Ruggier fecero entrar nel paradiso.

Che si può ben così nomar quel loco,
Ove mi credo che nascesse Amore.
Non vi si sta, se non in danza e in gioco,
E tutte in festa vi si spendon l'ore.
Pensier canuto nè molto, nè poco
Si può quivi albergare in alcun core:
Non entra quivi disagio, nè inopia,
Ma vi sta ognor col corno pien la copia.

Qui, dove con serena e lieta fronte
Par ch'ognor rida il grazioso aprile,
Giovani e donne son: qual presso a fonte
Canta con dolce e dilettoso stile;
Qual d'un arbore all'ombra, e qual d'un monte
O gioca, o danza, o fa cosa non vile;
E qual, lungi dagli altri, a un suo fedele
Discopre l'amorose sue querele.

Per le cime de i pini e degli allori,
Degli alti faggi e degl'irsuti abeti
Volan scherzando i pargoletti amori,
Di lor vittorie altri godendo lieti,

14.

Altri pigliando a saettare i cori
La mira quindi, altri tendendo reti;
Chi tempra dardi ad un ruscel più basso,
E chi gli aguzza ad un volubil sasso.

Quivi a Ruggier un gran corsier fu dato
Forte, gagliardo e tutto di pel sauro,
Ch' avea il bel guernimento ricamato
Di preziose gemme e di fino auro;
E fu lasciato in guardia quello alato,
Quel che solea ubbidire al vecchio Mauro,
A un giovane, che dietro lo menassi
Al buon Ruggier con men frettosi passi.

Quelle due belle giovani amorose,
Ch' avean Ruggier dall' empio stuol difeso,
Dall' empio stuol, che dianzi se gli oppose
Su quel cammin, ch' avea a man destra preso,
Gli dissero: signor, le virtuose
Opere vostre, che già abbiamo inteso,
Ne fan sì ardite, che l' ajuto vostro
Vi chiederemo a beneficio nostro.

. Noi troverem tra via tosto una lama,
Che fa due parti di questa pianura:
Una crudel, che Erifilla si chiama,
Difende il ponte, e sforza e inganna e fura
Chiunque andar nell' altra ripa brama,
Ed ella è gigantessa di statura;
Li denti ha lunghi, e venenoso il morso,
Acute l' unghie, e graffia come un orso.

Oltre che sempre ci turba il cammino,
Che libero saria, se non fosse ella,
Spesso correndo per tutto il giardino
Va disturbando or questa cosa or quella.

Sappiate che del popolo assassino,
Che vi assalì fuor della porta bella,
Molti suoi figli son, tutti seguaci,
Empi, come ella, inospiti e rapaci.
    Ruggier rispose: non ch'una battaglia,
Ma per voi sarò pronto a farne cento:
Di mia persona tutto quel che vaglia,
Fatene voi, secondo il vostro intento;
Che la cagion ch'io vesto piastra e maglia,
Non è per guadagnar terre, nè argento,
Ma sol per farne beneficio altrui,
Tanto più a belle donne, come vui.
    Le donne molte grazie riferiro,
Degne d'un cavalier, come quell'era;
E così ragionando riusciro,
Dove videro il ponte e la riviera;
E di smeraldo ornata e di zaffiro
Su l'arme d'or vider la donna altera.
Ma dir nell'altro canto differisco,
Come Ruggier con lei si pose a risco.
                ARIOSTO. *Or. fur.* can. VI.

Ruggiero all' isola d' Alcina.

    Chi va lontan dalla sua patria, vede
Cose, da quel che già credea, lontane;
Che narrandole poi, non se gli crede,
E stimato bugiardo ne rimane:
Che 'l volgo sciocco non gli vuol dar fede,
Se non le vede e tocca chiare e piane.
Per questo io so che l'inesperienza
Farà al mio canto dar poca credenza.

Poca o molta ch' io ci abbia, non bisogna
Ch' io ponga mente al vulgo sciocco e ignaro:
A voi so ben che non parrà menzogna,
Che 'l lume del discorso avete chiaro;
Ed a voi soli ogni mio intento agogna
Che 'l frutto sia di mie fatiche caro.
Io vi lasciai, che 'l ponte e la riviera
Vider, che in guardia avea Erifilla altiera.

Quell' era armata del più fin metallo,
Ch' avean di più color gemme distinto;
Rubin vermiglio, crisolito giallo,
Verde smeraldo, con flavo giacinto.
Era montata, ma non a cavallo;
In vece avea di quello un lupo spinto;
Spinto avea un lupo ove si passa il fiume,
Con ricca sella fuor d' ogni costume.

Non credo ch' un sì grande Apulia n' abbia:
Egli era grosso ed alto più d' un bue,
Con fren spumar non li facea le labbia;
Nè so come lo regga a voglie sue.
La sopravesta di color di sabbia
Sull' arme avea la maledetta lue;
Era, fuor che 'l color, di quella sorte
Ch' i vescovi e i prelati usano in corte.

Ed avea nello scudo e sul cimiero
Una gonfiata e velenosa botta.
Le donne la mostraro al cavaliero
Di quà dal ponte per giostrar ridotta,
E fargli scorno, e rompergli il sentiero,
Come ad alcuni usata era talotta.
Ella a Ruggier, che torni addietro, grida:
Quel piglia un' asta, e la minaccia e sfida.

Non men la gigantessa ardita e presta
Sprona il gran lupo, e nell' arcion si serra,
E pon la lancia a mezzo il corso in resta,
E fa tremar nel suo venir la terra.
Ma pur sul prato al fiero incontro resta;
Che sotto l' elmo il buon Ruggier l' afferra,
E dell' arcion con tal furor la caccia,
Che la riporta indietro oltra sei braccia.

E già, tratta la spada ch' avea cinta,
Venìa a levarne la testa superba ·
E ben lo potea far, che come estinta
Erifilla giacea tra' fiori e l' erba.
Ma le donne gridar': basti sia vinta,
Senza pigliarne altra vendetta acerba.
Ripon, cortese cavalier, la spada:
Passiamo il ponte, e seguitiam la strada.

Alquanto malagevole ed aspretta
Per mezzo un bosco presero la via,
Che oltra che sassosa fosse e stretta,
Quasi su dritta alla collina gìa.
Ma poi che furo ascesi in su la vetta,
Usciro in spazïosa prateria,
Dove il più bel palazzo e 'l più giocondo
Vider, che mai fosse veduto al mondo.

La bella Alcina venne un pezzo innante
Verso Ruggier fuor delle prime porte;
E lo raccolse in signoril sembiante,
In mezzo bella ed onorata corte.
Da tutti gli altri tanto onore, e tante
Riverenze fur fatte al guerrier forte,
Che non ne potrian far più, se tra loro
Fosse Dio sceso dal superno coro.

Non tanto il bel palazzo era eccellente,
Perchè vincesse ogni altro di ricchezza,
Quanto ch' avea la più piacevol gente
Che fosse al mondo, e di più gentilezza.
Poco era l' un dall' altro differente
E di fiorita etade e di bellezza:
Sola di tutti Alcina era più bella,
Sì come è bello il sol più d' ogni stella.

Di persona era tanto ben formata,
Quanto me' finger san pittori industri;
Con bionda chioma lunga ed annodata
Oro non è che più risplenda e lustri.
Spargeasi per la guancia delicata
Misto color di rose e di lugustri;
Di terso avorio era la fronte lieta,
Che lo spazio finia con giusta meta.

Sotto due negri e sottilissimi archi
Son due negri occhi, anzi due chiari soli,
Pietosi a riguardare, a mover parchi;
Intorno cui par ch' Amor scherzi e voli,
E ch' indi tutta la feretra scarchi,
E che visibilmente i cori involi;
Quindi il naso per mezzo il viso scende,
Che non trova l' invidia ove l' emende.

Sotto quel sta, quasi fra due vallette,
La bocca sparsa di natio cinabro:
Quivi due filze son di perle elette,
Che chiude ed apre un bello e dolce labro:
Quindi escon le cortesi parolette
Da render molle ogni cor rozzo e scabro;
Quivi si forma quel soave riso,
Ch' apre a sua posta in terra il paradiso.

Bianca neve è il bel collo, e 'l petto latte;
Il collo è tondo, il petto colmo e largo.
Due pome acerbe, e pur d' avorio fatte,
Vengono e van, come onda al primo margo
Quando piacevol aura il mar combatte.
Non potria l' altre parti veder Argo:
Ben si può giudicar che corrisponde
A quel ch' appar di fuor, quel che s' asconde.

Mostran le braccia sua misura giusta;
E la candida man spesso si vede
Lunghetta alquanto, e di larghezza angusta,
Dove nè nodo appar, nè vena eccede.
Si vede alfin della persona augusta
Il breve, asciutto e ritondetto piede.
Gli angelici sembianti nati in cielo
Non si ponno celar sotto alcun velo.

Avea in ogni sua parte un laccio teso,
O parli o rida o canti o passo mova;
Nè maraviglia è se Ruggier n' è preso,
Poi che tanto benigna se la trova.
Quel che di lei già avea dal mirto inteso,
Com' è perfida e ria, poco gli giova;
Ch' inganno o tradimento non gli è avviso
Che possa star con sì soave riso.

Anzi pur creder vuol, che da costei
Fosse converso Astolfo in su l' arena
Per li suoi portamenti ingrati e rei,
E sì degno di questa, e di più pena:
E tutto quel, ch' udito avea di lei,
Stima esser falso, e che vendetta mena,
E mena astio ed invidia quel dolente
A lei biasmare, e che del tutto mente.

La bella donna che cotanto amava,
Novellamente gli è dal cor partita;
Che per incanto Alcina gli lo lava
D'ogni antica amorosa sua ferita;
E di se sola, e del suo amor lo grava,
E in quello essa riman sola scolpita:
Sì che scusar il buon Ruggier si deve,
Se si mostrò quivi incostante e lieve.

A quella mensa cetere, arpe e lire,
E diversi altri dilettevol suoni
Faceano intorno l'aria tintinnire
D'armonia dolce e di concenti buoni.
Non vi mancava chi cantando, dire
D'amor sapesse gaudj e passioni;
O con invenzioni e poesie
Rappresentasse grate fantasie.

Qual mensa trionfante e suntuosa
Di qualsivoglia successor di Nino,
O qual mai tanto celebre e famosa
Di Cleopatra al vincitor Latino,
Potria a questa esser par, che l'amorosa
Fata avea posta innanzi al paladino?
Tal non cred'io che s'apparecchi, dove
Ministra Ganimede al sommo Giove.

ARIOSTO. Or. fur. can. VII.

La Reggia ed il giardino d'Armida.

Tondo è il ricco edificio; e nel più chiuso
Grembo di lui, ch'è quasi centro al giro,

Un giardin v' ha, ch' adorno è sovra l' uso
Di quanti più famosi unqua fioriro.
Dintorno inosservabile e confuso
Ordin di logge i demon fabri ordiro:
E tra le oblique vie di quel fallace
Ravvolgimento, impenetrabil giace.

   Per l' entrata maggior (perocchè cento
L' ampio albergo n' avea) passar costoro.
Le porte quì d' effigiato argento
Su i cardini stridean di lucid' oro.
Fermar' nelle figure il guardo intento:
Che vinta la materia è dal lavoro.
Manca il parlar; di vivo altro non chiedi:
Nè manca questo ancor, s' agli occhi credi.

   Mirasi quì fra le Meonie ancelle
Favoleggiar colla conocchia Alcide.
Se l' inferno espugnò, resse le stelle,
Or torce il fuso: Amor sel guarda, e ride.
Mirasi Iole colla destra imbelle
Per ischerno trattar l' armi omicide:
E 'ndosso ha il cuojo del leon, che sembra
Ruvido troppo a sì tenere membra.

   D' incontra è un mare; e di canuto flutto
Vedi spumanti i suoi cerulei campi.
Vedi nel mezzo un doppio ordine instrutto
Di navi e d' arme; e uscir dell' arme i lampi.
D' oro fiammeggia l' onda; e par che tutto
D' incendio marzial Leucate avvampi.
Quinci Augusto i Romani; Antonio quindi
Trae l' Oriente, Egizj, Arabi ed Indi.

   Svelte notar le Cicladi diresti
Per l' onde, e i monti coi gran monti urtarsi;

L'impeto è tanto, onde quei vanno e questi
Co' legni torreggianti ad incontrarsi.
Già volar faci e dardi, e già funesti
Vedi di nuova strage i mari sparsi.
Ecco, (nè punto ancor la pugna inchina)
Ecco fuggir la barbara reina:
    E fugge Antonio; e lasciar può la speme
Dell'imperio del mondo, ov'egli aspira.
Non fugge no; non teme il fier, non teme:
Ma segue lei che fugge, e seco il tira.
Vedresti lui, simile ad uom che freme
D'amore a un tempo e di vergogna e d'ira,
Mirar alternamente or la crudele
Pugna ch'è in dubbio, or le fuggenti vele.
    Nelle latebre poi del Nilo accolto,
Attender pare in grembo a lei la morte;
E nel piacer d'un bel leggiadro volto
Sembra che 'l duro fato egli conforte.
Di cotai segni variato e scolto
Era il metallo delle regie porte.
I duo guerrier, poichè dal vago obbietto
Rivolser gli occhi, entrar nel dubbio tetto.
    Qual Meandro fra rive oblique e incerte
Scherza con dubbio corso, or cala, or monta,
Queste acque ai fonti, e quelle al mar converte;
E mentre ei vien, sè che ritorna, affronta:
Tali, e più inestricabili, conserte
Son queste vie; ma il libro in se le impronta,
Il libro, don del mago; e d'esse in modo
Parla, che le risolve, e spiega il nodo.
    Poichè lasciar gli aviluppati calli,
In lieto aspetto il bel giardin s'aperse.

Acque stagnanti, mobili cristalli,
Fior varj e varie piante, erbe diverse,
Apriche collinette, ombrose valli,
Selve e spelunche, in una vista offerse:
E quel che 'l bello e 'l caro accresce all' opre,
L' arte che tutto fa, nulla si scopre.

Stimi (sì misto il culto è col negletto)
Sol naturali e gli ornamenti e i siti.
Di natura arte par, che per diletto
L' imitatrice sua scherzando imiti.
L' aura, non ch' altro, è della maga effetto;
L' aura che rende gli alberi fioriti.
Co' fiori eterni, eterno il frutto dura;
E mentra spunta l' un, l' altro matura.

Nel tronco istesso, e tra l' istessa foglia
Sovra il nascente fico invecchia il fico.
Pendono a un ramo, un con dorata spoglia,
L' altro con verde, il novo e 'l pomo antico.
Lussureggiante serpe alto e germoglia
La torta vite, ov' è più l' orto aprico:
Quì l' uva ha in fiori acerba; e quì d' or l' have
E di piropo, e già di nettar grave.

Vezzosi augelli infra le verdi fronde
Temprano a prova lascivette note.
Mormora l' aura, e fa le foglie e l' onde
Garrir, che variamente ella percote.
Quando taccion gli augelli, alto risponde;
Quando cantan gli augei, più lieve scote.
Sia caso od arte, or accompagna, ed ora
Alterna i versi lor la musica ora.

TASSO. *Ger. lib.* can. XVI.

Assalto di Parigi.

Siede Parigi in una gran pianura,
Nell' ombilico a Francia, anzi nel core:
Gli passa la riviera entro le mura,
E corre, ed esce in altra parte fuore;
Ma fa un' isola prima e v' assicura
Della città una parte, e la migliore:
L' altre due (ch' in tre parti è la gran terra)
Di fuor la fossa, e dentro il fiume serra.

Alla città, che molte miglia gira,
Da molte parti si può dar battaglia:
Ma perchè sol da un canto assalir mira,
Nè volentier l' esercito sbaraglia,
Oltre il fiume Agramante si ritira
Verso ponente, acciò che quindi assaglia:
Però che nè cittade, nè campagna
Ha dietro, se non sua, fin alla Spagna.

Dovunque intorno il gran muro circonda,
Gran munizioni avea già Carlo fatte,
Fortificando d' argine ogni sponda,
Con scannafossi dentro, e casematte.
Onde entra nella terra, onde esce l' onda
Grossissime catene aveva tratte.
Ma fece, più ch' altrove, provvedere
Là dove avea più causa di temere.

Con occhi d' Argo il figlio di Pipino
Previde ove assalir dovea Agramante;
E non fece disegno il Saracino,
A cui non fosse riparato innante.

Con Ferraù, Isoliero, Serpentino,
Grandonio, Falsirone, e Balugante,
E con ciò che di Spagna avea menato,
Restò Marsilio alla campagna armato.

Sobrin gli era a man manca in ripa a Senna
Con Pulïan, con Dardinel d'Almonte,
Col re d'Oran, ch'esser gigante accenna,
Lungo sei braccia da' piedi alla fronte.
Deh perchè a mover men son io la penna,
Che quelle genti a mover l'arme pronte?
Che 'l re di Sarza pien d'ira e di sdegno
Grida e bestemmia, e non può star più a segno.

Come assalire o vasi pastorali,
O le dolci reliquie de' convivi
Soglion con rauco suon di stridule ali
Le impronte mosche a caldi giorni estivi;
Come gli storni a rosseggianti pali
Vanno di mature uve: così quivi,
Empiendo il ciel di grida e di rumori,
Veniano a dare il fiero assalto i Mori.

L'esercito cristian sopra le mura
Con lance, spade e scure e pietre e foco
Difende la città senza paura,
E il barbarico orgoglio estima poco;
E dove morte uno ed un altro fura,
Non è chi per viltà ricusi il loco.
Tornano i Saracin giù nelle fosse
A furia di ferite e di percosse.

Non ferro solamente vi s'adopra,
Ma grossi sassi, e merli integri e saldi,
E muri dispiccati con molt' opra,
Tetti di torri e gran pezzi di spaldi.

L' acque bollenti che vengon di sopra
Portano a' Mori insopportabil caldi;
E male a questa pioggia si resiste,
Ch' entra per gli elmi, e fa acciecar le viste.

E questa più nocea che 'l ferro quasi:
Or che de' far la nebbia di calcine?
Or che doveano far gli ardenti vasi
Con nitro e zolfo e peci e trementine?
I cerchi in munizion non son rimasi,
Che d' ogn' intorno hanno di fiamma il crine:
Questi, scagliati per diverse bande,
Mettono a' Saracini aspre ghirlande.

Iutanto il re di Sarza avea cacciato
Sotto le mura la schiera seconda,
Da Buraldo, da Ormida accompagnato,
Quel Garamante, e questo di Marmonda.
Clarindo e Soridan gli sono allato;
Nè par che 'l re di Setta si nasconda.
Segue il re di Marocco, e quel di Cosca,
Ciascun perchè il valor suo si conosca.

Nella bandiera, ch' è tutta vermiglia,
Rodomonte di Sarza il leon spiega,
Che la feroce bocca ad una briglia
Che gli pon la sua donna, aprir non niega.
Al leon se medesimo assomiglia,
E per la donna, che lo ferma e lega,
La bella Doralice ha figurata,
Figlia di Stordilan re di Granata.

Quella che tolto avea, com' io narrava,
Re Mandricardo (e dissi dove, e a cui)
Era costei, che Rodomonte amava
Più che 'l suo regno, e più che gli occhi sui,

E cortesia e valor per lei mostrava,
Non già sapendo ch' era in forza altrui;
Se saputo l' avesse, allora allora
Fatto avria quel che fe quel giorno ancora.

   Sono appoggiate a un tempo mille scale,
Che non han men di due per ogni grado.
Spinge il secondo quel che innanzi sale,
Che 'l terzo lui montar fa suo malgrado.
Chi per virtù, chi per paura vale:
Convien ch' ognun per forza entri nel guado;
Che qualunque s' adagia, il re d' Algiere
Rodomonte crudele, occide o fere.

   Ognun dunque si sforza di salire
Tra 'l fuoco e le ruine in su le mura.
Ma tutti gli altri guardano, se aprire
Veggiano passo, ove sia poca cura:
Sol Rodomonte sprezza di venire,
Se non dove la via meno è sicura.
Dove nel caso disperato e rio
Gli altri fan voti, egli bestemmia Dio.

   Armato era d' un forte e duro usbergo,
Che fu di drago una scagliosa pelle.
Di questo già si cinse il petto e 'l tergo
Quell' avol suo ch' edificò Babelle,
E si pensò cacciar dell' aureo albergo,
E torre a Dio il governo delle stelle:
L' elmo e lo scudo fece far perfetto,
E il brando insieme; e solo a questo effetto.

   Rodomonte non già men di Nembrotte
Indomito, superbo e furibondo,
Che d' ire al ciel non tarderebbe a notte,
Quando la strada si trovasse al mondo,

Quivi non sta a mirar s' intere o rotte
Sieno le mura, o s' abbia l' acqua fondo;
Passa la fossa, anzi la corre e vola
Nell' acqua e nel pantan fino alla gola.

    Di fango brutto, e molle d' acqua vanne
Tra il foco e i sassi, e gli archi e le balestre,
Come andar suol tra le palustri canne
Della nostra Mallea porco silvestre,
Che col petto, col grifo e con le zanne
Fa, dovunque si volge, ample finestre.
Con lo scudo alto il Saracin sicuro
Ne vien sprezzando il ciel, non che quel muro.

    Non sì tosto all' asciutto è Rodomonte,
Che giunto si sentì su le bertresche,
Che dentro alla muraglia facean ponte
Capace e largo alle squadre Francesche.
Or si vede spezzar più d' una fronte,
Far chieriche maggior delle fratesche,
Braccia e capi volare, e nella fossa
Cader da' muri una fiumana rossa.

    Getta il Pagan lo scudo, e a due man prende
La cruda spada, e giunge il duca Arnolfo.
Costui venìa di là dove discende
L' acqua del Reno nel salato golfo.
Quel miser contra lui non si difende
Meglio che faccia contra il fuoco il zolfo;
E cade in terra, e dà l' ultimo crollo
Dal capo fesso un palmo sotto il collo.

    Uccise di rovescio in una volta
Anselmo, Oldrado, Spineloccio e Prando;
Il luogo stretto e la gran turba folta
Fece girar sì pienamente il brando.

Fu la prima metade a Fiandra tolta,
L' altra scemata al popolo Normando.
Divise appresso dalla fronte al petto,
Ed indi al ventre, il Maganzese Orghetto.
    Getta da' merli Andropono e Moschino
Giù nella fossa. Il primo è sacerdote;
Non adora il secondo altro che 'l vino,
E le bigonce a un sorso n' ha già vuote.
Come veneno e sangue viperino,
L' acque fuggia, quanto fuggir si puote:
Or quivi muore; e quel che più l' anneja,
È il sentir che nell' acqua se ne muoja.
    Tagliò in due parti il provenzal Luigi,
E passò il petto al tolosano Arnaldo.
Di Torse Oberto, Claudio, Ugo e Dionigi
Mandar lo spirto fuor col sangue caldo;
E presso a questi, quattro da Parigi
Gualtiero, Satallone, Oddo ed Ambaldo,
Ed altri molti; ed io non saprei come
Di tutti nominar la patria e il nome.
    La turba dietro a Rodomonte presta
Le scale appoggia, e monta in più d' un loco.
Quivi non fanno i Parigin più testa,
Che la prima difesa lor val poco.
San ben ch' agl' inimici assai più resta
Dentro da fare, e non l' avran da gioco;
Perchè tra il muro e l' argine secondo
Discende il fosso orribile e profondo.
    Oltra che i nostri facciano difesa
Dal basso all' alto, e mostrino valore,
Nuova gente succede alla contesa
Sopra l' erta pendice interiore,

15.

Che fa con lance, e con saette offesa
Alla gran moltitudine di fuore;
Che credo ben, che saria stata meno,
Se non v' era il figliuol del re Ulieno.

Egli questi conforta, e quei riprende,
E lor mal grado innanzi se gli caccia;
Ad altri il petto, ad altri il capo fende,
Che per fuggir veggia voltar la faccia.
Molti ne spinge ed urta; alcuni prende
Pei capelli, pel collo e per le braccia:
E sossopra laggiù tanti ne getta,
Che quella fossa a capir tutti è stretta.

Mentre lo stuol de' barbari si cala,
Anzi trabocca al periglioso fondo,
Ed indi cerca per diversa scala
Di salir sopra l' argine secondo,
Il re di Sarza (come avesse un' ala
Per ciascun de' suoi membri) levò il pondo
Di sì gran corpo, e con tant' arme indosso,
E netto si lanciò di là dal fosso.

Poco era men di trenta piedi, o tanto;
Ed egli il passò destro come un veltro,
E fece nel cader strepito, quanto
Avesse avuto sotto i piedi il feltro:
Ed a questo ed a quello affrappa il manto,
Come sien l' arme di tenero peltro,
E non di ferro, anzi pur sien di scorza;
Tal la sua spada, e tanta è la sua forza.

In questo tempo i nostri, da chi tese
L' insidie son nella cava profonda,
Che v' han scope e fascine in copia stese,
Intorno a quai di molta pece abbonda,

Nè però alcuna si vede palese,
Benchè n' è piena l' una e l' altra sponda,
Dal fondo cupo fino all' orlo quasi,
E senza fin v' hanno appiattati vasi,
    Qual con salnitro, qual con olio, quale
Con zolfo, qual con altra simil' esca;
I nostri in questo tempo., perchè male
Ai Saracini il folle ardir riesca,
Ch' eran nel fosso, e per diverse scale
Credean montar su l' ultima bertresca,
Udito il segno da opportuni lochi,
Di qua e di là fenno avvampare i fochi.
    Tornò la fiamma sparsa tutta in una,
Che tra una ripa e l' altra ha 'l tutto pieno,
E tanto ascende in alto, ch' alla luna
Può d' appresso asciugar l' umido seno.
Sopra si volve oscura nebbia e bruna,
Che 'l sole adombra, e spegne ogni sereno.
Sentesi un scoppio in un perpetuo suono
Simile a un grande e spaventoso tuono.
    Aspro concento, orribile armonia
D' alte querele, d' ululi e di strida
Della misera gente che peria
Nel fondo, per cagion della sua guida,
Istranamente concordar s' udia
Col fiero suon della fiamma omicida.
Non più, signor, non più di questo canto,
Ch' io son già rauco, e vo' posarmi alquanto.
                  ARIOSTO. *Or. fur.* can. XIV.

Continuazione. Rodomonte in Parigi.

Io vi lasciai, come assaltato avea
Agramante una porta della terra,
Che trovar senza guardia si credea:
Nè più riparo altrove il passo serra;
Perchè in persona Carlo la tenea,
Ed avea seco i mastri della guerra,
Duo Guidi, duo Angelini, uno Angeliero
Avino, Avolio, Ottone e Berlinghiero.

Innanzi a Carlo, innanzi al re Agramante
L' un stuolo e l' altro si vuol far vedere,
Ove gran loda, ove mercè abbondante
Si può acquistar, facendo il suo dovere.
I Mori non però fer' prove tante,
Che par ristoro al danno abbiano avere;
Perchè ve ne restar morti parecchi,
Ch' agli altri fur di folle audacia specchi.

Grandine sembran le spesse saette
Dal muro sopra gl' inimici sparte.
Il grido in sin al ciel paura mette,
Che fa la nostra e la contraria parte.
Ma Carlo un poco, ed Agramante aspette,
Ch' io vo' cantar dell' Africano Marte,
Rodomonte terribile ed orrendo,
Che va per mezzo la città correndo.

Non so, signor, se più vi ricordiate
Di questo Saracin tanto sicuro,
Che morte le sue genti avea lasciate
Tra il secondo riparo e 'l primo muro,

Dalla rapace fiamma divorate,
Che non fu mai spettacolo più oscuro.
Dissi ch' entrò d' un salto nella terra
Sopra la fossa che la cinge e serra.

Quando fu noto il Saracino atroce
All' arme istrane, alla scagliosa pelle,
Là dove i vecchi e 'l popol men feroce
Tendean l' orecchie a tutte le novelle,
Levossi un pianto, un grido, un' alta voce
Con un batter di man ch' andò alle stelle;
E chi potè fuggir, non vi rimase,
Per serrarsi ne' templi e nelle case.

Ma questo a pochi il brando rio concede,
Ch' intorno ruota il Saracin robusto.
Qui fa restar con mezza gamba un piede,
Là fa un capo sbalzar lungi dal busto:
L' un tagliare a traverso se gli vede,
Dal capo all' anche un altro fender giusto,
E di tanti ch' occide, fere e caccia,
Non se gli vede alcun segnare in faccia.

Quel che la tigre dell' armento imbelle
Ne' campi Ircani, o là vicino al Gange,
O il lupo delle capre e dell' agnelle
Nel monte che Tifeo sotto si frange;
Quivi il crudel Pagan facea di quelle
Non dirò squadre, non dirò falange,
Ma vulgo e popolazzo voglio dire,
Degno, prima che nasca, di morire.

Non ne trova un che veder possa in fronte,
Fra tanti che ne taglia, fora e svena.
Per quella strada, che vien dritto al ponte
Di san Michel, sì popolata e piena,

Corre il fiero e terribil Rodomonte,
E la sanguigna spada a cerco mena;
Non riguarda nè al servo, nè al signore,
Nè al giusto ha più pietà ch' al peccatore.

Religion non giova al sacerdote,
Nè la innocenzia al pargoletto giova:
Per sereni occhi, o per vermiglie gote
Mercè nè donna, nè donzella trova:
La vecchiezza si caccia e si percuote,
Nè quivi il Saracin fa maggior prova
Di gran valor, che di gran crudeltade;
Chè non discerne sesso, ordine, etade.

Non pur nel sangue uman l' ira si stende
Dell' empio re, capo e signor degli empi;
Ma contra i tetti ancor, sì che n' incende
Le belle case e i profanati tempi.
Le case eran, per quel che se n' intende,
Quasi tutte di legno in quelli tempi:
E ben creder si può, ch' in Parigi ora
Delle diece le sei son così ancora.

Non par, quantunque il foco ogni cosa arda,
Che sì grande odio ancor saziar si possa.
Dove s' aggrappi con le mani, guarda
Sì, che ruini un tetto ad ogni scossa.
Signor, avete a creder che bombarba
Mai non vedeste a Padova sì grossa,
Che tanto muro possa far cadere,
Quanto fa in una scossa il re d' Algiere.

Mentre quivi col ferro il maladetto,
E con le fiamme facea tanta guerra,
Se di fuor Agramante avesse astretto,
Perduta era quel dì tutta la terra.

Ma non v' ebbe agio, che gli fu interdetto
Dal paladin, che venia d'Inghilterra
Col popol alle spalle Inglese e Scotto,
Dal Silenzio e dall' Angelo condotto.

Dio volle, che all' entrar che Rodomonte
Fe nella terra e tanto foco accese,
Che presso ai muri il fior di Chiaramonte
Rinaldo giunse, e seco il campo Inglese.
Tre leghe sopra avea gittato il ponte,
E torte vie da man sinistra prese,
Che disegnando i barbari assalire,
Il fiume non l' avesse ad impedire.

Mandato avea sei mila fanti arcieri
Sotto l' altera insegna di Odoardo,
E duo mila cavalli e più, leggieri
Dietro alla guida d' Ariman gagliardo;
E mandati gli avea per li sentieri
Che vanno e vengon dritto al mar, Piccardo,
Ch' a porta san Martino, e san Dionigi
Entrassero a soccorso di Parigi.

I carriaggi e gli altri impedimenti
Con lor fece drizzar per questa strada.
Egli con tutto il resto delle genti
Più sopra andò girando la contrada.
Seco avea navi e ponti ed argomenti
Dà passar Senna, che non ben si guada.
Passato ognuno, e dietro i ponti rotti,
Nelle lor schiere ordinò Inglesi e Scotti.

Ma prima quei baroni e capitani
Rinaldo intorno avendosi ridutti
Sopra la riva, ch' alta era da i piani
Sì, che poteano udirlo e veder tutti,

Disse: signor, ben a levar le mani
Avete a Dio, che quì v' abbia condutti,
Acciò dopo un brevissimo sudore
Sopra ogni nazion vi doni onore.

    Per voi saran due principi salvati,
Se levate l' assedio a quelle porte:
Il vostro re, che voi sete obbligati
Da servitù difendere e da morte,
Ed uno imperator de' più lodati,
Che mai tenuto al mondo abbiano corte;
E con lor, altri re, duci e marchesi,
Signori e cavalier di più paesi.

    Sì che salvando una città, non soli
Parigini obbligati vi saranno,
Che molto più, che per li proprj duoli,
Timidi, afflitti e sbigottiti stanno
Per le lor mogli e per li lor figliuoli,
Ch' a un medesmo pericolo seco hanno;
E per le sante vergini rinchiuse,
Ch' oggi non sien de' voti lor deluse:

    Dico, salvando voi questa cittade,
V' obbligate non solo i Parigini,
Ma d' ogn' intorno tutte le contrade.
Non parlo sol de i popoli vicini,
Ma non è terra per cristianitade,
Che non abbia qua dentro cittadini:
Sicchè, vincendo, avete da tenere,
Che più che Francia, v' abbia obbligo avere.

    Se donavan gli antiqui una corona
A chi salvasse a un cittadin la vita,
Or che degna mercede a voi si dona,
Salvando moltitudine infinita?

Ma se da invidia o da viltà, sì buona
E sì santa opra rimarrà impedita,
Credetemi che, prese quelle mura,
Nè Italia, nè Lamagna anco è sicura;
 Nè qualunque altra parte, ove s'adori
Quel, che volle per noi pender sul legno.
Nè voi crediate aver lontani i Mori,
Nè che pel mar sia forte il vostro regno:
Che s'altre volte quelli, uscendo fuori
Di Zibeltarro e dell'Erculeo segno,
Riportar prede dall'isole vostre,
Che faranno or, s'avran le terre nostre?
 Ma quando ancor nessuno onor, nessuno
Util v'inanimasse a questa impresa,
Comun debito è ben soccorrer l'uno
L'altro, che militiam sotto una chiesa.
Ch'io non vi dia rotti i nemici, alcuno
Non sia che tema, e con poca contesa;
Che gente mal esperta tutta parmi,
Senza possanza, senza cor, senz'armi.
 Potè con queste e con miglior ragioni,
Con parlar espedito e chiara voce,
Eccitar quei magnanimi baroni
Rinaldo, e quello esercito feroce:
E fu, com'è in proverbio, aggiunger sproni
Al buon corsier che già ne va veloce.
Finito il ragionar, fece le schiere
Muover pian pian sotto le lor bandiere.
 Senza strepito alcun, senza rumore
Fa il tripartito esercito venire.
Lungo il fiume a Zerbìn dona l'onore
Di dover prima i barbari assalire;

E fa quelli d' Irlanda con maggiore
Volger di via più tra campagna gire;
E i cavalieri e i fanti d' Inghilterra
Col duca di Lincastro in mezzo serra.

    Drizzati che gli ha tutti al lor cammino,
Cavalca il paladin lungo la riva,
E passa innanzi al buon duca Zerbino,
E a tutto il campo che con lui veniva,
Tanto ch' al re d' Orano, e al re Sobrino
E agli altri lor compagni sopr' arriva,
Che mezzo miglio appresso a quei di Spagna
Guardavan da quel canto la campagna.

    L' esercito cristian, che con sì fida
E sì sicura scorta era venuto,
Ch' ebbe il Silenzio e l' Angelo per guida,
Non potè ormai patir più di star muto.
Sentiti gl' inimici, alzò le grida,
E delle trombe udir fe il suono arguto;
E con l' alto rumor, ch' arrivò al cielo,
Mandò nell' ossa a' Saracini il gelo.

    Rinaldo innanzi agli altri il destrier punge,
E con la lancia per cacciarla in resta
Lascia gli Scotti un tratto d' arco lunge,
Ch' ogni indugio a ferir sì lo molesta.
Come groppo di vento talor giunge,
Che si trae dietro un' orrida tempesta;
Tal fuor di squadra il cavalier gagliardo
Venia spronando il corridor Bajardo.

    Al comparir del paladin di Francia,
Dan segno i Mori alle future angosce;
Tremare a tutti in man vedi la lancia,
I piedi in staffa e nell' arcion le cosce.

Re Pulïano sol non muta guancia,
Che questo esser Rinaldo non conosce;
Nè pensando trovar sì duro intoppo,
Li muove il destrier contra di galoppo:

E su la lancia nel partir si stringe,
E tutto in se raccoglie la persona;
Poi con ambo gli sproni il destrier spinge,
E le redine innanzi gli abbandona.
Dall' altra parte il suo valor non finge
E mostra in fatti quel ch' in nome suona,
Quanto abbia nel giostrare e grazia ed arte
Il figliuolo d' Amone, anzi di Marte.

Furo al segnar degli aspri colpi, pari;
Chè si posero i ferri ambi alla testa:
Ma furo in arme ed in virtù dispari,
Chè l' un via passa, e l' altro morto resta.
Bisognan di valor segni più chiari,
Che por con leggiadria la lancia in resta,
Ma fortuna anco più bisogna assai,
Che senza, val virtù raro o non mai.

La buona lancia il paladin racquista,
E verso il re d' Oran ratto si spicca,
Che la persona avea povera e trista
Di cor, ma d' ossa e di gran polpe ricca.
Questo por tra bei colpi si può in lista,
Ben ch' in fondo allo scudo gli l' appicca;
E chi non vuol lodarlo, abbialo escuso,
Perchè non si potea giunger più in suso.

Non lo ritien lo scudo che non entre,
Ben che fuor sia d' acciar, dentro di palma;
E che da quel gran corpo uscir pel ventre
Non faccia l' inequale e picciol' alma.

Il destrier che portar si credea, mentre
Durasse il lungo dì, sì grave salma,
Riferì in mente sue grazie a Rinaldo
Ch' a quello incontro gli schivò un gran caldo.

Rotta l' asta, Rinaldo il destrier volta
Tanto leggier, che fa sembrar ch' abbia ale;
E dove la più stretta e maggior folta
Stipar si vede, impetuoso assale.
Mena Fusberta sanguinosa in volta,
Che fa l' arme parer di vetro frale.
Tempra di ferro il suo tagliar non schiva,
Che non vada a trovar la carne viva.

Ritrovar poche tempre e pochi ferri
Può la tagliente spada, ove s' incappi;
Ma targhe, altre di cuojo, altre di cerri,
Giubbe trapunte e attorcigliati drappi.
Giusto è ben dunque, che Rinaldo atterri
Qualunque assale, e fori, e squarci e affrappi;
Che non più si difende da sua spada,
Ch' erba da falce, o da tempesta biada.

La prima schiera era già messa in rotta,
Quando Zerbin con l' antiguardia arriva.
Il cavalier innanzi alla gran frotta,
Con la lancia arrestata ne veniva.
La gente sotto il suo pennon condotta
Con non minor fierezza lo seguiva:
Tanti lupi parean, tanti leoni,
Ch' andassero assalir capre o montoni.

Spinse a un tempo ciascuno il suo cavallo,
Poi che fur presso; e sparì immantinente
Quel breve spazio, quel poco intervallo,
Che si vedea fra l' una e l' altra gente.

Non fu sentito mai più strano ballo;
Che ferian gli Scozzesi solamente,
Solamente i Pagani eran distrutti,
Come sol per morir fosser condutti.

Parve più freddo ogni Pagan che ghiaccio,
Parve ogni Scotto, più che fiamma, caldo.
I Mori si credean, ch' avere il braccio
Dovesse ogni cristian, ch' ebbe Rinaldo.
Mosse Sobrino i suoi schierati avaccio,
Senza aspettar che lo invitasse araldo.
Dell' altra squadra questa era migliore
Di capitano, d' arme e di valore.

D' Africa v' era la men trista gente,
Benchè nè questa ancor gran prezzo vaglia.
Dardinel la sua mosse incontinente,
E male armata, e peggio usa in battaglia;
Bench' egli in capo avea l' elmo lucente,
E tutto era coperto a piastra e a maglia.
Io credo che la quarta miglior fia,
Con la qual Isolier dietro venia.

Trasone intanto, il buon duca di Marra,
Che ritrovarsi all' alta impresa gode,
Ai cavalieri suoi leva la sbarra,
E seco invita alle famose lode,
Poi ch' Isolier con quelli di Navarra
Entrar nella battaglia vede ed ode.
Poi mosse Ariodante la sua schiera,
Che nuovo duca di Albania fatt' era.

L' alto romor delle sonore trombe,
De' timpani e de' barbari strumenti,
Giunti al continuo suon d' archi, di frombe,
Di machine, di ruote e di tormenti,

E quel, di che più par che 'l ciel rimbombe,
Gridi, tumulti, gemiti e lamenti,
Rendono un alto suon, ch' a quel s' accorda,
Con che i vicin, cadendo, il Nilo assorda.

Grande ombra d'ogn' intorno il cielo involve
Nata dal saettar delli duo campi.
L' alito, il fumo del sudor, la polve
Par che nell' aria oscura nebbia stampi·
Or qua l' un campo, or l' altro là si volve:
Vedreste, or come un segua, or come scampi;
Ed ivi alcuno, o non troppo diviso,
Rimaner morto ove ha il nemico ucciso.

Dove una squadra per stanchezza è mossa,
Un' altra si fa tosto andare innanti:
Di qua, di là la gente d' arme ingrossa,
Là cavalier, e qua si metton fanti.
La terra, che sostien l' assalto, è rossa:
Mutato ha il verde ne' sanguigni manti;
E dov' erano i fiori azzurri e gialli,
Giaccano uccisi or gli uomini e i cavalli.

Zerbin facea le più mirabil prove
Che mai facesse di sua età garzone;
L' esercito pagan, ch' intorno piove,
Taglia ed uccide, e mena a distruzione.
Ariodante alle sue genti nuove
Mostra di sua virtù gran paragone;
E dà di se timore e maraviglia
A quelli di Navarra e di Castiglia.

Chelindo e Mosco, i duo figli bastardi
Del morto Calabrun re d' Aragona,
Ed un, che reputato fra gagliardi
Era, Calamidor da Barcellona,

S' avean lasciato addietro gli stendardi;
E credendo acquistar gloria e corona,
Per uccider Zerbin gli furo addosso,
E ne' fianchi il destrier gli hanno percosso.

    Passato da tre lance il destrier morto
Cade, ma il buon Zerbin subito è in piede;
Ch' a quei, ch' al suo cavallo han fatto torto,
Per vendicarlo va dove li vede.
E prima a Mosco, al giovane inaccorto
Che gli sta sopra, e di pigliar sel crede,
Mena di punta, e lo passa nel fianco,
E fuor di sella il caccia freddo e bianco.

    Poi che si vide tor come di furto
Chelindo il fratel suo, di furor pieno
Venne a Zerbino, e pensò dargli d' urto;
Ma gli prese egli il corridor pel freno:
Trasselo in terra, onde non è mai surto,
E non mangiò mai più biada nè fieno;
Chè Zerbin sì gran forza a un colpo mise,
Che lui col suo signor d' un taglio uccise.

    Come Calamidor quel colpo mira,
Volta la briglia per levarsi in fretta;
Ma Zerbin dietro un gran fendente tira,
Dicendo: traditore, aspetta, aspetta.
Non va la botta, ove n' andò la mira,
Non che però lontana vi si metta:
Lui non potè arrivar, ma il destrier prese
Sopra la groppa, e in terra lo distese.

    Colui lascia il cavallo, e via carpone
Va per campar, ma poco gli successe,
Che venne caso, che 'l duca Trasone
Gli passò sopra, e col peso l' oppresse.

I. 16

Arïodante e Lurcanio si pone,
Dove Zerbino è fra le genti spesse;
E seco hanno altri e cavalieri e conti,
Che fanno ogni opra che Zerbin rimonti.

 Menava Arïodante il brando in giro,
E ben lo seppe Artalico e Margano:
Ma molto più Etearco e Casimiro
La possanza sentir' di quella mano.
I primi duo feriti se ne gîro,
Rimaser gli altri duo morti sul piano.
Lurcanio fa veder quanto sia forte,
Che fere, urta, riversa e mette a morte.

 Non crediate, signor, che fra campagna
Pugna minor, che presso al fiume sia,
Nè ch' addietro l' esercito rimagna,
Che di Lincastro il buon duca seguia.
Le bandiere assalì questo di Spagna,
E molto ben di par la cosa già;
Chè fanti, cavalieri e capitani
Di qua e di là sapean menar le mani.

 Dinanzi vien Oldrado e Fieramonte,
Un duca di Glocestra, un d' Eborace:
Con lor Riccardo di Varvecia conte,
E di Chiarenza il duca Enrico audace.
Han Matalista e Follicone a fronte,
E Baricondo ed ogni lor seguace.
Tiene il primo Almerìa, tiene il secondo
Granata, tien Majorca Baricondo.

 La fiera pugna un pezzo andò di pare,
Chè vi si discernea poco vantaggio.
Vedeasi or l' uno or l' altro ire e tornare,
Come le biade al ventolin di maggio,

O come sopra 'l lito un mobil mare
Or viene or va, nè mai tiene un viaggio.
Poi che fortuna ebbe scherzato un pezzo,
Dannosa ai Mori ritornò da sezzo.

Tutto in un tempo il duca di Glocestra
A Matalista fa votar l' arcione.
Ferito a un tempo nella spalla destra
Fieramonte riversa Follicone;
E l' un pagano e l' altro si sequestra,
E tra gl' inglesi se ne va prigione;
E Baricondo a un tempo riman senza
Vita per man del duca di Chiarenza.

Indi i pagani tanto a spaventarsi,
Indi i fedeli a pigliar tanto ardire,
Che quei non facean altro che ritrarsi,
E partirsi dall' ordine e fuggire:
E questi andar innanzi, ed avanzarsi
Sempre terreno, e spingere e seguire;
E se non vi giungea chi lor diè ajuto,
Il campo da quel lato era perduto.

Ma Ferraù, che sin qui mai non s' era
Dal re Marsilio suo troppo disgiunto,
Quando vide fuggir quella bandiera,
E l' esercito suo mezzo consunto,
Spronò il cavallo, e dove ardea più fiera
La battaglia lo spinse, e arrivò appunto
Che vide dal destrier cadere in terra
Col capo fesso Olimpio da la Serra;

Un giovinetto, che col dolce canto,
Concorde al suon della cornuta cetra,
D' intenerire un cor si dava vanto,
Ancor che fosse più duro che pietra.

16.

Felice lui, se contentar di tanto
Onor sapeasi, e scudo, arco e faretra
Aver in odio e scimitarra e lancia,
Che lo fece morir giovine in Francia.

Quando lo vide Ferraù cadere
Che solea amarlo e avere in molta stima,
Si sente di lui sol via più dolere,
Che di mill' altri che periron prima;
E sopra chi l' uccise in modo fere,
Che gli divide l' elmo dalla cima
Per la fronte, per gli occhi e per la faccia,
Per mezzo il petto, e morto a terra il caccia.

Nè qui s' indugia, e il brando intorno ruota
Ch' ogni elmo rompe, ogni lorica smaglia;
A chi segna la fronte, a chi la gota,
Ad altri il capo, ad altri il braccio taglia.
Or questo, or quel di sangue e d' alma vuota,
E ferma da quel canto la battaglia,
Onde la spaventata ignobil frotta
Senza ordine fuggia spezzata e rotta.

Entrò nella battaglia il re Agramante,
D' uccider gente, e di far prove vago;
E seco ha Baliverzo, Farurante,
Prusïon, Soridano e Bambirago.
Poi son le genti senza nome tante,
Che del lor sangue oggi faranno un lago,
Che meglio conterei ciascuna foglia,
Quando l' autunno gli arbori ne spoglia.

Agramante dal muro una gran banda
Di fanti avendo e di cavalli tolta,
Col re di Feza subito li manda,
Che dietro al padiglion piglin la volta,

E vadano ad opporsi a quei d' Irlanda,
Le cui squadre vedea con fretta molta,
Dopo gran giri e larghi avvolgimenti,
Venir per occupar gli alloggiamenti.
    Fu 'l re di Feza ad eseguir ben presto,
Ch' ogni tardar troppo nociuto avria.
Raguna intanto il re Agramante il resto,
Parte le squadre, e alla battaglia invia.
Egli va al fiume, chè gli par ch' in questo
Luogo del suo venir bisogno sia;
E da quel canto un messo era venuto
Dal re Sobrino a domandar ajuto.
    Menava in una squadra più di mezzo
Il campo dietro, e sol del gran romore
Tremar gli Scotti, e tanto fu il ribrezzo,
Ch' abbandonavan l' ordine e l' onore.
Zerbin, Lurcanio e Arïodante in mezzo
Vi restar soli incontra quel furore;
E Zerbin ch' era a piè, vi peria forse,
Ma 'l buon Rinaldo a tempo se n' accorse.
    Altrove intanto il Paladin s' avea
Fatto innanzi fuggir cento bandiere.
Or che l' orecchie la novella rea
Del gran periglio di Zerbin gli fere,
Ch' a piedi fra la gente Cirenea
Lasciato solo aveano le sue schiere,
Volta il cavallo, e dove il campo Scotto
Vede fuggir, prende la via di botto.
    Dove gli Scotti ritornar fuggendo
Vede, s' appara e grida: or dove andate?
Perchè tanta viltade in voi comprendo,
Che a sì vil gente il campo abbandonate?

Ecco le spoglie, delle quali intendo
Ch' esser dovean le vostre chiese ornate.
Oh che laude, oh che gloria, che 'l figliuolo
Del vostro re si lasci a piedi, e solo!

    D' un suo scudier una grossa asta afferra,
E vede Prusïon poco lontano
Re d' Alvaracchie, e addosso se gli serra
E dell' arcion lo porta morto al piano.
Morto Agricalte, e Bambirago atterra;
Dopo fere aspramente Soridano;
E come gli altri l' avria messo a morte,
Se nel ferir la lancia era più forte.

    Stringe Fusberta, poi che l' asta è rotta,
E tocca Serpentin quel da la Stella:
Fatate l' arme avea, ma quella botta
Pur tramortito il manda fuor di sella;
E così al duca della gente Scotta
Fa piazza intorno spaziosa e bella,
Sì che senza contesa un destrier puote
Salir di quei che vanno a selle vuote.

    E ben si ritrovò salito a tempo,
Chè forse nol facea se più tardava,
Perchè Agramante e Dardinello a un tempo,
Sobrin col re Balastro v' arrivava.
Ma egli, che montato era per tempo,
Di qua e di là col brando s' aggirava,
Mandando or questo or quel giù nell' inferno
A dar notizia del viver moderno.

    Il buon Rinaldo, il quale a porre in terra
I più dannosi avea sempre riguardo,
La spada contra il re Agramante afferra,
Che troppo gli parea fiero e gagliardo;

(Facea egli sol, più che mill' altri, guerra)
E se gli spinse addosso con Bajardo,
Lo fere a un tempo ed urta di traverso,
Sì che lui col destrier manda riverso.

Mentre di fuor con sì crudel battaglia,
Odio, rabbia, furor l' un l' altro offende,
Rodomonte in Parigi il popol taglia,
Le belle case e i sacri templi accende.
Carlo, ch' in altra parte si travaglia,
Questo non vede, e nulla ancor n' intende,
Odoardo raccoglie ed Arimanno
Nella città col lor popol Britanno.

A lui venne un scudier pallido in volto,
Che potea a pena trar del petto il fiato.
Oimè, signor, oimè, replica molto
Prima ch' abbia a dir altro incominciato!
Oggi il romano imperio, oggi è sepolto,
Oggi ha il suo popol Cristo abbandonato;
Il demonio dal cielo è piovuto oggi,
Perchè in questa città più non s' alloggi.

Satanasso, perch' altri esser non puote,
Strugge e ruina la città infelice.
Volgiti e mira le fumose ruote
Della rovente fiamma predatrice;
Ascolta il pianto che nel ciel percuote,
E faccian fede a quel ch' 'l servo dice.
Un solo è quel ch' a ferro e a fuoco strugge
La bella terra, e innanzi ognun gli fugge.

Quale è colui, che prima oda il tumulto,
E delle sacre squille il batter spesso,
Che vegga il foco, a nessun altro occulto,
Ch' a se, che più gli tocca, e gli è più presso:

Tal' è il re Carlo, udendo il nuovo insulto,
E conoscendol poi con l' occhio istesso,
Onde lo sforzo di sua miglior gente
Al grido drizza, e al gran rumor che sente.
  De' paladini e de i guerrier più degni
Carlo si chiama dietro una gran parte,
E ver la piazza fa drizzare i segni,
Che 'l Pagan s' era tratto in quella parte;
Ode il rumor, vede gli orribil segni
Di crudeltà, l' umane membra sparte.
Ora non più: ritorni un' altra volta
Chi volentier la bella istoria ascolta.

ARIOSTO. *Or. fur.* can. XVI.

Continuazione. Ferocia e ritirata di Rodomonte.

  Il giusto Dio, quando i peccati nostri
Han di remission passato il segno,
Acciò che la giustizia sua dimostri
Uguale alla pietà, spesso dà regno
A tiranni atrocissimi ed a mostri,
E dà lor forza, e di mal fare ingegno.
Per questo Mario e Silla pose al mondo,
E duo Neroni e Caio furibondo;
  Domiziano e l' ultimo Antonino;
E tolse dall' immonda e bassa plebe,
Ed esaltò all' imperio Massimino;
E nascer prima fè Creonte a Tebe;
E diè Mezenzio al popolo Agilino,
Che fè di sangue uman grasse le glebe;

E diede Italia a' tempi men remoti
In preda agli Unni, ai Longobardi, ai Goti.
  Che d' Attila dirò? che dell' iniquo
Ezzellin da Roman? che d' altri cento,
Che dopo un lungo andar sempre in obliquo,
Ne manda Dio per pena e per tormento?
Di questo abbiam non pur al tempo antiquo,
Ma ancora al nostro, chiaro esperimento,
Quando a noi, greggi inutili e mal nati,
Ha dato per guardian lupi arrabbiati.
  A cui non par ch' abbia a bastar lor fame,
Ch' abbia il lor ventre a capir tanta carne;
E chiaman lupi di più ingorde brame
Da boschi oltramontani a divorarne.
Di Trasimeno l' insepulto ossame,
E di Canne, e di Trebbia, poco parne
Verso quel che le ripe e i campi ingrassa,
Dov' Adda, e Mella, e Ronco e Taro passa.
  Or Dio consente, che noi siam puniti
Da popoli di noi forse peggiori,
Per li moltiplicati ed infiniti
Nostri nefandi obbrobriosi errori.
Tempo verrà ch' a depredar lor liti
Andremo noi, se mai sarem migliori,
E che i peccati lor giungano al segno,
Che l' eterna bontà muovano a sdegno.
  Doveano allora aver gli eccessi loro
Di Dio turbata la serena fronte,
Che scorse ogni lor luogo il Turco e 'l Moro
Con stupri, uccision, rapine ed onte;
Ma più di tutti gli altri danni, foro
Gravati dal furor di Rodomonte.

Dissi ch' ebbe di lui la nuova Carlo,
E che 'n piazza venia per ritrovarlo.

Vede tra via la gente sua troncata,
Arsi i palazzi e ruinati i templi,
Gran parte della terra desolata:
Mai non si vider sì crudeli esempli.
Dove fuggite turba spaventata?
Non è tra voi, chi 'l danno suo contempli?
Che città, che refugio più vi resta,
Quando si perda sì vilmente questa?

Dunque un uom solo in vostra terra preso,
Cinto di mura, onde non può fuggire,
Si partirà, che non l' avrete offeso,
Quando tutti v' avrà fatto morire?
Così Carlo dicea, che d' ira acceso
Tanta vergogna non potea patire;
E giunse, dove innanti alla gran corte
Vide il Pagan por la sua gente a morte.

Quivi gran parte era del popolazzo,
Sperandovi trovare ajuto, ascesa,
Perchè forte di mura era il palazzo
Con munizion da far lunga difesa.
Rodomonte, d' orgoglio e d' ira pazzo,
Solo s' avea tutta la piazza presa;
E l' una man, che prezza il mondo poco,
Ruota la spada, e l' altra getta il foco.

E della regal casa, alta e sublime
Percuote, e risonar fa le gran porte.
Gettan le turbe dalle eccelse cime
E merli e torri, e si metton per morte.
Guastare i tetti non è alcun che stime;
E legna e pietre vanno ad una sorte,

Lastre e colonne, e le dorate travi
Che furo in prezzo agli lor padri e agli avi.

Sta su la porta il re d' Algier, lucente
Di chiaro acciar, che 'l capo gli arma e 'l busto,
Come uscito di tenebre serpente,
Poi ch' ha lasciato ogni squallor vetusto,
Del novo scoglio altero, e che si sente
Ringiovenito, e più che mai robusto,
Tre lingue vibra, ed ha negli occhi foco;
Dovunque passa ogni animal dà loco.

Non sasso, merlo, trave, arco o balestra,
Nè ciò che sopra il Saracin percuote,
Ponno allentar la sanguinosa destra,
Che la gran porta taglia, spezza e scuote;
E dentro fatto v' ha tanta finestra,
Che ben vedere, e veduto esser puote
Da i visi impressi di color di morte,
Che tutta piena quivi hanno la corte.

Sonar per gli alti e spaziosi tetti
S' odono gridi e femminil lamenti:
L' afflitte donne, percotendo i petti,
Corron per casa pallide e dolenti;
E abbraccian gli usci e i geniali letti,
Che tosto hanno a lasciare a strane genti.
Tratta la cosa era in periglio tanto,
Quando 'l re giunse, e suoi baroni accanto.

Carlo si volse a quelle man robuste,
Ch' ebbe altre volte a' gran bisogni pronte.
Non siete quelle voi, che meco fuste
Contra Agolante, disse, in Aspramonte?
Sono le forze vostre ora sì fruste,
Che, s' uccideste lui, Trojano e Almonte

Con cento mila, or ne temete un solo
Pur di quel sangue e pur di quello stuolo?

 Perchè debbo vedere in voi fortezza
Ora minor ch' io la vedessi allora?
Mostrate a questo can vostra prodezza,
A questo can che gli uomini divora.
Un magnanimo cor morte non prezza
Presta o tarda che sia, pur che ben muora.
Ma dubitar non posso ove voi siete,
Che fatto sempre vincitor m' avete.

 Al fin delle parole urta il destriero
Con l' asta bassa al Saracino addosso.
Mossesi a un tratto il paladino Uggiero,
A un tempo Namo ed Olivier si è mosso,
Avino, Avolio, Ottone e Berlinghiero,
Ch' un senza l' altro mai veder non posso;
E ferir' tutti sopra a Rodomonte
E nel petto, e ne' fianchi e nella fronte.

 Otto scontri di lance, che da forza
Di tali otto guerrier cacciati foro,
Sostenne a un tempo la scagliosa scorza,
Di ch' avea armato il petto il crudo Moro.
Come legno si drizza, poi che l' orza
Lenta il nocchier che crescer sente il Coro;
Così presto rizzossi Rodomonte
Da i colpi che gittar doveano un monte.

 Guido, Ranier, Riccardo, Salamone,
Ganelon traditor, Turpin fedele,
Angioliero, Angiolino, Ughetto, Ivone,
Marco e Matteo dal pian di san Michele,
E gli otto, di che dianzi fei menzione,
Son tutti intorno al Saracin crudele,

Arimanno e Odoardo d' Inghilterra,
Ch' entrati eran pur dianzi nella terra.

Non così freme in su lo scoglio alpino
Di ben fondata rocca alta parete,
Quando il furor di Borea o di Garbino
Svelle da i monti il frassino e l' abete,
Come freme d' orgoglio il Saracino,
Di sdegno acceso e di sanguigna sete;
E come a un tempo è il tuono e la saetta,
Così l' ira dell' empio e la vendetta.

Mena alla testa a quel che gli è più presso,
Che gli è il misero Ughetto di Dordona.
Lo pone in terra insino ai denti fesso,
Come che l' elmo era di tempra buona.
Percosso fu tutto in un tempo anch' esso
Da molti colpi in tutta la persona;
Ma non gli fan più ch' all' incude l' ago:
Sì duro intorno ha lo scaglioso drago.

Furo tutti i ripar, fu la cittade
D' intorno intorno abbandonata tutta,
Chè la gente alla piazza, dove accade
Maggior bisogno, Carlo avea ridutta.
Corre alla piazza da tutte le strade
La turba, a chi il fuggir sì poco frutta.
La persona del re sì i cori accende,
Ch' ognun prend' arme, ognuno animo prende.

Come se dentro a ben rinchiusa gabbia
D' antiqua leonessa usata in guerra,
Per ch' averne piacere il popol abbia,
Talvolta il tauro indomito si serra,
I leoncin, che veggion per la sabbia
Come altero e mugliando animoso erra,

E veder sì gran corna non son usi,
Stanno da parte timidi e confusi:
   Ma se la fiera madre a quel si lancia,
E nell' orecchio attacca il crudel dente,
Vogliono anch' essi insanguinar la guancia,
E vengono in soccorso arditamente:
Chi morde al tauro il dosso, e chi la pancia:
Così contra il Pagan fa quella gente:
Da tetti e da finestre, e più da presso
Sopra gli piove un nembo d'arme e spesso.
   Dei cavalieri e della fanteria
Tanta è la calca, ch' appena vi cape.
La turba che vi vien per ogni via,
V' abbonda ad or ad or spessa come ape;
Che quando, disarmata e nuda, sia
Più facile a tagliar che torsi o rape,
Non la potria, legata a monte a monte,
In venti giorni spegner Rodomonte.
   Al Pagan, che non sa come ne possa
Venir a capo, omai quel gioco incresce.
Poco, per far di mille o di più rossa
La terra intorno, il popolo discresce.
Il fiato tuttavia più se gl' ingrossa,
Sì che comprende al fin, che se non esce
Or ch' ha vigore, e in tutto il corpo è sano,
Vorrà da tempo uscir che sarà in vano.
   Rivolge gli occhi orribili, e pon mente
Che d' ogn' intorno sta chiusa l' uscita;
Ma con ruina d' infinita gente
L' aprirà tosto, e la farà espedita.
Ecco vibrando la spada tagliente
Che vien quell' empio ove il furor l' invita

Ad assalire il nuovo stuol Britanno,
Che vi trasse Odoardo ed Arimanno.

    Chi ha visto in piazza rompere steccato,
A cui la folta turba ondeggi intorno,
Immansueto tauro accaneggiato,
Stimolato e percosso tutto 'l giorno,
Che 'l popol se ne fugge spaventato,
Ed egli or questo, or quel leva sul corno,
Pensi che tale o più terribil fosse
Il crudele African, quando si mosse.

    Quindici o venti ne tagliò a traverso,
Altri tanti lasciò del capo tronchi;
Ciascun d' un colpo sol dritto o riverso,
Che viti o salci par che poti e tronchi.
Tutto di sangue il fier Pagano asperso,
Lasciando capi fessi e bracci monchi,
E spalle e gambe, ed altre membra sparte
Ovunque il passo volga, al fin si parte.

    Della piazza si vede in guisa torre,
Che non si può notar ch' abbia paura;
Ma tutta volta col pensier discorre
Dove sia per uscir via più sicura.
Capita al fin, dove la Senna corre
Sotto all' isola, e va fuor delle mura.
La gente d' arme, e il popol fatto audace,
Lo stringe e incalza, e gir nol lascia in pace.

    Qual per le selve Nomade, o Massile
Cacciata va la generosa belva,
Ch' ancor fuggendo mostra il cor gentile,
E minacciosa e lenta si rinselva,
Tal Rodomonte, in nessun atto vile,
Da strana circondato e fiera selva

D' aste e di spade, e di volanti dardi,
Si tira al fiume a passi lunghi e tardi.

    E sì tre volte e più, l' ira il sospinse,
Ch' essendone già fuor, vi tornò in mezzo;
Ove di sangue la spada ritinse,
E più di cento ne levò di mezzo.
Ma la ragione al fin la rabbia vinse
Di non far sì ch' a Dio n' andasse il lezzo;
E dalla ripa per miglior consiglio
Si gettò all' acqua, e uscì di gran periglio.

    Con tutte l' arme andò per mezzo l' acque,
Come s' intorno avesse tante galle.
Africa, in te pare a costui non nacque,
Benchè d' Antèo ti vanti e d' Anniballe.
Poi che fu giunto a proda, gli dispiacque,
Che si vide restar dopo le spalle
Quella città, ch' avea trascorsa tutta,
E non l' avea tutta arsa, nè distrutta.

             ARIOSTO. *Or. fur.* can. XVII e XVIII.

Fine dell' assalto. Vittoria di Carlomagno.

    Poi ch' al partir del Saracin s' estinse
Carlo d' intorno il periglioso fuoco,
Tutte le genti all' ordine restrinse.
Lascionne parte in qualche debil loco;
Addosso il resto ai Saracini spinse,
Per dar lor scacco, e guadagnarsi il gioco;
E li mandò per ogni porta fuore
Da san Germano infin a san Vittore.

E comandò ch' a porta san Marcello,
Dov' era gran spianata di campagna,
Aspettasse l' un l' altro, e in un drappello
Si ragunasse tutta la compagna.
Quindi animando ognuno a far macello
Tal, che sempre ricordo ne rimagna,
Ai lor ordini andar fe le bandiere,
E di battaglia dar segno alle schiere.

Il re Agramante in questo mezzo in sella,
Malgrado de i cristian, rimesso s' era;
E con l' innamorato d' Isabella
Facea battaglia perigliosa e fiera.
Col re Sobrin Lurcanio si martella;
Rinaldo incontra avea tutta una schiera;
E con virtude e con fortuna molta
L' urta, l' apre, ruina e mette in volta.

Essendo la battaglia in questo stato,
L' Imperadore assalse il retroguardo
Dal canto, ove Marsilio avea fermato
Il fior di Spagna intorno al suo stendardo.
Con fanti in mezzo, e cavalieri allato
Re Carlo spinse il suo popol gagliardo
Con tal rumor di timpani e di trombe,
Che tutto 'l mondo par che ne rimbombe.

Cominciavan le schiere a ritirarse
De' Saracini, e si sarebbon volte
Tutte a fuggir spezzate, rotte e sparse,
Per mai più non potere esser raccolte;
Ma 'l re Grandonio e Falsiron comparse,
Che state in maggior briga eran più volte,
E Balugante e Serpentin feroce,
E Ferraù, che lor dicea a gran voce:

Ah, dicea, valent' uomini, ah compagni,
Ah fratelli, tenete il luogo vostro!
I nemici faranno opra di ragni,
Se non manchiamo noi del dover nostro.
Guardate l'alto onor, gli ampli guadagni
Che fortuna, vincendo, oggi ci ha mostro;
Guardate la vergogna e il danno estremo,
Ch' essendo vinti, a patir sempre avremo.

Tolto in quel tempo una gran lancia avea,
E contra Berlinghier venne di botto,
Che sopra l' Argaliffa combattea,
E l' elmo nella fronte gli avea rotto:
Gittollo in terra, e con la spada rea
Appresso a lui ne fe cader forse otto.
Per ogni botta almanco, che disserra,
Cader fa sempre un cavaliero in terra.

In altra parte ucciso avea Rinaldo
Tanti pagan, ch' io non potrei contarli.
Dinanzi a lui non stava ordine saldo:
Vedreste piazza in tutto 'l campo darli.
Non men Zerbin, non men Lurcanio è caldo;
Per modo fan, ch' ognun sempre ne parli:
Questo di punta avea Balastro ucciso,
E quello a Finadur l' elmo diviso.

L' esercito d' Alzerbe avea il primiero,
Che poco innanzi aver solea Tardocco:
L' altro tenea sopra le squadre impero
Di Zamor e di Saffi e di Marocco.
Non è tra gli Africani un cavaliero,
Che di lancia ferir sappia o di stocco?
Mi si potrebbe dir: ma passo passo
Nessun di gloria degno addietro lasso.

Del re della Zumara non si scorda
Il nobil Dardinel figlio d' Almonte,
Che con la lancia Uberto da Mirforda,
Claudio dal Bosco, Elio e Dulfin dal Monte,
E con la spada Anselmo da Stanforda,
E da Londra Raimondo e Pinamonte
Getta per terra (ed erano pur forti)
Dui storditi, un piagato e quattro morti.

Ma con tutto 'l valor, che di se mostra,
Non può tener sì ferma la sua gente,
Sì ferma, ch' aspettar voglia la nostra
Di numero minor, ma più valente.
Ha più ragion di spada e più di giostra,
E d' ogni cosa a guerra appertinente.
Fugge la gente Mora e di Zumara,
Di Setta, di Marocco e di Canara.

Ma più degli altri fuggon quei d' Alzerbe,
A cui s' oppose il nobil giovinetto;
Ed or con preghi, or con parole acerbe
Ripor lor cerca l' animo nel petto.
Se Almonte meritò ch' in voi si serbe
Di lui memoria, or ne vedrò l' effetto:
Io vedrò, dicea lor, se me suo figlio
Lasciar vorrete in così gran periglio.

State, vi prego, per mia verde etade,
In cui solete aver sì larga speme:
Deh non vogliate andar per fil di spade,
Ch' in Africa non torni di noi seme.
Per tutto ne saran chiuse le strade,
Se non andiam raccolti e stretti insieme:
Troppo alto muro, e troppo larga fossa
È il monte e il mar, pria che tornar si possa.

Molto è meglio morir qui, ch' ai supplici
Darsi, e alla discrezion di questi cani.
State saldi, per Dio, fedeli amici,
Che tutti son gli altri rimedj vani.
Non han di noi più vita gl' inimici:
Più d' un' alma non han, più di due mani.
Così dicendo, il giovinetto forte
Al conte d' Ottonlei diede la morte.

Il rimèmbrare Almonte così accese
L' esercito African che fuggia prima,
Che le braccia e le mani in sue difese
Meglio, che rivoltar le spalle, estima.
Guglielmo da Burnich' era un Inglese
Maggior di tutti, e Dardinello il cima,
E lo pareggia a gli altri; e appresso taglia
Il capo ad Aramon di Cornovaglia.

Morto cadea questo Aramone a valle;
E v' accorse il fratel per dargli ajuto:
Ma Dardinel l' aperse per le spalle
Fin giù, dove lo stomaco è forcuto.
Poi forò il ventre a Bogio da Vergalle,
E lo mandò del debito assoluto:
Avea promesso alla moglier fra sei
Mesi, vivendo, di tornare a lei.

Vide non lungi Dardinel gagliardo
Venir Lurcanio, ch' avea in terra messo
Dorchin passato nella gola, e Gardo
Per mezzo il capo e insin ai denti fesso;
E che Altèo fuggir volle, ma fu tardo,
Altèo, che amò, quanto il suo core istesso;
Che dietro alla collottola gli mise
Il fier Lurcanio un colpo che l' uccise.

Piglia una lancia, e va per far vendetta,
Dicendo al suo Macon, se udir lo puote,
Che se morto Lurcanio in terra getta,
Nella moschea ne porrà l' arme vuote.
Poi traversando la campagna in fretta,
Con tanta forza il fianco gli percuote,
Che tutto il passa sin all' altra banda;
Ed ai suoi, che lo spoglino, comanda.

Non è da domandarmi se dolere
Se ne dovesse Ariodante il frate;
Se desiasse di sua man potere
Por Dardinel fra l' anime dannate:
Ma non lascian le genti adito avere,
Non men de le 'nfedel, le battezzate.
Vorria pur vendicarsi, e con la spada
Di quà di là spianando va la strada.

Urta, apre, caccia, atterra, taglia e fende
Qualunque lo 'mpedisce o gli contrasta.
E Dardinel, che quel desire intende,
A volerlo saziar già non sovrasta:
Ma la gran moltitudine contende
Con questo ancora, e i suoi disegni guasta.
Se Mori uccide l' un, l' altro non manco
Gli Scotti uccide, e 'l campo Inglese e 'l Franco.

Fortuna sempre mai la via lor tolse,
Che per tutto quel dì non s' accozzaro.
A più famosa man serbar l' un volse;
Chè l' uomo il suo destin fugge di raro.
Ecco Rinaldo a questa strada volse,
Perch' alla vita d' un non sia riparo.
Ecco Rinaldo vien: fortuna il guida,
Per dargli onor che Dardinello uccida.

ARIOSTO. *Or. fur.* can. XVIII.

Medoro e Cloridano, o la sortita notturna.

Duo Mori ivi fra gli altri si trovaro,
D' oscura stirpe nati in Tolomitta,
De' quai l' istoria, per esempio raro
Di vero amor, è degna esser descritta.
Cloridano e Medor si nominaro,
Ch' alla fortuna prospera e all' afflitta
Aveano sempre amato Dardinello,
Ed or passato in Francia il mar con quello.
Cloridan, cacciator tutta sua vita,
Di robusta persona era ed isnella:
Medoro avea la guancia colorita,
E bianca e grata nell' età novella;
E fra la gente a quella impresa uscita,
Non era faccia più gioconda e bella;
Occhi avea neri, e chioma crespa d' oro:
Angel parea di quei del sommo coro.
Erano questi duo sopra i ripari
Con molti altri a guardar gli alloggiamenti,
Quando la notte fra distanzie pari
Mirava il ciel con gli occhi sonnolenti.
Medoro quivi in tutti i suoi parlari
Non può far che 'l signor suo non rammenti,
Dardinello d' Almonte, e che non piagna
Che resti senza onor nella campagna.
Volto al compagno disse : o Cloridano,
Io non ti posso dir quanto m' incresca
Del mio signor, che sia rimaso al piano,
Per lupi e corbi, oimè! troppo degna esca.

Pensando come sempre mi fu umano,
Mi par che quando ancor quest' anima esca
In onor di sua fama, io non compensi,
Nè sciolga verso lui gli obblighi immensi.

Io voglio andar, perchè non stia insepulto
In mezzo alla campagna, a ritrovarlo;
E forse Dio vorrà ch' io vada occulto
Là dove tace il campo del re Carlo.
Tu rimarrai; chè quando in ciel sia sculto
Ch' io vi debba morir, potrai narrarlo:
Chè se fortuna vieta sì bell' opra,
Per fama almeno il mio buon cor si scuopra.

Stupisce Cloridan, che tantò core,
Tanto amor, tanta fede abbia un fanciullo:
E cerca assai, perchè gli porta amore,
Di fargli quel pensiero irrito e nullo;
Ma non gli val, perch' un sì gran dolore
Non riceve conforto, nè trastullo.
Medoro era disposto o di morire,
O nella tomba il suo signor coprire.

Veduto che nol piega e che nol move,
Cloridan gli risponde: e verrò anch' io,
Anch' io vo' pormi a sì lodevol prove,
· Anch' io famosa morte amo e desio.
Qual cosa sarà mai che più mi giove,
S' io resto senza te, Medoro mio?
Morir teco con l' arme è meglio molto,
Che poi di duol, s' avvien che mi sii tolto.

Così disposti messero in quel loco
Le successive guardie, e se ne vanno.
Lascian fosse e steccati, e dopo poco
Tra nostri son, che senza cura stanno.

Il campo dorme, e tutto è spento il fuoco,
Perchè de i Saracin poca tema hanno.
Tra l' arme e carriaggi stan roversi,
Nel vin, nel sonno insino a gli occhi immersi.

    Fermossi alquanto Cloridano, e disse:
Non son mai da lasciar l' occasioni.
Di questo stuol, che 'l mio signor trafisse,
Non debbo far, Medoro, occisioni?
Tu, perchè sopra alcun non ci venisse,
Gli occhi e gli orecchi in ogni parte poni;
Ch' io m' offerisco farti con la spada
Tra gl' inìmici spaziosa strada.

    Così disse egli, e tosto il parlar tenne,
Ed entrò dove il dotto Alfeo dormia;
Che l' anno innanzi in corte a Carlo venne,
Medico e mago, e pien d' astrologia.
Ma poco a questa volta gli sovvenne;
Anzi gli disse in tutto la bugia.
Predetto egli s' avea, che d' anni pieno
Dovea morire alla sua moglie in seno:

    Ed or gli ha messo il cauto Saracino
La punta della spada nella gola.
Quattro altri uccide appresso all' indovino,
Che non han tempo a dire una parola:
Menzion de i nomi lor non fa Turpino,
E 'l lungo andar le lor notizie invola:
Dopo essi Palidon da Mancalieri,
Che sicuro dormia fra duo destrieri.

    Poi se ne vien, dove col capo giace
Appoggiato al barile il miser Grillo:
Avealo voto, e avea creduto in pace
Godersi un sonno placido e tranquillo.

Troncògli il capo il Saracino audace:
Esce col sangue il vin per uno spillo,
Di che n' ha in corpo più d' una bigoncia;
E di ber sogna, e Cloridan lo sconcia.
    E presso a Grillo, un Greco ed un Tedesco
Spegne in dui colpi, Andropono e Conrado,
Che della notte avean goduto al fresco
Gran parte, or con la tazza, ora col dado·
Felici, se vegghiar sapeano a desco
Fin che dell' Indo il sol passasse il guado.
Ma non potria negli uomini il destino,
Se del futuro ognun fosse indovino.
    Come impasto leone in stalla piena,
Che lunga fame abbia smagrato e asciutto,
Uccide, scanna, mangia, a strazio mena
L' infermo gregge in sua balìa condutto;
Così il crudel Pagan nel sonno svena
La nostra gente, e fa macel per tutto.
La spada di Medoro anco non ebe;
Ma si sdegna ferir l' ignobil plebe.
    Venuto era ove il duca di Labretto
Con una dama sua dormia abbracciato,
E l' un con l' altro si tenea sì stretto,
Che non saria tra lor l' aere entrato.
Medoro ad ambi taglia il capo netto.
Oh felice morire! oh dolce fato!
Che come erano i corpi, ho così fede
Ch' andar l' alme abbracciate alla lor sede.
    Malindo uccise, e Ardalico il fratello,
Che del conte di Fiandra erano figli;
E l' uno e l' altro cavalier novello
Fatto avea Carlo, e aggiunto all' arme i gigli,

Perchè il giorno amendui d' ostil macello
Con gli stocchi tornar vide vermigli;
E terre in Frisa avea promesso loro,
E date avria, ma lo vietò Medoro.

Gl' insidiosi ferri eran vicini
Ai padiglioni che tiraro in volta
Al padiglion di Carlo i paladini,
Facendo ognun la guardia la sua volta;
Quando dall' empia strage i Saracini
Trasson le spade, e diero a tempo volta;
Ch' impossibil lor par, tra sì gran torma
Che non s' abbia a trovar un che non dorma.

E ben che possan gir di preda carchi,
Salvin pur se, che fanno assai guadagno.
Ove più crede aver sicuri i varchi
Va Cloridano, e dietro ha il suo compagno.
Vengon nel campo ove fra spade ed archi,
E scudi e lance in un vermiglio stagno
Giaccion poveri e ricchi, e re e vassalli,
E sossopra con gli uomini i cavalli.

Quivi de i corpi l' orrida mistura,
Che piena avea la gran campagna intorno,
Potea far veneggiar la fedel cura
De' due compagni insino al far del giorno.
Se non traea fuor d' una nube oscura,
A' preghi di Medor, la luna il corno.
Medoro in ciel devotamente fisse
Verso la luna gli occhi, e così disse:

O santa dea, che dagli antiqui nostri
Debitamente sei detta triforme;
Ch' in cielo, in terra e nell' inferno mostri
L' alta bellezza tua sotto più forme,

E nelle selve di fere e di mostri
Vai cacciatrice seguitando l' orme;
Mostrami ove 'l mio re giaccia fra tanti,
Che vivendo imitò tuoi studi santi.

La luna a quel pregar la nube aperse,
O fosse caso, o pur la tanta fede;
Bella come fu allor, ch' ella s' offerse,
E nuda in braccio a Endimion si diede.
Con Parigi a quel lume si scoperse
L' un campo e l' altro, e 'l monte e 'l pian si vede.
Si videro i duo colli di lontano,
Martire a destra, e Leri all' altra mano.

Rifulse lo splendor molto più chiaro,
Ove d' Almonte giacea morto il figlio.
Medoro andò piangendo al signor caro,
Che conobbe il quartier bianco e vermiglio;
E tutto 'l viso gli bagnò d' amaro
Pianto (che n' avea un rio sotto ogni ciglio)
In sì dolci atti, in sì dolci lamenti,
Che potea ad ascoltar fermare i venti;

Ma con sommessa voce, e appena udita,
Non che riguardi a non si far sentire,
Perch' abbia alcun pensier della sua vita,
Più tosto l' odia, e ne vorrebbe uscire;
Ma per timor che non gli sia impedita
L' opera pia che quivi il fe venire.
Fu il morto re su gli omeri sospeso
Di tramendui, tra lor partendo il peso.

Vanno affrettando i passi quanto ponno,
Sotto l' amata soma che gl' ingombra;
E già venìa chi della luce è donno
Le stelle a tor del ciel, di terra l' ombra,

Quando Zerbino, a cui del petto il sonno
L' alta virtude, ove è bisogno, sgombra,
Cacciato avendo tutta notte i Mori,
Al campo si traea nei primi albori.

E seco alquanti cavalieri avea,
Che videro da lunge i dui compagni.
Ciascuno a quella parte si traea
Sperandovi trovar prede e guadagni.
Frate, bisogna, Cloridan dicea,
Gittar la soma, e dare opra ai calcagni,
Che sarebbe pensier non troppo accorto,
Perder duo vivi per salvare un morto.

E gittò il carco, perchè si pensava,
Che 'l suo Medoro il simil far dovesse;
Ma quel meschin, che 'l suo signor più amava,
Sopra le spalle sue tutto lo resse.
L' altro con molta fretta se ne andava,
Come l' amico a paro o dietro avessè:
Se sapea di lasciarlo a quella sorte,
Mille aspettate avria, non ch' una morte.

Quei cavalier con animo disposto,
Che questi a render s' abbiano, o a morire,
Chi qua, chi là si spargono, ed han tosto
Preso ogni passo, onde si possa uscire.
Da loro il capitan poco discosto
Più degli altri è sollecito a seguire,
Che in tal guisa vedendoli temere,
Certo è che sian delle nimiche schiere.

Era a quel tempo ivi una selva antica
D' ombrose piante spessa, e di virgulti,
Che, come labirinto, entro s' intrica
Di stretti calli, e sol da bestie culti.

Speran d' averla i duo Pagan sì amica,
Ch' abbia a tenerli entro a suoi rami occulti.
. Ma chi del canto mio piglia diletto,
Un' altra volta ad ascoltarlo aspetto.

ARIOSTO. Or. fur. can. XVIII.

Medoro e Cloridano sorpresi da Zerbino.

Alcun non può saper da chi sia amato,
Quando felice in su la ruota siede,
Però ch' ha i veri e finti amici allato,
Che mostran tutti una medesma fede.
Se poi si cangia in tristo il lieto stato,
Volta la turba adulatrice il piede;
E quel che di cor ama, riman forte,
Ed ama il suo signor dopo la morte.

Se, come il viso, si mostrasse il core,
Tal nella corte è grande e gli altri preme,
E tal è in poca grazia al suo signore,
Che la lor sorte muteriano insieme.
Questo umil diverria tosto il maggiore;
Staria quel grande in fra le turbe estreme.
Ma torniamo a Medor fedele e grato,
Ch' in vita e in morte ha il suo signore amato.

Cercando già nel più intricato calle
Il giovine infelice di salvarsi;
Ma il grave peso, ch' avea su le spalle,
Gli facea uscir tutti i partiti scarsi.
Non conosce il paese, e la via falle;
E torna fra le spine a invilupparsi.

Lungi da lui tratto al sicuro s' era
L' altro ch' avea la spalla più leggiera.

    Cloridan s' è ridutto, ove non sente
Di chi segue lo strepito e il rumore:
Ma quando da Medor si vede assente,
Gli pare aver lasciato addietro il core.
Deh, come fui, dicea, sì negligente,
Deh, come fui sì di me stesso fuore,
Che senza te, Medor, qui mi ritrassi,
Nè sappia quando, o dove io ti lasciassi!

    Così dicendo, nella torta via
Dell' intricata selva si ricaccia;
Ed onde era venuto, si ravvia,
E torna di sua morte in su la traccia.
Ode i cavalli e i gridi tuttavia,
E la nemica voce che minaccia;
All' ultimo ode il suo Medoro, e vede,
Che tra molti a cavallo è solo a piede.

    Cento a cavallo, e gli son tutti intorno;
Zerbin comanda e grida che sia preso.
L' infelice s' aggira, come un torno,
E quanto può si tien da lor difeso,
Or dietro quercia, or olmo, or faggio, or orno;
Nè si discosta mai dal caro peso.
L' ha riposato al fin su l' erba, quando
Regger nol puote, e gli va intorno errando:

    Come orsa, che l' alpestre cacciatore
Nella pietrosa tana assalit' abbia,
Sta sopra i figli con incerto core,
E freme in suono di pietà e di rabbia:
Ira la invita, e natural furore
A spiegar l' unghie, e insanguinar le labbia:

Amor l' intenerisce, e la ritira
A riguardare ai figli in mezzo l' ira.

    Cloridan che non sa come l' ajuti,
E ch' esser vuole a morir seco ancora,
Ma non ch' in morte prima il viver muti,
Che via non trovi, ove più d' un ne mora;
Mette su l' arco un de' suoi strali acuti,
E nascoso con quel sì ben lavora,
Che fora ad uno Scotto le cervella,
E senza vita il fa cader di sella.

    Volgonsi tutti gli altri a quella banda,
Ond' era uscito il calamo omicida.
Intanto un altro il Saracin ne manda,
Perchè 'l secondo a lato al primo uccida:
Che mentre in fretta a questo e a quel domanda
Chi tirato abbia l' arco, e forte grida,
Lo strale arriva, e gli passa la gola,
E gli taglia pel mezzo la parola.

    Or Zerbin, ch' era il capitano loro,
Non puote a questo aver più pazienza.
Con ira e con furor venne a Medoro
Dicendo: ne farai tu penitenza.
Stese la mano in quella chioma d' oro,
E strascinollo a sè con violenza;
Ma, come gli occhi a quel bel volto mise,
Gli ne venne pietade, e non l' uccise.

    Il giovinetto si rivolse a' prieghi,
E disse: cavalier, per lo tuo Dio,
Non esser sì crudel, che tu mi nieghi,
Ch' io seppellisca il corpo del re mio.
Non vo' ch' altra pietà per me ti pieghi.
Nè pensi che di vita abbia disio;

Ho tanta di mia vita, e non più, cura,
Quanta, ch' al mio signor dia sepoltura.
  E se pur pascer vuoi fiere ed augelli,
Che in te il furor sia del Teban Creonte,
Fa lor convito de' miei membri, e quelli
Seppellir lascia del figliuol d' Almonte.
Così dicea Medor con modi belli,
E con parole atte a voltare un monte;
E sì commosso già Zerbino avea,
Che d' amor tutto e di pietade ardea.
  In questo mezzo un cavalier villano,
Avendo al suo signor poco rispetto,
Ferì con una lancia sopra mano
Al supplicante il delicato petto.
Spiacque a Zerbin l' atto crudele e strano,
Tanto più che del colpo il giovinetto
Vide cader sì sbigottito e smorto,
Ch' n tutto giudicò che fosse morto.
  E se ne sdegnò in guisa, e se ne dolse,
Che disse: invendicato già non fia;
E pien di mal talento si rivolse
Al cavalier che fe l' impresa ria.
Ma quel prese vantaggio, e se gli tolse
Dinanzi in un momento, e fuggì via.
Cloridan, che Medor vede per terra,
Salta del bosco a discoperta guerra:
  E getta l' arco, e tutto pien di rabbia
Tra gl' inimici il ferro intorno gira,
Più per morir, che per pensier ch' egli abbia
Di far vendetta che pareggi l' ira.
Del proprio sangue rosseggiar la sabbia
Fra tante spade, e al fin venir si mira;

E tolto che si sente ogni potere,
Si lascia accanto al suo Medor cadere.

   Seguon gli Scotti, ove la guida loro
Per l' alta selva alto disegno mena,
Poi che lasciato ha l' uno e l' altro Moro,
L' un morto in tutto, e l' altro vivo appena.
Giacque gran pezzo il giovine Medoro,
Spicciando il sangue da sì larga vena,
Che di sua vita al fin saria venuto,
Se non sopravvenia chi gli diè ajuto.

               ARIOSTO. *Or. fur.* can. XIX.

Solimano assalta di notte tempo il campo di
        Goffredo.

   Ma già distendon l' ombre orrido velo
Che di rossi vapor si sparge e tigne.
La terra, in vece del notturno gelo,
Bagnan rugiade tepide e sanguigne.
S' empie di mostri e di prodigj il cielo:
S' odon fremendo errar larve maligne.
Vuotò Pluton gli abissi, e la sua notte
Tutta versò dalle tartaree grotte.

   Per sì profondo orror verso le tende.
Degl' inimici il fer soldan cammina.
Ma quando a mezzo del suo corso ascende
La notte, onde poi rapida dechina,
A men d' un miglio ove riposo prende
Il securo Francese, ei s' avvicina.
Quì fe cibar le genti; e poscia d' alto
Parlando, confortolle al crudo assalto:

Vedete là di mille furti pieno
Un campo più famoso assai, che forte;
Che, quasi un mar, nel suo vorace seno
Tutte dell' Asia ha le ricchezze assorte.
Questo ora a voi (nè già potria con meno
Vostro periglio) espon benigna sorte.
L'arme e i destrier d'ostro guerniti e d'oro
Preda fian vostra, e non difesa loro.

Nè questa è già quell' oste onde la Persa
Gente, e la gente di Nicea fu vinta;
Perchè in guerra sì lunga e sì diversa,
Rimasa n'è la maggior parte estinta:
E s'anco integra fosse, or tutta immersa
In profonda quiete, e d'arme è scinta.
Tosto s'opprime chi di sonno è carco;
Chè dal sonno alla morte è un picciol varco.

Su su, venite: io primo aprir la strada
Vuò su i corpi languenti entro ai ripari.
Ferir da questa mia ciascuna spada,
E l'arti usar di crudeltate, impari.
Oggi fia che di Cristo il regno cada;
Oggi libera l'Asia; oggi voi chiari.
Così gl'infiamma alle vicine prove:
Indi tacitamente oltre lor move.

Ecco tra via le sentinelle ei vede
Per l'ombra mista d'una incerta luce;
Nè ritrovar (come secura fede
Avea) puote improvviso il saggio duce.
Volgon quelle, gridando, indietro il piede,
Scorto che sì gran turba egli conduce:
Sì che la prima guardia è da lor desta,
Che, com' può meglio, a guerreggiar s'appresta.

Dan fiato allora ai barbari metalli
Gli Arabi, certi omai d' esser sentiti.
Van gridi orrendi al cielo, e de' cavalli
Con suon del calpestio misti i nitriti.
Gli alti monti muggir', muggir' le valli,
E risposer gli abissi ai lor muggiti:
E la face innalzò di Flegetonte
Aletto, e 'l segno diede a quei del monte.

Corre innanzi il soldano, e giunge a quella
Confusa ancora e inordinata guarda,
Rapido sì, che torbida procella
Da' cavernosi monti esce più tarda.
Fiume ch' arbori insieme e case svella,
Folgore che le torri abbatta ed arda,
Terremoto che 'l mondo empia d' orrore,
Son picciole sembianze al suo furore.

Non cala il ferro mai, ch' appien non colga;
Nè coglie appien, che piaga anco non faccia;
Nè piaga fa, che l' alma altrui non tolga:
E più direi; ma il ver di falso ha faccia.
E par ch' egli o sen 'nfinga, o non sen dolga,
O non senta il ferir dell' altrui braccia;
Se ben l' elmo percosso, in suon di squilla
Rimbomba, e orribilmente arde e sfavilla.

Or quando ei solo ha quasi in fuga volto
Quel primo stuol delle francesche genti,
Giungono, in guisa d' un diluvio accolto
Di mille rivi, gli Arabi correnti.
Fuggono i Franchi allora a freno sciolto,
E misto il vincitor va tra fuggenti,
E con lor entra ne' ripari: e 'l tutto
Di ruine e d' orror s' empie e di lutto.

Porta il soldan sull' elmo orrido e grande
Serpe che si dilunga e 'l collo snoda:
Sulle zampe s' innalza e l' ali spande,
E piega in arco la forcuta coda:
Par che tre lingue vibri, e che fuor mande
Livida spuma, e che 'l suo fischio s' oda:
Ed or ch' arde la pugna, anch' ei s' infiamma
Nel moto, e fumo versa insieme e fiamma.

E si mostra in quel lume a' riguardanti
Formidabil così l' empio soldano,
Come veggion nell' ombra i naviganti
Fra mille lampi il torbido oceano.
Altri danno alla fuga i piè tremanti;
Danno altri al ferro intrepida la mano·
E la notte i tumulti ognor più mesce;
Ed occultando i rischi, i rischi accresce.

Fra color che mostraro il cor più franco,
Latin, sul Tebro nato, allor si mosse;
A cui nè le fatiche il corpo stanco,
Nè gli anni dome aveano ancor le posse.
Cinque suoi figli, quasi eguali, al fianco
Gli erano sempre ovunque in guerra ei fosse,
D' arme gravando, anzi il lor tempo molto,
Le membra ancor crescenti, e 'l molle volto.

Ed eccitati dal paterno esempio,
Aguzzavano al sangue il ferro e l' ire.
Dice egli loro· andianne ove quell' empio
Veggiam ne' fuggitivi insuperbire.
Nè già ritardi il sanguinoso scempio
Ch' ei fa degli altri, in voi l' usato ardire:
Perochè quello, o figli, è vile onore
Cui non adorni alcun passato orrore.

Così feroce leonessa i figli,
Cui dal collo la coma anco non pende,
Nè cogli anni lor sono i feri artigli
Cresciuti, e l' arme della bocca orrende,
Mena seco alla preda ed ai perigli;
E coll' esempio a incrudelir gli accende
Nel cacciator, che le natie lor selve
Turba, e fuggir fa le men forti belve.

Segue il buon genitor l' incauto stuolo
De' cinque, e Solimano assale e cinge:
E in un sol punto un sol consiglio e un solo
Spirito quasi, sei lunghe aste spinge.
Ma troppo audace il suo maggior figliuolo
L' asta abbandona, e con quel fier si stringe;
E tenta in van colla pungente spada,
Che sotto il corridor morto gli cada.

Ma come alle procelle esposto monte,
Che percosso dai flutti al mar sovraste,
Sostien, fermo in se stesso, i tuoni e l' onte
Del ciel irato, e i venti e l' onde vaste:
Così il fero soldan l' audace fronte
Tien salda incontro ai ferri e incontro all' aste;
Ed a colui che 'l suo destrier percote,
Tra i cigli parte il capo e tra le gote.

Aramante al fratel che giù ruina,
Porge pietoso il braccio e lo sostiene:
Vana e folle pietà, ch' alla ruina
Altrui la sua medesma a giunger viene;
Chè 'l Pagan su quel braccio il ferro inchina,
Ed atterra con lui chi a lui s' attiene.
Caggiono entrambi; e l' un sull' altro langue,
Mescolando i sospiri ultimi e 'l sangue.

Quinci egli di Sabin l' asta recisa,
Onde il fanciullo di lontan l' infesta,
Gli urta il cavallo addosso, e 'l coglie in guisa
Che giù tremante il batte: indi il calpesta.
Dal giovinetto corpo uscì divisa
Con gran contrasto l' alma; e lasciò mesta
L' aure soavi della vita, e i giorni
Della tenera età lieti ed adorni.

Rimanean vivi ancor Pico e Laurente,
Onde arricchì un sol parto il genitore:
Similissima coppia, e che sovente
Esser solea cagion di dolce errore.
Ma se lei fe natura indifferente,
Differente or la fa l' ostil furore.
Dura distinzion! ch' all' un divide
Dal busto il collo, all' altro il petto incide.

Il padre (ah non più padre! ah fera sorte
Ch' orbo di tanti figli a un punto il face!)
Rimira in cinque morti or la sua morte,
E della stirpe sua che tutta giace.
Nè so come vecchiezza abbia sì forte
Nell' atroci miserie, e sì vivace
Che spiri e pugni ancor: ma gli atti e i visi
Non mirò forse de' figliuoli uccisi;

E di sì acerbo lutto agli occhi sui
Parte l' amiche tenebre celaro.
Contuttociò nulla sarebbe a lui,
Senza perder se stesso, il vincer caro.
Prodigo del suo sangue, e dell' altrui
Avidissimamente è fatto avaro:
Nè si conosce ben qual suo desire
Paja maggior, l' uccidere o 'l morire.

Ma grida al suo nemico: è dunque frale
Sì questa mano, e in guisa ella si sprezza,
Che con ogni suo sforzo ancor non vale
A provocare in me la tua fierezza?
Tace; e percossa tira aspra e mortale,
Che le piastre e le maglie insieme spezza,
E sul fianco gli cala, e vi fa grande
Piaga onde il sangue tepido si spande.

A quel grido, a quel colpo in lui converse
Il barbaro crudel la spada e l'ira.
Gli aprì l'usbergo, e pria lo scudo aperse,
Cui sette volte un duro cuojo aggira;
E 'l ferro nelle viscere gli immerse.
Il misero Latin singhiozza e spira:
E con vomito alterno or gli trabocca
Il sangue per la piaga, or per la bocca.

Come nell'Apennin robusta pianta
Che sprezzò d'Euro e d'Aquilon la guerra,
Se turbo inusitato al fin la schianta,
Gli alberi intorno, ruinando, atterra:
Così cade egli; e la sua furia è tanta,
Che più d'un seco tragge, a cui s'afferra:
E ben d'uom sì feroce è degno fine,
Che faccia ancor morendo alte ruine.

Mentre il soldan, sfogando l'odio interno,
Pasce un lungo digiun ne' corpi umani;
Gli Arabi inanimiti aspro governo
Anch'essi fanno de' guerrier cristiani.
L'inglese Enrico e 'l bavaro Oliferno
Muojono, o fer Dragutte, alle tue mani.
A Gilberto, a Filippo, Ariadeno
Toglie la vita, i quai nacquer sul Reno.

Albazar colla mazza abbatte Ernesto :
Sotto Algazel cade Engerlan di spada.
Ma chi narrar potria quel modo o questo
Di morte, e quanta plebe ignobil cada?
Sin da que' primi gridi erasi desto
Goffredo, e non istava intanto a bada.
Già tutto è armato, e già raccolto un grosso
Drappello ha seco, e già con lor s' è mosso.

Egli che dopo il grido udì il tumulto
Che par che sempre più terribil suoni,
Avvisò ben, che repentino insulto
Esser dovea degli arabi ladroni :
Che già non era al capitano occulto
Ch' essi intorno correan le regioni ;
Benchè non istimò che sì fugace
Vulgo mai fosse d' assalirlo audace.

Or mentre egli ne viene, ode repente
Arme, arme replicar dall' altro lato ;
Ed in un tempo il cielo orribilmente
Intonar di barbarico ululato.
Questa è Clorinda che del re la gente
Guida all' assalto, ed have Argante a lato.
Al nobil Guelfo che sostien sua vice,
Allor si volge il capitano, e dice :

Odi qual novo strepito di Marte
Di verso il colle e la città ne viene.
D' uopo là fia che 'l tuo valore e l' arte
I primi assalti de' nemici affrene.
Vanne tu dunque, e là provvedi ; e parte
Vuò che di questi miei teco ne mene :
Cogli altri io me n' andrò dall' altro canto
A sostener l' impeto ostile intanto.

Così fra lor concluso, ambo gli move
Per diverso sentiero egual fortuna.
Al colle Guelfo, e 'l capitan va dove
Gli Arabi omai non han contesa alcuna.
Ma questi, andando, acquista forza, e nuove
Genti di passo in passo ognor raguna:
Tal che già fatto poderoso e grande,
Giunge ove il fero Turco il sangue spande.

Così, scendendo dal natio suo monte,
Non empie umile il Po l' angusta sponda:
Ma sempre più, quanto è più lunge al fonte,
Di nove forze insuperbito abbonda.
Sovra i rotti confini alza la fronte
Di tauro, e vincitor dintorno inonda:
E con più corna Adria respinge; e pare
Che guerra porti, e non tributo, al mare.

Goffredo, ove fuggir l' impaurite
Sue genti vede, accorre e le minaccia.
Qual timor (grida) è questo? ove fuggite?
Guardate almen chi sia quel che vi caccia.
Vi caccia un vile stuol che le ferite
Nè ricever nè dar sa nella faccia:
E se 'l vedranno incontra a se rivolto,
Temeran l' arme sol del vostro volto.

Punge il destrier, ciò detto; e là si volve
Ove di Soliman gl' incendj ha scorti.
Va per mezzo del sangue e della polve
E de' ferri e de' rischi e delle morti.
Colla spada e cogli urti apre e dissolve
Le vie più chiuse, e gli ordini più forti:
E sossopra cader fa d' ambo i lati
Cavalieri e cavalli, arme ed armati.

Sovra i confusi monti a salto a salto
Della profonda strage oltre cammina.
L' intrepido soldan che 'l fero assalto
Sente venir, nol fugge e nol declina:
Ma se gli spinge incontra, e 'l ferro in alto
Levando per ferir, gli s' avvicina.
Oh quai duo cavalieri or la fortuna
Dagli estremi del mondo in prova aduna!

Furor contra virtute or qui combatte
D' Asia, in un picciol cerchio, il grande impero.
Chi può dir come gravi e come ratte
Le spade son? quanto il duello è fero?
Passo quì cose orribili che fatte
Furon; ma le coprì quell' aer nero:
D' un chiarissimo sol degne, e che tutti
Siano i mortali a riguardar ridutti.

Il popol di Gesù, dietro a tal guida
Audace or divenuto, oltre si spinge:
E de' suoi meglio armati all' omicida
Soldano intorno un denso stuol si stringe.
Nè la gente fedel più che l' infida,
Nè più questa che quella il campo tinge:
Ma gli uni e gli altri, e vincitori e vinti,
Egualmente dan morte e sono estinti.

Come, pari d' ardir, con forza pare
Quinci Austro in guerra vien, quindi Aquilone:
Non ei fra lor, non cede il cielo o 'l mare;
Ma nube a nube, e flutto a flutto oppone:
Così nè ceder quà, nè là piegare
Si vede l' ostinata aspra tenzone.
S' affronta insieme, orribilmente urtando,
Scudo a scudo, elmo ad elmo, e brando a brando.

TASSO. *Ger. lib.* can. IX.

Battaglia generale. Sconfitta di Solimano.

Ma non perciò nel disdegnoso petto
D'Argante vien l'ardire o 'l furor manco;
Benchè suo foco in lui non spiri Aletto,
Nè flagello infernal gli sferzi il fianco.
Rota il ferro crudel, ove è più stretto
E più calcato insieme il popol franco.
Miete i vili e i potenti; e i più sublimi
E i più superbi capi adegua agli imi.
  Non lontana è Clorinda, e già non meno
Par che di tronche membra il campo asperga.
Caccia la spada a Berlingier nel seno
Per mezzo il cor, dove la vita alberga:
E quel colpo a trovarlo andò sì pieno,
Che sanguinosa uscì fuor delle terga.
Poi fere Albìn là 've primier s'apprende
Nostro alimento; e 'l viso a Gallo fende.
  La destra di Gerniero, onde ferita
Ella fu pria, manda recisa al piano.
Tratta anco il ferro, e con tremanti dita
Semiviva nel suol guizza la mano.
Coda di serpe è tal, ch'indi partita,
Cerca d'unirsi al suo principio in vano.
Così mal concio la guerriera il lassa:
Poi si volge ad Achille, e 'l ferro abbassa;
  E tra 'l collo e la nuca il colpo assesta:
E tronchi i nervi, e 'l gorgozzuol reciso,
Gìo, rotando, a cader prima la testa;
Prima bruttò di polve immonda il viso,

Che giù cadesse il tronco: il tronco resta
(Miserabile mostro) in sella assiso.
Ma libero del fren, con mille rote,
Calcitrando, il destrier da se lo scote.

    Mentre così l'indomita guerriera
Le squadre d'occidente apre e flagella,
Non fa d'incontra a lei Gildippe altera
De'Saracini suoi strage men fella.
Era il sesso il medesmo, e simile era
L'ardimento e 'l valore in questa e in quella:
Ma far prova di lor non è lor dato;
Ch'a nemico maggior le serba il fato.

    Quinci una e quindi l'altra urta e sospinge;
Nè può la turba aprir calcata e spessa.
Ma 'l generoso Guelfo allora stringe
Contra Clorinda il ferro, e le s'appressa;
E calando un fendente, alquanto tinge
La fera spada nel bel fianco: ed essa
Fa d'una punta a lui cruda risposta,
Ch'a ferirlo ne va tra costa e costa.

    Doppia allor Guelfo il colpo, e lei non coglie;
Che a caso passa il palestino Osmida,
E la piaga non sua sopra se toglie,
La qual vien che la fronte a lui recida.
Ma intorno a Guelfo omai molta s'accoglie
Di quella gente ch'ei conduce e guida;
E d'altra parte ancor la turba cresce:
Sì che la pugna si confonde e mesce.

    L'Aurora intanto il bel purpureo volto
Già dimostrava dal sovran balcone:
E in quei tumulti già s'era disciolto
Il feroce Argillan di sua prigione;

E d' arme incerte il frettoloso avvolto,
Quali il caso gli offerse, o triste o buone,
Già sen venìa per emendar gli errori
Nuovi con nuovi merti e nuovi onori.

Come destrier che dalle regie stalle
Ove all' uso dell' arme si riserba,
Fugge, e libero al fin per largo calle
Va tra gli armenti, o al fiume usato, o all' erba;
Scherzan sul collo i crini e sulle spalle;
Si scote la cervice alta e superba;
Suonano i piè nel corso; e par ch' avvampi,
Di sonori nitriti empiendo i campi:

Tal ne viene Argillano. Arde il feroce
Sguardo: ha la fronte intrepida e sublime:
Leve è ne' salti, e sovra i piè veloce
Sì, che d' orme la polve appena imprime.
E giunto fra' nemici, alza la voce,
Pur com' uom che tutto osi e nulla stime:
O vil feccia del mondo, Arabi inetti,
Ond' è ch' or tanto ardire in voi s' alletti?

Non regger voi degli elmi e degli scudi
Sete atti il peso, o 'l petto armarvi e 'l dorso;
Ma commettete, paventosi e nudi,
I colpi al vento, e la salute al corso.
L' opere vostre, e i vostri egregj studi,
Notturni son: dà l' ombra a voi soccorso.
Or ch' ella fugge, chi fia vostro schermo?
D' arme è ben d' uopo e di valor più fermo.

Così parlando ancor, diè per la gola
Ad Algazel di sì crudel percossa,
Che gli secò le fauci, e la parola
Troncò, ch' alla risposta era già mossa.

A quel meschin, subito orrore invola
Il lume, e scorre un duro gel per l'ossa.
Cade; e co' denti l'odiosa terra,
Pieno di rabbia, in sul morire afferra.

Quinci per varj casi e Saladino
Ed Agricalte e Muleasse uccide;
E dall'un fianco all'altro, a lor vicino,
Con esso un colpo Aldiazil divide.
Trafitto a sommo il petto Ariadino
Atterra, e con parole aspre il deride.
Ei gli occhi gravi alzando, all'orgogliose
Parole in sul morir così rispose:

Non tu, chiunque sia, di questa morte
Vincitor lieto avrai gran tempo il vanto.
Pari destin t'aspetta, e da più forte
Destra a giacer mi sarai steso accanto.
Rise egli amaramente, e, di mia sorte
Curi il ciel, disse, or tu quì mori intanto
D'augei pasto e di cani. Indi lui preme
Col piede, e ne trae l'alma e 'l ferro insieme.

Un paggio del soldan misto era in quella
Turba di sagittarj e lanciatori;
A cui non anco la stagion novella
Il bel mento spargea de' primi fiori.
Pajon perle e rugiade in sulla bella
Guancia, irrigando, i tepidi sudori:
Giunge grazia la polve al crine incolto;
E sdegnoso rigor dolce è in quel volto.

Sotto ha un destrier che di candore agguaglia
Pur or nell'Apennin caduta neve.
Turbo o fiamma non è, che roti o saglia
Rapido sì, come è quel pronto e leve.

Vibra ei, presa nel mezzo, una zagaglia:
La spada al fianco tien ritorta e breve;
E con barbara pompa in un lavoro
Di porpora risplende intesta e d'oro.

    Mentre il fanciullo a cui novel piacere
Di gloria il petto giovenil lusinga,
Di quà turba e di là tutte le schiere,
E lui non è chi tanto o quanto stringa;
Cauto osserva Argillan tra le leggiere
Sue rote il tempo in cui l'asta sospinga:
E colto il punto, il suo destrier di furto
Gli uccide; e sovra gli è, ch'appena è surto.

    Ed al supplice volto il quale in vano
Coll'arme di pietà fea sue difese,
Drizzò crudel l'inesorabil mano;
E di natura il più bel pregio offese.
Senso aver parve, e fu dell'uom più umano
Il ferro, che si volse, e piatto scese.
Ma che pro, se, doppiando il colpo fero,
Di punta colse ove egli errò primiero?

    Soliman che di là non molto lunge
Da Goffredo in battaglia è trattenuto,
Lascia la zuffa, e 'l destrier volve e punge,
Tosto che 'l rischio ha del garzon veduto:
E i chiusi passi apre col ferro, e giunge
Alla vendetta sì, non all'ajuto;
Perchè vede (ahi dolor) giacerne ucciso
Il suo Lesbin, quasi bel fior succiso.

    E in atto sì gentil languir tremanti
Gli occhi, e cader sul tergo il collo mira;
Così vago è il pallore, e da' sembianti
Di morte una pietà sì dolce spira,

Ch' ammollì il cor che fu dur marmo avanti,
E 'l pianto scaturì di mezzo all' ira.
Tu piangi, Soliman? tu che distrutto
Mirasti il regno tuo col ciglio asciutto?

Ma come ei vede il ferro ostil che molle
Fuma del sangue ancor del giovinetto,
La pietà cede, e l' ira avvampa e bolle,
E le lagrime sue stagna nel petto.
Corre sovra Argillano, e 'l ferro estolle:
Parte lo scudo opposto, indi l' elmetto,
Indi il capo e la gola: e dello sdegno
Di Soliman ben quel gran colpo è degno.

Nè di ciò ben contento, al corpo morto,
Smontato del destriero, anco fa guerra:
Quasi mastin che 'l sasso ond' a lui porto
Fu duro colpo, infellonito afferra.
Oh d' immenso dolor vano conforto,
Incrudelir nell' insensibil terra!
Ma frattanto de' Franchi il capitano
Non spendea l' ire e le percosse in vano.

Mille Turchi avea quì, che di loriche
E d' elmetti e di scudi eran coperti;
Indomiti di corpo alle fatiche,
Di spirto audaci, e in tutti i casi esperti:
E furon già delle milizie antiche
Di Solimano; e seco ne' deserti
Seguir' d' Arabia i suo' errori infelici,
Nelle fortune avverse ancora amici.

Questi ristretti insieme in ordin folto,
Poco cedeano o nulla al valor franco.
In questi urtò Goffredo, è ferì il volto
Al fier Corcutte, ed a Rostèno il fianco:

A Selin dalle spalle il capo ha sciolto,
Tronco a Rosseno il destro braccio e 'l manco.
Nè già soli costor; ma in altre guise
Molti piagò di loro e molti uccise.

Mentre ei così la gente saracina
Percuote, e lor percosse anco sostiene;
E in nulla parte al precipizio inchina
La fortuna de' barbari e la spene;
Nuova nube di polve ecco vicina,
Che folgori di guerra in grembo tiene.
Ecco d' arme improvvise uscir un lampo
Che sbigottì degl' infedeli il campo.

Son cinquanta guerrier che in puro argento
Spiegan la trionfal purpurea croce.
Non io, se cento bocche e lingue cento
Avessi, e ferrea lena e ferrea voce,
Narrar potrei quel numero che spento
Ne' primi assalti ha quel drappel feroce.
Cade l' Arabo imbelle; e 'l Turco invitto,
Resistendo e pugnando, anco è trafitto.

L'orror, la crudeltà, la tema, il lutto
Van d' intorno scorrendo: e in varia imago
Vincitrice la morte errar per tutto
Vedresti, ed ondeggiar di sangue un lago.
Già con parte de' suoi s' era condutto
Fuor d' una porta il re, quasi presago
Di fortunoso evento; e quinci d' alto
Mirava il pian soggetto e 'l dubbio assalto.

Ma come prima egli ha veduto in piega
L' esercito maggior, suona a raccolta;
E con messi iterati, instando, prega
Ed Argante e Clorinda a dar di volta.

I. 19

La fera coppia d' eseguir ciò nega,
Ebra di sangue, e cieca d' ira e stolta.
Pur cede al fine; e unite almen raccorre
Tenta le turbe, e freno ai passi imporre.

Ma chi dà legge al vulgo, ed ammaestra
La viltade e 'l timor? la fuga è presa.
Altri gitta lo scudo, altri la destra
Disarma: impaccio è il ferro, e non difesa.
Valle è tra 'l campo e la città, ch' alpestra
Dall' occidente al mezzogiorno è stesa.
Quì fuggon essi; e si rivolge oscura
Caligine di polve inver le mura.

Mentre ne van precipitosi al chino,
Strage d' essi i cristiani orribil fanno.
Ma posciachè, salendo, omai vicino
L' ajuto avean del barbaro tiranno;
Non vuol Guelfo d' alpestro erto cammino
Con tanto suo svantaggio esporsi al danno.
Ferma le genti: e 'l re le sue riserra,
Non poco avanzo d' infelice guerra.

Fatto intanto ha il soldan ciò ch' è concesso
Fare a terrena forza: or più non puote.
Tutto è sangue e sudore; e un grave e spesso
Anelar gli ange il petto e i fianchi scuote.
Langue sotto lo scudo il braccio oppresso:
Gira la destra il ferro in pigre rote:
Spezza e non taglia; e divenendo ottuso,
Perduto il brando omai di brando ha l'uso.

Come sentissi tal, ristette in atto
D' uom che fra due sia dubbio: e in se discorre
Se morir debbia, e di sì illustre fatto
Colle sue mani altrui la gloria torre:

O pur, sopravanzando al suo disfatto
Campo, la vita in securezza porre.
Vinca (al fin disse) il fato; e questa mia
Fuga il trofeo di sua vittoria sia.

    Veggia il nemico le mie spalle, e scherna
Di nuovo ancora il nostro esiglio indegno;
Purchè, di nuovo armato, indi mi scerna
Turbar sua pace e 'l non mai stabil regno.
Non cedo io, no: fia con memoria eterna
Delle mie offese eterno anco il mio sdegno.
Risorgerò nemico ognor più crudo,
Cenere anco sepolto e spirto ignudo.

                TASSO. *Ger. lib.* can. IX.

Combattimento notturno di Clorinda e di Tancredi,
e morte di Clorinda.

    Degne d' un chiaro sol, degne d' un pieno
Teatro opre sarian sì memorande.
Notte, che nel profondo oscuro seno
Chiudesti e nell' oblio fatto sì grande,
Piacciati ch' io nel tragga, e 'n bel sereno
Alle future età lo spieghi e mande.
Viva la fama loro, e tra lor gloria
Splenda del fosco tuo l' alta memoria.

    Non schivar, non parar, non ritirarsi
Voglion costor; nè quì destrezza ha parte.
Non danno i colpi or finti, or pieni, or scarsi:
Toglie l' ombra e 'l furor l' uso dell' arte.
Odi le spade orribilmente urtarsi
A mezzo il ferro. Il piè d' orma non parte:

Sempre è il piè fermo, e la man sempre in moto;
Nè scende taglio in van, nè punta a voto.
   L' onta irrita lo sdegno alla vendetta;
E la vendetta poi l' onta rinnova:
Onde sempre al ferir, sempre alla fretta
Stimol nuovo s' aggiunge e cagion nuova.
D' or in or più si mesce, e più ristretta
Si fa la pugna; e spada oprar non giova:
Dansi co' pomi; e infelloniti e crudi,
Cozzan cogli elmi insieme e cogli scudi.
   Tre volte il cavalier la donna stringe
Colle robuste braccia: ed altrettante
Da que' nodi tenaci ella si scinge,
Nodi di fier nemico, e non d' amante.
Tornano al ferro, e l' uno e l' altro il tinge
Con molte piaghe: e stanco ed anelante
E questi e quegli al fin pur si ritira;
E dopo lungo faticar, respira.
   L' un l' altro guarda, e del suo corpo esangue
Sul pome della spada appoggia il peso.
Già dell' ultima stella il raggio langue
Al primo albor ch' è in oriente acceso.
Vede Tancredi in maggior copia il sangue
Del suo nemico, e sè non tanto offeso.
Ne gode e superbisce. Oh nostra folle
Mente ch' ogni aura di fortuna estolle!
   Misero, di che godi? O quanto mesti
Fiano i trionfi ed infelice il vanto!
Gli occhi tuoi pagheran (se in vita resti)
Di quel sangue ogni stilla un mar di pianto.
Così tacendo e rimirando, questi
Sanguinosi guerrier posaro alquanto.

Ruppe il silenzio al fin Tancredi, e disse,.
Perchè il suo nome a lui l'altro scoprisse:
   Nostra sventura è ben, che quì s'impieghi
Tanto valor, dove silenzio il copra.
Ma poichè sorte rea vien che ci neghi
E lode e testimon degno dell'opra,
Pregoti (se fra l'arme han loco i preghi)
Che 'l tuo nome e 'l tuo stato a me tu scopra;
Acciocch'io sappia, o vinto o vincitore,
Chi la mia morte o la vittoria onore.
   Risponde la feroce: indarno chiedi
Quel ch'ho per uso di non far palese.
Ma chiunque io mi sia, tu innanzi vedi
Un di que' duo che la gran torre accese.
Arse di sdegno a quel parlar Tancredi
E, in mal punto il dicesti, indi riprese.
Il tuo dir e 'l tacer di par m'alletta,
Barbaro discortese, alla vendetta.
   Torna l'ira ne' cori, e gli trasporta,
Benchè debili, in guerra. O fera pugna!
U' l'arte in bando, u' già la forza è morta,
Ove, in vece d'entrambi, il furor pugna.
Oh che sanguigna e spaziosa porta
Fa l'una e l'altra spada, ovunque giugna,
Nell'arme e nelle carni! e se la vita
Non esce, sdegno tienla al petto unita.
   Qual l'alto Egèo, perchè Aquilone o Noto
Cessi, che tutto prima il volse e scosse,
Non s'accheta però; ma 'l suono e 'l moto
Ritien dell'onde anco agitate e grosse:
Tal, se ben manca in lor col sangue vôto
Quel vigor che le braccia ai colpi mosse,

Serbano ancor l' impeto primo; e vanno,
Da quel sospinti, a giunger danno a danno,
    Ma ecco omai l' ora fatale è giunta,
Che 'l viver di Clorinda al suo fin deve.
Spinge egli il ferro nel bel sen di punta,
Che vi s' immerge, e 'l sangue, avido, beve:
E la vesta che d' or vago trapunta
Le mammelle stringea tenera e leve,
L' empie d' un caldo fiume. Ella già sente
Morirsi; e 'l piè le manca egro e languente.
    Quel segue la vittoria; e la trafitta
Vergine, minacciando, incalza e preme.
Ella, mentre cadea, la voce afflitta
Movendo, disse le parole estreme,
Parole ch' a lei nuovo un spirto ditta,
Spirto di fe, di carità, di speme:
Virtù ch' or Dio le infonde; e se rubella
In vita fu, la vuole in morte ancella.
    Amico, hai vinto: io ti perdon. Perdona
Tu ancora, al corpo no, che nulla pave;
All' alma sì: deh per lei prega; e dona
Battesmo a me, ch' ogni mia colpa lave.
In queste voci languide risuona
Un non so che di flebile e soave,
Ch' al cor gli serpe ed ogni sdegno ammorza,
E gli occhi a lagrimar gl' invoglia e sforza.
    Poco quindi lontan, nel sen del monte
Scaturia, mormorando, un picciol rio.
Egli v' accorse, e l' elmo empiè nel fonte,
E tornò mesto al grande ufficio e pio.
Tremar sentì la man mentre la fronte
Non conosciuta ancor, sciolse e scoprio.

La vide e la conobbe: e restò senza
E voce e moto. Ahi vista! ahi conoscenza!
   Non morì già; chè sue virtuti accolse
Tutte in quel punto, e in guardia al cor le mise:
E premendo il suo affanno, a dar si volse
Vita coll' acqua a chi col ferro uccise.
Mentre egli il suon de' sacri detti sciolse,
Colei di gioja trasmutossi, e rise.
E in atto di morir lieto e vivace,
Dir parea: s' apre il cielo; io vado in pace.
   D' un bel pallore ha il bianco volto asperso,
Come a gigli sarian miste viole:
E gli occhi al cielo affisa, e in lei converso
Sembra per la pietate il cielo e 'l sole:
E la man nuda e fredda alzando verso
Il cavaliero, in vece di parole,
Gli dà pegno di pace. In questa forma
Passa la bella donna, e par che dorma.
              TASSO. *Ger. lib.* can. XII.

La Siccità e la pioggia.

   Spenta è del cielo ogni benigna lampa:
Signoreggiano in lui crudeli stelle,
Onde piove virtù ch' informa e stampa
L' aria d' impression maligne e felle.
Cresce l' ardor nocivo, e sempre avvampa
Più mortalmente in queste parti e in quelle.
A giorno reo notte più rea succede,
E dì peggior di lei dopo lei vede.

Non esce il sol giammai, ch' asperso e cinto
Di sanguigni vapori entro e dintorno,
Non mostri nella fronte assai distinto
Mesto presagio d' infelice giorno.
Non parte mai, ch' in rosse macchie tinto,
Non minacci egual noja al suo ritorno;
E non inaspri i già sofferti danni
Con certa tema di futuri affanni.

Mentre egli i raggi poi d' alto diffonde,
Quanto dintorno occhio mortal si gira,
Seccarsi i fiori e impallidir le fronde,
Assetate languir l' erbe rimira,
E fendersi la terra, e scemar l' onde;
Ogni cosa, del ciel soggetta all' ira:
E le sterili nubi in aria sparse,
In sembianza di fiamme altrui mostrarse.

Sembra il ciel nell' aspetto atra fornace;
Nè cosa appar che gli occhi almen ristaure,
Nelle spelunche sue Zefiro tace;
E 'n tutto è fermo il vaneggiar dell' aure:
Solo vi soffia (e par vampa di face)
Vento che move dall' arene maure;
Che gravoso e spiacente, e seno e gote
Co' densi fiati ad or ad or percuote.

Non ha poscia la notte ombre più liete,
Ma del caldo del sol pajono impresse:
E di travi di foco, e di comete
E d' altri fregi ardenti il velo intesse.
Nè pur, misera terra, alla tua sete
Son dall' avara luna almen concesse
Sue rugiadose stille: e l' erbe e i fiori
Bramano indarno i lor vitali umori.

Dalle notti inquiete il dolce sonno
Bandito fugge; e i languidi mortali,
Lusingando, ritrarlo a se non ponno.
Ma pur la sete è il pessimo de' mali;
Perocché di Giudea l' iniquo donno
Con veneni e con succhi aspri e mortali,
Più dell' inferna Stige e d' Acheronte,
Torbido fece e livido ogni fonte.

E 'l picciol Siloè che puro e mondo
Offria cortese ai Franchi il suo tesoro,
Or di tepide linfe appena il fondo
Arido copre, e dà scarso ristoro.
Nè il Po, qualor di maggio è più profondo,
Parria soverchio ai desiderj loro;
Nè 'l Gange o 'l Nilo allor che non s' appaga
De' sette alberghi, e 'l verde Egitto allaga.

S' alcun giammai tra frondeggianti rive
Puro vide stagnar liquido argento,
O giù precipitose ir acque vive
Per alpe o in piaggia erbosa a passo lento;
Quelle al vago desio forma e descrive,
E ministra materia al suo tormento:
Chè l' immagine lor gelida e molle
L' asciuga e scalda, e nel pensier ribolle.

Vedi le membra de' guerrier robuste,
Cui nè cammin per aspra terra preso,
Nè ferrea salma onde gir sempre onuste,
Nè domò ferro alla lor morte inteso;
Ch' or risolute e dal calore aduste
Giacciono, a se medesme inutil peso:
E vive nelle vene occulto foco
Che, pascendo, le strugge a poco a poco.

Langue il corsier già sì feroce; e l'erba,
Che fu suo caro cibo., a schifo prende.
Vacilla il piede infermo; e la superba
Cervice dianzi, or giù dimessa pende.
Memoria di sue palme or più non serba;
Nè più nobil di gloria amor l'accende.
Le vincitrici spoglie e i ricchi fregi
Par che, quasi vil soma, odii e dispregi.

Languisce il fido cane; ed ogni cura
Del caro albergo e del signor oblia.
Giace disteso, ed all' interna arsura,
Sempre anelando, aure novelle invia.
Ma s' altrui diede il respirar natura,
Perchè il caldo del cor temprato sia;
Or nullo o poco refrigerio n' have:
Sì quello onde si spira, è denso e grave.

Così languìa la terra; e 'n tale stato
Egri giaceansi i miseri mortali:
E 'l buon popol fedel, già disperato
Di vittoria, temea gli ultimi mali.
E risonar s' udìa per ogni lato
Universal lamento in voci tali:
Che più spera Goffredo? o che più bada?
Sin che tutto il suo campo a morte vada?

Deh con quai forze superar si crede
Gli alti ripari de' nemici nostri?
Onde macchine attende? ei sol non vede
L' ira del cielo a tanti segni mostri?
Della sua mente avversa a noi fan fede
Mille novi prodigj e mille mostri:
Ed arde a noi sì il sol, che minor uopo
Di refrigerio ha l' Indo e l' Etiòpo.

Dunque stima costui, che nulla importe
Che n' andiam noi, turba negletta, indegna,
Vili ed inutili alme, a dura morte,
Purch' ei lo scettro imperial mantegna?
Cotanto dunque fortunata sorte
Rassembra quella di colui che regna,
Che ritener si cerca avidamente
A danno ancor della soggetta gente?

Or mira d' uom ch' ha il titolo di pio,
Provvidenza pietosa, animo umano:
La salute de' suoi porre in oblio,
Per conservarsi onor dannoso e vano;
E veggendo a noi secchi i fonti e 'l rio,
Per se l' acque condur fin dal Giordano;
E fra pochi sedendo a mensa lieta,
Mescolar l' onde fresche al vin di Creta.

Così i Franchi dicean. Ma 'l duce greco
Che 'l lor vessillo è di seguir già stanco:
Perchè morir quì, (disse) e perchè meco
Far che la schiera mia ne venga manco?
Se nella sua follia Goffredo è cieco,
Siasi in suo danno e del suo popol Franco.
A noi, che nuoce? E senza tor licenza,
Notturna fece e tacita partenza.

Mosse l' esempio assai, come al dì chiaro
Fu noto; e d' imitarlo alcun risolve.
Quei che seguir Clotareo ed Ademaro
E gli altri duci ch' or son ossa e polve;
Poichè la fede ch' a color giuraro,
Ha disciolto colei che tutto solve,
Già trattano di fuga: e già qualcuno
Parte furtivamente all' aer bruno.

Ben se l' ode Goffredo, e ben sel vede:
E i più aspri rimedj avria ben pronti;
Ma gli schiva ed abborre: e colla fede
Che faria stare i fiumi e gir i monti,
Devotamente al Re del mondo chiede
Che gli apra omai della sua grazia i fonti.
Giunge le palme, e fiammeggianti in zelo
Gli occhi rivolge e le parole al cielo:

 Padre e signor, s' al popol tuo piovesti
Già le dolci rugiade entro al deserto;
S' a mortal mano già virtù porgesti
Romper le pietre, e trar del monte aperto
Un vivo fiume; or rinnovella in questi
Gli stessi esempj: e s' ineguale è il merto,
Adempi di tua grazia i lor difetti;
E giovi lor, che tuoi guerrier sian detti.

 Tarde non furon già queste preghiere
Che derivar da giusto umil desio;
Ma sen volaro al ciel pronte e leggiere,
Come pennuti augelli, innanzi a Dio.
Le accolse il Padre eterno: ed alle schiere
Fedeli sue rivolse il guardo pio;
E di sì gravi lor rischi e fatiche
Gli increbbe, e disse con parole amiche:

 Abbia sin quì sue dure e perigliose
Avversità sofferto il campo amato;
E contra lui con arme ed arti ascose
Siasi l' inferno, e siasi il mondo armato.
Or cominci novello ordin di cose,
E gli si volga prospero e beato:
Piova, e ritorni il suo guerriero invitto,
E venga a gloria sua l'oste d' Egitto.

Così dicendo, il capo mosse: e gli ampi
Cieli tremaro, e i lumi erranti e i fissi;
E tremò l' aria riverente, e i campi
Dell' oceano, e i monti e i ciechi abissi.
Fiammeggiare a sinistra accesi lampi
Fur' visti, e chiaro tuono insieme udissi.
Accompagnan le genti il lampo e 'l tuono
Con allegro di voci ed alto suono.

Ecco subite nubi, e non di terra
Già per virtù del sole in alto ascese;
Ma giù dal ciel che tutte apre e disserra
Le porte sue, veloci in giù discese.
Ecco notte improvvisa il giorno serra
Nell' ombre sue che d' ogni intorno ha stese.
Segue la pioggia impetuosa; e cresce
Il rio così, che fuor del letto n' esce.

Come talor nella stagione estiva,
Se dal ciel pioggia desiata scende,
Stuol d' anitre loquaci in secca riva
Con rauco mormorar, lieto, l' attende;
E spiega l' ali al freddo umor, nè schiva
Alcuna di bagnarsi in lui si rende;
E là 've in maggior copia ei si raccoglia,
Si tuffa, e spegne l' assetata voglia:

Così, gridando, la cadente piova
Che la destra del ciel pietosa versa,
Lieti salutan questi: a ciascun giova
La chioma averne, non che 'l manto, aspersa.
Chi bee ne' vetri e chi negli elmi a prova;
Chi tien la man nella fresca onda immersa;
Chi se ne spruzza il volto e chi le tempie;
Chi, scaltro, a miglior uso i vasi n' empie.

Nè pur l'umana gente or si rallegra,
E de' suoi danni a ristorar si viene:
Ma la terra che dianzi, afflitta ed egra,
Di fessure le membra avea ripiene,
La pioggia in se raccoglie, e si rintegra,
E la comparte alle più interne vene;
E largamente i nutritivi umori
Alle piante ministra, all'erbe, ai fiori.

Ed inferma somiglia, a cui vitale
Succo l'interne parti arse rinfresca;
E disgombrando la cagion del male
A cui le membra sue fur cibo ed esca,
La rinfranca e ristora, e rende quale
Fu nella sua stagion più verde e fresca:
Tal ch'obliando i suoi passati affanni,
Le ghirlande ripiglia e i lieti panni.

Cessa la pioggia al fine, e torna il sole;
Ma dolce spiega e temperato il raggio,
Pien di maschio valor, sì come suole
Tra 'l fin d'aprile e 'l cominciar di maggio.
Oh fidanza gentil, chi Dio ben cole,
L'aria sgombrar d'ogni mortale oltraggio,
Cangiare alle stagioni ordine e stato,
Vincer la rabbia delle stelle e 'l fato!

TASSO. Ger. lib. can. XIII.

Le Mine.

Quando superbo de la Spagna doma
Volse Annibal verso l'Italia i passi,

E da gli alpini gioghi assalto a Roma
Portò, spezzando inaccessibil sassi;
Non so a quanti sudar fece la chioma;
Nè se l' aceto a tanta opra bastassi:
Chè l' arte non avea, che rompe e spetra
Con poca polve ogni più dura pietra.

La negra polve dal carbon, che pesto
Al nitro ed allo zolfo esca si mesce,
Che a l' appressar del foco arde sì presto,
Che un lampo sembra che da' nuvoli esce;
Rompe ogn' inciampo al rarefarsi infesto
De l' aer chiuso, e in infinito cresce
Il suo vigor più che altri lo contrasta,
Nè scoglio o torre a quel furor non basta.

L' arte gran tempo ignota al mondo antiquo
L' ingegnosa Germania insegnò in prima,
Imitatrice del folgore obliquo,
Che i muri abbatte ed arde i monti in cima:
Arte che l' uom contra se stesso iniquo
Volse a tal uso ond' altri a forza opprima;
Per aprir nove e sconosciute porte
Alla pur troppo inevitabil morte.

Ma se da sagre e colubrine accese,
Se da bombarde, e militar tormenti
Uscì con danno e tante genti offese;
Abbia su i campi altri usi, altri argomenti:
Contro del masso altier che il campo prese,
Senza sangue versar, sue forze tenti:
Già scoperto si mostra ed eminente
Sopra il letto natio curvo e pendente.

Da quella parte ove una spalla stende,
O dove il basso fianco si ritira,

O dove men la mole alfin contende
(Chè alla più facil via sempre si mira)
Un lo scalpel, l'altro la mazza prende,
Questa percuote, e quel si volge e gira,
Risponde appena il sasso e immobil siede,
Che i futuri suoi danni ancor non vede.

    Intanto quasi tarlo, che l'ingordo
Tacito dente a vecchio legno appicca,
Tale il ferro incisor penetra, e sordo
Rode la pietra, e più e più si ficca.
Al ferire, al voltar con vario accordo
Va in bianca polve ogni scheggia che spicca.
Stucco possente a saldar croste o'bolle,
Mista con bionda pece allor che bolle.

    Ma la fistola è omai forbita e tersa,
Che un palmo e più, secreta entra nel sasso:
Qni la fulminea polvere si versa,
E un fil di ferro giù discenda al basso.
Lenta creta il circondi, e lei sommersa
Calchi e suggelli, e le contenda il passo:
Se non che lo spiraglio aperto un loco
Lasci, trattone l'ago, all'esca e al fuoco.

    Nuova polve qui infondi, e 'l capo spento
D'uno zolfin con arte gli avvicina,
Poi l'altro accendi, e da lontan l'evento
Ascendi a rimirar sulla collina:
Della cerulea fiamma il mover lento
Dietro 'l sentier con muto piè cammina,
Poi lampeggia in un punto, e scoppia e tuona,
Fa rimbombar la valle e 'l monte introna.

    A quello sforzo, a quell'interna lutta
Vinto il petron in più parti si lassa,

E del marmoreo sen mostra l' asciutta
Distorta vena, che rigando il passa.
La turba più d' appresso in giù condutta
A rimirar la fronte oppressa e bassa
Gli dice ingiuria; e si conforta e accende,
E a novella tenzon l' arme riprende.

   Con ripetute mine insta, e d' un solo
Diviso è in cento il rozzo scoglio informe;
Van le schegge minor per l' aria a volo,
L' altre giù per la costa affrettan l' orme:
Cangian le più pesanti appena suolo,
Ciascuna ancor nel primo letto dorme;
Al secco muro, e al murator tesoro,
Ornamento e sostegno del lavoro.

               LORENZI. *La Coltivaz. de' monti.*

Morte di Euridice.

   Tesseva un cerchio leggiadretto e lento,
Che legge prescrivesse al vago crine
Quand' ei fra l' onde d' or ferendo il vento
Ondeggia ed erra su le fresche brine,
La vaga ninfa; ed ecco in un momento
Le compagne gridar a lei vicine:
Fuggi, fiamma gentil degna d' Orfeo,
Fuggi da pastor fiero, ecco Aristeo.

   Ella fuggendo, l' odorata pioggia,
Con che 'l grembo s' avea tutto dipinto
Per bella poscia in disusata foggia
Col crin mostrarsi fra i bei fiori avvinto,

Lascia cader: ed ove il fiume alloggia
Sul lito un bosco giovanetto cinto
Di schietti allori, drizza pronta il piede,
E 'l cammin tien che più impedito vede;
   La sottil gonna in preda ai venti resta,
E col crine ondeggiando addietro torna:
Ella più ch' aura o più che strale presta,
Per l' odorata selva non soggiorna:
Tanto che il lito prende snella e mesta,
Fatta per la paura assai più adorna:
Fende Aristeo la vaga selva anch' egli,
E la man par averle entro i capegli.
   Tre volte innanzi la man destra spinse
Per pigliar delle chiome il largo invito;
Tre volte il vento solamente strinse,
E restò lasso senza fin schernito:
Nè stanchezza però tardollo o vinse,
Perchè tornasse il pensier suo fallito:
Anzi quanto mendico più si sente,
Tanto s' affretta non che il corso allente.
   Come cervo talor fra l' acque chiuso,
O da purpuree penne cinto intorno,
Ben mille vie ritenta al fuggir uso,
E quindi parte e quinci fa ritorno,
E 'l veltro gira dietro a se deluso,
E lunga pezza al cacciator fa scorno;
Così al fuggir la bella ninfa intenta
Ogn' aspra via per sua salute tenta.
   Cinque giri finiro, ed altrettanti
Ordir di nuovo ritessendo il corso,
Anelando amendue, ma molto avanti
Ella pur fugge, e chiede al rio soccorso,

Quando all' uno il destin d' eterni pianti
Trovò cagione, all' altra diè di morso
Nel fior de' primi suoi giovanil' anni,
Mentre fuggir d' amor credea gli affanni.

Di nuova spoglia e d' alto petto armato,
Quasi spiando l' alta ripa, al sole
Fischiava un angue con tre lingue, e il prato
Spargeva di veneno e le viole.
Questi, nol vedend' ella (ahi duro fato!)
Al bianco piè, che ancor mi pesa e duole,
Avventandosi fè sì dura offesa,
Che diede fine all' infelice impresa.

Che punta nel tallon, come fior colto
Langue repente e perde ogni vigore,
Così la bella Euridice nel volto
Subito tinta di mortal colore
Cadde sull' erba, e le fu 'l viver tolto
E spento il gel dell' indurato core:
Le valli empir di pianto, e gli alti monti
Le ninfe vaghe e i vaghi amici fonti.

MOLZA. *La Ninfa Tiberina.*

Morte di Lauso figliuol di Mezenzio.

Agitando Mezenzio una grand' asta
In mezzo al campo torbido si porta:
Quale il grande Orïone al mar sovrasta
Coll' alte spalle, e l' onda appar più corta:
O allora che dal monte annosa e vasta
Quercia nel ritornare al pian riporta;

20.

Il suol passeggia, e donde 'l ciel si vela
Tralle nuvole il capo asconde e cela.

   Enea contra di quello ir si prepara,
Come nello squadron l' ebbe scoperto:
Ma quel non s' atterrisce, e come chiara
Ha l' arte della guerra e il modo certo,
Il nemico magnanimo con rara
Fermezza attende in mezzo al campo aperto.
E come salda rupe o torre suole,
Si regge in piè con la sua stessa mole.

   E dappoichè cogli occhi egli ebbe preso
Spazio, quanto di lancia a un tratto è giusto:
Mi sia Dio la mia destra, e quel che teso
Dardo ora impugno e 'l mio valor robusto:
L' onorato trofeo dell' armi appeso,
E delle spoglie insanguinate onusto
Del trojano ladrone, a suo dispetto,
Lauso, vittorioso a te prometto.

   Ciò disse e con la man l' asta stridente
Lanciò, ma dallo scudo ella fu scossa;
Ed Antor, che da lungi era presente,
Se ne venne a ferir d' aspra percossa:
E tra le coste e 'l fianco andò il pungente
Ferro a piantarsi, e penetrò nell' ossa
D' Antor, che dalla Grecia era venuto
Per compagno d' Alcide e per ajuto.

   Egli era nato in Argo, e a Evandro appresso
Nell' Ausonia città s' era fermato,
Lasciato Alcide; e di tornar con esso
Ei più non s' era al suo partir curato:
Ora il meschin miseramente oppresso
Dalla ferita altrui giace prostrato:

E della vita in sull'estremo margo
Con dolce ricordar sospira ad Argo.

   Il pio Trojano allora un' asta avventa
Che di tre bronzi il rinterzato scudo
E i doppi lini, e a trapassar non lenta
Fu di tre saldi tori il tergo crudo:
Nè quivi ella fermossi, e non contenta
Passò la coscia ed arrivò sul nudo:
Ma per tante dimore il colpo stanco
Non si portò più avanti, e venne manco.

   Veduto il sangue Enea del fier Toscano,
Lieto dal fianco suo la spada trasse;
E corse a lui con animosa mano
Che parea impaurito e che tremasse.
Del caro genitor visto lo strano
Caso, far non potè che non volasse
Lauso gentile; e ad ajutarlo volto
Di lagrime pietose asperse il volto.

   Giovine illustre e di memoria degno,
Non tacerò (come il tuo merto chiede)
L' acerba morte e 'l tuo destino indegno,
E i fatti egregi e l' onorata fede:
Per quanto vale il mio divoto ingegno,
Di gloriosa fama avrai mercede;
Se sì grand' opra e l' alta tua pietade
Troverà fe nella futura etade.

   Quello impacciato, inutile, impedito
Il passo ritirando omai cedea:
E l' inimico dardo ond' è ferito,
Nello scudo in andar fisso traea:
Si lanciò in mezzo il giovinetto ardito,
Ed alla man d' Enea che già sorgea

In alto per ferir, di sotto venne,
E collo scudo il colpo suo sostenne.

Fer' gran plauso i compagni e gran bisbiglio
E seguir con la lode opra sì bella:
E per tardare Enea preser consiglio
Di lanciar contro lui dardi e quadrella,
Finchè difeso il genitor del figlio
Dal largo scudo, in salvo si rappella;
E lo tengon da lunge: i colpi scampa
Enea chiuso nell' armi, e d' ira avvampa.

Tal se cade dal ciel con gran fragore
Grandine dura in mezzo a tuoni e lampi;
Fugge ogni viandante, ogni aratore,
Quel di mezzo alla via, questi dai campi:
E va cercando dal piovoso umore
Od arco o tetto ove al coverto scampi;
Per fare all' opre usate indi ritorno
Passato il nembo e rischiarito il giorno.

Così Enea che assalito esser si mira
Dapertutto coi dardi, in se si serra:
E finchè sfoghi, ascosto si ritira,
Tutta la nube e il turbine di guerra;
E dentro di se stesso ardendo d' ira,
Lauso che in suo pensier vaneggia ed erra,
Sgrida e riprende; e con turbata faccia
Da lunge lo rampogna e lo minaccia.

A che, garzone incauto, invan s' affanna
E 'l tuo folle furor corre a morire?
La tua pietade e 'l troppo amor t' inganna,
E più di quel che può tenta il tuo ardire:
Non ode quel; chè già sua sorte il danna,
Ed intanto ad Enea s' accrescon l' ire:

E colei che a i mortali i giorni fila
Già già gli raccogliea le ultime fila.

    La spada con gran forza Enea sospinse
Nel mezzo al petto e vi restò celata:
Passò lo scudo ed oltre lui si spinse,
Lieve armatura in sì grand'uopo usata:
S'empì di sangue il sen; quella si tinse
Tonica che sua madre avea filata
D'oro sottile: e fuor con gran lamento
Fuggì la vita e si risolse in vento.

    Ma come il pio Trojano il gentil volto
In sì bei modi impallidirsi scôrse:
Come un bel fior che d'improvviso è colto
E dolce langue, ad ajutarlo accorse:
E diede un gran sospiro, e a lui rivolto
Per sostenerlo in piè la man gli porse:
E il cor a così mesto aspetto e vago
Di paterna pietà strinse l'imago.

    Miserando fanciullo! e che per questi
Fatti sì generosi e mente pia
Ti potrei dar, di così chiari gesti
E d'un'indole tal che degno sia?
Abbi quell'armi in cui speranza avesti,
E che a lode immortal ti fer' la via:
Abbi coi tuoi l'onor di sepoltura,
Se le ceneri spente han di ciò cura.

             BEVERINI. *Trad. di Virgilio.*

Concilio burlesco dei numi.

La fama intanto al ciel battendo l' ali,
Con gli avvisi d' Italia arrivò in corte,
Ed al re Giove fe' sapere i mali,
Che d' una Secchia era per trar la sorte,
Giove che molto amico era a i mortali,
E d' ogni danno lor si dolea forte,
Fe' sonar le campane del suo impero,
E a consiglio chiamar gli dei d' Omero,
  Da le stalle del ciel subito fuori
I cocchj uscir' sovra rotanti stelle,
E i muli da lettiga, e i corridori
Con ricche briglie e ricamate selle,
Più di cento livree di servidori
Si videro apparir pompose e belle,
Che con leggiadra mostra e con decoro
Seguivano i padroni a concistoro.
  Ma innanzi a tutti il principe di Delo
Sopra d' una carrozza da campagna
Venia correndo, e calpestando il cielo
Con sei ginnetti a scorza di castagna:
Rosso il manto, e 'l cappel di terziopelo,
E al collo avea il toson del re di Spagna;
E ventiquattro vaghe donzellette,
Correndo, gli tenean dietro in scarpette.
  Pallade sdegnosetta e fiera in volto
Venia su una chinea di Bisignano;
Succinta a mezza gamba, in un raccolto
Abito, mezzo Greco e mezzo Ispano;

Parte il crine annodato e parte sciolto
Portava, e nella treccia a destra mano
Un mazzo d' aironi alla bizzarra,
E legata a l' arcion la scimitarra.

Con due cocchj venia la Dea d' amore;
Nel primo er' ella, e le tre Grazie e 'l figlio,
Tutto porpora ed or, dentro e di fuore,
E i paggi di color bianco e vermiglio.
Nel secondo sedean con grand' onore
Cortigiani da cappa e da consiglio,
Il braccier de la dea, l' ajo del putto,
Ed il cuoco maggior mastro Presciutto.

Saturno, ch' era vecchio e accatarrato,
E s' avea messo dianzi un serviziale,
Venia in una lettiga riserrato,
Che sotto la seggetta avea il pitale.
Marte sopra un cavallo era montato,
Che facea salti fuor del naturale;
Le calze a tagli, e 'l corsaletto indosso,
E nel cappello avea un pennacchio rosso.

Ma la Dea de le biade, e 'l Dio del vino
Venner congiunti e ragionando insieme.
Nettun si fe' portar da quel delfino,
Che fra l' onde del ciel nuotar non teme:
Nudo, algoso e fangoso era il meschino,
Di che la madre ne sospira e geme,
Ed accusa il fratel di poco amore,
Che lo tratti così da pescatore.

Non comparve la vergine Diana,
Che levata per tempo, era ita al bosco
A lavare il bucato a una fontana
Nelle maremme del paese Tosco;

E non tornò; chè già la tramontana
Girava il carro suo per l' aer fosco.
Venne sua madre a far la scusa in fretta,
Lavorando su i ferri una calzetta.

Non intervenne men Giunon Lucina,
Che 'l capo allora si volea lavare.
Menippo sovrastante a la cucina
Di Giove, andò le Parche ad iscusare,
Che facevano il pan quella mattina,
Indi avean molta stoppa da filare.
Sileno cantinier restò di fuori
Per innacquare il vin de' servidori.

De la reggia del ciel s' apron le porte,
Stridon le spranghe e i chiavistelli d' oro,
Passan gli dei da la superba corte
Ne la sala real del concistoro:
Quivi sottratte a i fulmini di morte,
Splendon le ricche mura e i fregi loro;
Vi perde il vanto suo qual più lucente
E più pregiata gemma ha l' oriente.

Posti a seder ne' bei stellati palchi
I sommi eroi de' fortunati regni,
Ecco i tamburi a un tempo, e gli oricalchi
De l' apparir del re diedero segni.
Cento fra paggi, e camerieri e scalchi
Venieno, e poscia i proceri più degni,
E dopo questi Alcide con la mazza
Capitan de la guardia de la piazza.

E come quel ch' ancor de la pazzia
Non era ben guarito intèramente;
Per allargare innanzi al re la via,
Menava quella mazza fra la gente,

Ch' un imbriaco Svizzero paria
Di quei, che con villan modo insolente
Sogliono innanzi 'l Papa, il dì di festa,
Rompere a chi le braccia, a chi la testa.

Col cappello di Giove, e con gli occhiali
Seguiva indi Mercurio, e in man tenea
Una borsaccia, dove de' mortali
Le suppliche e l' inchieste ei raccogliea;
Dispensavale poscia a due pitali
Che ne' suoi gabinetti il padre avea,
Dove con molta attenzion e cura
Tenea due volte il giorno segnatura.

Venne al fin Giove in abito reale,
Con quelle stelle ch' han trovate in testa,
E su le spalle un manto imperiale,
Che soleva portar quand' era festa;
Avea le scarpe d' oro e 'l pastorale,
E sotto il manto una pomposa vesta
Donatagli dal popol Sericano;
E Ganimede avea la coda in mano.

A l' apparir del re, surse repente
Da i seggi eterni l' immortal senato,
E chinò il capo umile e riverente,
Finchè nel trono eccelso ei fu locato.
Gli sedea la Fortuna in eminente
Loco a sinistra, ed a la destra il Fato;
La Morte e 'l Tempo gli facean predella,
E mostravan d' aver la cacarella.

Girò lo sguardo intorno, onde sereno
Si fe' l' aer e 'l ciel, tacquero i venti,
E la terra si scosse, e l' ampio seno
De l' oceàno a suoi divini accenti.

Ei cominciò dal dì che fu ripieno
Di topi il mondo e di ranocchi spenti,
E narrò le battaglie ad una ad una
Che ne' campi seguir poi della luna.

TASSONI. *La Secchia rapita.* can. II.

Le Armi di Achille.

Lasciò [1] la Dea, ciò detto, e impaziente
Ai mantici tornò, li volse al fuoco,
E comandò suo moto a ciascheduno.
Eran venti che dentro alla fornace
Per venti bocche ne venìan soffiando,
E al fiato, che mettean dal cavo seno,
Or gagliardo or leggier, come il bisogno
Chiedea dell' opra e di Vulcano il senno,
Sibilando prendea spirto la fiamma.
In un commisti allor gittò nel fuoco
Argento ed auro prezioso e stagno
Ed indomito rame. Indi sul toppo
Locò la dura risonante incude,
Di pesante martello armò la dritta,
Di tenaglie la manca; e primamente
Un saldo ei fece smisurato scudo
Di dedaleo rilievo, e d' auro intorno
Tre bei fulgidi cerchi vi condusse,
Poi d' argento al di fuor mise la soga.
Cinque dell' ampio scudo eran le zone,
E gl' intervalli, con divin sapere,
D' ammiranda scultura avea ripieni.

[1] Vulcano.

Ivi ei fece la terra, il mare, il cielo
E il sole infaticabile, e la tonda
Luna, e gli astri diversi onde sfavilla
Incoronata la celeste volta,
E le Pleiadi, e l' Iadi, e la stella
D' Orïon tempestosa, e la grand' Orsa
Che pur Plaùstro si noma. Intorno al polo
Ella si gira ed Orïon riguarda,
Dai lavacri del mar sola divisa.

Ivi inoltre scolpite avea due belle
Popolose città. Vedi nell' una
Conviti e nozze. Delle tende al chiaro
Per le contrade ne venian condotte
Dal talamo le spose, e Imene, Imene
Con molti s' intonava inni festivi.
Menan carole i giovinetti in giro
Dai flauti accompagnate e dalle cetre,
Mentre le donne sulla soglia ritte
Stan la pompa a guardar maravigliose.

D' altra parte nel foro una gran turba
Convenir si vedea. Quivi contesa
Era insorta fra due che d' un ucciso
Piativano la multa. Un la mercede
Già pagata asserìa; l' altro negava.
Finir davanti a un arbitro la lite
Chiedeano entrambi, e i testimon produrre.
In due parti diviso era il favore
Del popolo fremente, e i banditori
Sedavano il tumulto. In sacro circo
Sedeano i padri su polite pietre,
E dalla mano degli araldi preso
Il suo scettro ciascun, con questo in pugno

Sorgeano, e l' uno dopo l' altro in piedi
Lor sentenza dicean. Doppio talento
D' auro è nel mezzo da largirsi a quello
Che più diritta sua ragion dimostri.

  Era l' altra città dalle fulgenti
Armi ristretta di due campi in due
Parer divisi, o di spianar del tutto
L' opulento castello, o che di quante
Son là dentro ricchezze in due partito
Sia l' ammasso. I rinchiusi alla chiamata
Non obbedian per anco, e ad un agguato
Armavansi di cheto. In su le mura
Le care spose, i fanciulletti e i vegli
Fan custodia e corona; e quelli intanto
Taciturni s' avanzano. Minerva
Li precorre e Gradivo entrambi d' oro,
E la veste han pur d' oro, ed alte e belle
Le divine stature, e d' ogni parte
Visibili: più bassa iva la torma.
Come in loco all' insidie atto fur giunti
Presso un fiume, ove tutti a dissettarse
Venian gli armenti, s' appiattar que' prodi
Chiusi nel ferro, collocati in pria
Due di loro in disparte, che de' buoi
Spiassero la giunta e delle gregge.
Ed eccole arrivar con due pastori
Che, nulla insidia suspicando, al suono
Delle zampogne si prendean diletto.
L' insidiator drappello alla sprovvista
Gli assalia, ne predava in un momento
De' buoi le mandre e delle bianche agnelle,
Ed uccidea crudele ancò i pastori.

Scossa all' alto rumor l' assediatrice
Oste a consiglio tuttavia seduta,
De' veloci corsier subitamente
Monta le groppe, i predatori insiegue
E li raggiunge. Allor si ferma, e fiera
Sul fiume appicca la battaglia. Entrambe
Si ferìan coll' acute aste le schiere.
Scorrea nel mezzo la Discordia, e seco
Era il Tumulto e la terribil Parca
Che un vivo già ferito e un altro illeso
Artiglia colla dritta, e un morto afferra
Ne' piè coll' altra, e per la strage il tira.
Manto di sangue tutto sozzo e rotto
Le ricopre le spalle: i combattenti
Parean vivi, e traean de' loro uccisi
I cadaveri in salvo alternamente.

Vi sculse poscia un morbido maggese
Spazïoso, ubertoso e che tre volte
Del vomero la piaga avea sentito.
Molti aratori lo venìan solcando,
E sotto il giogo in questa parte e in quella
Stimolando i giovenchi. E come al capo
Giungean del solco, un uom che giva in volta
Lor ponea nelle man spumante un nappo
Di dolcissimo bacco; e quei tornando
Ristorati al lavor, l' almo terreno
Fendean, bramosi di finirlo tutto.
Dietro nereggia la sconvolta gleba:
Vero arato sembrava, e nondimeno
Tutta era d' or. Mirabile fattura!

Altrove un campo effigïato avea
D' alta messe già biondo. Ivi le destre

D' acuta falce armati i segatori
Mietean le spighe; e le recise manne
Altre in terra cadean tra solco e solco,
Altre con vinchi le venian stringendo
Tre legator da tergo, a cui festosi
Tra le braccia recandole i fanciulli
Senza posa porgean le tronche ariste.
In mezzo a tutti colla verga in pugno
Sovra un solco sedea del campo il sire,
Tacito e lieto della molta messe.
Sotto una quercia i suoi sergenti intanto
Imbandiscon la mensa, e i lombi curano
D' un immolato bue, mentre le donne
Intente a mescolar bianche farine,
Van preparando ai mietitor la cena.
    Seguìa quindi un vigneto oppresso e curvo
Sotto il carco dell' uva. Il tralcio è d' oro,
Nero il racemo, ed un filar prolisso
D' argentei pali sostenea le viti.
Lo circondava una cerulea fossa,
E di stagno una siepe. Un sentier solo
Al vendemmiante ne schiudea l' ingresso.
Allegri giovinetti e verginelle
Portano ne' canestri il dolce frutto,
E fra loro un garzon tocca la cetra
Soavemente. La percossa corda
Con sottil voce rispondeagli, e quelli
Con tripudio di piedi sufolando
E canticchiando ne seguìano il suono.
    Di giovenche una mandra anco vi pose
Con erette cervici. Erano sculte
In oro e stagno, e dal bovile usciêno

Mugolando e correndo alla pastura
Lungo le rive d' un sonante fiume
Che tra giunchi volgea l' onda veloce.
Quattro pastori, tutti d' oro, in fila
Gìan coll' armento, e li seguian fedeli
Nove bianchi mastini. Ed ecco uscire
Due tremendi lioni, ed avventarsi
Tra le prime giovenche ad un gran tauro,
Che abbrancato, ferito e strascinato
Lamentosi mandava alti muggiti.
Per riaverlo i cani ed i pastori
Pronti accorrean : ma le superbe fiere
Del tauro avendo già squarciato il fianco,
Ne mettean dentro alle bramose canne
Le palpitanti viscere ed il sangue.
Gl' inseguivano indarno i mandriani
Aizzando i mastini. Essi co' morsi
Attaccar non osando i due feroci,
Latravan loro addosso e si schermivano.
    Fecevi ancora il mastro ignipotente
In amena convalle una pastura
Tutta di greggi biancheggiante, e sparsa
Di capanne, di chiusi e pecorili.
Poi vi sculse una danza a quella eguale
Che ad Arianna dalle belle trecce
Nell' ampia Creta Dedalo compose.
V' erano garzoncelli e verginette
Di bellissimo corpo, che saltando
Teneansi al carpo delle palme avvinti.
Queste un velo sottil, quelli un farsetto
Ben tessuto vestia, soavemente
Lustro qual bacca di palladia fronda.

Portano queste al crin belle ghirlande,
Quelli aurato trafiere al fianco appeso
Da cintola d' argento. Ed or leggieri
Danzano in tondo con maestri passi,
Come rapida ruota che seduto
Al mobil torno il vasellier rivolve,
Or si spiegano in file. Numerosa
Stava la turba a riguardar le belle
Carole, e in cor godea. Finìan la danza
Tre saltator che in varj caracolli
Rotavansi, intonando una canzona.

 Il gran fiume Ocean l' orlo chiudea
Dell' ammirando scudo. A fin condotto
Questo lavoro, una lorica ei fece
Che della fiamma lo splendor vincea;
Poi di raro artificio un saldo e vago
Elmo alle tempie ben acconcio, e sopra
D' auro tessuta v' innestò la cresta.

 Fur ultima fatica i bei schinieri
Di pieghevole stagno. E terminate
L' armi tutte il gran fabbro alto levolle,
E al piè di Teti le depose. Ed ella
Co' bei doni del Dio, come sparviero
Ratta calossi dal nevoso Olimpo.
     MONTI. *Trad. di Omero*

———

Le Api in guerra.

 Quand' escon l' api dei rinchiusi alberghi,
E tu le vedi poi per l' aere puro

Natando in schiera andar verso le stelle,
Come una nube che si sparga al vento;
Contempla ben, perch' elle cercan sempre
Posarsi al fresco sopra una verde elce,
Ovver presso a un muscoso e chiaro fonte.
E però spargi quivi il buon sapore
Della trita melissa, o l' erba vile
Della cerinta; e con un ferro in mano
Percuoti il cavo rame, o forte suona
Il cembal risonante di Cibelle.
Queste subito allor vedrai posarsi
Nei luoghi medicati, e poi riporsi
Secondo il lor costume entr' alle celle.
Ma se talor quelle lucenti squadre
Surgono instrutte nei sereni campi,
Quando rapiti da discordia ed ira
Sono i lor re, poichè non cape il regno
Due regi, fin nei pargoletti insetti;
A te bisogna gli animi del volgo,
I trepidanti petti, e i moti loro
Vedere innanzi al maneggiar dell' armi;
Il che dinota un marzial clangore,
Che, come fosse il suon della trombetta,
Sveglia ed invita gli uomini a battaglia.
Allor concorron trepide, e ciascuna
Si mostra nelle belle armi lucenti;
E col dente mordace gli aghi acuti
Arrotando bruniscon, come a cote,
Movendo a tempo i piè, le braccia e 'l ferro
Al suon cruento dell' orribil tromba;
E stanno dense intorno al lor signore
Nel padiglione, e con voce alta e roca

Chiaman la gente in lor linguaggio all' arme.
Poi, quando è verde tutta la campagna,
Esconsi fuor delle munite mura
E nell' aperto campo si combatte.
Sentesi prima il crepitar dell' arme
Misto col suon delle stridenti penne,
E tutta rimbombar l' ombrosa valle.
Così mischiate insieme fanno un groppo,
E vanno orribilmente alla battaglia,
Per la salute della patria loro,
E per la propria vita del signore.
Spettacol miserabile e funesto!
Perciò che ad or ad or dall' aer piove
Sopra la terra tanta gente morta,
Quante dai gravi rami d' una quercia
Scossa dai venti vanno a terra ghiande,
O come spessa grandine e tempesta.
I re nel mezzo alle pugnaci schiere,
Vestiti del color del celest' arco,
Hanno nei picciol petti animo immenso,
Nati all' imperio, ed alla gloria avvezzi,
Non voglion ceder, nè voltar le spalle,
Se non quando la viva forza, o questo
O quello astringe a ricoprir la terra.
Questi animi turbati, e queste gravi
Sedizioni, e tanto orribil moto
Potrai tosto quetar, se getti un pugno
Di polve in aria verso quelle schiere.
Ancora, avanti che si venga all' armi,
Se 'l popol tutto in due parti diviso
Vedrai dal tronco d' una antica pianta
Pender, come due pomi, o due mammelle

Che si spicchin dal petto d' una madre;
Non indugiar, piglia un frondoso ramo,
E prestamente sopra quelle spargi
Minutissima pioggia, ove si trovi
Il mele infuso, o 'l dolce umor dell' uva,
Che fatto questo, subito vedrai
Non sol quetarsi il cieco ardor dell' ira,
Ma insieme unirsi allegre ambe le parti,
E l' una abbracciar l' altra, e con le labbra
Leccarsi l' ale, i piè, le braccia e 'l petto
Ove il dolce sapor sentono sparso,
E tutte inebbriarsi di dolcezza;
Come quando nei Svizzeri si muove
Sedizione, e che si grida all' arme;
Se qualche uom grave allor si leva in piede,
E comincia a parlar con dolce lingua,
Mitiga i petti barbari e feroci;
E intanto fa portare ondanti vasi
Pieni di dolci ed odorati vini;
Allora ognun le labbra e 'l mento immerge
Nelle spumanti tazze, ognun con riso
S' abbraccia e bacia, e fanno e pace e tregua
Inebriati dall' umor dell' uva,
Che fa obliar tutti i passati oltraggi.

RUCELLAI. Le Api.

L' *Alveare o le api in pace,*

Sole conoscon veramente l' api
L' amor pietoso delle patrie loro,

Queste pensose e timide del verno,
Divinatrici degli orribil tempi,
Si dan tutta la state alle fatiche,
Riponendo in comune i loro acquisti,
Per goder quelli, e sostentarsi il verno.
Alcune intorno al procacciar del vitto
Per la convalle florida ed erbosa
Discorron vaghe, compartendo il tempo,
Altre nelle cortecce orride e cave
Il lacrimoso umor del bel Narciso,
E la viscosa colla dalle scorze
Nel picciol sen raccolgono, e co' piedi
Porgon le prime fondamenta ai favi,
A cui sospendon la tenace cera,
E tirano le mura e gli alti tetti.
Altre il minuto seme allora accolto
In su 'l bel verde e 'n su i ridenti fiori,
Covan col caldo temperato e lento:
Alcune, intorno al novo parto intente,
I nati figliuolin, ch' appena han moto,
Con la lingua figurano, e col seno
Gli allattan di soave ambrosia e chiara.
Parte quei già, che son cresciuti alquanto,
Unica speme degli aviti regni,
Menano fuori; e con l' esempio loro
Gli mostran l' acque dolci e i paschi aprici,
E qual fuggire e qual seguir conviensi.
Altre dapoi presaghe della fame,
Che l' orrido stridor del verno arreca,
Stipano il puro mel dentr' alle celle.
Sonovi alcune a cui la sorte ha data
La guardia delle porte, e quivi stansi

Scambievolmente a speculare il tempo
Nel vano immenso dell' aereo globo;
Ove si fanno e si disfanno ogn' ora
Sereno e nube, e bel tranquillo e vento;
Ovvero a tor le salme, e i gravi fasci
Alleggerir di chi dal campo torna
Curvate e chine sotto i sconci pesi.
E spesso fan di se medesme schiera,
E dai presepi lor scacciano i fuci,
Armento ignavo, e che non vuol fatica.
Così divien quell' opera fervente,
E l' odorato mel per tutto esala
Soavissimo odor di fior di timo.
Come nella fucina i gran Ciclopi,
Che fanno le saette orrende a Giove,
Alcuni con la forcipe a due mani
Tengono ferma la candente massa,
E la rivolgon su la salda incude;
Altri levando in alto ambe le braccia,
Battonla a tempo con orribil colpi;
Altri or alzando le bovine pelli;
Ed or premendo, mandan fuori il fiato
Grave, che stride nei carboni accesi;
Parte quando più bolle, e più sfavilla
Figon la massa nelle gelid' onde,
Indurando 'l rigor del ferro acuto;
Onde rimbomba il cavernoso monte,
E la Sicilia e la Calabria trema:
Non altramente fan le picciol' api,
Se licito è sì minimi animali
Assomigliare a massimi giganti.
Ognuna d' esse al suo lavoro è intenta,

Le più vecchie e più sagge hanno la cura
Di munir l' alte torri e far ripari,
E porre i tetti all' ingegnose case,
Intonacando le rimose mura
Col sugo dell' origano e dell' appio,
Il cui sapor, come un mortal veneno,
Fugge lo scarabeo, fugge la talpa,
La talpa cieca che la Magia adora;
Fugge il moscone e la formica alata,
La verde canterella, e la farfalla
Più d' ogn' altro animal nimico all' ape,
E mille mostri rettili ed alati
Che, quando il caldo l' umido corrompe,
La natura soverchia al mondo crea.
Tornan poi le minori a i loro alberghi
La notte stanche, ed han le gambe e 'l seno
Piene di timo e d' odorata menta.
Pasconsi di ginestre e rosmarini,
Di tremolanti canne o lenti salci,
Di nepitella, e del bel fiore azzurro
Che lega in mezzo alle sue frondi il croco,
Della vittoriosa e forte palma,
Del terebinto e dell' umil lentisco,
Che Scio fa degno sol delle sue gomme;
Del languido giacinto, che nel grembo
Porta dipinto il suo dolore amaro;
E di molti altri arbusti, erbette e fiori,
Da cui rugiada liquida, che perle
Pare a veder sopra zaffiri ed oro,
Sugando questo animaletto ameno
Colora, odora o dà sapore al mele.
Tutte hanno un sol travaglio, un sol riposo.

Com' escon la mattina delle porte,
Non restan mai persin che 'l ciel' imbruni;
Ma poi, com' egli accende le sue stelle,
Tornansi a casa, e dei sudati cibi
Nutrono i loro affaticati corpi.
Sentesi il suono e 'l mormorar sovente
Nel vestibulo intorno alle lor porte;
Ma poi, che nelle camere son chiuse,
Prendono ivi a bell' agio alto riposo,
Con gran silenzio fino al nuovo giorno,
E 'l sonno irriga le lor lasse membra
Di profonda e dolcissima quiete.
Nè dalla corte mai si fan lontane,
Se veggon l' aer tenebroso e scuro,
O se 'l sol nelle nubi il piovoso arco
Dipinge, e mormorar senton le frondi;
Messaggi certi di tempesta e pioggia;
Ma caute se ne vanno intorno a casa
A pigliar l' acqua ai più propinqui fonti,
Con certi sassolini accolti in seno
Librandosi per l' aria, e con grand' arte
Secan le vane nubi e 'l mobil vento,
Come se fosser navi in mezzo l' onde,
Che 'l peso ferme tien della zavorra.

RUCELLAI. *Le Api.*

DEFINIZIONI.

Il Sublime nello scrivere.

Sublime è quel ch' altri in leggendo desta
Ad ammirarlo, e di cui fuor traluce
Beltà maggior di quel che 'l dir non presta.

Ond' è che l' alma a venerarlo induce,
E l' empie di se stesso, e la circonda
D' una maravigliosa amabil luce.

E quanto il guardo in lui più si profonda,
Più e più diletta: e per vigore occulto
La mente del lettor fassi feconda.

So ben che puote anche in sermone inculto
Chiudersi un gran pensiero; e si appresenta
Talvolta in creta anche un gran nume isculto.

E v' ha talun, ch' ebbe la cura intenta
Solo al concetto, e l' ornamento esterno
Sprezzò la mano e neghittosa e lenta:

Quindi sovente un tal costume io scerno
In quei che ratto immaginando al cielo
Vide far di tre giri un giro eterno[1].

Ma tu d' un doppio e generoso zelo
Vorrei che ardessi; e che le grandi idee
Ricco avesser per te pomposo velo.

Chi non ha l' auro, o 'l perde, è ver che bee

---

[1] Dante.

Il Chianti in vetro; ma più lieto in vista
Spargeria di rubin gemme eritree.

  È ver che in massa ancor confusa e mista
Ha suo prezzo l'argento, e pur novella
Un artefice man grazia gli acquista.

  È ver che grezzo è l'adamante, e in quella
Ruvida spoglia è prezioso, e pure
Alla fervida ruota ei più s'abbella.

  Così le basse forme, e sì l'oscure
Fuggir tu dei, e all'arte, all'ornamento
Volger l'ingegno e le sagaci cure.

  E far che splenda il non volgar talento
Ne' gran sensi non sol, ma in quello ancora
Onde si spiega un nobile argomento.

  Che se l'un tu riserbi, e l'altro fuora
Negletto lasci, non avrai per certo
La doppia palma, onde lo stil s'onora.

  Quindi farassi alla tua mente aperto
Qual sia 'l contrario del sublime; in cui
Alcun non è de' detti pregi inserto.

  Talvolta udrai dentro gli scritti altrui
Alto rimbombo e strepitoso il suono;
Ma ve' che inganna, e non è fondo in lui.

  Perchè l'alta del grande origin sono
I gran pensieri, e di febèa faretra
Fulmine i sensi, e le parole il tuono.

                  MENZINI. *Arte poetica.*

L' Entusiasmo poetico.

Alpestre e duro tronco, orrida pietra
Or non udisti giù dal giogo alpino
Trarsi in virtù dell' apollinea cetra?
   Ed indi farsi al gran cantor vicino
La frondosa famiglia, aprirgli avante
Vaga selvosa scena il cerro e il pino?
   Tal di favoleggiar la Grecia amante
Finse le altere maraviglie nuove
Nelle seguaci ed animate piante.
   L' auréa cetra, che i tronchi e i sassi muove,
E' il naturale entusiasmo, ei solo
S' ha da natura, e non s' imprende altrove.
   In ogni altro per arte alzar dal suolo
Potrai; ma non d' altronde aver le penne
Per questo, di ch' io parlo, etereo volo.
   E basterà che sol di lui ti accenne,
Ch' egli è quei che rapisce, e quei che inspira
L' alma gentil che a poetar sen venne.
   E poscia in sua virtute anco a se tira
Gli animi altrui; e i moti in loro alterna
Per varie tempre dell' eburnea lira.
   E sì soavemente egli s' interna
Nell' intelletto, che ubbidir conviene
A lui, che l' alme a suo piacer governa.

MENZINI. Arte poetica.

La Parola d' onore.

Nè fune intorno crederò che stringa
Soma così, ne' così legno chiodo,
Come la fe', ch' una bell' alma cinga
Del suo tenace indissolubil nodo.
Ne' dagli antichi par che si dipinga
La santa Fè vestita in altro modo,
Che d' un vel bianco che la copre tutta;
Che un sol punto, un sol neo la può far brutta.
 La fede unqua non deve esser corrotta,
O data a un solo, o data insieme a mille;
E così in una selva, in una grotta,
Lontan dalle cittàdi e dalle ville;
Come dinanzi ai tribunali in frotta
Di testimon, di scritti e di postille,
Senza giurare, o segno altro più espresso,
Basti una volta che si abbia promesso.

ARIOSTO.

Il Vero onore.

Il vero onore è ch' uom da ben ti tenga
Ciascuno, e che tu sia: che non essendo,
Forza è che la bugia tosto si spenga.
 Che cavaliero o conte o reverendo
Il popolo ti chiami, io non t' onoro,
Se meglio in te, che il titol, non comprendo.
 Che gloria t' è vestir di seta e d' oro,
E quando in piazza appari, o nella chiesa

Ti si levi il cappuccio il popol soro?

Poi dica dietro : ecco chi diede presa
Per danari a' francesi Porta Giove,
Che 'l suo signor gli avea dato in difesa.

Quante collane, quante cappe nuove
Per dignità si comprano, che sono
Pubblici vituperj in Roma e altrove!

Vestir di romagnuolo, ed esser buono
Io mi contento : ed a chi vuol, con macchia
Di bareria, l' oro e la seta dono.

ARIOSTO.

La Virtù.

Virtù, ninfa bellissima, che a tazze
Bee, dove nulla mai d' amaro ha il dolce,
Che del par gode, se riceve o dona.
Danzar la vedi? è che un felice evento
Coronò l' opra che da lei tentossi:
Ebbe triste novelle? Oscura doglia
Non spiega in fronte; e se talvolta piange,
Non è letizia d' altra ninfa o riso,
Che più soave di quel pianto sia;
Di quel pianto onde torna anche più vaga.
Suda, nè stanca è mai, ricca, ma parca,
Può molto aver, nè però sazia resta.
Nulla le manca, che bramar non puote,
Ch' esser più bella ancora, e sol che l' aggia
Bramato, ei basta: già più bella è fatta.

PINDEMONTE.

La Fantasia.

La Fantasia quel griffo aliveloce
È, ch' or Ruggiero, or porta Astolfo in sella
Al Gange, al Nilo, alla Tirinzia foce,
　E da prima alle redini rubella,
Alto Ruggier sul mal tentato arcione
Prigion conduce a laida fata e fella.
　Ma Logistilla adatto un fren gli pone,
E lo governa a suo talento, e il punge
Il cavalier con non timido sprone;
　Che sotto può senza periglio lunge
Lasciar poggiando il suol, fin ch' al terrestre
Paradiso sovr' esso Astolfo giunge.
　Però qual briglia, onde mai non scapestre
La bizzarria del corridore alato;
Quali a domarlo avremo arti maestre?
　Del *Poi* la cura; e studio a lungo usato
Sulle tracce del vero a non por orma
Al manco presta più che al destro lato.
　Nè Fantasia per sè punto alla norma
Restia si volge, ch' ella con diletto
Specie sempre novelle agita e forma,
　E questo appunto, il variare oggetto,
Ragion prescrive, acciò nessun si stampi
Troppo altamente, o troppo accresca affetto.
　Ma con quai voli fia ch' un' alma scampi,
Se a' primi rai d' immaginato bene
Avvien talor che subito divampi,
　Ne' più vagar per variate scene
Lung' ora le consenta il fier desire,

Che la richiama alle piaciute pene?

   Certo che vano è 'l rapido fuggire
Di cerva, che lo stral nel fianco ha fitto,
Da cui sbadata si lasciò colpire.

   L' usbergo vuol vestirsi anzi il conflitto,
E piastra v' è, di cui l' animo cinto
Sta de' fantasmi ad ogni lancia invitto.

   Che che 'l pensier più al vivo offra dipinto,
Sol se grande vedervi o gioja o affanno
Ti sembri, tu potrai restarne vinto.

   T' armi dunque anzi tratto il disinganno:
E ragion ti dimostri a te d' intorno
Picciol bene ogni cosa, o picciol danno.

   La vita stessa, poichè ha fine un giorno,
(Oggi, o diman lieve è il divario) e i frali
Membri che sono, ove facciam soggiorno?

   Le cure e i giuochi degli dei mortali
A destra poni, e della plebe a manca;
Le sorti andran forse in bilance uguali.

   Nè chi 'l cervello, o chi le braccia stanca,
Più grave ha 'l dì, che chi le notti aspetta
Inerte ingombro d' oziosa panca.

   Quei la dolce consorte al seno stretta,
Questi su piume celibi riposa,
E men lieto non sorge, o con più fretta.

   Che se sì poco e scettri, ed agi, e sposa
Mostran valor la vita a far beata,
Di qual ben può fortuna andar fastosa,

   Ch' alla ridente immagine abbagliata
Un' alma cada, ch' al suo vero prezzo
Bene ogni cosa in mente abbia tassata?

VALPERGA CALUSO.

La Sapienza.

Ell' è quel gioiellier, cui l'occhio avvezzo
Non può vetro adescar nè in oro accolto,
Nè in belle filze di pulito vezzo.
    O saper vero, per cui sempre sciolto
Dai lacci va d' abbacinati affetti
Chi sua scorta Ragion per tempo ha tolto!
    Saper quai beni più, quai men perfetti
Abbia la vita, e quanto e scarsi e vili
Del volgo sieno i soliti diletti,
    Quanto felici l' anime gentili,
Che fra l' arti, e gli studj e i casti amori
Le cure obliar sanno avare, umili;
    Quanto giocondo sparger bei sudori,
E 'l sangue appresso, chi fregiare il crine
D' amici ulivi agogni, o giusti allori.
    Ma cotanto a saper l' ingegno affine
Invan, se 'l cor non hai piegato pria,
Ove 'l vantaggio tuo vuol ch' esso inchine.
    Perchè l' un bene all' altro avvien che stia
In ragion del piacer, dedotti i danni,
E più piacer, ov' è più affetto, sia;
    Onde quant' ei più può contenti gli anni,
Sol fia che meni chi più caldo il core
De' beni avrà più sceveri d' affanni,
    Più fidi all' uom, che dirsene signore
Ei debba, e non Fortuna, e men ritrosi
Fra loro, onde accordarne un stuol maggiore.
    Innanzi tratto adunque andar pensosi
Sugli affetti convienci, e con gran cura

I migliori allevar più rigogliosi.

Che se del suol può molto la natura
Perchè più quella sorga o questa pianta,
Molto pur può la provvida cultura.

E dove gran dovizia un muro ammanta
D' aranci, di lumìe, di fiori e fronde,
Del giardiniero ivi la man si vanta.

E 'l core anch' esso al buon cultor risponde,
Con bei germogli di desio gentile,
Che rami alteri a sua stagion diffonde.

VALPERGA CALUSO.

La Gloria.

Ma questa gloria, o dei,
Non è dell' alme nostre
Un affetto tiranno? Al par d' ogni altro
Domar non si dovrebbe? Ah no; dei vili
Questo è il linguaggio. Inutilmente nacque
Chi sol vive a se stesso: e sol da questo
Nobile affetto ad obliar s' impara
Sè per altrui. Quanto ha di ben la terra
Alla gloria si dee. Vendica questa
L' umanità del vergognoso stato
In cui saria senza il desio d' onore:
Toglie il senso al dolore,
Lo spavento ai perigli,
Alla morte il terror: dilata i regni,
Le città custodisce; alletta, aduna
Seguaci alla virtù: cangia in soavi

I feroci costumi,
E rende l' uomo imitator de' numi.

METASTASIO.

La Patria.

La patria è un tutto
Di cui siam parti. Al cittadino è fallo
Considerar se stesso
Separato da lei. L' utile e il danno
Ch' ei conoscer dee solo, è ciò che giova,
O nuoce alla sua patria, a cui di tutto
È debitor. Quando i sudori e il sangue
Sparge per lei, nulla del proprio ei dona,
Rende sol ciò che n' ebbe. Essa il produsse,
L' educò, lo nutrì: con le sue leggi
Dagl' insulti domestici il difende,
Dagli esterni coll' armi. Ella gli presta
Nome grado ed onor: ne premia il merto,
Ne vendica le offese: e madre amante
A fabbricar s' affanna
La sua felicità, per quanto lice
Al destin de' mortali esser felice.
Han tanti doni, è vero,
Il peso lor. Chi ne ricusa il peso,
Rinuncj al beneficio. A far si vada
D' inospite foreste
Mendico abitator: e là di poche
Misere ghiande, e d' un covil contento
Viva libero e solo a suo talento.

METASTASIO.

22.

La Bellezza.

Luce divina
Raggio del cielo è la bellezza, e rende·
Celesti anche gli oggetti in cui risplende.
Questa l' alme più tarde
Solleva al ciel, come solleva il sole
Ogni basso vapor. Questa a' mortali
Della penosa vita
Tempra le noje e ricompensa i danni.
Questa in mezzo agli affanni
Gl' infelici rallegra: in mezzo all' ire
Questa placa i tiranni, i lenti sprona,
I fugaci incatena,
Anima i vili, i temerarj affrena:
E del suo dolce impero,
Che letizia conduce,
Che diletto produce, ove si stende,
Sente ognuno il poter, nessun l' intende.

METASTASIO.

L' Amore.

Amor è una virtù, che nè per onda
Pesce guizza, nè cruda aspe è in sentiero,
Nè fende l' aria augel rapace e fiero,
Nè cresce erbetta in riva e in ramo fronda,
    Nè vento questa o quella aggira e fionda,
Nè stende corso umor, nè s' erge al vero

Angel puro lassù, quaggiù pensiero, ·
Nè fuoco o stella spiega chioma bionda,
  Che non scaldi, addolcisca, prenda volo,
Rinverdi, nutra, a mezzo corso affrene,
Guidi, volga, risvegli, allume, indore.
  Per se si muove, ed un oggetto ha solo,
Bellezza e natural desio di bene:
Nasce in noi da ragion, vive d'errore.

TARSIA.

La Prudenza.

  La Prudenza ella è un sapere
Ben pigliar la sua misura
Ne' vantaggi del piacere,
Che tra noi pose natura;
Senza lei la vita è amara,
Ma con lei la vita è cara.
  Se il tuo corto antivedere
Fra la notte del futuro
Si smarrisce e resta oscuro,
Addio anco il tuo piacere;
Ove immagini il contento,
Duro inganno! ivi è tormento.

CRUDELI.

L'Errore.

È l'Errore un garzon d'incerta fede,
Che ha d'ingannarsi e di mentir costume;

D' età inesperto, nè consiglio chiede;
Perchè dubita poco e assai presume.
Losco guarda ed obliquo, e poco vede;
Talor s' ostina, e chiude gli occhi al lume.
È zoppo, e non sa mai dove si vada,
E non vuol guida, e falla ognor la strada.

BONDI.

La Vita umana.

Il passato non è, ma se lo pinge
La viva rimembranza.
Il futuro non è, ma se lo finge
La credula speranza.
Il presente sol è, che in un baleno
Passa del nulla in seno.
Dunque la vita è appunto
Una memoria, una speranza, un punto.

N. N.

La Morte.

Morte che sei tu mai? Primo dei danni
L' alma vile e la rea ti crede e teme;
E vendetta del ciel scendi ai tiranni,
Che il vigile tuo braccio incalza e preme:
Ma l' infelice, a cui de' lunghi affanni
Grave è l' incarco, e morta in cuor la speme,
Quel ferro implora troncator degli anni,
E ride all' appressar dell' ore estreme.

Fra la polve di Marte, e le vicende
Ti sfida il forte che ne' rischi indura;
E il saggio senza impallidir ti attende.

Morte, che se' tu dunque? Un' ombra oscura,
Un bene, un male, che diversa prende
Dagli affetti dell' uom forma e natura.

MONTI.

ALLEGORIE.

La Fortuna.

.Colui, lo cui saver tutto trascende,
Fece li cieli: e diè lor chi conduce,
Sì ch' ogni parte da ogni parte splende,
   Distribuendo egualmente la luce:
Similemente gli splendor mondani
Ordinò general ministra e duce,
   Che permutasse a tempo li ben vani,
Di gente in gente, e d' uno in altro sangue,
Oltre la difension de' senni umani:
   Perchè una gente impera e l' altra langue,
Seguendo lo giudicio di costei,
Che è occulto, com' in erba l' angue.
   Vostro saver non ha contrasto a lei:
Ella provvede, giudica e persegue
Suo regno, come il loro gli altri dei.
   Le sue permutazion non hanno triegue:
Necessità la fa esser veloce,
Sì spesso vien chi vicenda consegue.
   Quest' è colei, ch' è tanto posta in croce,
Pur da color che le dovrian dar lode,
Dandole biasmo a torto e mala voce.
   Ma ella s' è beata e ciò non ode;
Con l' altre prime creature lieta
Volve sua spera, e beata si gode.

DANTE. Inf. can. VII.

La Speranza.

E' una donna di statura immensa;
La cima de' capelli al ciel par monti;
Formata, vestita è di nebbia densa;
Abita in sommo de' più alti monti;
Se, i nugoli guardando, informa e pensa
Novelle forme d' animali pronti
Che il vento muta, e poi di nuovo finge:
Così Amor questa vana dipinge.

Par molto grande e bella dalla lunga;
Con l' ombra quasi tutto il mondo piglia:
Se avvien che appresso desioso giunga,
A poco a poco manca e s' assottiglia,
E come sol quando par Borea giunga,
Vedi sparire il nugol da le ciglia:
Così mai giugni, ove trovar la credi,
Ma sempre innanzi agli occhi te la vedi.

Sì com' un can, che la bramosa bocca
Crede bagnar nel sangue d' una fera,
Che fugge innanzi, e par quasi la tocca,
Pur non la giugne, e pur giugnerla spera:
Così la voglia desiosa e sciocca
Non sazia, e digiun resta come s' era;
Lei più veloce innanzi a lui si fugge,
Lui pien di rabbia e di desio si strugge.

O come, se la schiena scalda il sole,
Chi vuol giugner quell' ombra ch' ha dinanzi,
Se almen co' passi pareggiar la vuole,
Convien di spazio egual pur l' ombra avanzi:

Se corre come cervio correr suole,
Gli resta addietro alfin quanto era dianzi:
Or par la prema, or par l' avanzi un pezzo;
Alfin del corso poi pur resta il sezzo.

Giunger non ponno le volubil rote
Bue o caval che innanzi il carro tira:
Così costei giammai trovarsi puote:
La vana fronte occhio mortal non mira.
Un occhio ha in testa, e cose alte e remote
Innanzi guarda, e indietro mai nol gira:
Minerva sol con l' egida già vide
La fronte, e di noi miseri si ride.

Sopra a' nebulosi omeri gli nascono
Due pennate ale oltre misura grande:
Vola per l' alto, donde poi giù cascono
Color che credon ch' ella alto gli mande:
Vento e vane ombre questa fera pascono,
E rare volte gusta altre vivande:
Vola la notte, e sempre fuggir suole
Come l' aurora la luce del sole.

Il ciel da se, Pluton da se l' arretra:
Volta per questa mezza regione,
Ove il liquido umor agghiaccia e impetra
E solve in acqua e nugola Giunone:
Lì fabbrica Vulcan le sue fulgetra:
Indi Eolo Austro muove ed Aquilone;
Fuochi, comete, e cadenti vapori,
E la bella Iris di mille colori.

Seguon questa felice in ogni parte
Il sogno, lo augurio e la bugìa,
E chiromanti ed ogni fallace arte,
Sorte, indovini e falsa profezìa,

La vocale e la scritta in sciocche carte,
Che dicon quand' è stato quel che fìa;
L' alchimia, e, che di terra il ciel misura,
E fatta a volontà, la congettura.

    Alla cieca ombra delle sue grand' ali
Il mondo vano alfin tutto ricovera.
Oh cecità de' miseri mortali!
Oh ignoranza troppo vana e povera!
E chi potesse contar tutti i mali,
Le stelle in cielo, e i pesci in mare annovera,
Gli uccelli in autunno ch' al mar passano,
O le foglie che i rami nudi lassano.

    Ma che male è che l' uom mortal patisca,
Che da tè, maledetta, non proceda?
O che grave dolor che non nutrisca?
Quanti tristi hai ad amor dàti in preda?
Che forte periglio è che non ardisca
Il cor, se avvien che 'l misero ti creda?
Tu fusti dal ciel data a noi mortali,
Vita e conservazion di tutti i mali.

                    LORENZO DE' MEDICI.

L' Occasione.

    Chi sei tu, che non par cosa mortale?
Di tanta grazia il ciel t' adorna e dota!
Perchè non posi? e perchè a' piedi hai l' ale?

    Io son l' Occasione, a pochi nota;
E la cagion che sempre mi travagli,
È perch' io tengo un pie' sopra una rota.

Volar non è che al mio correr s' agguagli,
E però l' ale a' piedi mi mantengo,
Acciò nel corso mio ciascuno abbagli.

Gli sparsi miei capei dinanzi io tengo;
Con essi mi ricopro il petto e 'l volto,
Perch' un non mi conosca quand' io vengo.

Dietro del capo ogni capel m' è tolto;
Onde in van s' affatica un se gli avviene
Ch' io l' abbia trapassato, o s' io mi volto.

Dimmi chi è colei che teco viene?
È Penitenza: e però nota e intendi :
Chi non sa prender me, costei ritiene.

E tu, mentre parlando il tempo spendi,
Occupato da mille pensier vani
Già non t' avvedi, lasso, e non comprendi
Com' io ti sia fuggita dalle mani.

MACCHIAVELLI.

* * *

La Vergine e la rosa.

La verginella è simile alla rosa,
Che 'n bel giardin su la nativa spina
Mentre sola e sicura si riposa,
Nè gregge, nè pastor se le avvicina:
L' aura soave e l' alba rugiadosa,
L' acqua, la terra al suo favor s' inchina :
Giovani vaghi e donne innamorate
Amano averne e seni e tempie ornate.

Ma non sì tosto dal materno stelo
Rimossa viene, e dal suo ceppo verde,

Che quanto avea dagli uomini e dal cielo
Favor, grazia e bellezza, tutto perde.
La vergine che 'l fior, di che più zelo
Che de' begli occhi e della vita aver de',
Lascia altrui corre, il pregio che avea innanti
Perde nel cor di tutti gli altri amanti.

ARIOSTO.

La Discordia, la Fraude, il Silenzio.

La conobbe al vestir di color cento,
Fatto a liste inequali ed infinite,
Ch' or la coprono or no, che i passi e 'l vento
Le giano aprendo, ch' erano sdrucite.
I crini avea qual d' oro e qual d' argento,
E neri e bigi, e aver pareano lite;
Altri in treccia, altri in nastro eran raccolti,
Molti alle spalle, alcuni al petto sciolti.

Di citatorie piene e di libelli,
D' esamine e di carte di procure
Avea le mani e il seno, e gran fastelli
Di chiose, di consigli e di letture,
Per cui le facoltà de' poverelli
Non sono mai nelle città sicure.
Avea dietro e dinanzi, e d' ambi i lati,
Notai, procuratori ed avvocati.

La chiama a se Michele, e le comanda
Che tra i più forti saracini scenda,
E cagion trovi che con memoranda
Ruina insieme a guerreggiar gli accenda.

Poi del Silenzio nuova le domanda:
Facilmente esser può ch' essa n' intenda,
Siccome quella, che accendendo fochi
Di quà e di là va per diversi lochi.

    Rispose la Discordia: io non ho a mente
In alcun loco averlo mai veduto;
Udito l' ho ben nominar sovente,
E molto commendarlo per astuto.
Ma la Fraude, una qui di nostra gente,
Che compagnia talvolta gli ha tenuto,
Penso che dir te ne saprà novella;
E verso una alzò il dito, e disse: è quella.

    Avea piacevol viso, abito onesto,
Un umil volger d' occhi, un andar grave,
Un parlar sì benigno e sì modesto,
Che parea Gabriel che dicesse: ave.
Era brutta e deforme in tutto il resto;
Ma nascondea queste fattezze prave
Con lungo abito e largo, e sotto quello
Attossicato avea sempre il coltello.

    Domanda a costei l' Angelo che via
Debba tener sì che 'l silenzio trove.
Disse la Fraude: già costui solia
Fra virtudi abitare e non altrove,
Con Benedetto, e con quelli d' Elia
Nelle badìe, quando erano ancor nuove:
Fe' nelle scuole assai della sua vita
Al tempo di Pitagora e d' Archita.

    Mancati quei filosofi e quei santi
Che lo solean tener nel cammin ritto,
Dagli onesti costumi ch' avea innanti,
Fece alle scelleraggini tragitto.

Cominciò andar la notte cogli amanti,
Indi co i ladri, e fare ogni delitto;
Molto col tradimento egli dimora;
Veduto l' ho con l' omicidio ancora.

Con quei che falsan le monete, ha usanza
Di ripararsi in qualche buca scura.
Così spesso compagni muta e stanza,
Che 'l ritrovarlo ti saria ventura;
Ma pur ho d'insegnartelo speranza:
Se d' arrivare a mezza notte hai cura
Alla casa del sonno, senza fallo
Potrai, che quivi dorme, ritrovallo.

Benchè soglia la Fraude esser bugiarda,
Pur è tanto il suo dir simile al vero
Che l' Angelo le crede, indi non tarda
A volarsene fuor del monastero.
Tempra il batter dell' ali e studia e guarda
Giungere in tempo alfin del suo sentiero,
Ch' alla casa del sonno, che ben dove
Esser sapea, questo silenzio trove.

ARIOSTO.

L' Albergo del sonno.

Giace in Arabia una valletta amena
Lontana da cittadi e da villaggi,
Che all' ombra di duo monti è tutta piena
D' antichi abeti e di robusti faggi:
Il sole indarno il chiaro dì vi mena,
Chè non vi può mai penetrar co' raggi,

Sì gli è la via dai folti rami tronca;
E quivi entra sotterra una spelonca.

Sotto la nera selva una capace
E spaziosa grotta entra nel sasso,
Di cui la fronte l' edera seguace
Tutta aggirando va con storto passo.
In quest' albergo il grave Sonno giace;
L' Ozio da un canto corpulento e grasso,
Dall' altro la Pigrizia in terra siede,
Che non può andare, e mal si regge in piede.

Lo smemorato Oblio sta su la porta:
Non lascia entrar, nè riconosce alcuno,
Non ascolta imbasciata, e non riporta,
E parimente tien cacciato ognuno.
Il Silenzio va intorno e fa la scorta;
Ha le scarpe di feltro e 'l mantel bruno;
Ed a quanti n' incontra di lontano,
Che non debban venir, cenna con mano.

ARIOSTO.

Il Regno della luna ed il senno d' Orlando.

Tutta la sfera varcano [1] del fuoco,
Ed indi vanno al regno della luna.
Veggon per la più parte esser quel loco,
Come un acciar che non ha macchia alcuna,
E lo trovano uguale o minor poco
Di ciò che in questo globo si raguna;
In quest ultimo globo della terra
Mettendo il mar, che la circonda e serra.

[1] Astolfo e S. Giovanni evangelista.

Quivi ebbe Astolfo doppia maraviglia,
Che quel paese appresso era sì grande;
Il quale a un picciol tondo rassomiglia
A noi, che lo miriam da queste bande;
E ch' aguzzar conviengli ambe le ciglia,
S' indi la terra e il mar, ch' intorno spande,
Discerner vuol; che non avendo luce,
L' imagin lor poco alta si conduce.

Altri fiumi, altri laghi, altre campagne
Sono lassù, che non son qui da noi;
Altri piani, altre valli, altre montagne,
Ch' han le cittadi, hanno i castelli suoi,
Con case delle quai mai le più magne
Non vide il paladin prima nè poi:
E vi sono ampie e solitarie selve,
Ove le ninfe ognor cacciano belve.

Non stette il duca a ricercare il tutto,
Chè là non era asceso a quell' effetto.
Dall' apostolo santo fu condutto
In un vallon fra due montagne istretto,
Ove mirabilmente era ridutto
Ciò che si perde, o per nostro difetto,
O per colpa di tempo o di fortuna,
Ciò che si perde quì, là si raguna.

Non pur di regni o di ricchezze parlo,
In che la ruota instabile lavora;
Ma di quel ch' in poter di tor, di darlo
Non ha fortuna, intender voglio ancora.
Molta fama è lassù, che come tarlo
Il tempo a lungo andar quaggiù divora;
Lassù infiniti preghi e voti stanno,
Che da noi peccatori a Dio si fanno.

Le lagrime e i sospiri degli amanti,
L' inutil tempo che si perde a gioco,
E l' ozio lungo d' uomini ignoranti,
Vani disegni che non han mai loco;
I vani desiderj sono tanti,
Che la più parte ingombran di quel loco.
Ciò che in somma quaggiù perdesti mai,
Lassù salendo ritrovar potrai.

Passando il paladin per quelle biche,
Or di questo, or di quel chiede alla guida.
Vide un monte di tumide vessiche
Che dentro parea aver tumulti e grida;
E seppe ch' eran le corone antiche
E degli Assiri e della terra Lida,
E de' Persi e de' Greci, che già furo
Incliti, ed or n' è quasi il nome oscuro.

Ami d' oro e d' argento appresso vede
In una massa, ch' erano quei doni
Che si fan con speranza di mercede
Ai re, agli avari principi, ai padroni.
Vede in ghirlande ascosi lacci; e chiede
Ed ode, che son tutte adulazioni.
Di cicale scoppiate immagine hanno
Versi, che in laude de' signor si fanno.

Di nodi d' oro e di gemmati ceppi
Vede che han forma i mal seguiti amori.
V' eran d' aquile artigli, e che fur', seppi,
L' autorità ch' ai suoi danno i signori.
I mantici, che intorno han pieni i greppi,
Sono i fumi de' principi e i favori,
Che danno un tempo ai Ganimedi suoi,
Che se ne van col fior degli anni poi.

Ruine di cittadi e di castella
Stavan con gran tesor quivi sozzopra.
Domanda, e sa che son trattati, e quella
Congiura che sì mal par che si copra.
Vide serpi con faccia di donzella,
Di monetieri e di ladroni l'opra;
Poi vide bocche rotte di più sorti,
Ch'era il servir delle misere corti.

Di versate minestre una gran massa
Vede, e domanda al suo dottor che importe.
L'elemosine è, dice, che si lassa
Alcun, che fatta sia dopo la morte.
Di varj fiori ad un gran monte passa
Ch'ebbe già buon odore, or puzza forte.
Questo era il dono, se però dir lece,
Che Costantino al buon Silvestro fece.

Vide gran copia di panie con visco,
Ch'erano, o donne, le bellezze vostre.
Lungo sarà se tutte in verso ordisco
Le cose che gli fur quivi dimostre:
Che dopo mille e mille io non finisco,
E vi son tutte le occorrenze nostre;
Sol la pazzia non v'è poca nè assai;
Che sta quaggiù, nè se ne parte mai.

Quivi ad alcuni giorni, a' fatti sui,
Ch'egli già avea perduti, si converse;
Che se non era interprete con lui,
Non discernea le forme lor diverse.
Poi giunse a quel che par sì averlo a nui,
Che mai per esso a Dio voti non ferse;
Io dico il senno: e n'era quivi un monte,
Solo assai più, che l'altre cose conte.

23.

Era come un liquor sottile e molle,
Atto a esalar, se non si tien ben chiuso;
E si vedea raccolto in varie ampolle,
Qual più, qual men capace, atte a quell' uso.
Quella è maggior di tutte, in che del folle
Signor d' Anglante era il gran senno infuso;
E fu dall' altre conosciuta, quando
Avea scritto di fuor: senno d'Orlando.

E così tutte l' altre avean scritto anco
Il nome di color di chi fu il senno;
Del suo gran parte vide il duca franco;
Ma molto più meravigliar lo fenno
Molti ch' egli credea, che dramma manco
Non dovesser averne; e quivi denno
Chiara notizia che ne tenean poco;
Chè molta quantità n' era in quel loco.

Altri in amar lo perde, altri in onori,
Altri in cercar, scorrendo il mar, ricchezze.
Altri nelle speranze de' signori,
Altri dietro alle magiche sciocchezze,
Altri in gemme, altri in opre di pittori,
Ed altri in altro, che più d' altro apprezze.
Di sofisti e d' astrologi raccolto,
E di poeti ancor ve n' era molto.

Astolfo tolse il suo, che gliel concesse
Lo scrittor della scura Apocalisse.
L' ampolla, in ch' era, al naso sol si messe,
E par che quello al luogo suo ne gisse;
E che Turpin da indi in qua confesse,
Che Astolfo lungo tempo saggio visse;
Ma, ch' un error che fece poi fu quello,
Ch' un' altra volta gli levò il cervello.

ARIOSTO. *Or. fur.* can. XXXIV.

FAVOLE.

———

La Cornacchia in concistoro.

Quando il consiglio degli augei si tenne,
 Di nicistà convenne
Che ciascun comparisse a tal novella,
E la cornacchia maliziosa e fella
 Pensò mutar gonnella,
E da molti altri augei accattò penne,
Ed adornossi, e nel consiglio venne;
 Ma poco si sostenne.
Perchè pareva sopra gli altri bella,
Alcun domandò l' altro: chi è quella?
 Sicchè finalmente ella
Fu conosciuta. Or odi che n' avvenne.
Che tutti gli altri augei le fur d' intorno,
 Sicchè senza soggiorno
La pelar sì, ch' ella rimase ignuda;
E l' un diceva: or vedi bella druda;
 Dicea l' altro: ella muda;
E così la lasciaro in grande scorno.
« Similemente addivien tutto giorno
 « D' uomo, che si fa adorno
« Di fama o di virtù ch' altri dischiuda;
 « Che spesse volte suda
« Dell' altrui caldo tal, che poi s' agghiaccia:
« Dunque beato chi per se procaccia. »

DANTE.

Il Monte della luna.

Nel tempo ch' era nuovo il mondo ancora,
E che inesperta era la gente prima,
E non eran le astuzie che son ora;
   A piè d' un alto monte, la cui cima
Parea toccasse il cielo, un popol, quale
Non so mostrar, vivea nella parte ima;
   Che più volte osservando l' ineguale
Luna, or con corna or senza or piena or scema,
Girar pel cielo al corso naturale;
   E credendo poter da la suprema
Parte del monte giungervi, e vederla
Come si accresca, e come in se si prema;
   Chi con canestro e chi con sacco per la
Montagna cominciar correr in su,
Ingordi tutti a gara di tenerla:
   Vedendo poi non esser giunti più
Vicini a lei, cadeano a terra lassi,
Bramando in van d' esser rimasi giù.
   Quei ch' alti li vedean dai poggi bassi,
Credendo che toccassero la luna,
Dietro venian con frettolosi passi.
   « Questo monte è la ruota di fortuna,
« Nella cui cima il volgo ignaro pensa
« Ch' ogni quiete sia, nè ve n' è alcuna. »

ARIOSTO.

Il Cavalier veneziano, ed il cavallo di Mauritania.

Son come il **Veneziano** a cui il **cavallo**
Di Mauritania in eccellenza buono
Donato fu dal re **di Portogallo**;
   Il qual per aggradire il **real dono**,
Non discernendo che **mestier diversi**
Volger timoni e regger **briglie sono**,
   Sopra vi salse, e cominciò a tenersi
Con mani al legno e co' sproni **alla pancia**:
Non vo', seco dicea, **che tu mi versi**.
   Sente il cavallo **pungersi**, e si **lancia**;
E 'l buon nocchier più allora preme e **stringe**
Lo sprone al **fianco**, aguzzo più che **lancia**,
   E di sangue la bocca e 'l fren gli **tinge**:
Non sa il cavallo a chi ubbidir, o a questo
Che 'l torna indietro, o a quel che l'urta e **spinge**;
   Pur se ne sbriga in pochi salti presto:
Rimane in terra il cavalier col **fianco**,
Con la spalla, e col capo rotto e **pesto**:
   Tutto di polve e di paura bianco
Si levò al fin del re mal satisfatto,
E lungamente poi se ne dolse anco.
   «Meglio avrebb' egli, ed io **meglio** avrei fatto,
«Egli il ben del cavallo, io del paese,
«A dire: o re; signor, non ci son atto,
   «Sii pur ad altro di tal don cortese.»

ARIOSTO.

Il Pero e la Zucca.

Fu già una zucca che montò sublime
In pochi giorni tanto, che coperse
A un pero suo vicin l'ultime cime:
　Il pero una mattina gli occhi aperse,
Chè avea dormito un lungo sonno, e visti
I nuovi frutti sul capo sederse,
　Le disse: chi sei tu? come salisti
Qua su? dov'eri dianzi, quando lasso
Al sonno abbandonai questi occhi tristi?
　Ella gli disse il nome, e dove al basso
Fu piantata mostrògli; e che in tre mesi
Quivi era giunta accelerando il passo.
　Ed io, l'arbor soggiunse, a pena ascesi
A quest'altezza, poi che al caldo e al gelo
Con tutti i venti trent'anni contesi:
　« Ma tu che a un volger d'occhi arrivi in cielo,
« Renditi certa che non meno in fretta
« Che sia cresciuto mancherà il tuo stelo. »

Ariosto.

La Donnola il Coniglio e il Gatto.

Verso oriente il cielo era vermiglio,
E già spuntava il dì,
Quando madama
La donnoletta
Del palazzo d'un giovine coniglio
Tutta lieta s'impadronì.

Nell' acquistato suo nuovo soggiorno
Tutti i suoi dei penati trasportò,
Giusto nel tempo che il coniglio stava
Fra valli amene e rugiadosi prati
A corteggiare il rinascente giorno.
Dopo molto aver cercato
Colle e prato,
Tutto fresco, e a suo bell' agio
Sen va verso il suo palagio.
Avea la donnoletta agile e destra
Messo il muso alla finestra:
Numi ospitali, e che vegg' io là drento?
Disse tutto scontento
Lo scacciato animal dal patrio tetto:
Olà madama, che si sbuchi fuore
Senza rissa e rumore.
L' accorta dama dal naso appuntato
Con maniera obbligante
Rispose, che la terra
È del primo occupante.
Bel soggetto di guerra
Questo sarebbe stato
Fra la Francia e l' Impero,
Da far versare il sangue a un mondo intero;
Ma perchè ognun di loro era privato,
Ed ambedue ben povere persone,
Fu la bella quistione,
Lasciato il guerreggiar, messa in trattato.
Vorrei saper adesso,
Dicea l' usurpatrice,
Qual legge, qual statuto
N' ha per sempre il possesso

A Gianni, a Pietro, a Paol conceduto,
E finalmente a te,
E non piuttosto a me.
Quivi Giovan Coniglio
Allegò l' uso e la consuetudine;
Questa rispose me ne fa padrone,
Questa di padre in figlio,
E di Luca in Simone,
E finalmente in me tramesso l' ha:
Onde la legge del primo occupante
Nel nostro caso alcun luogo non ha.
E ben, e ben, monsù,
Che importa adesso stare a tu per tu;
Rimettiamla in un terzo; e questo sia
Il Dottor Mordigraffiante.
Questo era un gatto di legal semenza,
Che menava una vita
Come un savio eremita:
Un buon uomo tra' gatti, e di coscienza;
Di sguardo malinconico e coperto,
Nero di pelo, agile, membruto,
Giudice a fondo e nel mestier esperto:
Gian Coniglio per arbitro l' approva.
    Ecco che ognun di lor già si ritrova
Davanti al tribunale
Dell' unghiuto animale.
Mordigraffiante dice: vi consoli
Il cielo, o miei figliuoli,
Come io vi metterò presto d' accordo.
Accostatevi a me, perch' io son sordo:
Le gran fatiche, e gli anni
Soglion seco portar simili affanni.

S' accostò l' uno e l' altro litigante:
Ma non si tosto esso gli vide a tiro,
Che, il dottorale artiglio
Da due parti gettando in un istante,
Scannò la donnoletta ed il coniglio;
Indi se gli mangiò:
E in tal maniera la lite aggiustò.
  « Lettor, tienti la favola a memoria,
« Che se praticherai pei tribunali,
« Ti passerà la favola in istoria. »

CRUDELI.

Il Leone moribondo.

  Nella natia spelonca egro languente
Vecchio leon giaceva moribondo,
Quivi il cinghial lo vide e furibondo
Gli aprì gran piaga col fulmineo dente.
  Di rabbia e di vendetta il toro ardente
Col fero corno l' assalì secondo,
E calci la più vil bestia del mondo
Mena, poichè può farlo impunemente.
  In pace di que' duo soffersi l' onte,
Disse la belva in cotanta sciagura,
Chè in campo aperto un dì stettermi a fronte.
  Ma le tue nel patir percosse amare,
O asin, disonor della natura,
Fremo, e due volte di morir mi pare.

LAMPREDI. Imit. di Fedro.

La Formica e la Colomba.

Sitibonda una formica,
Che abitava a piè d'un monte,
Da cui sgorga un chiaro fonte,
Mentre a stento ed a fatica
L'arse labbia all'onda appressa,
Preda fu dell'onda stessa.

Fosse mal equilibrata,
Onde un tombolo facesse,
Oppur l'acqua allor crescesse,
La formica sventurata,
Inesperta al navigare,
Or si trova in alto mare.

Molto lungi è già dal margo,
Perchè l'acqua la trasporta
Mezza viva e mezza morta
Ove vuole in lungo e in largo :
Benchè debole e abbattuta
Col gridare ella s'ajuta.

Annegata certamente
Si sarebbe; ma l'uccello
Sacro a Venere un fuscello
Gettò in mezzo alla corrente,
Che servì di nave amica
Alla povera formica.

A quel ramo ella s'attenne,
Come Europa al curvo corno
Del torel s'attenne un giorno,
Finchè in Creta a sbarcar venne,

Ove lieta e avventurosa
Ritrovossi a Giove sposa.

Come lei, felice appieno
Attenendosi alla fronda,
Che galleggia in su quell' onda,
Giunse a prendere terreno
La formica, che in quel mare
Fu vicina a naufragare.

Nel salvarsi fu felice;
Ma fu ancor più fortunata,
Chè potè mostrarsi grata
Alla sua benefattrice;
Quanto invidio ad una bruna
Formichetta tal fortuna!

Mentre intenta era a tutt' altro
La colomba semplicetta,
Se le accosta in fretta in fretta
Cacciatore esperto e sçaltro;
E se alcun non falla accorta
Ella ha poco ad esser morta.

Già lo strale è in sulla corda,
Già l' arcier prende la mira;
La formica il tutto mira,
E del ramo si ricorda,
Che gettarle dentro l' acque
La colomba si compiacque.

E, quì, disse, è di mestiere,
Che costui prima che scocchi
Quello stral, sul vivo io tocchi:
E ciò detto al crudo arciere
Che d' uccidere si crede
La colomba, morse il piede.

Il piè nudo al villan morse,
È fe' sì che gli occhi ei volse,
Tanta doglia in petto accolse;
E l'augel che allor si accorse
Dell' arciere e dello strale
Fuggì via, battendo l'ale.
    « A ciascun porgasi aita,
« Se un sì vil picciolo insetto
« All' augello, che protetto
« È da Venere, la vita
« Salvò in grazia dell' ajuto,
« Ch' egli aveva ricevuto. »

                            PASSERONI.

Gli Occhi azzurri e gli occhi neri.

A contesa eran venuti
Gli occhi azzurri e gli occhi neri. —
Occhi neri fieri e muti. —
Occhi azzurri, non sinceri. —
Color bruno, color mesto. —
A cangiar l'azzurro è presto. —
Siamo immagine del cielo. —
Siamo faci sotto a un velo. —
Occhi azzurri han Palla e Giuno. —
E Ciprigna è d'occhio bruno. —
S'avrian dette anche altre cose,
Ma fra loro Amor si pose,
Decidendo tanta lite,
In tai note, che scolpite

Per suo cenno ha un pastor fido
Sopra un codice di Gnido:
Il primato in questi o in quelli
Non dipende dal colore;
Ma quegli occhi son più belli,
Che rispondono più al core.

BERTÒLA.

La Rosa.

Di se stessa invaghita, e del suo bello
Si specchiava la rosa
In un limpido e rapido ruscello.
Quando d' ogni sua foglia
Un' aura impetuosa
La bella rosa spoglia.
Cascar' nel rio le foglie; e il rio fuggendo
Se le porta correndo:
E così la beltà
Rapidissimamente oh Dio! sen va.

DE LEMENE.

FILOSOFIA MORALE.

La Pace dell' animo.

O Pace! o d' ogni cor dolce sospiro!
Or che bruna è la notte, e il mondo tace
Discendi a me dall' immortal zaffiro.

Sente il tuo nume l' universo. Ha pace
L' aria da' venti: ride il ciel sereno;
E tranquillato il mar senz' onda giace.

Ma qui su questa rupe, ahi lasso! io meno
L' ore dolenti: è fuor di me la calma,
È tutto, oh dio, tutto in tempesta il seno.

Che mai, che mai per consolar quest' alma
Rintraccerò? Qual candido pensiero
Potrà de' mesti alleggerir la salma?

Oh foss' io quel che nel silenzio nero
Di quest' ombra crescente in sè raccolto
Gusta scarco d' affanno un piacer vero!

Ma il beato dov' è? Nell' aspre avvolto
Cure d' impero chi a regnar pervenne
Nulla pace ha nel cor, poca sul volto;

Chè regio serto, o consolar bipenne
Fra i temuti disastri e il tradimento
Il vol di questa dea mai non ritenne.

L' Ambizione a se fatta strumento
Di cruccio fier sullo spinoso letto
Il sonno incolpa ad arrivar sì lento.

Vegghia l' avaro: e il timido sospetto

Ogni liev' urto, che l' orecchio sente
Con fredda man gli ripercuote al petto.

Forse... chi sa?... tra la meschina gente...
In povero tugurio... in rozze lane...
Ma qui pianger vegg' io madre dolente;

I figli ascolto domandar del pane:
Risponde ella col pianto, e vuoti e ignudi
Sul letticciuolo aspettan la dimane.

Se quì, Pace, non sei, ne' campi crudi
Nè di Marte sarai, dove in quiete
Al feroce guerrier ciglio non chiudi.

Oh! miei tristi pensieri! e non potete
Che gli affanni membrar? di scherzo e riso
Or dove son le immagini più liete?

V' è pur chi nelle sale a un desco assiso
Tratta carte dipinte, o in dolce fuoco
Langue per due pupille ed un bel viso.

E v' è chi danze intreccia in chiuso loco,
O al gorgheggiar di tenera sirena
Bee la calma de' sensi a poco a poco.

O piacer fuggitivo! oh lunga pena!
Vola un istante, e rapida succede
A mentito piacer orrida scena.

Già minacciose al mal oprar mercede
Seguono larve di pallor vestute
L' oro predato e la tradita fede.

Fugge e s' intana il reo nell' ombre mute,
Coscïenza il raggiugne, e gli trapassa
Da cento bande il sen con frecce acute.

Un palpito nell' alma, un tremor passa,
Nelle midolle, se del negro bosco
Fischiando aura sottil le frasche quassa.

24.

Già volge in suo pensiero o ferro o tosco...
Ahi tetro fin!... mia combattuta mente
Di spaventose idee perchè t' infosco?

Leva lo sguardo al ciel : l' auretta algente
Che nel volto mi vien, dice ch' è presta
La luna a ritornar nell' oriente.

Già dietro quella rupe alza la testa,
E in mezzo ai tronchi della selva nera
Col biancheggiar quasi un dì nuovo desta.

Ve' che sormonta, e in sua modestia altera
Per l' aer queto placida regina
Segue suo corso, e sulla notte impera.

Di sopra a quel sentier per cui cammina
L' eteria volta s' inazzurra, e intanto
L' orror più bruno all' imo ciel declina.

Bella pietosa dea ! lasciami alquanto
La luce amoreggiar del caro volto,
E contemplar il tuo ceruleo manto.

È pur grande la notte ! in essa accolto
Brilla il fregio maggior della natura,
Che stassi il dì del sol ne' raggi avvolto.

La mobile de' cieli architettura
Mostra globi lucenti a mille a mille
Che in giù mandan chiaror per l' aria pura.

Dove stanche non giungon le pupille
Vola il forte pensier, che all' infinito
Cangia in mondi le tremole scintille.

E quelli ascolta far a questi invito
Perchè si esalti il Dio, che già nel vuoto
Le curve immense disegnò col dito.

M' inganno? O per le fibre un senso ignoto
Mi scorre? Ah tu gran Dio colla tua possa,

Tutto mi metti il cor tremante in moto.

Non la vindice destra, e non la rossa
Striscia del lampo, e fulmine tremendo
Tanto mi scosse mai gli spirti e l' ossa,

Quant' or fa questo cielo : intendo, intendo
Che sei, ch' eterno sei, grande, immortale,
Che sei beato, e al braccio tuo m' arrendo.

L' alma, or che poggia del pensier sull' ale
Ver te, ritrova in te l' unica pace
Che i suoi trasporti ad acquetar ben vale.

Come, tranquilla in te, mirar le piace
L' azzurro ciel! come le sembra vago
L' orbe lunar, perchè di te non tace!

Oh calma sospirata! il cheto lago
Ove gli astri si specchiano e la luna,
È del mio core la fedele immago.

Ah duri eterna e senza nube alcuna,
Ch' io tornerò su questa rupe istessa
Fida al silenzio quando il giorno imbruna.

Vagheggerò l' azzurra notte, e in essa
Brillar le stelle, e ne' lor curvi giri
Mostrar di Dio la sapienza impressa.

Udiranno le selve i miei sospiri,
Ma sospiri d' amor pel sommo bene,
Non d' uom, che dietro a falso ben deliri.

E ognor le conscie stelle alle mie pene
Dall' alto pioveran quella dolcezza,
Ch' or sì toccante a carezzar mi viene.

E languendo di amabile tristezza
Pace in Dio cercherò rapito e fiso,
Dio loderò del ciel nella grandezza

Ai raggi, o luna, del tuo bianco viso.

N. N.

La Virtù e la Nobiltà.

Superba nave a fabbricare intento
Dal Libano odorato i cedri tolga
Industre fabbro, e sciolga
Lucida vela di tessuto argento;
Seriche sien le funi, e con ritorto
Dente l' ancora d' or s' affondi in porto.

Non per tanto avverrà che meno ondose
Trovi le vie de' tempestosi regni;
E a' preziosi legni
Le procelle del mar sian più pietose;
Nè che forza maggior l' argentee vele
Abbian contro il furor d' austro crudele.

Che giova all' uom vantar per anni e lustri
Degli avi generosi il sangue e 'l merto,
E in lung' ordine e certo
Mostrar sculti o dipinti i volti illustri,
Se 'l nobile e 'l plebèo con egual sorte
Approda ai liti dell' oscura morte?

Là dove i neri campi di sotterra
Stige con zolfo liquefatto inonda,
E con la fetid' onda
Dell' inferna città l' adito serra,
Stassi nocchier, che con sdrucita barca
La morta gente all' altra sponda varca.

Ivi il guerrier del rilucente acciaro
Si spoglia; ivi il tiranno umil depone
Gli scettri e le corone;
E l' amato tesor lascia l' avaro:

Chè 'l passaggier della fatal palude
Nega partir se non con ombre ignude.

   O tu qualunque sei che gonfio or vai
Più degli altrui che de' tuoi fregi adorno,
Dopo l' estremo giorno
Più cortese nocchier già non avrai;
Ma nudo spirto, ombra mendica e mesta
Varcar ti converrà l' onda funesta.

   Orgoglioso pavone a che ti vante
Del ricco onor delle gemmate piume?
Gira più basso il lume
De' tuoi fastosi rai, mira le piante:
Copriran breve sasso, angusta fossa
Le tue superbe sì, ma fracid' ossa.

   Da preziosa fonte il Tago uscendo
Semina i campi di dorata arena;
Ma qual ruscel che appena,
Vada con poche stille il suol lambendo,
Sen corre al mar; nè più fra i salsi umori
Raffigurar si pon' gli ampi tesori.

   Dei tiranni alle reggie, ed a' tuguri
De' rozzi agricoltor con giusta mano
Picchia la morte; insano
È chi spera sottrarsi ai colpi duri.
Grand' urna i nomi nostri agita e gira,
E cieca è quella man che fuor li tira.

   Sola virtù del tempo invido a scherno
Toglie l' uom dal sepolcro e 'l serba in vita:
Con memoria gradita
Viva del grande Alcide il nome eterno,
Non già perchè figliuol fosse di Giove,
Ma per mille ch' ei fece illustri prove.

Ei giovinetto ancora in doppio calle
Sotto il piè si mirò partir la via;
A sinistra s' apria
Agevole il sentier giù per la valle;
Fiorite eran le sponde, e rochi e lenti
Quinci e quindi scorrean liquidi argenti.

Ripida l' altra via, scoscesa, alpestra
Salìa su per un monte, e bronchi e sassi
Ritardavano i passi.
Generoso le piante ei volse a destra,
E ritrovò il sentier dell' erto colle
Quanto più s' inoltrava ognor più molle.

Onda fresca, erba verde, aura soave
Godean l' eccelse e fortunate cime:
Quivi tempio sublime
Sacro all' eternità con aurea chiave
Virtù gli aprio: quindi spiegò le penne,
E luogo in ciel fra gli altri numi ottenne.

Enea, se allo splendor degli avi egregi
Di tua propria virtude aggiugni il raggio
Al paterno retaggio,
Accrescerai di gloria incliti fregi.
Io da lungi t' applaudo, e riverente
Adoro del tuo crin l' ostro nascente.

FULVIO TESTI.

Contro la superbia.

Ruscelletto orgoglioso,
Che ignobil figlio di non chiara fonte,

Il natal tenebroso'
Avesti infra gli orror d' ispido monte,
E già con lenti passi
Povero d' acqua isti lambendo i sassi:
   Non strepitar cotanto,
Non gir sì torvo a flagellar la sponda;
Che, benchè maggio alquanto
Di liquefatto gel t' accresca l' onda,
Sopravverrà ben tosto
Esiccator di tue gonfiezze agosto.
   Placido in seno a Teti
Gran re de' fiumi il Po discioglie il corso,
Ma di velati abeti
Macchine eccelse ognor sostien sul dorso;
Nè per arsura estiva
In più breve confin stringe sua riva.
   Tu le greggi e i pastori
Minacciando per via spumi e ribolli,
E di non proprj umori
Possessor momentaneo il corno estolli
Torbido, obliquo; e questo
Del tuo sol hai; tutto alieno è il resto.
   Ma fermezza non tiene
Riso di cielo, e sue vicende ha l' anno;
In nude aride arene
A terminare i tuoi diluvj andranno,
E con asciutto piede
Un giorno ancor di calpestarti ho fede.
   So che l' acque son sorde,
Raimondo, e ch' è follia garrir col rio;
Ma sovra aonie corde
Di sì cantar talor diletto ha Clio,

E in mistiche parole
Alti sensi al vil volgo asconder suole.
   Sotto ciel non lontano
Pur dianzi intumidir torrente lo vidi,
Che di tropp' acque insano
Rapiva i boschi e divorava i lidi,
E gir credea del pari
Per non durabil piena ai più gran mari.
   Io dal fragore orrendo
Lungi m' assisi a romit' alpe in cima,
In mio cor rivolgendo
Qual era il fiume allora, e qual fu prima;
Qual facea nel passaggio
Con non legittim' onda, ai campi oltraggio.
   Ed ecco il crin vagante
Coronato di lauro, e più di lume,
Apparirmi davante,
Di Cirra il biondo re, Febo il mio nume,
E dir: mortale orgoglio
Lubrico ha il regno e ruinoso il soglio.
   Mutar vicende e voglie
D' instabile fortuna è stabil arte:
Presto dà, presto toglie,
Viene e t' abbraccia, indi t' abborre e parte:
Ma quanto sa si cange,
Saggio cor poco ride e poco piange.
   Prode è il nocchier che il legno
Salva tra fiera aquilonar tempesta;
Ma d' egual lode è degno
Quel che a placido mar fede non presta,
E dell' aura infedele
Scema la turgidezza in scarse vele.

Sovra ogni prisco eroe
Io del grande Agatocle il nome onoro,
Che delle vene Eoe
Ben su le mense ei folgorar fe' l' oro;
Ma per temprarne il lampo
Alla creta paterna anco die' campo.

Parto vil della terra,
La bassezza occultar de' suoi natali
Non può Tifèo; pur guerra
Move all' alte del ciel soglie immortali.
Che fia? sott' Etna colto
Prima che morto, ivi riman sepolto.

Egual finger si tenta
Salmoneo a Giove allor che tuona ed arde,
Fabbrica nubi, inventa
Simulati fragor, fiamme bugiarde:
Fulminator mendace
Fulminato da senno a terra giace.

Mentre l' orecchie io porgo
Ebbro di maraviglia al Dio facondo,
Giro lo sguardo, e scorgo
Del rio superbo inaridito il fondo,
E conculcar per rabbia
Ogni armento più vil la secca sabbia.

FULVIO TESTI.

Contro la vanagloria e la mania delle conquiste.

Spoglie di guerra e lorica e visiera
Pensola da rotto elmo a un tronco appese:

Giogo senza timon, rostri, bandiera,
  Mesti captivi, e trionfali imprese
In cima ad arco sculti: ecco i maggiori
Beni a cui sempre mortal brama attese.

  Roman', barbari e greci imperatori
A ciò l' animo alzaro. Indi fatica,
Perigli, aspre contese ebber motori.

  Tanto egli è ver che l' uom più s' affatica
In fama che 'n virtù. Magra è virtude
Se alcun premio od onor non la nutrica.

  Pur nella patria mise le man' crude
L' ambizion di pochi e 'l bramar lode
Duratura ne' marmi ove si chiude

  La polve di costor; ma spezzar gode
Forza di steril caprifico i sassi
Incisi: anco i sepolcri il tempo rode.

  Bilancia un Anniballe. Or di': quanti assi
Daratti un duce di virtù sì magna?
Cui l' Affrica da suoi termini bassi

  Fin dove il mare atlantico la bagna
Non valse contener? Discese a Calpe,
Fatti suoi gli Etiòpi, e prese Spagna.

  Varca Pirene. Invan le nevi e l' alpe
Natura oppone; le rocce distacca:
E con ferro ed aceto i monti scalpe.

  Già Italia è sua. Va oltre e dice: fiacca
L' impresa fia se non corro alle mura,
Se 'l mio soldato le porte non spacca,

  E non pianto il vessillo alla Subura.
O che vista! un monocchio capitano
Su getulo animal: bella pintura!

  Qual dunque è 'l fine? o gloria! da un romano

È vinto: e fugge a precipizio in bando,
Ove insigne e mirabil cortigiano
   Nell' atrio regal siede aspettando
Che al Bitino tiranno vegliar piaccia,
E d' introdurlo alfin faccia comando.
   L' alma cui nulla sbigottì minaccia,
E che un giorno turbò le umane cose
Non per dardi o pugnal verrà che giaccia:
   Ma Canne inulta e le stragi dogliose
Vendicherà l' anello. Or corri stolto!
Torna fiero a calcar l'alpi nevose:
   Onde appaghi i fanciulli, e a sermon sciolto
Tu sia subietto per le scuole. Intero
L' orbe al giovin Pelleo non parve molto.
   Smania infelice e s' ange nel pensiero
Qual di Giara costretto in mezzo a' rocchi,
O in la breve Serifo prigioniero.
   Ma allor che la città munita e' tocchi
Di cotte mura, al fin del suo cammino
Pago fia se un sarcofago gli tocchi.
   Morte sola può dir quanto piccino
Sia 'l corpicciuolo uman. Le fole argive
Narran ch' Ato fu scisso al mar vicino:
   Sì che per mezzo alle novelle rive
Passò l' armata che si fe' già ponte,
Cui le ruote calcar non furo ischive.
   Mancaro i fiumi e seccossi ogni fonte
Al ber de' Medi: come ne sciorina
In sue canzoni Sostrato sì conte.
   Tuttavia qual tornò di Salamina
Fuggitivo quel barbaro ch' er' uso
I venti flagellar su la marina,

Più ch' Eolo non fa lor nel carcer chiuso?
E che di ceppi avvinse Ennosigeo?
(In ciò benigno al certo perchè ad uso
   D' uno schiavo marchiarlo e' non credeo.
A lui qual nume più volea servire?)
Ma quale indi tornò? con qual trofeo?
   Solo un burchio cui fea lento al fuggire
Di cadaveri l' onda ingombra e rossa.
Tai pene ha chi di gloria empie 'l desire.
         MONTRONE. *Trad. di Giovenale.*

I Castelli in aria.

Era nella stagion che tutto adorno
Fa Zefiro vedersi alla sua Clori,
Ed io godeami il mar lungo la riva
Della Legine nostra, ivi sul letto
Scorsi bamboleggiare un drappelletto
Da maneggiar, quando che sia, la marra
Per servire a Pomona, e in un Leneo;
Ciascun di loro io chiamerei su Pindo
A nome Menalchetta e Titirillo.
Erano scalzi, e tutti quanti in zucca,
E con semplice mano ergean d' arena
Cotal città sul margine marino;
Vedeansi i muri cortinati, e fuori
Spingersi i baloardi, e d' ognintorno
Correre i fossi; pervenuto al colmo
Il forte fanciullesco, alto gridaro
Gli Anfionetti delle nostre ville·

Algieri, Algieri, Algieri, e col rimbombo
Della bocca sparar s' udian bombarde,
E colle palme percotendo il petto
Toccavano tamburi. In quel momento
Pur dall' aura sospinto un picciol fiotto
Assaltò la fortezza, e la disperse,
E via la si portò dall' altrui sguardo:
I ragazzetti riguardando il cielo
Trassero giù dal fianco un oh! ben lungo,
Ripieno di dolente meraviglia:
Ed io sorrisi alquanto; indi chiamai
A segreto consiglio i miei pensieri,
E favellai dentro del cuore: o quanti
Non bimbi no, ma pur col pelo in mento
Perdonsi a fabbricar, non sulla sabbia,
Ma nel vuoto dell' aria e fra le nubi?
Cuneo diletto, alcun nutre la vita
Con latte di dolcissima speranza.
Il mio parente è vecchio e senza prole,
Domane o l' altro se n' andrà sotterra,
Ed io mi leccherò quel buon retaggio,
Dunque sguazziam: ciò detto, eccolo in bisca
A tentar sue venture infra le zare
Col primo sole al Greco, e sulla sera
Al Porto ed al Piovano, indi la notte
Colle più celebrate di via mozza.
Il buon parente serra gli occhi intanto;
E lascia allo spedal censi e poderi
Divotamente, ma lo sciocco erede
Rimane brullo, ed alla fine è scorto
Solennemente all' onorate stinche.
Un altro vende le paterne case,

E le ville degli avi, e corre al Tebro,
Nè l'ora vede di vestirsi d'ostro;
Ma torbid'austro di maligno autunno
Fa che gli tagli Cloto il fil degli anni,
Ed ecco le speranze onde credea
Ornar fratelli ed illustrar nepoti,
Se ne vanno alla fossa in un ferètro.

CHIABRERA.

La Speranza ed il Possesso.

Fra me talora io dico: o lusinghiera
Stagion, che vesti di novel colore
Le piagge, or quando a rallegrare il core
Ritornerai di chi in te fida e spera?
    Ritorna alfin la vaga primavera,
E rende al mondo il suo perduto onore:
La dolce aura gentil desta ogni fiore;
D'amor parla ogni augel, parla ogni fiera.
    Ma l'egro spirto che non mai perfetta
Gioja gustò, da mille cure oppresso,
Non bada, e passa intanto il ben che aspetta.
    Così quel che lontan bramo, dappresso
Nol sento appena: e più mi piace e alletta
La speranza del ben, che il bene istesso.

TARTAROTTI.

Il Bisogno.

Oh tiranno signore
De' miseri mortali,
Oh male, oh persuasore
Orribile di mali,
Bisogno, e che non spezza
Tua 'ndomita fierezza!
   Di valli adamantini
Cinge i cor la virtude;
Ma tu gli urti e rovini,
E tutto a te si schiude:
Entri; e i nobili affetti
O strozzi, od assoggetti.
   Oltre corri, e fremente
Strappi Ragion dal soglio;
E il regno della mente
Occupi pien d' orgoglio;
E ti poni a sedere
Tiranno del pensiere.
   Con le folgori in mano
La legge alto minaccia,
Ma il periglio lontano
Non scolora la faccia
Di chi senza soccorso
Ha il tuo peso sul dorso.
   Al misero mortale
Ogni lume s' ammorza;
Ver la scesa del male
Tu lo strascini a forza.

I.   25

Ei, di se stesso in bando,
Va giù precipitando.

Ahi! l' infelice allora
I comun patti rompe;
Ogni confine ignora;
Ne' beni altrui prorompe;
Mangia' i rapiti pani
Con sanguinose mani.

Ma quali odo lamenti,
E stridor di catene;
E ingegnosi stromenti
Veggo d' atroci pene
Là per quegli antri oscuri,
Cinti d' orridi muri?

Colà Temide armata
Tien giudicj funesti
Su la turba affannata,
Che tu persuadesti
A romper gli altrui dritti,
O padre di delitti.

Meco vieni al cospetto
Del nume che vi siede.
No, non avrà dispetto
Che tu v' inoltri il piede.
Da lui con lieto volto
Anco il Bisogno è accolto.

O ministri di Temi
Le spade sospendete:
Dai pulpiti supremi
Qua l' orecchio volgete.
Chi è che pietà niega
Al Bisogno che prega?

Perdon, dic' ei, perdono
Ai miseri cruciati.
Io son l' autore, io sono
De' lor primi peccati :
Sia contro a me diretta
La pubblica vendetta.

Ma quale a tai parole
Giudice si commove?
Qual dell' umana prole
A pietade si move?
Tu, Wirtz, uom saggio e giusto
Ne dai l' esempio augusto :

Tu, cui sì spesso vinse
Dolor degl' infelici
Che il bisogno sospinse
A por le rapitrici
Mani nell' altrui parte
O per forza, o per arte;

E il carcere temuto
Lor lieto spalancasti;
E dando oro ed ajuto,
Generoso insegnasti
Come senza le pene
Il fallo si previene.

PARINI.

La Moderazione ne' desiderj, base di ogni umana felicità.

D' uopo di poco ha l' uomo, e fra suoi mali
Contar la debolezza indarno crede:
Debol non è, se non allor ch' eguali
A suoi desir le forze sue non vede.
Ah! se i desiri suoi vanno delusi,
Non la natura, ma se stesso accusi.

Se libero esser vuoi da questa pena,
Se le tue forze, o figlio, accrescer vuoi,
L' impeto ognor delle tue voglie affrena
Diminuisci i desiderj tuoi:
Senza ragione debole si chiama
Chi puote ancor di più di quel che brama.

Vedi quali confini abbia al tuo stato
Prescritto il cielo, e 'l gran decreto adora:
Per quanto angusti sian, sempre è beato
Chi ne' confini suoi vive e dimora;
Ma misero inquieto ognora suole
Esser colui che oltrepassar gli vuole.

Colui che in mezzo a' suoi desiri insani,
Quel che impossibil è, possibil finge;
Ma mentre dal suo fin poco lontani
Si figura i suoi voti, un' ombra stringe,
Colui, che obblia se stesso, o che si crea
In mente, di se stesso un' altra idea.

L' esser privo di un ben sol è molesto
A chi crede quel bene a se dovuto;
Il desir non si sveglia, o langue presto,
Se dalla speme in noi non è pasciuto:

La brama d' esser re nel rozzo ovile
Non turba i sonni al pastorello umile.

Lungi dunque l' orgoglio, e degli affanni
Non sosterrai l' orribile sembianza;
Non perderai miseramente gli anni
Fra la tema diviso e la speranza,
Ad agitarti, e a formar voti intento,
Che il ciel non ode e che disperde il vento.

Qualor l' orgoglio i tuoi pensier non muova,
Volti saranno ognora i tuoi pensieri
Solo a quel ben che in tuo poter si trova,
E non a quel che conseguir tu speri.
Dolce saria sperar, ma va la speme
Troppo sovente coll' inganno insieme.

Se alcun giammai si affaccia a te d' avanti,
Cui più che a te la cieca sorte arrida,
Rivolgi intorno i lumi, e vedi quanti
La provan più di te crudele e infida;
E nelle angustie tue penose e dure
Saran scuola per te le altrui sventure.

Pur se vuoi confrontarti a chi propensa
Più sembra aver la sorte a suo favore,
Il suo con il tuo cor confronta, e pensa
S' ei serba al par di te tranquillo il core.
È spesso il core in gravi affanni avvolto,
E la felicità tutta è sul volto.

LA DUCHESSA DEL VASTOGIRARDI. *Avvert. a suo figlio.*

L' Arte di godere.

V' è chi tanto più lieto un cor suppone
Quanto i piaceri suoi son più e diversi;
E che per la medesima cagione
Crede che gli anni nella noja immersi
Tragga colui, che troppo brevi e stretti
I confini prescrisse a' suoi diletti.

Ma figlio, non è ver: più gode un' alma
Quanto è più moderato il suo contento:
Tranquilla è allor, nè in così dolce calma
Il disgusto o il desir le dà tormento.
Cagion d' affanno è una soverchia gioja,
E spesso dal piacer nasce la noja.

Noja, flagel de' ricchi in mezzo al folto
Gregge dei lor seguaci adulatori,
Tra lo stuol de' piaceri insiem raccolto
Dagli invano profusi ampi tesori,
Quando la credon più da lor divisa
Se la veggon confusi al fianco assisa.

Erra chiunque di sottrarsi pensa
Alle di lei ricerche insidiose,
Or le notti passando a lauta mensa,
Or fra notturne scene armoniose,
Ella senza riguardo i passi arditi
Porta su gli aurei palchi e fra conviti.

Ah! se tu brami incontro alla nemica
Noja importuna un utile soccorso,
Procura che il travaglio e la fatica
Spesso interrompa alle tue gioje il corso:

Fa che sia impresso ognor nel tuo pensiere
Che un continuo piacer non è piacere.

Gl' innocenti diletti i fiori sono
Che su questo mortal basso soggiorno
Sparse pietoso il ciel; ma sì bel dono
Di quante spine è circondato intorno!
Schivarne le punture indarno spera
Chi i fior non coglie d' una man leggiera.

LA DUCHESSA DEL VASTOGIRARDI.

Principj di condotta nel mondo.

Ma se la patria tua trovarti in petto
Sensi di gratitudine desia,
L' uomo, con cui se' a vivere costretto,
Gentilezza ti chiede e cortesia;
Non quella cortesia che appar di fuore,
Ma quella ch' è virtude, e vien dal core.

So che la frode al ver sempre rubella,
Trovò la facil arte e lusinghiera
Di porre in luogo di virtù sì bella
Un' apparenza vana e menzognera;
Ma a chi vanta un bel cor, no, non bisogna
Quest' artifizio vil della menzogna.

Dell' artifizio invece ei pone in uso
Quella bontà ch' è naturale in lui;
E in vece di seguir l' indegno abuso
Di lusingar le debolezze altrui,
Con tal grazia corregge e persuade,
Che sembra gentilezza ed è pietade.

Con chi nascendo in uno stato oscuro
Pende da cenni tuoi, serba un contegno
Ed un impero libero e sicuro,
Ma che non abbia d' alterezza un segno.
Dall' orgoglio il valor sempre è diviso:
Chi grande ha l' alma, ha mansueto il viso.

Un' aria disdegnosa ed insolente
Che l' uom disprezza in umile fortuna
Degna è di un' alma che si accorge e sente
Che via non ha d' impor, se non quest' una;
D' un' alma vil che in servitude avvezza
Non crede comandar se non disprezza.

Ma tu fin dove il tuo poter si estenda
Spandi d' intorno i doni e i benefici;
Chi più lieto di te, quando tu renda
Il numero minor degl' infelici?
Più solido piacere il cor non trova,
Ma comprender nol può chi non lo prova.

Nè creder già, che tal piacer turbato
Resti dal rimirar che un cor talora
Al suo benefattor si mostra ingrato:
Premio a se stessa è la virtude ognora,
E come un van desio mai non la muove,
Di se si appaga e nulla cerca altrove.

L' uom di saper, d' aurea dottrina adorno
Sia lo scopo primier delle tue cure;
Lieto l' accogli ognor nel tuo soggiorno,
E godi d' alleviar le sue sventure.
Che spesso fra sventure il merto geme,
E fortuna e saper non vanno insieme.

Guarda però, che nel tuo petto accolta
La folle vanità non sia giammai,

E che da te con imprudenza stolta
Non si rinfacci il bene a chi lo fai:
Langue vantata ogni più bella impresa:
Rinfacciato favor diventa offesa.

Se sia talor che in qualche dubbio evento
Dagli altri astretto a favellar ti miri,
Un magnanimo e nobile ardimento
A detti tuoi la veritade inspiri:
Cerchi applausi chi vuol, cerca soltanto
Tu di candore e di franchezza il vanto.

Quando verrà, che in qualche error ti avvolga
L' altrui malizia o il giovanile ardore,
Sollecito dal fallo il cor si sciolga,
E non turbi il tuo volto alcun rossore;
Che giusto è sol che di rossor s' accenda
Nell' atto dell' error non dell' emenda.

Ma se varcar di questo mar nemico
Vuoi con minor periglio i flutti infidi,
Fa scelta, o figlio, d' un sincero amico,
Ed i pensieri tuoi con lui dividi:
Geloso al par di te de' tuoi riposi
T' additerà le sirti e i scogli ascosi.

Ma pria che scelga, lungo tempo aspetta,
E molto teco stesso ti consiglia;
Che l' amicizia candida e perfetta
Del tempo e di ragion dev' esser figlia:
Una scelta sollecita di raro
Divisa andò da un pentimento amaro.

LA DUCHESSA DEL VASTOGIRARDI.

L'Arte di piacere.

Garzon bennato, che alle frondi e ai fiori,
Onde t'ornò benignamente il cielo,
Già mostri in te sì rispondenti i frutti,
M'accorgo io ben che Damo, il qual ne' crocchi
Di buoni sali il favellar condisce,
T'entra molto nell'alma. Ah! non t'abbagli,
Prode garzone, un periglioso dono,
Ch'è di quel, che a te pare, assai men bello.
Credi forse che grato a tutti Damo
Riesca? In error sei. Difficilmente
Sogliono perdonar gli uomini in giro
Sedenti e confrontati, a chi tra loro
Troppo su l'ale dell'ingegno s'alza.
Tutti, io nol niego, ad un festivo detto
Danno in un riso: ma, se ben gli adocchi,
Guizzo del cor, che su la faccia splende,
Non è quel riso in molti; è storcimento
Di labbra, come avesse altri l'incauto
Dente in acerba melagrana impresso.
Non per questo io consiglioti, che dove
Ti venisse su i labbri un motto arguto,
Tu sempre il debba rimandare in petto;
Consiglioti lasciare al negro il volto
E i panni variopinto Orobio mimo
L'arte sua propria. Chi mattino e sera
Questa d'esercitar mai non si stanca,
Gli applaude, e a un tempo lo dispregia il mondo.
    Taccio che spesso una faceta lingua,
Mentre alletta il vicin, l'assente offende:

Poichè tra quei, che cotidiana impresa
Dell' arguzia si fanno, a corvo bianco
Colui somiglia, che giammai non arma
Di satirica punta i suoi concetti.
Sen guarderà da prima: indi la lode
Sì a poco a poco lo imbriaca e infiamma,
Che quando il caso d' un leggiadro colpo
Gli si presenta, non va salvo uom vivo.
Come, se l' arco in man teso sta sempre,
Non partirà l' ambizioso strale?
Quindi il più fido ancora e vecchio amico,
Che altrove siede de' suoi rischi ignaro,
Riceve l' invisibile ferita;
E forse in quel, che con soave affetto
Parla di chi ferillo, e dell' accusa,
Che di labbro maledico gli appicca
Non a torto qualcun, forse il difende,
O il raccomanda caldamente a un grande.

 Vuoi piacere ad altrui? Moderne o antiche
Storie, accidenti curiosi, pronte
Risposte intese per ventura o lette,
Sempre che il destro n' hai, racconta breve.
Diletto non darà d' invidia misto
Sì fatta pruova non superba, in cui
Più che l' ingegno la memoria vale.
Giocondo a chi ode il raccontar pur torna,
Perchè ciò, che in un loco udir gli accasca,
Potrà recar senza gran sforzo altrove:
Ma recar non potrà detto che frizzi:
Chè, quasi di licor che dall' un vaso
Passi nell' altro, dell' arguto motto,
Ove dall' una varchi all' altra bocca,

Il volatile spirto esala e sfuma.
Vuoi piacere ad altrui? Scolta mai sempre
Con viso attento chi favella; e, quando
Giunge del favellare a te la volta,
Non il fanciul, che la dipinta palla
Lancia e rilancia solitario in alto,
Ma quello imita, che al fanciul compagno
La manda, ond' ei rimandila, e al diletto
Del compagno non men, che al proprio, serve.
Studia in oltre, che l' uomo, a cui tu parli,
Si mostri anch' egli e spicchi; e i non ignoti
Tasti in lui tocca che rispondon meglio.
E s' ei cosa talor, che in mente serra,
Pena a espor fuori, dolcemente, e in guisa
Che appena il senta, a esporla fuor l' ajuta.
Delle lodi di Socrate fu questa;
E levatrice degli umani ingegni
La divina il chiamò bocca di Plato.
Spesse volte per due, che non so come,
S' incrocicchian tra loro, idee scortesi,
Per un meschin vocabolo, che fitto
Tra fibra e fibra rimaner s' ostina,
Così travaglia un cerebro e dolora,
Che vede ognun quanto gli costa il parto.
Tu accorri in fretta: ma lontani i ferri.
Vuoi piacere ad altrui? Con mesti annunzj
Non entrar mai. Conosci tu Damone?
Se alcun si ruppe delle gambe un osso,
Se guastò la gragnuòla a un altro i campi,
Se morì un terzo inopinatamente,
Pria Damon non assidesi, che il duro
Caso narrò. Perchè un' immagin trista

Gittare in mezzo al comun gaudio, e porre
Su le fronti serene un' atra nube?
Ma più ancor v' ha. Molte fiate incontra,
Che subita tra due pugna vocale,
Come son varie le sentenze, nasca.
Nè tai conflitti, purchè il loco all' ira
Ceder l' urbanità mai non si scorga,
Condannerem: chè da due bravi spirti,
Che si corrono a urtar, dotte scintille
Schizzan sovente. Ti parrà talvolta
Vinto restarti? Confessarti vinto
Osa, e cedere il campo; e allor che il meglio
Ti sembri averne, ah! non voler che giunga
Il duellar sino all' estremo sangue.
Tutti del più, che contro il tuo nemico
Potresti, s' avvedranno; e co' novelli
Colpi, che riterrai cortese indietro,
Più ancor, che non per gli altri a lui già dati,
D' onesto lauro cingerai le chiome.

PINDEMONTE,

Il Vero merito.

Pensando io già tra me, perchè Silvestro,
In cui, sia loco al ver, non si contiene,
Prendi la mente o il core, oncia di buono,
Pur tante laude dai mortali ottenga.
Seppilo al fine. La sua dote è un prode,
Che gli mandò la Dora, illustre cuoco.
Ridi, lettor? Così andò sempre il mondo.

O Grecia, o d' arti, di scienze e d' armi,
D' ingiustizie e follie, madre feconda,
Spesso ne' giuochi, onde sì a te piacesti,
Uom, che tra gli altri a riguardar sedea,
E in cavalli era forte ed in auriga,
Cingea d' ulivo una vittrice testa,
Che nè bagnato da sudor, nè tinto
Portava d' Elea polve un sol capello:
Per lui vestia sotto scarpel divino
Le umane forme il sasso; a lui la vita
Davasi dalla patria i giorni tutti:
Che dico? i muri la città rompea,
Perch' ei, come difesi avesse e salvi
I talami, le cune ed i sepolcri,
Alto sul cocchio a trionfar v' entrasse.
Più sempre il mondo indi invecchiò, nè troppo
Crescendo d' anni, anco di senno crebbe.
Scorgi tu quei corsier, che in ver la meta
Con allungati colli e incurve groppe,
Sospingonsi veloci a par del vento?
Scorgi que' cani, che del fero bue,
Che l' ira porta delle corna in cima,
Con leggier salto addentano l' orecchia?
Scorgi que' galli, che di sprone armati
Vansi di petto a dare, a dar di rostro,
Penne spargendo sovra il palco, e sangue?
Gridansi i vincitori. Or quanti viva
Non usurpa a que' bravi il lor signore,
Che se ne gonfia, e d' un corsier nel piede,
O nel becco d' un gallo e nella zampa,
O nel dente d' un can, credesi grande?
Con tal senso del bello, e sì profonda

Degli accordi scïenza e de' contrasti,
Suolsi Corinna ornar, che ove appuntarla,
Non che gli Adoni di più acuto sguardo,
La stessa invidia femminil non trova.
Ma chi può dir, se di Corinna parto
Son tai prodigi, o della sua Cipassi,
Che nell' arte di crescere a un gentile
Corpicciuol grazia, e lume a due pupille,
Tra le ancelle d' Italia il campo tiene?
Bel colpo quel monarca. Egli, o il ministro?
O chi al ministro pella penna serve,
E dal cui labbro forse il primo uscia
Timido avviso, che al ministro piacque,
E di ch' ei s' abbellì dinanzi al trono?
Taccio di quei, che da due parti opposte
A struggersi tra lor con garbo ad arte
Guidano armati i miseri mortali.
Oh se venir dalle tenèbre al giorno
Ciò si vedesse che nell' un de' campi
La vittoria tirò, che volteggiava
Prima sovr' ambo con incerte penne,
Quanti lauri dovrian dalle superbe
Fronti cader de' capitani, e a bassi
Non famosi guerrier salire in testa!
   A chi dunque ghirlande? a chi giammai
Dal ver non torce e dall' onesto i passi,
Gode di perdonar, d' offender teme,
Nè a battaglia mai vien contra se stesso,
Che se stesso non vinca. Ecco la prima
Dell' arti, e la più eccelsa. Indi a chi l' alme
Con preclare d' ingegno opre e di mano
D' alto piacer ferisce, o di natura

Svela gli arcani, e in sul morir più dotte,
Che al nascer non trovò, lascia le genti.
Ghirlande a chi trar sa vivi da un marmo
Sembianti, e voce dar quasi alle tele;
O con poemi, con tragedie ed inni
Molcere i cori e sublimar le menti;
O pesar l' aere, misurar la terra,
La luce dispartir, reggere i fiumi,
Disarmar della folgore le nubi,
Dell' acqua far due diverse arie, e d' ambe
La stess' acqua rifar, ministro il foco.
Ghirlande a un Rafaello, il qual, volando
Di là dal segno ancor della terrena
Beltà ideale, colorire il Cristo
Sul mistico Tabor nell' atto osava
Che l' uom dispar dalla sua faccia, e solo
Tra rai di gloria vi si mostra il nume.
Ghirlande a un Michelangelo, che altera
Mole innalzar potea; di pinte ornarla
Figure; ornarla di scolpite; e, i fieri
Scarpei, le ardite seste, ed i tremendi
Pennelli col Febeo legno mutati,
Farla risponder versi, uom di quattr' alme.
Ad un Torquato, che tra i pioppi e gli olmi,
O alle spade per mezzo ed alle frecce,
Tale spirto infondea nelle silvestri
Canne ineguali o nell' eroica tromba,
Che non v' ha lato dell' Europa, dove
Gl' incliti sensi di Goffredo, e i dolci
Sospiri non risuonino d' Aminta.
A un Galileo, che quell' eterne e ignote
Per così lunga età leggi, onde tutti

La dedalea natura i corpi move,
Scoverse primo; e non pria, nuovi in fronte
Occhi a se pose, e li rivolse al cielo,
Che Giove si cerchiò di quattro stelle;
Tonda o bicorne, quasi un' altra luna,
Venere apparve; e non più affatto terso,
Che che delle sue macchie or s' argomenti,
Prese a rotar sovra se stesso il sole.

So, che spirti sì egregi a quei non poco
Denno che apriro e diboscaro il calle;
Denno agli amici, che de' lor consigli
Li provider nell' uopo; al caso denno,
Ch' esser parve talor sì gran maestro.
Ma non però venererolli io manco:
Poichè dove mirar, dove appiccare
Delle idee proprie meditando il filo,
L' uom non può non aver; nè v' è, che Dio,
Che opri solingo, e sul nulla opri, e fuori
Con ischerzevol man ne tragga il mondo.
Questi io dunque inghirlando, e molto gli alzo
Sovra tutti color, che forse io veggio
Risplender sol di ripercossa luce,
Che d' altronde in lor cada. E pur con tanta
Superbia favellar gli odo sovente;
Che pace a me non rimarrà, s' io loro
Ciò non rammento, che ad un flauto audace,
Non so in qual giorno, un rosignuol rispose.

Tempo già fu, che un ben costrutto flauto,
Gente vedendo ad ascoltare intenta
Quelle che uscian da lui musiche voci,
Disse tra se: quanto io son grande! quanta
Virtude in me s' annida! E ad un vicino

Rosiguoletto, che gorgheggi e fughe
Dal suo pendulo carcere mandava,
Taci, gridò. Vuoi, tu contender meco?
Rimira stuol, che della luna al raggio,
Onde ber per l' orecchio i gravi o acuti
Suoni divini che per l' aere io spargo,
Mi circonda su i piè! Te forse alcuno
Loda in passando, ma nessun s' arresta.
E l' augelletto: molto vaglia o poco,
Mio proprio è il canto, ed io mel formo in gola.
Ma tu se l' uom con ingegnose labbra
Non infondesse nel tuo corpo il fiato,
Nè rapide movesse ora ed or lente
Sul dorso tuo l' esercitate dita,
Bosso disutil fatto, e alla materna
Selva già tolto invan, su ignobil desco
Giacer dovresti polveroso e muto.

PINDEMONTE.

I Sepolcri.

Dal dì che nozze e tribunali ed are
Dier alle umane belve esser pietose
Di se stesse e d' altrui, toglieano i vivi
All' etere maligno ed alle fere
I miserandi avanzi che natura
Con veci eterne a sensi altri destina.
Testimonianza a' fasti eran le tombe,
Ed are a' figli; e uscian quindi i responsi
De' domestici lari, e fu temuto
Su la polve degli avi il giuramento:

Religion, che con diversi riti
Le virtù patrie e la pietà congiunta
Tradussero per lungo ordine d' anni.
Non sempre i sassi sepolcrali a' templi
Fean pavimento; nè agl' incensi avvolto
De' cadaveri il lezzo i supplicanti
Contaminò; nè le città fur meste
D' effigiati scheletri: le madri
Balzan ne' sonni esterrefatte, e tendono
Nude le braccia su l' amato capo
Del lor caro lattante onde nol desti
Il gemer lungo di persona morta
Chiedente la venal prece agli eredi
Dal santuario. Ma cipressi e cedri,
Di puri effluvj i zefiri impregnando,
Perenne verde protendean su l' urne
Per memoria perenne; e preziosi
Vasi accogliean le lagrime votive.
Rapian gli amici una favilla al sole
A illuminar la sotterranea notte,
Perchè gli occhi dell' uom cercan morendo
Il sole; e tutti l' ultimo sospiro
Mandano i petti alla fuggente luce.
Le fontane versando acque lustrali
Amaranti educavano e viole
Su la funebre zolla, e chi sedea
A libar latte e a raccontar sue pene
Ai cari estinti, una fragranza intorno
Sentia qual d' aura de' beati Elisi.
Pietosa insania, che fa cari gli orti
De' suburbani avelli alle britanne
Vergini dove le conduce amore

Della perduta madre, ove clementi
Pregaro i genj del ritorno al prode[1]
Che tronca fe' la trionfata nave
Del maggior pino e si scavò la bara;
Ma ove dorme il furor d'inclite geste,
E sien ministri al vivere civile
L'opulenza e il tremore, inutil pompa
E inaugurate imagini dell'Orco
Sorgon cippi e marmorei monumenti.
Già il dotto e il ricco ed il patrizio vulgo,
Decoro e mente al bello italo regno,
Nelle adulate reggie ha sepoltura
Già vivo, e i stemmi unica laude. A noi
Morte apparecchi riposato albergo
Ove una volta la fortuna cessi
Dalle vendette, e l'amistà raccolga
Non di tesori eredità, ma caldi
Sensi e di liberal carme l'esempio.

FOSCOLO.

Le Tombe degli uomini illustri che si vedono nella
chiesa di S. Croce in Firenze.

A egregie cose il forte animo accendono
L'urne de' forti, o Pindemonte; e bella
E santa fanno al peregrin la terra
Che le ricetta. Io quando il monumento
Vidi ove posa il corpo di quel grande,
Che temprando lo scettro a' regnatori,

[1] L'ammiraglio Nelson.

Gli allòr ne sfronda, ed alle genti svela
Di che lagrime grondi e di che sangue;
E l' arca di colui che nuovo Olimpo
Alzò in Roma a' celesti; e di chi vide
Sotto l' etereo padiglion rotarsi
Più mondi, e il sole irradiarli immoto,
Onde all' Anglo che tanta ala vi stese
Sgombrò primo le vie del firmamento;
Te beata, gridai, per le felici
Aure pregne di vita, e pe' lavacri
Che da' suoi gioghi a te versa Appennino!
Lieta dell' aer tuo veste la luna
Di luce limpidissima i tuoi colli
Per vendemmia festanti; e le convalli
Popolate di case e d' oliveti
Mille di fiori al ciel mandano incensi:
E tu prima, Firenze, udivi il carme
Che allegrò l' ira al Ghibellin fuggiasco,
E tu i cari parenti e l' idioma
Desti a quel dolce di Calliope labbro
Che Amore, in Grecia nudo, e nudo in Roma,
D' un velo candidissimo adornando,
Rendea nel grembo a Venere celeste:
Ma più beata, che in un tempio accolte
Serbi l' itale glorie, uniche forse
Da che le mal vietate Alpi e l' alterna
Onnipotenza delle umane sorti
Armi e sostanze t' invadeano ed are
E patria, e tranne la memoria, tutto;
Chè ove speme di gloria agli animosi
Intelletti rifulga ed all' Italia,
Quindi trarrem gli auspicj. E a questi marmi

Venne spesso Vittorio ad ispirarsi:
Irato a' patrii numi, errava muto
Ove Arno è più deserto, i campi e il cielo
Desioso mirando; e poi che nullo
Vivente aspetto gli molcea la cura,
Quì posava l' austero, e avea sul volto
Il pallor della morte e la speranza.

 Con questi grandi abita eterno: e l' ossa
Fremono amor di patria. Ah si! da quella
Religiosa pace un nume parla:
E nutria contro a' Persi in Maratona,
Ove Atene sacrò tombe a' suoi prodi,
La virtù greca e l' ira. Il navigante
Che veleggiò quel mar sotto l' Eubèa,
Vedea per l'ampia oscurità scintille
Balenar d' elmi e di cozzanti brandi,
Fumar le pire igneo vapor, corrusche
D' armi ferree vedea larve guerriere
Cercar la pugna; e all' orror de' notturni
Silenzi si spandea lungo ne' campi
Di falangi un tumulto e un suon di tube
E un incalzar di cavalli accorrenti,
Scalpitanti su gli elmi a' moribondi,
E pianto ed inni, e delle Parche il canto.

       FOSCOLO.

CARATTERI E RITRATTI.

———

La Donna amabile.

Candida è ella, e candida la vesta,
Ma pur di rose e fior dipinta e d' erba,
L' inanellato crin dell' aurea testa
Scende in la fronte umilmente superba.
Ridele attorno tutta la foresta;
E quanto può, sue cure disacerba.
Nell' atto regalmente è mansueta;
E pur col ciglio le tempeste acqueta.
Folgoran gli occhi d' un dolce sereno,
Ove sue faci tien Cupido ascose:
L' aer d' intorno si fa tutto ameno,
Ovunque gira le luci amorose.
Di celeste letizia il volto ha pieno,
Dolce dipinto di ligustri e rose.
Ogni aura tace al suo parlar divino,
E canta ogni augelletto in suo latino.
Sembra Talia, se in man prende la cetra:
Sembra Minerva, se in man prende l' asta:
Se l' arco ha in mano, al fianco la faretra,
Giurar potrai che sia Diana casta.
Ira dal volto suo trista s' arretra;
E poco avanti a lei superbia basta.
Ogni dolce virtù l' è in compagnia:
Beltà la mostra a dito e Leggiadria.

Con lei sen va Onestate umile e piana,
Che d'ogni chiuso cor volge la chiave:
Con lei va Gentilezza in vista umana,
E da lei impara il dolce andar soave.
Non può mirarle in viso alma villana,
Se pria di suo fallir doglia non ave.
Tanti cuori Amor piglia, fere e ancide,
Quanto Ella o dolce parla o dolce ride.

POLIZIANO.

La Donna civetta.

Usa ogni arte la donna, onde sia colto
Nella sua rete alcun novello amante.
Nè con tutti, nè sempre un stesso volto
Serba; ma cangia a tempo atti e sembiante.
Or tien pudica il guardo in se raccolto,
Or lo rivolge cupido e vagante:
La sferza in quegli, il freno adopra in questi
Come lor vede in amar lenti o presti.

Se scorge alcun che dal suo amor ritiri
L'alma, e i pensier per diffidenza affrene,
Gli apre un benigno riso, e in dolci giri
Volge le luci in lui liete e serene:
E così i pigri e timidi desiri
Sprona, ed affida la dubbiosa spene;
Ed infiammando l'amorose voglie,
Sgombra quel gel che la paura accoglie.

Ad altri poi, ch' audace il segno varca,
Scorto da cieco e temerario duce,

De' cari detti e de' begli occhi è parca;
E in lui timore e riverenza induce.
Ma fra lo sdegno onde la fronte è carca,
Pur anco un raggio di pietà riluce:
Sì ch' altri teme ben, ma non dispera,
E più s' invoglia, quanto appar più altera.

Stassi talvolta ella in disparte alquanto,
E 'l volto e gli atti suoi compone e finge,
Quasi dogliosa; e infin sugli occhi il pianto
Tragge sovente, e poi dentro il respinge:
E con quest' arti a lagrimar intanto
Seco mill' alme semplicette astringe:
E in foco di pietà strali d' amore
Tempra, onde pera a sì fort' arme il core.

Poi, siccome ella a quel pensier s' invole,
E novella speranza in lei si deste,
Ver gli amanti il piè drizza e le parole,
E di gioja la fronte adorna e veste;
E lampeggiar fa, quasi un doppio sole,
Il chiaro sguardo, e 'l bel riso celeste
Sulle nebbie del duolo oscure e folte,
Ch' avea lor prima intorno al petto accolte:

Ma mentre dolce parla e dolce ride,
E di doppia dolcezza inebria i sensi,
Quasi dal petto lor l' alma divide,
Non prima usata a quei diletti immensi.
Ahi crudo amor! ch' egualmente n' ancide
L' assenzio e 'l mel che tu fra noi dispensi;
E d' ogni tempo egualmente mortali
Vengon da te le medicine e i mali.

Fra sì contrarie tempre, in ghiaccio e in foco,
In riso e in pianto, e fra paura e spene,

Inforsa ogni suo stato; e di lor gioco
L' ingannatrice donna a prender viene.
E s' alcun mai con suon tremante e fioco
Osa, parlando, d' accennar sue pene;
Finge quasi in amor rozza e inesperta,
Non veder l' alma ne' suoi detti aperta:

O pur le luci vergognose e chine
Tenendo, d' onestà s' orna e colora
Sì che viene a celar le fresche brine
Sotto le rose onde il bel viso infiora;
Qual nell' ore più fresche e mattutine
Del primo nascer suo veggiam l' aurora:
E 'l rossor dello sdegno insieme n' esce
Colla vergogna, e si confonde e mesce.

Ma se prima negli atti ella s' accorge
D' uom che tenti scoprir l' accese voglie,
Or gli s' invola e fugge, ed or gli porge
Modo onde parli, e in un tempo il ritoglie.
Così il dì tutto in vano error lo scorge
Stanco; e deluso poi di speme il toglie.
Ei si riman qual cacciator ch' a sera
Perda al fin l' orma di seguita fera.

TASSO. *Ger. lib.* can. IV.

Il Poeta fanatico.

Ei si diletta di compor de' versi,
E vorrebbe se può farsi poeta,
Ha tentato fin qui studi diversi,
Ma sol dentro al poetico s' acqueta:

Di vocaboli scelti e modi tersi,
D' *unquanchi* e *quinci*, senza fine o meta,
Ha fatto con l' ingegno pellegrino,
Un libro grosso come un Calepino.

Squaderna i libri e spolvera gli antichi,
E gli postilla se riescon dotti,
E gli assapora come fusser fichi,
Distinguendoli in datteri e brugiotti;
Le perifrasi osserva e i casi oblichi
Gl' idiotismi e gli entimemi addotti,
Metaplasmi, sinedochi ed ellissi,
E gli accenti, e gli articoli e gli affissi.

Virgilio tutto ha per lo senno a mente,
E come peverada Orazio inghiotte,
Ovidio al suo giudizio è negligente,
Persio fa poca strada e va di notte,
Lucrezio ha dell' antico e non si sente,
Lucan tira a traverso orribil botte,
È aspro Silio, e non han frasi buone
Stazio e Properzio; e Plauto fa il buffone.

Mill' altri documenti, e mille e mille
Altre osservanze egli ha notato e nota,
E i comenti rivede e le postille,
E gira il cervel suo come una rota,
E per usanza sta come l' anguille
Fitte la notte e 'l dì dentro la mota,
Fra gl' inchiostri sepolto e fra le carte;
E sempre alla natura aggiunge l' arte.

Così dunque signora, avete udito,
Chi fia 'l garzone, e quali i suoi diletti,
La casa ov' abit' egli e 'l mio marito,
E quella là, che ne discopre i tetti,

E chi vuol fare a lui piacer gradito,
Dicali in poesia vaghi concetti,
Chè per un madrigale o una canzona,
Si faria servitor d' ogni persona.

BRACCIOLINI. *Lo Scherno degli dei.* can. XII.

La Donna saccente.

Palustre augello osa tentar le stelle,
Fabbrica nel suo cor macchine vane,
Inventrice di ciance e di novelle:
Crede esser dotta nelle scienze umane,
Come ne' vizj, e in nobile palestra
Vuol l' istorie trattar Greche e Romane.
Vago è il mirar costei sì scaltra e destra
Farsi allo stuol de' numerosi amanti
Nuova Licinia del ben dir maestra;
Che se talun di lor fra tanti e tanti
Senno erudito in favellar dimostra,
E a quello unisce di facondia i vanti,
Entra allor baldanzosa anch' ella in giostra;
E perchè vuol d' Areta e Aspasia al pari
D' alto saper, d' alta virtù far mostra,
Ponsi a narrar quanto impensati e amari
I casi fur del pellegrino Ulisse
Per terre ignote e per diversi mari:
Che a grave error degli Attici s' ascrisse
Il consentir che un Socrate in prigione
Fosse qual reo dannato, e tal morisse;
Aggiunge qual magnanimo sermone,

Del viver suo nell' ultimo momento,
Dal moribondo vecchio udì Critone.

 Che non fu visto in Roma ugual spavento,
E già il popol volea muover tumulto,
Correndo al ferro più leggier che il vento,

 Quando Sempronia (oh detestando insulto!)
Diè morte a lui, che vendicar poteva
Dell' un cognato il sangue, e il volle inulto:

 Ch' alto fulgor di maestà splendeva
Del gran Pompeo nel volto, e un rossor grato
Sopra l' uso mortal bello il rendeva;

 E pel contrario a Cesare fu dato
Torvo sembiante, minaccioso il guardo,
Scarne le guance, e mezzo il crin pelato:

 Vanta saper qual provido riguardo
Nel campeggiar mostrasse il Duce Albano,
Onde prudente apparve, e non codardo:

 Qual incontro al furor dell' oceàno
L' Olanda opponga ampio riparo e forte,
Perchè il terren soggetto assaglia in vano:

 S' è ver che quante in Tebe eran le porte,
Traendo il Nilo da principio ignoto,
Con tante bocche i flutti al mar trasporte:

 Come sotterra in grembo al suol più vuoto
Si concentri il vapore, e si racchiuda,
Che poi volendo uscir faccia il tremuoto:

 Perchè nel cerchio opposto, allor che cruda
Gela l' aria fra noi, faccia vedersi
Sotto un torrido ciel la gente ignuda:

 Dirà qual vasto impero ebbero i Persi,
Quanto durò la monarchia de' Medi,
Larghissimo soggetto a prose e versi:

Che poi furon d' entrambi i Greci eredi,
Sin che il roman valor con lunga guerra
Restò vincente in sella, e ogn' altro a piedi.

Muove col ragionar di terra in terra,
Pone in concordia il Turco e l' Alemanno,
L' Africa unisce in pace all' Inghilterra.

Ella omai già prevede in chi cadranno
D' Iberia i tanti regni, e quai litigi
L' Istro e la Senna a tal ragione avranno:

Se quai schiere, quai navi in sul Tamigi
Quel re disponga, e quai pensier non meno
Volga nella gran mente il gran Luigi:

Per qual segreto oggetto, o il crede almeno,
Sue squadre il Mosco e il Sarmata apparecchie:
Dove scorra l' Arasse, il Savio e 'l Meno.

Siffatte istorie, ed altre ancor parecchie
Narra per tutto, ed è si lungo il tedio,
Che stordite ne porti ambe l' orecchie.

ADIMARI.

L' Incostante.

Come l' infermo che ha le ciglia stracche,
Non trova il sonno, se 'l fianco non muta
Da quest' a quella parte, infin che fiacche

Non ha le membra; così se abbattuta
Non ha colui la consueta lena
Per la vecchiezza, il riposar rifiuta.

Sicchè non l' odio del mutar gli affrena,
Ma la difficoltà, ch' egli ha nel moto

Di testa il ferma, e lo quieta appena.

Quieta 'l corpo, ma l' animo, ch' è vuoto,
Mai sempre gira quasi banderuola
A un minimo soffiar d' Euro o di Noto.

Ma il non antiveder non è la sola
Cagion, onde s' accusi l' incostanza
Ch' a noi medesmi noi stessi n' invola.

Nella tua mente è così schifa stanza,
E sì vi pute, ch' l' pensiero aborre
Il dimorarvi, e di partir si scanza.

Onde altra cosa non avendo, occorre,
Ché abitando a pigione, spesso spesso
Convienti in nuovo albergo il piè riporre.

E ch' altro incontro fugge, che se stesso,
Giulian, che mai con se non si raffronta,
E quel che volle già disvuole adesso?

Piacquegli il giuoco, or se l' è preso a onta:
Fugge in Parnaso al fonte caballino;
Con l' astrolabio poi le stelle conta.

L' arte l' invesca poi dell' indovino.
Diventa bacchetton, sposa una fante;
La scortica, e si vuol far cappuccino.

Alchimista diventa, e in un istante
Empie la casa di fornelli e bocce;
E così fugge se, vano, incostante.

Ma fugga pur se sa; che s' alle rocce
Arrivasse del cielo, o dove l' ombre
Si lamentan laggiù con voci chiocce;

Non fia che mai di se si vuoti e sgombre,
O 'l mal, che internamente lo travaglia,
Per svagamento alcun scemi o s' adombre.

Anzi quanto più s' agita, e più vaglia

Se stesso, scuopre quanto al netto seme
In lui la golpe e 'l punteruol prevaglia.

SOLDANI.

Il Pedante.

  Ei sorge dunque sempre al gallicinio,
E percussa la silice, e togato,
Pedetentim s' accosta al dotto scrinio,
  Ov' egli tien recondito il Donato,
E vi mena con man la penna opima
D' inchiostro d' ogn' albedine purgato;
  E qui divien perito, e qui si stima
Aver, leggendo certi comentari,
Vedua ignuda la materia prima.
  S' Epicuro tornasse e i suoi scolari,
A cui piacquero tanto le frittate,
Farebbe a disputarci dei danari.
  Studia a staffetta il testo d' Ippocràte,
E in quanto al suo giudizio in molti passi
Ei merterebbe aver le staffilate.
  Se con gli amici disputando stassi,
E che per caso in qualche dubbio incappa,
Dice: son luoghi eretici; io gli ho cassi.
  Ogni buono scrittor latino affrappa;
Or nota Plinio, or nota Juvenale,
Or la vuol con Macrobio a spada e cappa.
  È quasi a Plauto ed a Terenzio uguale
Nel far comedie; (ma di grazia no 'l dite,
Che tolto non ci sia sul carnevale.)
  Gli piaccion molto le lettre pulite,

E sarebbe dottore o poco manco,
Ma le pandette gli furon sdrucite.
   Nel parlar quotidiano egli usa *unquanco*,
Un *guari* ed un *sovente*, un *chente*, un *conte*,
Vestiti alla livrea d' azzurro e bianco.
   L' altro dì, ch' io l' udii con voci pronte
Recitare il capitol del Martello,
Maestro, gli diss' io, voi siete un conte.
   Ragionategli poi sopra 'l duello,
Chè messer Paris, l' Alciato e 'l Muzio,
Gli ha tutti nel forame del cervello.
   Quant' a l' uso latin, Pisone e Luzio
Dicon ch' ei si diletta ir dietro a l' opre
Di Ciceron corrette dal Manuzio.
   Ma quant' al suo vestir quel ch' egli adopre,
Prima le spalle, che son largh' e piene,
Con la toga pretesta si ricopre,
   Ov' un tigno domestico sen viene,
E v' ha scritto in arabico col dente,
Sì è debile il filo a cui s' attiene,
   Le calze poi d' un panno trasparente,
Già d' essersi unte e in van medicinate,
Per non pelarsi ne stan mal contente,
   Dal quarantott' in qua fur rappezzate,
Sì che si dolgon tutte, essend' ognora
Dalle punte degli aghi stoccheggiate.
   Han di sotto un gran buco, ond' esce fuora
E sovente si fa su la finestra
Col tovagliuol messer Favonio e Flora.
   Il sajo, che s' allaccia alla man destra,
Già fu gabban di monsignor Turpino,
Che portava al re Carlo la balestra;

Non è foggia di greco o di latino,
Fu cotton, fu velluto e poi fu raso,
Ed ora è più sottil che l' ormesino.

Giulio, se mai vi siete persuaso
Veder un mostro, or non dirà più 'l Berna,
Che l' immaginazion non faccia caso.

Suol anch' egli portar quando più verna
Sopra il cuffiotto un certo berettino
Segnato col sigil della lucerna.

Ed ora del piè destro, or del mancino,
Perch' ha sempre il calzin rotto al calcagno,
Si strascina tre dita di scarpino,

Ove ponendo il piede un mio compagno,
Egli a me ne ritiene la favella,
Ch' ancor con chi ne parlo me ne lagno.

Messer Antonio vel può dir, che nella
Piazza il vide venir suonando a morto,
Ch' un zoccol s' avea messo e una pianella.

E perch' il centurin gli è alquanto corto,
V' ha giunto una fibbietta invernicata,
Con un puntal d' otton ch' ha il becco torto.

Fra 'l detto centurino e la prefata
Toga, come due ladri in compagnia,
Ha un fazzoletto e una chiave appiccata.

Ma si bussa alla porta; e par che sia
Alla voce il pedante, ch' egli suole
Spesso gridar con la massara mia.

CAPORALI.

Il Giuocatore.

Siede fra l' ammontato argento e l' oro
L' avaro biscazzier, che tende il laccio
Crocchiar facendo il lucido tesoro.

Intanto questo e quell' altro uccellaccio,
Tratto al fulgor dell' ingannevol esca,
Scherza e svolazza intorno al bel paniaccio.

Quegli con atti e con rider l' adesca:
L' altro si cala, poi torna, e non parte
Però che nella pania alfin s' invesca.

Entra in partita omai: guata le carte
Con livid' occhio; non forse fortuna
Contra lui meni sua volubil arte.

Vinto ha l' un tratto: sogghignando, *è una,*
Grida e s' applaude, e la posta raddoppia:
Chè già i zecchin con l' animo raguna.

Qua ti voleva il biscazzier, che scoppia
S' altri contento al poco volta l' ale;
E con la speme i sempliciotti alloppia.

To' l' altro punto, che t' ha detto male:
Ito è il guadagno; nè però si resta,
Caricando le poste, l' animale.

Perde la quarta, gli falla la sesta:
Finchè fatto del resto ignudo e brullo,
A perder solo il farsettin gli resta.

Nè per vedersi sì diserto e nullo
Si batte l' anca; anzi pensa del come
Vendicar della sorte il rio trastullo;

E spera d' afferrarla per le chiome:
E intanto vende la posata, il vezzo,

Il monil, la dorata elsa ed il pome;
E torna baldanzoso al primo vezzo;
Finchè d' ogni aver suo scosso e disfatto,
Si conduce sul lastrico da sezzo.

Vedi là Graffio col cappel giù tratto
Su' cigli: teme non alcun l' adocchi
Ladro al padron del raso e del scarlatto.

E vedi Cencio, che con mille scrocchi
Mangiò le case, e' fondi ha saccheggiato
Del padre, che tenea cavalli e cocchi:

Con dieci scudi, che ha testè buscato
Sopra le figlie, corre la sua lancia,
O su la speme d' un lontan legato.

Ma tracollar veggendo la bilancia,
Bestemmia il biscajuol, morde le dita,
E via le carte e le candele lancia.

CESARI.

I Chiaccheroni importuni.

O Diogene saggio, a cui di casa
Servia la botte, e d' uno in altro borgo
Potei cambiarla e voltolarla sempre!
Che facciam, folli! ogni dì fermi? Ognuno
Sa dove io albergo, e dalle prime strida
Del gallo insino all' imbrunir del giorno
L' uscio martella. Chi è là? dall' alto
Suona; e, son io, di fuori, ed or la fune,
Ora il serrame e i gangheri e le porte,
Per aprir, per serrar fanno rimbombo.

Donde faccende così gravi e tanta
Fretta han le genti? O miseri ! s' apprese
Alle case la fiamma? o di soccorso
Altro v' è d' uopo? ho umano petto, e sento
Pietà d' umani casi. Uno o due inchini
Son le faccende, le oziose lacche
Ripiegar su i sedili, e tirar voce
Fuor de' polmoni, e non dir nulla, e dire:
« Che abbiam di nuovo? O sollion molesto !
« O bollor di stagione! a te che sembra?
« Quando con larga mano amico cielo
« Innaffierà gli aridi campi, e quando
« Cesserà caldo, e tornerà frescura? »
Stringomi allora nelle spalle e taccio,
Strologo indotto. « Oh come caro è il cibo !
« Ah fortunati nostri antichi ! allora
« Meglio era comperar beccacce o starne,
« Che gallina oggidì. Le sporte vuote
« Vagliono un occhio, e noi peggior nimico
« Non abbiam oggi de' nemici denti.
« Tu che ne dici? — Io compero non molto,
« Quando molto non posso, e il ricco piatto
« Volentier cambio nel più sano bue. —
« Che detti? — Nulla. — Io non lo credo: amico
« Delle muse, tu detti. » Io giuro allora,
Che non detto, e sbadiglio e fra me dico:
Chi ti tentò, folle Prometeo, a farne
Razza di ciance? Io mi rallegro quando
So che sull' alta rupe il padre Giove
Manda l' uccel che il fegato ti rode.
Ma i periti mortali, che ogni cosa
Concian co' nomi, hanno sì fatta noja

Onoranza chiamato, ufficio e norma
D' amicizia, d' amor, di cortesia,
Dilicate stoltezze. A che, s' io dormo,
Co' saluti mi svegli? a che, s' io scrivo,
Nella mia stanza il Galateo ti manda,
Perchè m' empia il cervel di frasche e vento?
Io son tuo amico. Anzi tuo amico sei.
Quando trascuratezza ed ozio grave
Sull' anima ti pesa ed a te incresci,
Vieni al mio albergo, e ricrear te stesso
Cerchi, non l' util mio. Siedi, parliamo.
« Come va, poetino?—Ah! gli aspri nembi
« Nel paterno terren grandine dura
« Han riversata; furioso vento
« Mi guastò le campagne; enfiato il fiume,
« L' erbe, gli alberi e i buoi seco mi tragge. »
Odi la tua risposta: « Umani casi,
« Temporali correnti. Or son due lustri
« Che lo stesso m' avvenne, » e mi dipingi
Il passato tuo mal-con tanta forza,
Che movermi a pietà d' antichi danni,
E rifatte rovine oggi procuri,
Quando presente mal dentro mi cuoce.
Non lamentanza di dolente amico,
Ma fiaba ascolti; e se de' figli il peso
Io ti narro, o le febbri, o de' litigj
L' eterna rete, hai somiglianti casi
Da narrar del vicino, e mi conforti
Con aglietti, con chiacchere, con fumo.
Quando Oreste trascorre per la scena
Dalle furie cacciato, ed urla e fugge
Dall' orribile immagine materna,

Che diresti, se Pilade pietoso
De' mali suoi, per confortarlo allora
Gli presentasse o passera o civetta,
Per passar tempo ed uccellare al bosco?
Tu rideresti: ed io rido, che sento
Quanto ad ognun son le sentenze in bocca
Dell' amicizia. Chi trovò l' amico,
Trovò il tesoro; e se in bilancia metti
L' oro e l' argento, più l' amico pesa.
Ben è ver, ma nol trovi. Odo parole
Gravi, ma il cuore è vuoto. Commedianti
Diciam la parte; e monumenti ed arche
Mostriam belli epitaffi, e nulla è dentro.

GOZZI.

Il Ghiottone.

Or chi è quell' eroe che tanta parte
Colà ingombra di loco, e mangia e fiuta
E guata, e delle altrui cure ridendo
Sì superba di ventre agita mole?
Oh di mente acutissima dotate
Mamme del suo palato! oh da mortali
Invidiabil anima che siede
Tra la mirabil lor testura; e quindi
L' ultimo del piacer deliquio sugge!
Chi più saggio di lui penetra e intende
La natura migliore; o chi più industre
Converte a suo piacer l' aria, la terra,
E 'l ferace di mostri ondoso abisso?
Qualor s' accosta al desco altrui, paventano

Suo gusto inesorabile le smilze
Ombre de' padri, che per l' aria lievi
S' aggirano vegliando ancora intorno
Ai ceduti tesori: e piangon lasse
Le mal spese vigilie, i sobrj pasti,
Le in preda all' aquilon case, le antique
Digiune rozze, gli scommessi cocchi
Forte assordanti per'stridente ferro
Le piazze e i tetti: e lamentando vanno
Gl' invan nudati rustici, le fami
Mal disiate, e delle sacre toghe
L' armata invano autorità sul vulgo.

PARINI.

Lo Schifiltoso.

Chi siede a lui vicin? Per certo il caso
Congiunse accorto i due leggiadri estremi
Perchè doppio spettacolo campeggi;
E l' un dell' altro al par più lustri e splenda.
Falcato dio degli orti, a cui la greca
Lamsaco d' asinelli offrir solea
Vittima degna, al giovine seguace
Del sapiente di Samo i doni tuoi
Reca sul desco: egli ozioso siede
Dispregiando le carni; e le narici
Schifo raggrinza, in nauseanti rughe
Ripiega i labbri, e poco pane intanto
Rumina lentamente. Altro giammai
Alla squallida fame eroe non seppe

Durar sì forte: nè lassezza il vinse,
Nè deliquio giammai, nè febbre ardente;
Tanto importa lo aver scarse le membra,
Singolare il costume, e nel bel mondo
Onor di filosofico talento.
Qual anima è volgar, la sua pietade
All' uom riserbì; e facile ribrezzo
Destino in lui del suo simile i danni,
I bisogni e le piaghe. Il cor di lui
Sdegna comune affetto; e i dolci moti
A più lontano limite sospinge.
« Pera colui che prima osò la mano
« Armata alzar sull' innocente agnella,
« E sul placido bue: nè il truculento
« Cor gli piegaro i teneri belati,
« Nè i pietosi muggiti, nè le molli
« Lingue lambenti tortuosamente
« La man che il loro fato, ahimè, stringea. »
Tal ei parla, o signore; e sorge intanto
Al suo pietoso favellar dagli occhi
Della tua dama dolce lagrimetta.

PARINI.

L' Uomo colto ed amabile.

Ma già nel sen più non ritengo il verso,
Che impaziente a te, Panfilo, vola,
A te, cui son d' un' amistà congiunto,
Che il mio conforto forma e il vanto mio.
Creder potrai che al vero io rechi oltraggio

Favellando di te, se per l'amore
Del ver fu appunto ch'io ti piacqui un giorno?
Tu di Sofia non men, che su le braccia
Delle grazie nodrito e delle muse,
E da noi lunge in età verde addotto,
Non i vani piacer, ma quelle cose
Cercasti, onde più l'uom s'abbella e cresce.
Quindi i volumi, tua delizia, chiusi,
Monti legger volesti, e valli e mari.
Sofia stessa per mano allor ti prese,
E mostrando ti venne angoli e seni,
Rocce e pendici, e d'ogni sorta letti,
Pomici spente, ed impietrati corpi,
E di Teti e Volcan l'opra, e del tempo.
Nè men la dea per le città ti scorse,
Altro mostrando a te che muri ed archi,
E su bilancia d'or le sapïenze
De' popoli diversi, e le follie
Teco pesando. Dotto e non loquace,
Arguto e non terribile, cortese
Senza menzogna, e senz'audacia franco,
Il bello a celebrar lento non fosti,
Dovunque a te s'offerse, e osasti a un'ora
Contra le frecce dell'estranio labbro
Farti d'Ausonia riverito scudo.
Poi, come il saggio figlio di Laerte,
Che tra gli agi stranieri e le carezze,
Non sospirava che mirar da presso
D'Itaca sua le biancheggianti rupi,
E il volventesi al ciel fumo dai tetti;
Tu pur, fedele alla tua patria, e ai vezzi
Fermo delle teutoniche Calipso,

Fermo alle Circi delle franche selve,
E alle Sirene del britanno mare,
Ritornasti più ancora Italo e nostro,
Che da noi non partisti, utile al vecchio
Padre più ancora, ad ogni buon più accetto,
Più tremendo ai malvagi, e a me più caro.

PINDEMONTE.

Il Ministro virtuoso e benefico.

Ministro, e a un tempo cittadino, al prence
Servir del pari e alla sua patria seppe.
Guardingo e schietto insieme; aperto e cauto;
Fermo e gentil; condiscendente e giusto;
Splendido senza fasto, e delicato
Senza mollezza, e di saver diverso
Con la stessa modestia i labbri adorno,
Non mai l'odio o l'amore, il biasmo o il plauso
Della sua dritta il torse inclita via:
Come l'astro maggior, cui questa gente
Gli altari innalza, e scocca quella i dardi,
E non più amico agli uni o agli altri infesto
Che l'imposta gli detta eterna legge,
Siegue suo corso ed ogni fronte indora.
Poscia di là sceso con calma, dove
Era senza vertigine salito,
E dell'insegne, che il copriano, ignudo,
Nè grande men, nè men lucente apparve.
Si mosse allor dentro ad un'altra sfera:
Ma lo stesso ei piovea nobile influsso.

Confortar l' egro, rallegrare il mesto,
Il dubbio consigliar, placar l'irato,
Pronta sovra il mendico aprir la mano,
E l' intelletto aprir sovra l' indotto,
Son l' arti sue, sono i piacer : piaceri
Tanto più puri, che desio di fama
Punger nol sembra, e che a sposar virtude
La beltà sola il trasse non la dote.

PINDEMONTE.

La Fanciulla gaja e la malinconica.

Ambe di beltà fresca, ed ambe ornate
D' amabile virtù, dar però volle
All' alme loro il ciel tempra diversa.
Pel sentier della vita il piè Clarina
Move danzando : innanzi a lei stan sempre
Alto su l' ale d' or lieti fantasmi,
E tutte innanzi a lei ridon le cose.
Piagge abitate, aperti campi, siti
Cerca lucenti : o de' più ricchi prati
Nel variopinto sen tesse ghirlande,
Non di viole pallide, o di foschi
Giacinti, ma scegliendo i fior più gai.
Giorno così d' oscure nubi avvolto
Non sorge, che pur chiaro a lei non sembri.
Spera più che non teme ; e quando ascolta
Chi dell' uman viaggio i guai descrive,
Le par che molto al vero aggiunga, e voglia,
Quasi tragico autor, compunger l' alme.

Valli rinchiuse, opachi boschi e muti
Cerca Lauretta: sil sol che muore, attenta
Guarda, e in mar chiude: ove con rauco sente
Incessante rumor cadere un' onda,
Fermasi, e l' invitato orecchio porge;
O il collo alquanto piega e il guardo innalza,
E nelle varie colorate nubi
L' estasi pasce che le siede in volto.
Della femmina errante, in cui s' avviene,
La dolorosa istoria ascolta e crede:
Ode squillar sul monte il vigil corno
De' cacciatori, e all' inseguita lepre
Una lagrima dà. Ma quando splende
In notte estiva la ritonda luna,
Dalla finestra, onde mal può staccarsi,
E dell' occhio e del cor l' argenteo segue
Tacito carro, e se medesma obblia.

PINDEMONTE.

Il Tasso e l' Ariosto.

Ogni vate e pittor pinge se stesso.
Quale il Goffredo suo tal vedi il Tasso,
Che pien di studio e pien di cura tutto
Pensa, provvede e sa. Mai non trascorre
Tra l' audacia dell' animo, tra il sangue
Delle stragi non turbasi, e trionfa
Di se come d' altrui. Sempre a se stesso
Eguale in senno ed in consiglio a l' opra
Move con legge e con misura, o quando

Pien di Dio lo consulta, o quando l' armi
Per la causa più giusta impugna, o quando
Vittorioso il gran sepolcro adora,
E a' suoi partendo la sacrata terra
In oriente fonda un nuovo impero.
Ad Orlando così l' altro è simile.
Non sempre saggio è ver; amore insano
Pur lo suggetta e gli travolve il senno:
Allor va errando a caso, allora ei segue,
Come lo porta il folle ardor, non degni
Della grand' alma obbietti, e ignudo e lordo
Non par più desso; ma sano la mente
Qual più saggio di lui? Chi non ammira
L' alma sublime e in se secura, quando
Domator vincitor d' ogni contrasto
Non soffre inciampo e ne' perigli cresce?
A cui non arde il cor, se quel fedele
E passionato core amor compunga;
O se tra l' armi e tra il tumulto esulta
Fatto di se maggior, chi nol paventa?
Senti dal suo parlar l' anima tutta
Sovra se stessa alto levarsi, e senti
Che un nume in lui favella, un nume spira,
E che il divino in lui valor mai sempre
Le vulgar leggi e la fatica ignora.
Fortunato colui, che in se d' entrambi
I diversi raccor pregi potesse,
E al disegno e allo studio unir del Tasso,
Il crear pronto, il colorire audace
Di lui che ancora delirando alletta!

                        BETTINELLI.

Il Poeta Francesco Berni dipinto da se stesso.

Costui ch' io dico a Lamporecchio nacque,
Ch' è famoso castèl per quel Masetto[1],
Poi fu condotto in Firenze, ove giacque
Fin a diciannove anni poveretto,
A Roma andò da poi com' a Dio piacque
Pien di molta speranza e di concetto
D' un certo suo parente cardinale,
Che non gli fece mai nè ben, nè male.
 Morto lui, stètte con un suo nipote
Dal qual trattato fu come dal zio,
Onde le bolge trovandosi vote
Di mutar cibo gli venne desio,
E sendo allor le laudi molto note
D' un che serviva al vicario di Dio
In certo officio che chiaman datario,
Si pose a star con lui per secretario.
 Credeva il pover uom di saper fare
Quello esercizio, e non ne sapea straccio,
Il padron non potè mai contentare
E pur non uscì mai di quello impaccio,
Quanto peggio facea, più avea da fare,
Aveva sempre in seno e sotto il braccio,
Dietro e innanzi di lettere un fastello,
E scriveva e stillavasi il cervello.
 Quivi anche, o fusse la disgrazia, o 'l poco
Merito suo, non ebbe troppo bene,

___

[1] Alludesi alla nota novella del Boccaccio, che ha per titolo :
Masetto da Lamporecchio.

Certi beneficiuoli avevan loco
Nel paesel, che gli eran brighe e pene,
Or la tempesta, or l'acqua e or il foco,
Or il diavol l'entrate gli ritiene,
E certe magre pensioni aveva
Onde mai un quatrin ne riscoteva.

Con tutto ciò viveva allegramente
Nè mai troppo pensoso o tristo stava,
Era assai ben voluto dalla gente,
Di quei signor di corte ognun l'amava,
Ch'era faceto, e capitoli a mente
D'orinali e d'anguille recitava,
E certe altre sue magre poesie,
Ch'eran tenute strane bizzarrie.

Era forte collerico e sdegnoso,
Della lingua e del cor libero e sciolto,
Non era avaro, non ambizioso,
Era fedele ed amorevol molto,
Degli amici amator miracoloso,
Così anche chi in odio aveva tolto
Odiava a guerra finita e mortale,
Ma più pronto er'a amar, ch'a voler male.

Di persona era grande, magro e schietto,
Lunghe e sottil le gambe forte aveva,
E 'l naso grande, e 'l viso largo, e stretto,
Lo spazio che le ciglia divideva,
Concavo l'occhio aveva azzurro e netto,
La barba folta quasi il nascondeva
Se l'avesse portata; ma il padrone
Aveva con le barbe aspra quistione.

Nessun di servitù giammai si dolse
Nè più ne fu nimico di costui,

E pure a consumarlo il diavol tolse,
Sempre il tenne fortuna in forza altrui,
Sempre che comandargli il padron volse
Di non servirlo venne voglia a lui,
Voleva far da se non comandato,
Com' un gli comandava, era spacciato.

  Cacce, musiche, feste, suoni e balli,
Giuochi, nessuna sorte di piacere
Troppo il movea, piacevangli i cavalli
Assai, ma si pasceva del vedere;
Chè modo non avea da comperalli:
Onde il suo sommo bene era in giacere
Nudo, lungo, disteso, e 'l suo diletto
Era non far mai nulla, e starsi in letto.

  Tanto era dallo scriver stanco e morto,
Sì i membri e i sensi aveva strutti ed arsi,
Che non sapeva in più tranquillo porto
Da così tempestoso mar ritrarsi,
Nè più conforme antidoto e conforto
Dar a tante fatiche, che lo starsi,
Che starsi in letto e non far mai niente,
E così il corpo rifar e la mente.

  Quella diceva ch' era la più bella
Arte, il più bel mestier che si facesse,
Il letto era una veste, una gonnella
Ad ognun buona che se la mettesse,
Poteva un larga e stretta e lunga avella
Crespa e schietta secondo che volesse,
Quando un la sera si spogliava i panni
Lasciava in sul forzier tutti gli affanni.

               BERNI. *Or. innam.* cant. LVII.

L' Usurajo.

Questa mummia col fiato, in cui natura
L' arte imitò di un uom di carta pesta,
Che par muover le mani e i piedi a sesta,
Per forza d' ingegnosa architettura,
 Di Filippo da Narni è la figura,
Che non portò giammai scarpa, nè vesta
Che fosser nuove, o cappel nuovo in testa,
E cento mila scudi ha sull' usura.
 Vedilo col mantel spelato e rotto
Ch' ei stesso di fil bianco ha ricucito,
E la gonnella del piovano Arlotto.
 Chi volesse saper di ch' è il vestito,
Che già quattordici anni ei porta sotto,
Non troveria del primo drappo un dito.
   Ei mangia pan bollito,
E talvolta un quattrin di caldo arrosto,
E 'l natale e la pasqua un uovo tosto.

                              TASSONI.

DISCORSI.

Aringa di Goffredo Buglione all' esercito.

Guerrier di Dio, che a ristorare i danni
Della sua fede il re del cielo elesse,
E securi fra l' arme e fra gl' inganni
Della terra e del mar vi scorse e resse;
Sì ch' abbiam tante e tante in sì pochi anni
Ribellanti provincie a lui sommesse,
E fra le genti debellate e dome
Stese l' insegne sue vittrici e 'l nome:
   Già non lasciammo i dolci pegni e 'l nido
Nativo noi, (se 'l creder mio non era)
Nè la vita esponemmo al mare infido,
Ed a perigli di lontana guerra,
Per acquistar di breve suono un grido
Volgare, e posseder barbara terra;
Chè proposto ci avremmo angusto e scarso
Premio, e in danno dell' alme il sangue sparso.
   Ma fu de' pensier nostri ultimo segno
Espugnar di Sion le nobil mura;
E sottrarre i cristiani al giogo indegno
Di servitù così spiacente e dura,
Fondando in Palestina un nuovo regno
Ov' abbia la pietà sede secura,
Nè sia chi neghi al peregrin devoto
D' adorar la gran tomba e sciorre il voto.

28.

Dunque il fatto sinora al rischio è molto,
Più che molto al travaglio, all' onor poco,
Nulla al disegno, ove o si fermi, o volto
Sia l' impeto dell' arme in altro loco.
Che gioverà l' aver d' Europa accolto
Sì grande sforzo, e posto in Asia il foco,
Quando sian poi di sì gran moti il fine,
Non fabbriche di regni, ma ruine?

Non edifica quei che vuol gl'imperi
Su fondamenti fabbricar mondani,
Ove ha pochi di patria e fe·stranieri,
Fra gl' infiniti pópoli pagani;
Ove ne' Greci non convien che speri,
E i favor d' occidente ha sì lontani:
Ma ben muove ruine ond' egli oppresso,
Sol construtto un sepolcro abbia a se stesso.

Turchi, Persi, Antiochia, (illustre suono,
E di nome magnifico e di cose)
Opre nostre non già, ma del ciel dono
Furo, e vittorie in ver maravigliose.
Or se da noi rivolte e torte sono
Contra quel fin che 'l donator dispose,
Temo cen privi, e favola alle genti
Quel sì chiaro rimbombo alfin diventi.

Ah non sia alcun, per Dio, che sì graditi
Doni in uso sì reo perda e diffonda!
A quei che sono alti principj orditi,
Di tutta l' opra il filo e 'l fin risponda.
Ora che i passi liberi e spediti,
Ora che la stagione abbiam seconda,
Chè non corriamo alla città ch' è meta
D' ogni nostra vittoria? e che più 'l vieta?

Principi, io vi protesto: (i miei protesti
Udrà il mondo presente, udrà il futuro
L'odono or su nel cielo anco i celesti)
Il tempo dell'impresa è già maturo.
Men diviene opportun, più che si resti;
Incertissimo fia quel ch'è securo.
Presago son, s'è lento il nostro corso,
Ch'avrà d'Egitto il Palestin soccorso.

TASSO. *Ger. lib. can.* I.

Alete ambasciatore del re d'Egitto cerca dissuadere
Goffredo dall'impresa di Gerusalemme.

Oh degno sol, cui d'ubbidire or degni
Questa adunanza di famosi eroi,
Che per l'addietro ancor le palme e i regni
Da te conobbe e dai consigli tuoi;
Il nome tuo che non riman tra i segni
D'Alcide, ormai risuona anco fra noi;
E la fama, d'Egitto in ogni parte
Del tuo valor chiare novelle ha sparte.
  Nè v'è fra tanti alcun che non le ascolte
Come egli suol le maraviglie estreme:
Ma dal mio re con istupore accolte
Sono non sol, ma con diletto insieme,
E s'appaga in narrarle anco più volte,
Amando in te ciò ch'altri invidia e teme.
Ama il valore; e volontario elegge
Teco unirsi d'amor, se non di legge.
  Da sì bella cagion dunque sospinto,
L'amicizia e la pace a te richiede:

E 'l mezzo onde l' un resti all' altro avvinto,
Sia la virtù, s' esser non può la fede.
Ma perchè inteso avea che t' eri accinto
Per iscacciar l' amico suo di sede,
Volse, pria ch' altro male indi seguisse,
Ch' a te la mente sua per noi si aprisse.

E la sua mente è tal: che s' appagarti
Vorrai di quanto hai fatto in guerra tuo,
Nè Giudea molestar nè l' altre parti
Che ricopre il favor del regno suo;
Ei promette all' incontro assecurarti
Il non ben fermo stato. E se voi duo
Sarete uniti, or quando i Turchi e i Persi
Potranno unqua sperar di riaversi?

Signor, gran cose in picciol tempo hai fatte,
Che lunga età porre in oblio non puote:
Eserciti, città, vinti e disfatte,
Superati disagi e strade ignote:
Sì ch' al grido o smarrite o stupefatte
Son le provincie intorno e le remote,
E se bene acquistar puoi nuovi imperi,
Asquistar nuova gloria indarno speri.

Giunta è tua gloria al sommo; e per l' innanzi
Fuggir le dubbie guerre a te conviene:
Ch' ove tu vinca, sol di stato avanzi,
Nè tua gloria maggior quinci diviene;
Ma l' imperio acquistato è preso dianzi,
E l' onor perdi, se 'l contrario avviene.
Ben giuoco è di fortuna audace e stolto
Por contra il poco e incerto, il certo e 'l molto.

Ma il consiglio di tal cui forse pesa
Ch' altri gli acquisti a lungo andar conserve,

E l' aver sempre vinto in ogni impresa,
E quella voglia natural che ferve
E sempre è più ne' cor più grandi accesa
D' aver le genti tributarie e serve;
Faran per avventura a te la pace
Fuggir, più che la guerra altri non face.

    T' esorteranno a seguitar la strada
Che t' è dal fato largamente aperta;
A non depor questa famosa spada
Al cui valore ogni vittoria è certa,
Finchè la legge di Macon non cada,
Finchè l' Asia per te non sia deserta.
Dolci cose ad udire, e dolci inganni,
Ond' escon poi sovente estremi danni.

    Ma s' animosità gli occhi non benda,
Nè il lume oscura in te della ragione,
Scorgerai ch' ove tu la guerra prenda,
Hai di temer, non di sperar cagione:
Che fortuna quaggiù varia a vicenda,
Mandandoci venture or triste, or buone;
Ed a' voli troppo alti e repentini
Sogliono i precipizj esser vicini.

    Dimmi: se a' danni tuoi l' Egitto move,
D' oro e d' armi potente e di consiglio;
E s' avvien che la guerra anco rinnove
Il Perso e 'l Turco e di Cassano il figlio;
Quai forze opporre a sì gran furia, o dove
Ritrovar potrai scampo al tuo periglio?
T' affida forse il re malvagio greco,
Il qual dai sacri patti unito è teco?

    La fede greca a chi non è palese?
Tu da un sol tradimento ogn' altro impara;

Anzi da mille, perchè mille ha tese
Insidie a voi la gente infida, avara.
Dunque chi dianzi il passo a voi contese,
Per voi la vita esporre or si prepara?
Chi le vie, che comuni a tutti sono,
Negò, del proprio sangue or farà dono?

   Ma forse hai tu riposta ogni tua speme
In queste squadre ond' ora cinto siedi:
Quei che sparsi vincesti, uniti insieme
Di vincer anco agevolmente credi;
Se ben son le tue schiere or molto sceme
Tra le guerre e i disagi, e tu tel vedi;
Se ben nuovo nemico a te s' accresce,
E co' Persi e co' Turchi Egizj mesce.

   Or quando pur estimi esser fatale
Che vincer non ti possa il ferro mal,
Siati concesso; e siati appunto tale
Il decreto del ciel, qual tu tel fai.
Vinceratti la fame. A questo male,
Che rifugio, per Dio, che schermo avrai?
Vibra contro costei la lancia, e stringi
La spada, e la vittoria anco ti fingi.

   Ogni campo dintorno arso e distrutto
Ha la provida man degli abitanti,
E 'n chiuse mura e 'n alte torri il frutto
Riposto al tuo venir più giorni avanti.
Tu che ardito sin quì ti sei condutto,
Onde speri nutrir cavalli e fanti?
Dirai: l' armata in mar cura ne prende.
Da' venti dunque il viver tuo dipende?

   Comanda forse tua fortuna ai venti,
E gli avvince a sua voglia, e gli dislega?

Il mar ch' ai preghi è sordo ed ai lamenti,
Te solo udendo, al tuo voler si piega?
O non potranno pur le nostre genti
E le Perse e le Turche unite in lega,
Così potente armata in un raccorre,
Ch' a questi legni tuoi si possa opporre?

Doppia vittoria a te, signor, bisogna,
S' hai dell' impresa a riportar l' onore.
Una perdita sola, alta vergogna
Può cagionarti, e danno anco maggiore:
Ch' ove la nostra armata in rotta pogna
La tua, quì poi di fame il campo muore;
E se tu sei perdente, indarno poi
Saran vittoriosi i legni tuoi.

Ora, se in tale stato anco rifiuti
Col gran re dell' Egitto e pace e tregua,
(Diasi licenza al ver) l' altre virtuti
Questo consiglio tuo non bene adegua.
Ma voglia il ciel, che 'l tuo pensier si muti
S' a guerra è volto, e che 'l contrario segua;
Sì che l' Asia respiri omai dai lutti
E goda tu della vittoria i frutti.

Nè voi che del periglio e degli affanni
E della gloria a lui sete consorti,
Il favor di fortuna or tanto inganni,
Che nuove guerre a provocar v' esorti:
Ma qual nocchier che dai marini inganni
Ridutti ha i legni ai desiati porti,
Raccor dovreste omai le sparse vele,
Nè fidarvi di nuovo al mar crudele.

. TASSO. *Ger. lib.* can. II.

Risposta di Goffredo.

Messaggier, dolcemente a noi sponesti
Ora cortese, or minaccioso invito.
Se 'l tuo re m' ama e loda i nostri gesti,
É sua mercede, e m' è l' amor gradito.
A quella parte poi dove protesti
La guerra a noi del paganesmo unito,
Risponderò; come da me si suole,
Liberi sensi in semplici parole.

Sappi che tanto abbiam finor sofferto
In mare e in terra, all' aria chiara e scura,
Solo acciocchè ne fosse il calle aperto
A quelle sacre e venerabil mura,
Per acquistar appo Dio grazia e merto,
Togliendo lor di servitù sì dura:
Nè mai grave ne fia per fin sì degno
Esporre onor mondano e vita e regno;

Chè non ambiziosi, avari affetti
Ne spronaro all' impresa e ne fur guida:
Sgombri il Padre del ciel dai nostri petti
Peste sì rea, s' in alcun pur s' annida,
Nè soffra che l' asperga e che l' infetti
Di venen dolce che piacendo ancida.
Ma la sua man che i duri cor penetra
Soavemente, e gli ammollisce e spetra;

Questa ha noi mossi, e questa ha noi condutti,
Tratti d' ogni periglio o d' ogni impaccio.
Questa fa piani i monti e i fiumi asciutti;
L' ardor toglie alla state, al verno il ghiaccio;

Placa del mare i tempestosi flutti;
Stringe e rallenta questa ai venti il laccio:
Quindi son l' alte mura aperte ed arse,
Quindi l' armate schiere uccise e sparse;
   Quindi l' ardir, quindi la speme nasce,
Non dalle frali nostre forze e stanche,
Non dall' armata, e non da quante pasce
Genti la Grecia, e non dall' armi franche.
Purch' ella mai non ci abbandoni e lasce,
Poco dobbiam curar ch' altri ci manche.
Chi sa come difende e come fere,
Soccorso a' suoi perigli altro non chere.
   Ma quando di sua aita ella ne privi
Per gli error nostri o per giudizj occulti,
Chi fia di noi, ch' esser sepulto schivi
Ove i membri di Dio fur già sepulti?
Noi morirem, nè invidia avremo ai vivi;
Noi morirem, ma non morremo inulti:
Nè l' Asia riderà di nostra sorte,
Nè pianta fia da noi la nostra morte.
   Non creder già, che noi fuggiam la pace,
Come guerra mortal si fugge e pave;
Che l' amicizia del tuo re ne piace,
Nè l' unirci con lui ne sarà grave.
Ma s' al suo imperio la Giudea soggiace,
Tu 'l sai: perchè tal cura ei dunque n' have?
De' regni altrui l' acquisto ei non ci vieti,
E regga in pace i suoi tranquilli e lieti.
              TASSO. *Ger. lib. can.* II.

Ilionèo orator de' Trojani a Didone regina di
Cartagine.

Alta regina, al cui sublime ingegno
Il ciel che i grandi alle grand' opre serba,
Diede far città nuova e nuovo regno
Dopo 'l tenor di ria fortuna acerba:
E col fren del rigor tenere a segno
Gente sì bellicosa e sì superba;
Onde fia che 'l tuo nome, al creder mio,
Età non vinca e non oscuri oblio:

Alla clemenza tua supplici siamo,
Nè ci resta a sperare ajuto altronde;
Infelici Trojani, e sol chiediamo
Sicurezza d' albergo in queste sponde:
Lunga stagion per tutti i mari erriamo,
Miseri avanzi alle tempeste, all' onde:
Vieta che 'l popol tuo di pietà nudo
Delle procelle ancor non sia più crudo.

Vieta che i nostri legni il furor empio
Con fiamme ostili incenerisca ed arda;
Ed il pio sangue e di virtute esempio
Con occhio di pietà dolce riguarda:
Nè gente siamo a far di Libia scempio,
A rubar pronta ed a fuggir non tarda:
Possono i vinti in cose così acerbe
Voglie nudrir nel cor tanto superbe?

Antica giace e fortunata terra
Da' Greci detta Esperia, al ciel diletta;
Fertil di suolo e valorosa in guerra,
Già dagli Enotrj a coltivarsi eletta:

Che poi, se della fama il dir non erra,
Fu ne' tempi minori Italia detta
Dal nome d'un suo re: verso di quella
Drizzàmmo il nostro corso, Italia bella.

Quando con improvvisa aspra tempesta
Procelloso Orïone il mar commosse;
E quella ruppe in secche arene, e questa
Nave in acuti scogli ove percosse:
E la rabbia de' venti e l'onda infesta
In varie parti e varj error ci scosse:
Sicchè pochi di tanti in sì gran moto
Siam giunti appena a' vostri lidi a nuoto.

Qual gente è questa vostra, e qual concede
Barbara patria un sì crudel costume?
Che si nega l'ospizio, e senza fede
Vietar la terra al passeggier presume?
Ma quell'occhio divin che tutto vede
Col suo purgato ed infinito lume,
Ben saprà vendicarne, e voi 'l vedrete;
Se sprezzate, i mortali i dei temete.

Enea fu nostro re, di cui non era
Il più giusto nel mondo il più pietoso;
Nè alcun nell'armi e là virtù guerriera
Fu di quello più invitto e più famoso:
Il qual se ancor di questa nostra spera
Respira l'aure, e non del regno ombroso,
Che ti penta d'averlo unqua non fia
Prevenuto in amore e cortesia.

V'è del sangue Trojano il chiaro Aceste,
Che possiede in Sicilia imperi e regni:
Abbiam armi, abbiam terre, e quelle e queste
Fian per te pronte ov'impetrar ti degni:

Concedi sol che dalle tue foreste
Per l' armata tagliam le travi e i legni,
Acciò col nostro re, se quel più vive,
N' andiam d' Italia alle bramate rive.

E se più non v' è speme, e 'l mar crudele
Ha te di Libia, ottimo padre, assorto;
Se Ascanio più non resta, e la fedele
Con lui nostra speranza e 'l regno è morto;
Acciò indietro possiamo almen le vele
Volger donde partimmo, e prender porto
Ov' Aceste per noi fido sostegno
Ne tiene apparecchiata e sede e regno.

BEVERINI. Trad. di Virgilio.

Risposta di Didone.

Ilioneo con tali detti prega,
E con lui freme la Trojana gente:
Quando la bella Dido a terra piega
I dolci lumi, e parla brevemente:
Sciogliete ogni timor che 'l cor vi lega,
E serenate la turbata mente;
Scusate il regno mio, se 'l fa severo
Duro accidente e novità d' impero.

Colla sua gelosia questa mi stringe
A guardare i confini e la riviera;
E con giusto timor mi forza e spinge
A parer qual non sono aspra e severa:
La fama che ben spesso il falso finge,
Del valor vostro a me venuta è vera:

E qual' è che non sappia ultima terra
L'incendio marzial di tanta guerra?

    Non siam sì fuor del mondo, e sì non sdegna
Di mirar noi co' primi raggi il giorno:
Amor pur anco e cortesia qui regna,
E v'hanno alme gentili il lor soggiorno:
Se di gire in Italia il cor disegna,
O se brama ad Aceste il far ritorno,
Ajuto avrete, e ciò lodevol parmi,
Qual più volete o di tesoro o d'armi.

    Piacevi di star meco in questi regni?
Quella ch' or fondo alma città fia vostra:
Dal mar tirate in sull'asciutto i legni,
E godete quel ben ch' a voi si mostra:
Non avrò differenze o contrassegni
Che distinguan da voi la gente nostra:
'Giunto pur fosse a questi lidi adesso
Sospinto il duce Enea dal vento stesso!

    Ma per diverse regioni e vie
Manderò messaggieri e gente a posta
In tutto il regno e delle terre mie
Nella parte più sola e più riposta;
Che novelle di lui sicure spie,
E nell' arsa di Libia ultima costa:
Se forse in selve o 'n qualche ignota terra
Sbattuto ivi dal mar s' aggira ed erra.

              BEVERINI. *Trad. di Virgilio.*

Enea a Didone.

O degli affanni nostri unica al mondo
Donna real, sollevatrice e speme!
Che gli avanzi de' Greci, e dal profondo
Del mar ritolti e dalle fiamme estreme,
Scherno di tutti i casi, or con giocondo
Volto raccogli; ed accomuni insieme
Cittate, albergo a gente d'ogni cosa
Misera sprovveduta e bisognosa.

Renderti grazie al tuo gran merto eguali
Non è in mia man, nè de' Trojani miei:
Ti dian degna mercede ed immortali
Premj santa giustizia e i sommi dei,
S'alcuno più ve n'è che le mortali
Cose curi quaggiù de' buoni e rei;
E coscienza in bene oprar che gode,
E di se stessa è guiderdone e lode.

Ben chiamarsi felici i nostri tempi
Possono, e 'l secol nostro andare altero:
Felici quei che a così illustri esempi
Padri alla luce e genitor ti diero:
Degna a cui consecrati altari e tempi
Veggansi pria del giorno ultimo e nero:
E che coperta ancor di mortal velo
Ti s'affrettin quaggiù gli onor del cielo.

Finchè rapidi al mar corrano i fiumi,
E la selva abbia frondi, e sinchè puri
Nella notte serena ardano i lumi;
Il tuo nome, il tuo onor s'eterni e duri:

E così rari e nobili costumi
Oblio non copra, o lunga etade oscuri.
E dovunque mi sia, sempre alla mente
Così cara memoria avrò presente.

BEVERINI. *Trad. di Virgilio.*

Risposta di Didone.

Per quanti rischi e quanto gran periglio
Uom sì famoso il duro fato aggira!
Qual violenza è stata o qual consiglio,
Che 'n terre sì lontane a noi ne tira?
Tu sei quel grand' Enea, sì nobil figlio
Della più bella Dea che 'n ciel si mira?
Che al giovinetto Anchise, ancorchè diva,
Vener produsse al Simoente in riva?
Nella mente riserbo anche scolpito,
Che discacciato da' paterni sdegni
Approdò Teucro al bel sidonio lito,
Cercando nuove terre e nuovi regni;
E che da Belo ebbe cortese invito,
E si dier d' amicizia alterni pegni:
Belo mio padre allor dannosa guerra
Facea di Cipro all' amorosa terra.
Fin da quel tempo i duri casi intesi
Della vostra cittade e l' aspre cose:
Da lui de' duci argivi i nomi appresi,
Nè tra que' la tua fama ei mi nascose:
E quantunque inimico, a noi palesi
Facea l' opere eccelse e gloriose:

I.   29

Ed inoltre volea che si credesse
Ch' egli l' origin sua da voi traesse.

    Ma che tardiam più quivi? ormai venite
Giovani illustri al mio reale albergo:
A me pur la fortuna ha fatta lite,
Ed or la fronte ed or mi volse il tergo:
Ma le vicende sue già son finite,
E quivi regno e città nuovo or ergo:
Il venir vostro è a me gradito e caro,
Chè a' mali avvezza a compatirvi imparo.

                BEVERINI. *Trad. di Virgilio.*

Rinaldo si congeda da Armida.

    Poi le risponde: Armida, assai mi pesa
Di te: sì potess' io, come il farei,
Del mal concetto ardor l'anima accesa
Sgombrarti. Odj non son, nè sdegni i miei:
Nè vuò vendetta, nè rammento offesa:
Nè serva tu, nè tu nemica sei.
Errasti, è vero, e trapassasti i modi,
Ora gli amori esercitando, or gli odi.

    Ma che? son colpe umane, e colpe usate.
Scuso la natìa legge, il sesso e gli anni.
Anch' io parte fallii. Se a me pietate
Negar non vuò, non fia ch' io te condanni.
Fra le care memorie ed onorate
Mi sarai nelle gioje, e negli affanni.
Sarò tuo cavalier, quanto concede
La guerra d'Asia, e coll' onor la fede.

Deh, che, del fallir nostro or qui sia il fine
E di nostre vergogne, omai ti piaccia:
Ed in questo del mondo ermo confine
La memoria di lor sepolta giaccia.
Sola, in Europa e nelle due vicine
Parti, fra l'opre mie questa si taccia.
Deh non voler che segni ignobil fregio
Tua beltà, tuo valor, tuo sangue regio.

 Rimanti in pace: i' vado. A te non lice
Meco venir: chi mi conduce il vieta.
Rimanti, o va per altra via felice;
E, come saggia, i tuoi consigli acqueta.
Ella, mentre il guerrier così le dice,
Non trova loco, torbida, inquieta.
Già buona pezza in dispettosa fronte
Torva il riguarda: al fin prorompe all' onte.
Tasso. Ger. lib. can. XVI.

Risposta d' Armida.

Nè te Sofia produsse, e non sei nato
Dell' Azzio sangue tu: te l' onda insana
Del mar produsse, e 'l Caucaso gelato;
E le mamme allattar di tigre ircana.
Che dissimulo io più? l' uomo spietato
Pur un segno non diè di mente umana.
Forse cambiò color? forse al mio duolo
Bagnò almen gli occhi, o sparse un sospir solo?

 Quali cose tralascio, e quai ridico?
S' offre per mio: mi fugge, e m'abbandona.
·29·

Quasi buon vincitor, di reo nemico
Oblia le offese, e i falli aspri perdona.
Odi come consiglia? odi il pudico
Senocrate, d' amor come ragiona!
O cielo, o Dei, perchè soffrir questi empj,
Fulminar poi le torri e i vostri tempj?

    Vattene pur, crudel, con quella pace
Che lasci a me: vattene, iniquo, omai.
Me tosto, ignudo spirto, ombra seguace,
Indivisibilmente a tergo avrai.
Nuova furia, co' serpi e colla face
Tanto t' agiterò, quanto t' amai.
E s' è destin ch' esca del mar, che schivi
Gli scogli e l' onde, e ch' alla pugna arrivi,

    Là tra 'l sangue e le morti egro giacente
Mi pagherai le pene, empio guerriero.
Per nome Armida chiamerai sovente
Negli altimi singulti: udir ciò spero.
Or qui mancò lo spirto alla dolente;
Nè quest' ultimo suono espresse intero:
E cadde tramortita, e si diffuse
Di gelato sudore, e i lumi chiuse.

                 TASSO. *Ger. lib.* can. XVI.

Lamento di Olimpia abbandonata da Bireno.

    E con la faccia in giù stesa sul letto,
Bagnandolo di pianto, dicea lui:
Jersera desti insieme a dui ricetto:
Perchè insieme al levàr non siamo dui?

O perfido Bireno, o maledetto
Giorno ch' al mondo generata fui!
Che debbo far? che poss' io far qui sola?
Chi mi dà ajuto? ohimè! chi mi consola?

   Uomo non veggio qui, non ci veggio opra,
Donde io possa stimar ch' uomo qui sia:
Nave non veggio, a cui salendo sopra,
Speri allo scampo mio ritrovar via.
Di disagio morrò; nè chi mi cuopra
Gli occhi sarà, nè chi sepolcro dia,
Se forse in ventre lor non me lo danno
I lupi, ohimè ch' in queste selve stanno.

   Io sto in sospetto, e già di veder parmi
Di questi boschi orsi o leoni uscire,
O tigri o fiere tal, che natura armi
D' aguzzi denti e d' ugne da ferire.
Ma quai fere crudel potriano farmi,
Fera crudel, peggio di te morire?
Darmi una morte sol lor parrà assai;
E tu di mille, ohimè! morir mi fai.

   Ma presupongo ancor ch' or ora arrivi
Nocchier, che per pietà di quì mi porti,
E così lupi, orsi, leoni schivi,
Strazii, disagi ed altre orribil morti:
Mi porterà forse in Olanda, s' ivi
Per te si guardan le fortezze e i porti?
Mi porterà alla terra ove son nata,
Se tu con fraude già me l' hai levata?

   Tu m' hai lo stato mio, sotto pretesto
Di parentado e d' amicizia, tolto.
Ben fosti a porvi le tue genti presto,
Per avere il dominio a te rivolto.

Tornerò in Fiandra? ove ho venduto il resto
Di che io vivea, benchè non fossi molto,
Per sovvenirti e di prigione trarte.
Meschina! dove andrò? non so in qual parte.

Debbo forse ire in Frisa, ove io potei,
E per te non vi volsi esser regina?
Il che del padre e dei fratelli miei
E d'ogn'altro mio ben fu la ruina.
Quel che ho fatto per te, non ti vorrei,
Ingrato, improverar, nè disciplina
Dartene, che non men di me lo sai;
Or ecco il guiderdon che me ne dai.

Deh, pur che da color che vanno in corso,
Io non sia presa, e poi venduta schiava!
Pria che questo, il lupo, il leon, l'orso
Venga, e la tigre e ogn'altra fera brava,
Di cui l'ugna mi stracci, e franga il morso;
E morta mi strascini alla sua cava.
Così dicendo, le mani si caccia
Nè capei d'oro, e a chiocca a chiocca straccia.

ARIOSTO. Or. fur. can. x.

Ulisse cerca persuadere Achille a depor l'ira contro
Agamennone e a combattere contro i Trojani.

Salve, Achille: poc'anzi entro la tenda
D'Atride, ed ora nella tua di lieto
Cibo noi certo ritroviam dovizia;
Ma chi di cibo può sentir diletto
Mentre sul capo ci veggiam pendente
Un'orrenda sciagura, e sul periglio

Delle navi si trema? E periranno,
Se tu, sangue divin, non ti rivesti
Di tua fortezza, e non ne rechi aita.
Gli orgogliosi Trojani e gli alleati
Imminente all' armata e al nostro muro
Han posto il campo, e mille fuochi accesi,
E fan minaccia d'avanzarsi arditi,
E le navi assalir. Giove co' lampi
Del suo favor gli affida; Ettore i truci
Occhi volgendo d' ogni parte, e molto
Delle sue forze altero e del suo Giove,
Terribilmente infuria, e non rispetta
Nè mortali nè Dei (tanto gl' invade
Furor la mente), e della nuova aurora
Già le tardanze accusa, e freme, e giura
Di venirne a schiantar di propria mano
Delle navi gli aplustri, ed a scagliarvi
Dentro le fiamme, incenerirle tutte,
E tutti tra le vampe istupiditi
Ancidere gli Achivi. Or io di forte
Timor la mente contristar mi sento,
Che le costui minacce avversi i numi
Non mandino ad effetto e che non sia
Delle Parche decreto il dover noi
Lungi d'Argo perir su queste rive.
Ma tu deh! sorgi, e benchè tardi accorri
A preservar dall' inimico assalto
I desolati Achei. Se gli abbandoni,
Alto cordoglio un dì n' avrai, nè al danno
Troverai più riparo. A tempo adunque
L' antivieni prudente, ed allontana
Dall' argolica gente il giorno estremo.

Ricordati, mio caro, i saggi avvisi
Del tuo padre Pelèo, quando di Ftia
Inviotti all' Atride. Amato figlio,
(Il buon vecchio dicea) Minerva e Giuno,
Se fia lor grado, ti daran fortezza:
Ma tu nel petto il cor superbo affrena,
Che cor più bello è il mansueto; e tienti
(Onde più sempre e giovani e canuti
T' onorino gli Achei), tienti remoto
Dalla feconda d' ogni mal Contesa.
Questi del veglio i bei ricordi furo:
Tu gli obliasti. Ten sovvenga adesso,
E la trista una volta ira deponi.
Ti sarà, se lo fai, largo di cari
Doni l' Atride. Nella tenda ei dianzi
L' impromessa ne fece: odili tutti.
Sette tripodi intatti, e dieci d' oro
Talenti, e venti splendidi lebeti:
Dodici velocissimi destrieri
Usi nel corso a riportarne i primi
Premj, e già tanti n' acquistar, che brama
Più di ricchezze non avria chi tutti
Li possedesse. Ti largisce inoltre
Sette d' alma beltà lesbie donzelle
D' ago esperte e di spola, e da lui stesso
Per lor suprema leggiadria trascelte
Il dì che Lesbo tu espugnavi. A queste
La figlia aggiunge di Briseo, giurando
Che intatta, o prence, la ti rende. E tutte
Pronte son queste cose. Ove poi Troja
Ne sia dato atterrar, tu primo andrai,
Nel partir della preda, a ricolmarti

D'oro e di bronzo i tuoi navigli, e dieci
Captive e dieci ti scerrai tenute
Dopo l'argiva Elena le più belle.
Di più: se d'Argo rivedrem le rive,
Tu genero sarai del grande Atride
E in onoranza e nella copia accolto
D'ogni cara dovizia al par del suo
Unico Oreste. Delle tre che il fanno
Beato genitor alme fanciulle,
Crisotemi, Laodice, Ifianassa,
Prendi quale vorrai senza dotarla.
Doteralla lo stesso Agamennone
Di tanta dote e tal, ch' altra giammai
Regal donzella la simil non s' ebbe;
Sette città, Cardamile ed Enope,
Ira, Pedaso, Antea, Fere ed Epea,
Tutte belle marittime contrade
Verso il pilio confin, tutte frequenti
D'abitatori, a cui di molte mandre
S' alza il muggito, che di bei tributi
T' onoreranno al par d' un Dio. Ciò tutto
Daratti Atride, se lo sdegno acqueti.
Che se lui sempre e i suoi presenti abborri,
Abbi almeno pietà degli altri Achei
Là nelle tende costernati e chiusi,
Che t' avranno qual nume, ed alle stelle
La tua gloria alzeran. Vien dunque, e spegni
Questo Ettor che furente a te si para,
E vanta che nessun di quanti Achivi
Qua navigaro, di valor l' eguaglia.

MONTI. *Trad. d' Omero.*

Risposta d' Achille.

Divino senno, Laerziade Ulisse,
Rispose Achille, senza velo, e quali
Il cor li detta e proveralli il fatto,
M' è d' uopo palesar dell' alma i sensi,
Onde cessiate di garrirmi intorno.
Odio al par delle porte atre di Pluto
Colui ch' altro ha sul labbro, altro nel core
Ma ben io dirò netto il mio pensiero.
Nè il grande Atride Agamennon, nè alcuno
Me degli Achivi piegherà. Qual prezzo,
Qual ricompensa delle assidue pugne?
Di chi poltrisce e di chi suda in guerra
Qui s' uguaglia la sorte: il vile usurpa
L' onor del prode, e una medesma tomba
L' infingardo riceve e l' operoso.
Ed io che tanto travagliai, che a tanti
Rischi di Marte la mia vita esposi,
Che guadagni, per dio, che guiderdone
Su gli altri ottenni? In vero il meschinello
Augel son io, che d' esca i suoi provvede
Piccioli implumi, e sè medesmo oblia.
Quante, senza dar sonno alle palpebre,
Trascorse notti! quanti giorni avvolto
In sanguinose pugne ho combattuto
Per le ree mogli di costor! Conquisi
Guerreggiando sul mar dodici altere
Cittadi; ne conquisi undici a piede
D' intorno ai campi d' Ilïon; da tutte
Molte asportai pregiate spoglie, tutte

All' Atride le cessi, a lui che inerte
Rimasto indietro, nell' avare navi
Le ricevea superbo, e dividendo
Altrui lo peggio riserbossi il meglio;
O s' alcun dono agli altri duci ei fenne,
Nol si ritolse almeno. Io sol del mio
Premio fui spoglio, io solo; egli la donna
Del mio cor si ritiene, e ne gioisce.
A che mai questa degli Achei co' Teucri
Cotanta guerra? a che raccolse Atride
Qui tant' armi? Non forse per la bella
Elena? Ma l' amor delle consorti
Tocca egli forse il cor de' soli Atridi?
Ogni buono, ogni saggio ama la sua,
E tienla in pregio, siccom' io costei
Carissima al mio cor, quantunque ancella.
Or ch' egli dalle man la mi rapio
Con fatto iniquo, di piegar non tenti
Me da sue frodi ammaestrato assai.
Teco, Ulisse, e co' suoi re tanti ei dunque
Consulti il modo di sottrar l' armata
Alle fiamme nemiche. E quale ha d' uopo
Ei del mio braccio? Senza me già fece
Di gran cose. Innalzato ha un alto muro,
Lungo il muro ha scavato un largo e cupo
Fosso, e nel fosso un gran palizzo infisse.
Mirabil opra! che dal fiero Ettorre
Nol fa sicuro ancor, da quell' Ettorre
Che, mentre io parvi fra gli Achei, scostarsi
Non ardia dalle mura, o non giungea
Che sino al faggio delle porte Scee.
Sola una volta ei là m' attese; e a stento

Potè sottrarsi all' asta mia. Ma nullo
Più conflitto vogl' io con quel guerriero,
Nullo : e offerti dimani al sommo Giove
E agli altri numi i sacrificj, e tratte
Tutte nel mare le mie carche navi,
Sì, domani vedrai, se te ne cale,
Coll' aurora spiegar sull' Ellesponto
I miei legni le vele, ed esultanti
Tutte di lieti remator le sponde.
Se di prospero corso il buon Nettunno
Cortese mi sarà, la terza luce
Di Ftia porrammi su la dolce riva.
Ivi molta lasciai propria ricchezza
Qua venendo in mal punto, ivi molt' altra
Ne reco in oro, e in fulvo rame, e in terso
Splendido ferro e in eleganti donne,
Tutto tesoro a me sortito. Il solo
Premio ne manca che mi diè l' Atride,
E re villano mel ritolse ei poscia.
Torna dunque all' ingrato, e gli riporta
Tutto che dico, e a tutti in faccia, ond' anco
Negli altri Achei si svegli una giust' ira
E un avvisato diffidar dell' arti
Di quel franco impudente, che pur tale
Non ardirebbe di mirarmi in fronte.
Digli che a parte non verrò giammai
Nè di fatto con lui nè di consiglio ;
Cha mi deluse ; che mi fece oltraggio ;
Che gli basti l' aver tanto potuto
Sola una volta, e che mal fonda in vane
Ciance la speme d' un secondo inganno.
Digli che senza più turbarmi corra

Alla ruina a cui l' incalza Giove
Che di senno il privò: digli che abborro
Suoi doni, e spregio come vil mancipio
Il donator. Nè s' egli e dieci e venti
Volte gli addoppi, nè se tutto ei m' offra
Ciò ch' or possiede, e ciò ch' un dì venirgli
Potria d'altronde, e quante entran ricchezze
In Orcomèno e nell' egizia Tebe
Per le cento sue porte e li dugento
Aurighi co' lor carri a ciascheduna;
Mi fosse ei largo di tant' oro alfine
Qnanto di sabbia e polve si calpesta,
Nè così pur si speri Agamennone
La mia mente inchinar prima che tutto
Pagato ei m' abbia dell' offesa il fio.
Non vo' la figlia di costui foss' ella
Pari a Minerva nell' ingegno, e il vanto
Di beltà contendesse a Citerea,
Non prenderolla in mia consorte io mai.
Serbila ad altro Acheo che al grand' Atride
Più di grado s' adegui e di possanza.
A me, se salvo raddurranmi i numi
Al patrio tetto, a me scerrà lo stesso
Pelèo la sposa. Han molte Ellade e Ftia
Figlie di regi assai possenti: e quale
Di lor vorrò, legittima e diletta
Moglie farolla, e mi godrò con essa
Nella pace, a cui stanco il cor sospira,
Il paterno retaggio. E parmi in vero
Che di mia vita non pareggi il prezzo.
Nè tutta l' opulenza in Ilio accolta
Pria della giunta degli Achei, nè quanto

Tesor si chiude nel marmoreo templo
Del saettante Apollo in sul petroso
Balzo di Pito. Racquistar si ponno
E tripodi e cavalli e armenti e greggi;
Ma l' alma, che passò del labbro il varco,
Chi la racquista? chi del freddo petto
La riconduce a ravvivar la fiamma?
Meco io porto (la Dea madre mel dice)
Doppio fato di morte. Se qui resto
A pugnar sotto Troja, al patrio lido
M' è tolto il ritornar, ma d'immortale
Gloria l' acquisto mi farò. Se riedo
Al dolce suol natio, perdo la bella
Gloria, ma il fiore de' miei dì non fia
Tronco da morte innanzi tempo, ed io
Lieta godrommi e diuturna vita.
Questa m' eleggo, e gli altri tutti esorto
A rimbarcarsi e abbandonar di Troja
L' impossibil conquista. Il Dio de' tuoni
Su lei stese la mano, e rincorarsi
I suoi guerrieri... Itene adunque, e come
Di legati è dover; le mie risposte
Ai prenci achivi riferendo, dite
Che a preservar le navi e il campo argivo
Lor fa mestiero ruminar novello
Miglior partito, che il già preso è vano.
Inesorata è l' ira mia. Fenice
Qui rimanga e riposi: al nuovo giorno
Seguirammi, se il vuole, alla diletta
Patria. Di forza nol trarrò giammai.

MONTI. Trad. d' Omero.

Tito ai Romani che volevano edificargli un tempio.

  Romani, unico oggetto
È dei voti di Tito il vostro amore :
Ma il vostro amor non passi
Tanto i confini suoi,
Che debbano arrossirne e Tito, e voi.
Più tenero, più caro
Nome, che quel di padre
Per me non v' è; ma meritarlo io voglio,
Ottenerlo non curo. I sommi Dei
Quanto imitar mi piace,
Abborrisco emular. Li perde amici
Chi li vanta compagni : e non si trova
Follia la più fatale,
Che potersi scordar d' esser mortale.
Quegli offerti tesori
Non ricuso però : cambiarne solo
L' uso pretendo. Udite. Oltre l' usato
Terribile il Vesevo ardenti fiumi
Dalle fauci eruttò; scosse le rupi,
Riempiè di ruine
I campi intorno, e le città vicine.
Le desolate genti
Fuggendo van, ma la miseria opprime
Quei che al fuoco avanzar. Serva quell' oro
Di tanti afflitti a riparar lo scempio.
Questo, o Romani, è fabbricarmi il tempio.
METASTASIO.

Tito nel punto di condannar Sesto suo amico scoperto
complice di una congiura.

   E 'dove mai s' intese
Più contumace infedeltà ! Poteva
Il più tenero padre un figlio reo
Trattar con più dolcezza? Anche innocente
D' ogni altro error, saria di vita indegno
Per questo sol. Deggio alla mia negletta
Disprezzata clemenza una vendetta.
Vendetta! Ah Tito! E tu sarai capace
D' un sì basso desio, che rende eguale
L' offeso all' offensor? Merita in vero
Gran lode una vendetta, ove non costi
Più che il volerla. Il torre altrui la vita
È facoltà comune
Al più vil della terra; il darla è solo
De' Numi e de' Regnanti. Eh viva... In vano
Parlan dunque le leggi, Io lor custode
Le eseguisco così? Di Sesto amico
Non sa Tito scordarsi? Han pur saputo
Obliar d' esser padri e Manlio e Bruto.
Sieguansi i grandi esempj. Ogni altro affetto
D' amicizia e pietà taccia per ora.
Sesto è reo; Sesto mora. Eccoci al fine
Su le vie del rigore. Eccoci aspersi
Di cittadino sangue; e s' incomincia
Dal sangue d' un amico. Or che diranno
I posteri di noi? Diran che in Tito
Si stancò la clemenza,
Come in Silla e in Augusto

La crudeltà. Forse diran che troppo
Rigido io fui; ch' eran difese al reo
I natali e l' età; che un primo errore
Punir non si dovea; che un ramo infermo
Subito non recide
Saggio cultor, se a risanarlo in vano
Molto pria non sudò; che Tito al fine
Era l' offeso; e che le proprie offese,
Senza ingiuria del giusto,
Non poteva obbliar... Ma dunque io faccio
Sì gran forza al mio cor? Nè almen sicuro
Sarò ch' altri m' approvi? Ah non si lasci
Il solito cammin. Viva l' amico,
Benchè infedele; e se accusarmi il mondo
Vuol pur di qualche errore,
M' accusi di pietà, non di rigore.

METASTASIO.

DIALOGHI.

ACHIOR, OZIA.

Troppo mal corrisponde (Ozia, perdona)
A' tuoi dolci costumi
Tal disprezzo ostentar de' nostri numi.
Io così, tu lo sai,
Del tuo Dio non parlai.

OZIA.

    Principe, è zelo
Quel che chiami rozzezza. In te conobbi
Chiari semi del vero; e m' affatico
A farli germogliar.

ACHIOR.

    Ma non ti basta
Ch' io veneri il tuo Dio?

OZIA.

    No: confessarlo
Unico per essenza
Debbe ciascuno, ed adorarlo solo.

ACHIOR.

Ma chi solo l' afferma?

OZIA.

    Il venerato
Consenso d' ogni età; degli avi nostri
La fida autorità; l' istesso Dio,
Di cui tu predicasti

I prodigj, il poter, che di sua bocca
Lo palesò, che, quando
Se medesmo descrisse,
Disse: *io son quel che sono;* e tutto disse.

ACHIOR.

L' autorità de' tuoi produci in vano
Con me nemico.

OZIA.

E ben; con te nemico
L' autorità non vaglia. Uom però sei;
La ragion ti convinca. A me rispondi
Con animo tranquillo. Il ver si cerchi,
Non la vittoria.

ACHIOR.

Io già t' ascolto.

OZIA.

Or dimmi:

Credi, Achior, che possa
Cosa alcuna prodursi
Senza la sua cagion?

ACHIOR.

No.

OZIA.

D' una in altra
Passando col pensier, non ti riduci
Qualche cagione a confessar, da cui
Tutte dipendan l' altre?

ACHIOR.

E ciò dimostra
Che v' è Dio; non che è solo. Esser non ponno
Queste prime cagioni i nostri dei?

30. ♦

OZIA.

Quali dei, caro prence? I tronchi, i marmi
Sculti da voi?

ACHIOR.

Ma se que' marmi a' saggi
Fosser simboli sol delle immortali
Essenze creatrici, ancor diresti,
Che i miei dei non son dei?

OZIA.

Sì, perchè molti.

ACHIOR.

Io ripugnanza alcuna
Nel numero non veggo.

OZIA.

Eccola. Un Dio
Concepir non poss' io,
Se perfetto non è.

ACHIOR.

Giusto è il concetto.

OZIA.

Quando dissi perfetto,
Dissi infinito ancor.

ACHIOR.

L' un l' altro include,
Non si dà chi l' ignori.

OZIA.

Ma l' essenze che adori,
Se son più, son distinte; e, se distinte,
Han confini fra lor. Dir dunque dei,
Che ha confin l' infinito, o non son Dei.

ACHIOR.

Da questi lacci, in cui

M'implica il tuo parlar, cedasi al vero,
Disciogliermi non so; ma non per questo
Persuaso son io. D'arte ti cedo,
Non di ragione. E abbandonar non voglio
Gli dei che adoro e vedo,
Per un Dio che non posso
Neppure immaginar.

OZIA.

S'egli capisse
Nel nostro immaginar, Dio non sarebbe.
Chi potrà figurarlo? Egli di parti,
Come il corpo, non costa; egli in affetti,
Come l'anime nostre,
Non è distinto; ei non soggiace a forma,
Come tutto il creato; e, se gli assegni
Parti, affetti, figura, il circoscrivi,
Perfezion gli togli.

ACHIOR.

E quando il chiami
Tu stesso e buono e grande,
Nol circoscrivi allor?

OZIA.

No; buono il credo
Ma senza qualità; grande, ma senza
Quantità, nè misura; ognor presente,
Senza sito o confine; e, se in tal guisa
Qual sia non spiego, almen di lui non formo
Un'idea che l'oltraggi.

ACHIOR.

È dunque vano
Lo sperar di vederlo?

OZIA.

Un dì potresti
Meglio fissarti in lui; ma puoi frattanto
Vederlo ovunque vuoi.

ACHIOR.

Vederlo! E come?
Se immaginar nol so?

OZIA.

Come nel sole
A fissar le pupille in vano aspiri,
E pur sempre e per tutto il sol rimiri.
    Se Dio veder tu vuoi,
    Guardalo in ogni oggetto;
    Cercalo nel tuo petto,
    Lo troverai con te.
    E, se dov' ei dimora
    Non intendesti ancora,
    Confondimi, se puoi;
    Dimmi, dov' ei non è.

METASTASIO.

TITO, PUBLIO.

Che mi rechi in quel foglio?

PUBLIO.

I nomi ei chiude
De' rei, che osar con temerarj accenti
De' Cesari già spenti
La memoria oltraggiar.

TITO.

Barbara inchiesta,

Che agli estinti non giova, e somministra
Mille strade alla frode
D'insidiar gl'innocenti. Io da quest'ora
Ne abolisco il costume; e perchè sia
In avvenir la frode altrui delusa,
Nelle pene de' rei cada chi accusa.

PUBLIO.

Giustizia è pur...

TITO.

Se la giustizia usasse
Di tutto il suo rigor, sarebbe presto
Un deserto la terra. Ove si trova
Chi una colpa non abbia o grande o lieve?
Noi stessi esaminiam. Credimi, è raro
Un giudice innocente
Dell' error che punisce.

PUBLIO.

Hanno i castighi...

TITO.

Hanno, se son frequenti,
Minore autorità. Si fan le pene
Familiari a' malvagi. Il reo s' avvede
D'aver molti compagni; ed è periglio
Il pubblicar quanto sian pochi i buoni.

PUBLIO.

Ma v' è, signor, chi lacerare ardisce
Anche il tuo nome.

TITO.

E che perciò? se il mosse
Leggerezza, nol curo;
Se follia, lo compiango;

Se ragion, gli son grato; e se in lui sono
Impeti di malizia, io gli perdono.

METASTASIO.

GIUSEPPE, GIUDA.

GIUDA.

Nè v' è più speme
Di placar l' ira tua ?

GIUSEPPE.

Fatta è la legge;
Eseguiscasi ormai.

GIUDA.

Sentimi almeno
Senza sdegno, signor.

GIUSEPPE.

Che dir potrai?
Spedisciti.

GIUDA.

Rammenti
Quando la prima volta
Io venni a te?

GIUSEPPE.

Si : di condurmi allora
Beniamino t' imposi. Il vecchio padre
Morebbe, rispondesti,
Privandolo di lui : senza il fanciullo
Non sperate, io soggiunsi,
Di rivedermi più.

GIUDA.

Con questa legge
Ritornammo a Giacobbe. Egli di nuovo
Volle inviarci a te. Vano è il viaggio
Se Beniamin non viene,
Dicemmo a lui. Come! ei gridò: degg' io
Rimaner senza figli? Ah di Rachele
Ebbi due pegni solo: il primo, oh Dio!
Fu di selvaggia fiera
Misero pasto. È noto a voi, voi stessi
La novella recaste: io più nol vidi.
Se pur l' altro or mi lascia, e per cammino
Qualch' evento l' opprime, all' ore estreme
La mia vecchiezza affrettereste. Intanto
Cresce la fame: il genitor dolente
Che far dovra? Se Beniamin ritiene,
Di disagio morrà; morrà d' affanno,
Se parte Beniamino. Amato padre,
Gli dico al fin, fidalo a me. Se torno
Senza il fanciullo, in avvenir per sempre
Guardami come reo. Mi crede; io partò;
Compisco il cenno tuo. Tu padre sei:
Fosti figlio ancor tu: vesti un momento,
Signor, gli affetti miei. Dì, con qual core
Or presentarmi al genitor potrei
Senza il fidato pegno? Ah no; ritorni
Beniamino a Giacobbe. Io voglio, io solo
Restar servo per lui, pria che trovarmi
Delle smanie paterne
Spettatore infelice.

GIUSEPPE.

(Il cor mi sento

Spezzar di tenerezza) ·

GIUDA.

E perchè mai
Mi nascondi il tuo volto? Ah di pietade
Se degno non son io, n'è degno almeno
Un desolato padre. Oh se presente
Agli ultimi congedi
Fossi stato, signor! Parea che l'alma
A lui col figlio amato
Si staccasse dal seno. Addio, gli dice,
E torna ad abbracciarlo. Ora di nuovo
Ad uno il raccomanda,
Or all' altro di noi. Chiama Rachele,
Si ricorda Giuseppe; entrambi in volto
Ritrova a Beniamin: tutte risente
Le sue perdite in lui; tutte... Ma... come!
Signor, tu piangi! Ah le miserie nostre
Ti mossero a pietà. Seconda, o Dio,
Questi teneri moti.

GIUSEPPE.

Ah basta; io cedo;
Contenermi non so. Fratelli amati,
Riconoscete il vostro sangue. Il finto
Mio rigore abbandono.
Venite a questo sen: Giuseppe io sono.

METASTASIO.

TEMISTOCLE, NEOCLE.

TEMISTOCLE.

Che fai?

NEOCLE.

Lascia ch'io vada
Quel superbo a punir. Vedesti, o padre,
Come ascoltò le tue richieste! E quanti
Insulti mai dobbiam soffrir?

TEMISTOCLE.

Raffrena
Gli ardori intempestivi. Ancor supponi
D'essere in Grecia, e di vedermi intorno
La turba adulatrice,
Che s'affolla a ciascun, quando è felice?
Tutto, o Neocle, cambiò. Debbono i saggi
Adattarsi alla sorte. È del nemico
Questa la reggia: io non son più d'Atene
La speranza e l'amor; mendico, ignoto,
Esule, abbandonato,
Ramingo, discacciato,
Ogni cosa perdei; solo m'avanza
(E il miglior mi restò) la mia costanza.

NEOCLE.

Ormai, scusa, o signor, quasi m'irrita
Questa costanza tua. Ti vedi escluso
Da quelle mura istesse,
Che il tuo sangue serbò; trovi per tutto
Della patria inumana
L'odio persecutor che ti circonda,
Che t'insidia ogni asilo e vuol ridurti

Che a tal segno si venga,
Che non abbi terren che ti sostenga.
E lagnar non t' ascolto!
E tranquillo ti miro! Ah come puoi
Soffrir con questa pace
Perversità sì monstruosa?

TEMISTOCLE.

Ah figlio,
Nel cammin della vita
Sei nuovo pellegrin; perciò ti sembra
Mostruoso ogni evento. Il tuo stupore
Non condanno però: la maraviglia
Dell' ignoranza è figlia,
E madre del saper. L'odio, che ammiri,
È de' gran benefizj
La mercè più frequente. Odia l' ingrato
(E assai ve n' ha) del benefizio il peso
Nel suo benefattor; ma l' altro in lui
Ama all' incontro i benefizj sui:
Perciò diversi siamo;
Quindi m' odia la patria, e quindi io l' amo.

NEOCLE.

Se solo ingiusti, o padre,
Fosser gli uomini teco, il soffrirei;
Ma con te sono ingiusti ancor gli dei.

TEMISTOCLE.

Perchè?

NEOCLE.

Di tua virtù premio si chiama
Questa misera sorte?

TEMISTOCLE.

E fra la sorte

O misera o serena,
Sai tu ben quale è premio, e quale è pena?

NEOCLE.

Come?

TEMISTOCLE.

  Se stessa affina
La virtù ne' travagli, e si corrompe
Nella felicità. Limpida è l' onda
Rotta fra' sassi; e, se ristagna, è impura.
Brando, che inutil giace,
Splendeva in guerra, è rugginoso in pace.

NEOCLE.

Ma il passar da' trionfi
A sventure sì grandi...

TEMISTOCLE.

   Invidieranno
Forse l' età future,
Più che i trionfi miei, le mie sventure.

         METASTASIO.

TEMISTOCLE, SERSE.

TEMISTOCLE.

Potentissimo re

SEBASTE.

  Che ardir! quel folle
Dal trono s' allontani.

TEMISTOCLE.

Non oltraggiano i numi i voti umani.

SEBASTE.

Parti.

SERSE.

No, no; s' ascolti.
Parla, stranier; che vuoi?

TEMISTOCLE.

Contro la sorte
Cerco un asilo, e non lo spero altrove:
Difendermi non può che Serse, o Giove.

SERSE.

Chi sei?

TEMISTOCLE.

Nacqui in Atene

SERSE.

E greco ardisci
Di presentarti a me?

TEMISTOCLE.

Sì. Questo nome
Qui è colpa, il so; ma questa colpa è vinta
Da un gran merito in me. Serse, tu vai
Temistocle cercando; io tel recai.

SERSE.

Temistocle! Ed è vero?

TEMISTOCLE.

A' regi innanzi
Non si mentisce

SERSE.

Un merito sì grande
Premio non v' è che ricompensi. Ah dove,
Quest' oggetto dov' è dell' odio mio?

TEMISTOCLE.

Già su gli occhi ti sta.

SERSE.

Qual è?

TEMISTOCLE.

Son io.

SERSE.

Tu!

TEMISTOCLE.

Sì.

NEOCLE.

(Dove m'ascondo)

SERSE.

E così poco
Temi dunque i miei sdegni?
Dunque...

TEMISTOCLE.

Ascolta, e risolvi. Eccoti innanzi
De' giuochi della sorte
Un esempio, o signor. Quello son io,
Quel Temistocle istesso,
Che scosse già questo tuo soglio; ed ora
A te ricorre, il tuo soccorso implora.
Ti conosce potente,
Non t'ignora sdegnato; e pur la speme
D'averti difensore a te lo guida:
Tanto, o signor, di tua virtù si fida.
Sono in tua man; puoi conservarmi, e puoi
Vendicarti di me. Se il cor t'accende
Fiamma di bella gloria, io t'apro un campo
Degno di tua virtù: vinci te stesso;
Stendi la destra al tuo nemico oppresso.
Se l'odio ti consiglia,
L'odio sospendi un breve istante, e pensa
Che vana è la ruina
D'un nemico impotente, util l'acquisto

D' un amico fedel; che re tu sei,
Ch' esule io son, che fido in te, che vengo
Vittima volontaria a questi lidi:
Pensaci, e poi del mio destin decidi.

SERSE.

(Giusti dei, chi mai vide
Anima più sicura!
Qual nuova spezie è questa
Di virtù, di coraggio? A Serse in faccia
Solo, inerme e nemico
Venir! fidarsi... Ah questo è troppo!) Ah dimmi
Temistocle, che vuoi? Con l' odio mio
Cimentar la mia gloria? Ah, questa volta
Non vincerai. Vieni al mio sen: m' avrai
Qual mi sperasti. In tuo soccorso aperti
Saranno i miei tesori; in tua diefsa
S' armeranno i miei regni; e quindi appresso
Fia Temistocle e Serse un nome istesso.

TEMISTOCLE.

Ah signor, fin ad ora
Un eccesso parea la mia speranza,
E pur di tanto il tuo gran cor l' avanza.
Che posso offrirti? I miei sudori? Il sangue?
La vita mia? Del benefizio illustre
Sempre saran minori
La mia vita, il mio sangue, i miei sudori.

SERSE.

Sia Temistocle amico
La mia sola mercè. Le nostre gare
Non finiscan però. De' torti antichi
Sebben l' odio mi spoglio,
Guerra con te più generosa io voglio.

Contrasto assai più degno
 Comincerà se vuoi,
 Or che la gloria in noi
 L' odio in amor cambiò.
Scordati tu lo sdegno,
 Io le vendette obblio;
 Tu mio sostegno, ed io
 Tuo difensor sarò.

METASTASIO.

TEMISTOCLE, NEOCLE.

TEMISTOCLE.

Eccoti in altra sorte; ecco cambiato,
Temistocle, il tuo stato. Or'or di tutto
Bisognoso e mendico, in van cercavi
Un tugurio per te: questo or possiedi
Di preziosi arredi
Rilucente soggiorno;
Splender ti vedi intorno
In tal copia i tesori; arbitro sei
E d' un regno e d' un re. Chi sa qual altro
Sul teatro del mondo
Aspetto io cambierò. Veggo pur troppo
Che favola è la vita,
E la favola mia non è compita.

NEOCLE.

Splendon pur una volta,
Amato genitor, fauste le stelle
All' innocenza, alla virtù: siam pure
Fuor de' perigli. A tal novella, oh come

Tremeran spaventati
Tutti d'Atene i cittadini ingrati?
Or di nostre fortune
Comincia il corso : io lo prevengo, parmi
Già ricchezze ed onori,
Già trionfi ed allori
Teco adunar, teco goderne, e teco
Passar d' Alcide i segni,
I regi debellar, dar legge a' regni.

TEMISTOCLE.

Non tanta ancor, non tanta
Fiducia, o Neocle. Or nell' ardire eccedi
Pria nel timor. Quand' eran l' aure avverse,
Tremavi accanto al porto : or, che seconde
Si mostrano un momento,
Apri di già tutte le vele al vento.
Il contrario io vorrei.. Questa baldanza,
Che tanto or t' avvalora,
È vizio adesso, era virtude allora :
E quel timor che tanto
Prima ti tenne oppresso,
Fu vizio allor, saria virtude adesso.

NEOCLE.

Ma che temer dobbiamo?

TEMISTOCLE.

Ma in che dobbiam fidarci? In quei tesori?
D' un istante son dono;
Può involarli un istante. In questi amici
Che acquistar già mi vedi? Eh non son miei;
Vengon con la fortuna, e van con lei.

NEOCLE.

Del magnanimo Serse

Basta il favore a sostenerci.

TEMISTOCLE.

E basta
L'ira di Serse a ruinarne.

NEOCLE.

È troppo
Giusto e prudente il re.

TEMISTOCLE.

Ma un re sì grande
Tutto veder non può. Talor s'inganna,
Se un malvagio il circonda;
E di malvagi ogni terreno abbonda.

NEOCLE.

Superior d'ogni calunnia ormai
La tua virtù ti rese.

TEMISTOCLE.

Anzi là, dove
Il suo merto ostentar ciascun procura,
La virtù che più splende, è men sicura.

METASTASIO.

EGLOGHE.

SERRANO, OPICO.

SERRANO.

Quantunque, Opico mio, sii vecchio e carico
Di senno e di pensier che 'n te si covano,
Deh piangi or meco, e prendi il mio rammarico.

Nel mondo oggi gli amici non si trovano,
La fede è morta, regnano le 'nvidie;
E i mai costumi ognor più si rinnovano.

Regnan le voglie prave e le perfidie,
Per la roba mal nata che gli stimula,
Tal che 'l figliuolo al padre par che insidie.

Tal ride del mio ben, che 'l riso simula;
Tal piange del mio mal, che poi mi lacera
Dietro le spalle con acuta limula.

OPICO.

L' invidia, figliuol mio, se stessa macera,
E si dilegua come agnel per fascino;
Che non gli giova ombra di pino o d' acera.

SERRANO.

Il pur dirò, così gli dii mi lascino
Veder vendetta di chi tanto affondami,
Prima che i mietitor le biade affascino;

E per l' ira sfogar ch' al core abbondami;
Così 'l veggia cader d' un olmo, e frangasi,
Tal ch' io di gioja e di pietà confondami.

Tu sai la via che per le piogge affangasi:
Ivi s'ascose quando a casa andavamo
Quel, che tal viva che lui stesso piangasi.

    Nessun vi riguardò, perchè cantavamo
Ma innanzi cena venne un pastor subito
Al nostro albergo; quando al foco stavámo;

    E disse a me: Serran, vedi, ch'io dubito
Che tue capre sian tutte; ond'io per correre
Ne caddi sì, ch'ancor mi duole il cubito.

    Deh se qui fosse alcuno a cui ricorrere
Per giustizia potessi: or che giustizia?
Sol Dio sel veda, che ne può soccorrere.

    Due capre e duo capretti per malizia
Quel ladro traditor dal gregge tolsemi;
Sì signoreggia al mondo l'avarizia.

    Io gliel direi, ma chi mel disse volsemi
Legar per giuramento, ond'esser mutolo
Conviemmi; e pensa tu se questo dolsemi.

    Del furto si vantò, poi ch'ebbe avutolo,
Che sputando tre volte fu invisibile
Agli occhi nostri; ond'io saggio riputolo.

    Chè se 'l vedea, di certo era impossibile
Uscir vivo da' cani irati e calidi;
Ove non val che l'uom richiami o sibile.

    Erbe e pietre mostrose, e sughi palidi,
Ossa di morti, e di sepolcri polvere,
Magici versi assai possenti e validi

    Portava indosso, che 'l facean risolvere
In vento, in acqua, in picciol rubo o felice,
Tanto si può per arte il mondo involvere.

              OPICO.

Quest'è Protèo, che di cipresso in elice,

E di serpente in tigre transformavasi,
E feasi or bove or capra or fiume or selice.

SERRANO.

Or vedi, Opico mio, se 'l mondo aggravasi
Di male in peggio; e deiti pur compiangere
Pensando al tempo buon, che ognor depravasi,

OPICO.

Quand' io appena incominciava a tangere
Da terra i primi rami, ed addestravami
Con l'asinel portando il grano a frangere;

Il vecchio padre mio, che tanto amavami,
Sovente all' ombra degli opachi suberi
Con amiche parole a se chiamavami;

E come fassi a quei che sono impuberi,
Il gregge m' insegnava di conducere,
E di tosar le lane e mugner gli uberi.

Tal volta nel parlar soleva inducere
I tempi antichi, quando i buoi parlavano;
Chè 'l ciel più grazie allor solea producere.

Allora i sommi dii non si sdegnavano
Menar le pecorelle in selva a pascere;
E com' or noi facemo, essi cantavano.

Non si potea l' un uom per l' altro irascere:
I campi eran comuni e senza termini:
E Copia i frutti suoi sempre fea nascere.

Non era ferro, il qual par ch' oggi termini
L' umana vita; e non eran zizzanie,
Ond' avvien ch' ogni guerra e mal si germini.

Non si vedean queste rabbiose insanie,
Le genti litigar non si sentivano;
Perchè convien che 'l mondo or si dilanie.

I vecchi quando al fin più non uscivano

Per boschi, o si prendean la morte intrepidi,
O con erbe incantate ingiovanivano.

Non foschi o freddi, ma lucenti e tepidi
Erano i giorni: e non s'udivan ulule,
Ma vaghi uccelli dilettosi e lepidi.

La terra, che dal fondo per che pulule
Atri aconiti, e piante aspre e mortifere,
Ond'oggi avvien che ciascun pianga ed ulule,

Era allor piena d'erbe salutifere,
E di balsamo e 'ncenso lacrimevole,
Di mirre preziose ed odorifere.

Ciascun mangiava all'ombra dilettevole
Or latte e ghiande, ed or ginepri e morole.
O dolce tempo, o vita sollazzevole!

Pensando all'opre lor, non solo onorole
Con le parole; ancor con la memoria
Chinato a terra come sante adorole.

Ov'è 'l valore, ov'è l'antica gloria?
U'son or quelle genti? oimè son cenere
Delle quai grida ogni famosa istoria,

I lieti amanti e le fanciulle tenere
Givan di prato in prato rammentandosi
Il foco e l'arco del figliuol di Venere.

Non era gelosia, ma sollazzandosi
Movean i dolci balli a suon di cetera;
E 'n guisa di colombi ognor baciandosi.

O pura fede, o dolce usanza vetera!
Or conosco ben io, che 'l mondo instabile
Tanto peggiora più quanto più invetera.

Tal che ogni volta, o dolce amico affabile,
Ch'io vi ripenso, sento il cor dividere
Di piaga avvelenata ed incurabile.

SERRANO.

Deh, per Dio non mel dir, deh non mi uccidere;
Chè s'io mostrassi quel ch'ho dentro l'anima,
Farei con le sue selve i monti stridere.

Tacer vorrei, ma il gran dolor m'inanima
Ch'io tel pur dica: or sai tu quel Lacinio?
Oimè, ch'a nominarlo il cor si esanima!

Quel che le notte veglia, e 'l gallicinio
Gli è primo sonno, e tutti Cacco il chiamano,
Però che vive sol di latrocinio.

OPICO.

Oh oh, quel Cacco! o quanti Cacchi bramano
Per questo bosco! ancorchè i saggi dicano,
Che per un falso mille buon s'infamano.

SERRANO.

Quanti nell'altrui sangue si nutricano!
I 'l so che 'l pruovo, e col mio danno intendolo,
Tal che i miei cani indarno s'affaticano.

OPICO.

Ed io per quel che veggio ancor comprendolo,
Che son pur vecchio, ed ho curvati gli omeri
In comprar senno, e pur ancor non vendolo.

O quanti intorno a queste selve nomeri
Pastori in vista buon, che tutti furano
Rastri, zappe, sampogne, aratri e vomeri!

D'oltraggio o di vergogna oggi non curano
Questi compagni del rapace gracculo;
In sì malvagia vita i cuori indurano,

Purch'abbian le man piene all'altrui sacculo.

SANNAZZARO.

L' Orto.

Sparir vedeasi già per l' oriente
Qualche picciola stella, e spuntar l' alba:
Già salutar il giorno omai vicino
S'udia col canto il coronato augello;
Quando pian pian del letticiuolo umìle
Celeo, vecchio cultor di pover orto,
Alzò, desto dal sonno, il pigro fianco;
E d' ogni intorno biancheggiar vedendo
Dell' uscio agli spiragli il dubbio lume,
Cinto la vile e rozza gonna ond' egli
Solea coprirsi, indi calzato il piede
Col duro cuojo rappezzato ed aspro,
Bramoso di saper se fosse il cielo
Ver l' oriente o torbido o sereno,
Mirollo; e poi che senza nubi il vide,
Prendendo augurio di felice giorno,
Tornò là 've ad un chiodo arida scorza
Pendea di vuota zucca, il cui capace
Ventre fatta s' avea di molti semi
Separati fra lor fida conserva:
E di lor quegli eletti onde volea
L' orticel fecondar, postosi sopra
La manca spalla il zapponcello e 'l rastro,
Nell' orto entrò, cui diligente intorno
Di prun contesta avea spinosa siepe,
Ove parte spargendo i semi, parte
Svellendo dal terren l' erbe nocive,
Parte solchi nettando, e parte d' acque
Empiendo largo vaso, onde la sera

Innaffiarne potesse i fiori e l'erbe,
Tanta dimora fe', che non s'avvide
Tre il sol già di que' spazj aver trascorso,
Onde i giorni e le notti egli misura:
E tal dell'opra sua prendea diletto,
Che tempo assai più lungo ito vi fora,
Se 'l natural desio che mai non dorme
In uom che neghittoso il dì non mena,
Desto in lui non avesse altro pensiero.
Per pagar dunque il solito tributo
Al famelico ventre ed importuno,
Entrato nel tugurio, e già deposte
Le lucid'arme sue, tutto si diede
A preparasi il consueto cibo.
E prima col fucil la dura selce
Spesso ripercotendo, il seme ardente
Della fiamma ne trasse, e lo raccolse
In arido fomento, e perchè pigro
E languente gli parve, il proprio fiato
Oprò per eccitarlo, e di frondosi
Nutrillo aridi rami; e quando vide
Che in tutto appreso avvalorossi ed arse,
Cinto d'un bianco lino, ambe le braccia
Spogliossi fino al cubito; e lavato
Che dal sudore ei s'ebbe e dalla polve
Le dure mani, entro stagnato vaso,
Che terso, di splendor vincea l'argento,
Alquanto d'onda infuse, ed alla fiamma
Sovra appunto locollo, ove tre piedi
Di ferro sostenean di ferro un cerchio.
Gittovvi poi, quando l'umor gli parve
Tiepido, tanto sal quanto a condirlo

Fosse bastante: e per non stare indarno
Mentre l' onda bollia, per fissa tela
Fece passar di setole contesta,
Di Cerere il tesor, che in bianca polve
Ridotto avea sotto il pesante giro
Della volubil pietra; indi partendo
Con tagliente coltel rotonda forma
Di grasso cacio, che da' topi ingordi
Ei difendeva entro fiscella appesa
Al negro colmo; col forato ed aspro
Ferro tritollo: e cominciando omai
L' acqua d' intorno all' infiammato fianco
Del vaso a gorgogliare, appoco appoco
S' adattò con la destra a spargervi entro
La purgata farina, non cessando
Con la sinistra intanto a mescer sempre
La farina e l' umor con saldo legno.
Quando poi tutta di sudor la fronte
Aspersa egli ebbe, 'l bianco e molle corpo
Cominciò a diventar pallido e duro,
Aggiunse forza all' opra, e con la destra
Alla sinistra man porgendo aita,
Per lo fondo del vaso il legno intorno
Fece volar con più veloci giri;
Fin che vedendo omai quella mistura
Nulla bisogno aver più di Vulcano,
Preso un largo taglier di bianco faggio,
Fecene sovra quel rotonda massa;
E ratto corso là dov' egli avea
Molti vasi disposti in lunghe schiere,
Un piatto sovra tutti ampio e capace
Indi tolse ed il terse; e con un filo

Ritroncando la massa in molte parti,
Il piatto ne colmò; di trito cacio
Aspergendolo sempre a suolo a suolo.
E per non tralasciar cosa che d'uopo
Fosse per farla delicata e cara,
Mentre fumava ancor, sovra v'infuse
Di butiro gran copia, che dal caldo
Liquefatto, stillante appoco appoco
Penetrò tutto il penetrabil corpo.
Condotta al fin quest'opra, e posto il vaso,
Così caldo com'era, appresso il foco,
Provido ad altro attese; e volto il piede
Là 'v'egli larga pietra eretta avea
Sotto una grande e tortuosa vite,
Che copria con le fronde un vicin fonte,
D'un panno la coperse in guisa bianco
Che l'odor del bucato ancor serbava.
Quinci il picciol vasel sovra vi pose
Ove il sal si conserva, e 'l pan, che dolce
Gli era e soave, ancor che negro e vile.
Di molte erbe odorate e molti frutti
Carcolla alfin che l'orticel cortese
Ognor dispensa; e dell'armario tolse
La ciotola capace e 'l vaso antico
Del vin, cui logro avrà l'uso frequente
Il manico ritorto, e rotto in parte
Le somme labbra onde il liquor si versa.
Preparato già il tutto, ed omai stanco
Del lungo faticar, poi che le mani
Tornato fu di nuovo a rilavarsi,
Accostossi alla mensa, e tutto lieto
Cominciò con gran gusto a scacciar lunge

Da se l' ingorda fame, e l' importuna
Sete, spesso temprando il vin con l' onda
Che dal fonte scorrea gelida e pura.
E già sazio era il ventre, e già il palato
Da lui più non chiedea bevanda od esca,
Quando dietro la fame in lui serpendo
Quella stanchezza entrò che dolce suole
Gli occhi gravar, mentre veloce il caldo
Vital sen corre al cibo, e lascia pigre
Le ristaurate membra; ond' egli a cui
Il dì passar dormendo unqua non piacque,
Per non dar loco al sonno, in queste voci
Cominciando fra se ruppe il silenzio:
O beato colui che in pace vive,
Questa vita mortal misera e breve,
La qual benchè sì bella appaja in vista,
Tosto langue però, qual fiore in prato
O da falce o dal piè presso e reciso.
Ma infelice colui che sempre in guerra
Seco col suo pensier mai non s'affronta!
Quei che da cure ambiziose avare
Tormentato mai sempre, un' ora, un punto
Di tranquillo non prova; e non sa quanto
Di gran lunga trapassi ogni tesoro
La cara povertà giusta innocente.
Abbiansi le cittati, abbiansi pure,
L' arti onde nascon gli agi e 'l viver molle;
Ch' a noi sommo piacer, sommo diletto
Fia il contemplar or verdi or biancheggianti
Le seminate biade: ir rimirando
L' antiche selve, le sassose grotte,
Le opache valli, i monti, i vivi laghi,

L' acque stagnanti e i mobili cristalli:
Il sentir lieti all' ora mattutina
Disciolti al canto ir gorgheggiando a gara
Le vaghe lodolette e gli usignuoli:
Delle tortore udir, delle colombe
I gemiti e i susurri; e dagli arbusti
Di rugiada pasciute le cicale
Roco doppiar sul mezzogiorno il canto.
Pochi san quanto giovi i membri lassi
Gittar talor dormendo in qualche piaggia
Fresca erbosa fiorita, appresso un rivo
Che mormorando col garrir s' accordi
Degli augelli, dell' aure e delle frondi.
Ma qual piacer s' agguaglia a quel ch' io prendo
Solamente da te, mio picciol orto,
Da te ch' a me città, palazzo e loggia,
A me sei vigna e campo e selva e prato.
Tu di salubri erbette ognor fecondo
Porgi alla mensa mia non compro cibo;
Tu l' ozio da me scacci; e da te viene
Che, benchè già canute aggia le tempie,
Di robustezza a giovane non ceda.
Tu dal mio petto le nojose cure
Lunge sbandisci, e 'n vece lor v' induci
Piacer, letizia e pace; e sei cagione
Ch' io non invidii l' aurea verga e 'l manto,
E le ricchezze che dal mondo avaro
Fanno ammirar gl' imperatori e i regi.
Qual si trova piacer che tu non abbia?
Qual hai piacer che d' util non sia misto?
O qual utile è 'l tuo che dall' onesto
Si veggia, come molti, esser discorde?

Tu l' occhio pasci, se dell' erbe mira
I nativi smeraldi e i vaghi fiori:
Godon per te gli orecchi in ascoltando
Il grato sussurrar dell' api industri,
Mentre predando vanno ai primi albori
Da' fior le dolci rugiadose stille.
Senso non ha chi l' odor tuo non sente,
Odor, che la viola, il croco, il giglio,
Il narciso, la rosa intorno sparge.
Piaccion le gemme agli occhi, e piace l' oro,
Ma non ne gode il gusto: il gusto poi
D' altre cose piacer talora sente,
Di cui nulla il veder diletto prende.
Non così avviene a te, poi che non meno
L' occhio mi pasci tu di quel che faccia
Il gusto ed ogni senso. Io se desio
L' oro veder; del già maturo cedro
La spoglia miro che s' assembra all' oro:
Se l' oro poi che di rubin sia carco;
Alla siepe mi volgo, ove il granato
Maturo e mezzo aperto i suoi tesori
Mi scopre. Se veder gli altri lapilli
Chieggio; ecco l' uve di color mature
Pendenti giù da' pampinosi rami.
Ma qual altro diletto a quel s' agguaglia
Che dà il veder sovra un medesmo tronco,
Sovra un medesmo ramo il pero, il pomo
E la mandorla e 'l pesco e 'l fico e 'l pruno;
Ed una sola pianta a sì diversi
Figli somministrar, madre cortese,
Con nuovo modo il nutrimento e 'l latte?
Taccio tant' altre gioje e tanti beni

Che mi vengon da te, caro orticello;
Ed a voi mi rivolgo, o dei ch' avete
Degli orti cura e di chi agli orti attende.
Fa dunque, Clori, tu che mai non manchi
Al mio verde terren copia di fiori.
Tu fa, Pomona, che de' frutti loro
Non sian degli arbor mai vedovi i rami.
E tu che tante e sì diverse forme
Prendi, Vertunno, il culto mio difendi
Or con la spada, se soldato sei,
Or col pungente stimolo, se i buoi
Giunger ti piace al giogo. E tu Priàpo,
S' unqua gli altàri tuoi di fiori ornai,
Con la gran falce e con l' altre arme orrende
Spaventa i ladri che notturni vanno
Predando ingiusti le fatiche altrui.
Crescete, erbette e fior, crescete lieti;
Se 'l ciel benigno a voi giammai non neghi
Tiepidi soli e temperata pioggia.
Sì dicea seco il povero Celeo,
Nella sua povertà felice appieno.

BALDI.

La Madre di famiglia.

Lasciato avea l' autunno il giusto impero
All' aspra tirannia del crudo verno,
Che le chiome scotendo ispide e bianche,
Spargea di neve i colli, e con l' orrendo
Fiato sembrar fea di cristallo i fiumi:
Talchè non era agli augelletti schermo
La piuma, ed a le fere il folto pelo:
Ma quei di qualche quercia, od olmo o falce
Si vedean ricovrar nel cavo tronco:
Queste arricciate e rabbuffate il dorso;
Ripararsi fuggendo, entro il più chiuso
E cupo sen delle montane grotte;
Dentro le calde stalle, armenti e gregge
Stavansi ruminando il secco fieno,
Che 'l provido bifolco apprestò loro
Sotto il coverto tetto al miglior tempo.
In somma ognun, per non provar l' estremo
Rigor della stagion, chiuso si stava
Od in riposto speco, o 'n caldo albergo.
Or in fra gli altri Aresia e 'l buon Montano,
Ambedue d' età grave, ambo consorti
Nell' opre della vita, avendo sazio
Con povere vivande e breve cena
Il natural desio, facean corona
Con la lor famigliuola a picciol foco:
E intanto i dolci figli ivan facendo
Inganno al sonno che fra 'l troppo cibo
Vie più che fra 'l digiun furtivo serpe;
Perchè di paglia l' uno o bianco salce

Perchè non altramente fora brutto
Alla donna trattar consigli ed arme,
Cose che sol s' aspettano a' mariti,
Di quel che fora obbrobrioso all' uomo,
Se, non si ricordando d' esser uomo,
Lavar volesse i panni, i vasi e 'l filo,
Star al foco torcendo e ordir le tele.
Quando fosse però che ti chiedesse
Compagna ne' consigli, io non t' esorto
A ricusarlo, anzi ubbidirlo in modo
Che consigliando, di seguir tu mostri
Non il consiglio tuo, ma il suo parere.
S' avverta poi, sì come spesso avviene,
Che fra 'l consorte e te contrasto accaggia,
Non vuò che tu il bandisca, e ti lamenti
Con le vicine tue, con le comari;
Chè non ad altro fin fatta è la casa,
Nè per altro ha la casa e mura e porte,
Se non perchè non sian de' fatti altrui
Giudici e spettator le genti esterne.
Io voglio oltra di ciò, che d' ogni ingiuria
Ti dimentichi affatto: chè la moglie
Che di tutte l' ingiurie si ricorda,
Mostra d' esser non moglie, ma più tosto
Fierissima nemica. Io chiamo il cielo
In testimonio, e te figliuola, ch' io,
Benchè potuto avessi, al mio Montano
Mai non rinfacciai nulla: impara dunque
Anco tu a far l' istesso. Un altro vizio
Regnar suol fra noi donne, e questo è l' odio,
Che per lo più si porta a padri, a madri
A fratelli, a sorelle, e 'n somma a tutte

Le genti del marito : vizio.infame,
Vizio indegno di donna, che di donna
Aver procuri il nome: or bench' io stimi
Te saggia sì, che senza il mio consiglio
Tu sia per schivar ciò, pur tel ricordo,
Perchè tu sia più cauta, e'più mi giova
Di dirti oltra il bisogno, che lasciare
Cosa veruna a dietro. Onora ed ama
E riverisci e suocere e cognati,
E portati con loro in quella guisa,
Che tu vorresti ch' altri si portasse
Teco, sendo tu suocera e cognata.
Sovra tutto a temer t' esorto, o figlia,
La fama rea, che s' una volta sola
Si sparge per le bocche, in van si tenta
Di ricovrar la buona, in guisa tarde
Son le lingue al ben dire, e preste pronte
Ai biasmi, ai disonori, ai vituperi:
Onde per fuggir ciò, non vuò che solo
Secretezza tu cerchi (chè di rado
Giova esser cauta a donna disonesta)
Ma che tu viva sì, ch' indi proceda
Il parer alle genti onesta e buona:
Buona e onesta sarai, quando non tanto
Prezzerai gli ornamenti e la bellezza,
Quanto l' esser modesta e vergognosa.
Questo son quelle doti, o cara figlia,
Che non fuggon con gli anni, anzi qual oro
Non temon della ruggine e del tempo.
Sì che se queste gemme t' orneranno,
Poco curar dovrai di quelle gemme,
Che le giovani vane hanno in più stima

Spesso, che l' onor vero e 'l vero bene.
E se ben il tuo grado non ricerca
Che d' ostro t' orni e d' oro, essendo nata
In stato umil, pompa però soverchia
Fora la tua, se superar volessi
Col povero vestir l' altre, che sono
A te di grado e di bassezza eguali.
Oltra il vestir d' un' altra cosa ancora
Debbo avvisarti, che non poco importa,
E questo è che giammai tu non ti creda
Che la bellezza, che ne dà natura,
S' accresca co i belletti e co' colori;
Chè nulla è meno il vero: io che son vecchia,
Ho conosciuto molte che volendo,
Benchè belle per se, parer più belle
Con questi lisci, eran mostrate a dito
Da tutti, e da color, che non sapeano
Di qual casa si fossero, tenute
Per donne disoneste: indegna cosa
Coprir il bel natio con la bruttezza
Delle bellezze finte: or dimmi un poco,
Figlia, qual è più vago, un fiore, un pomo
Preso dal proprio ramo col colore,
Che lor comparte la natura e 'l sole,
Ovver un altro, benchè da buon mastro
Col pennello imitato? io credo certo
Ch' ogni saggio uom, che co' colori intende
D' acquistar fama dipingendo, tanto
Stimi di meritar lode maggiore,
Quanto meglio imitar sa la natura.
Or se il color natio vince il dipinto,
Se perfetta maestra è la natura,

Perchè creder vorrem ch' in noi s' accresca
La beltà natural con la dipinta?
Sian dunque i tuoi belletti e i lisci tuoi
La pura acqua del fonte, onde ti lavi
E la faccia e le mani ogni mattina.
Non ti biasmerò già, se tu ti specchi
Qualche fiata; chè lo specchio al fine
Cosa è da comportar, tutto che spesso
Accresca in noi la vanità natia.
Tanto sia detto intorno agli ornamenti
E 'l viver come moglie. Alquanto avanti
Trapassar mi convien, poi che le nozze
Ordinate non fur perchè le donne
Sol divenisser mogli; chè ciò fora
Spezie di servitù; ma perchè quinci
Ne divenisser madri: il figlio è frutto,
(Se nol sai) delle nozze, e questo frutto
È dolce sì, che la dolcezza sua
Può temprar mille amari, ond' è condita
La gravidanza e 'l maritale stato.
Lascio che a noi, che padri e madri siamo,
Reca estremo contento il veder nati
Figli de' nostri figli, e molto tempra
La doglia del morir, riconoscendo
Noi stesse ne' nipoti, in cui speriamo
D' aver morendo una seconda vita:
Però se fia che Dio ti faccia madre,
Odi quai sian di madre diligente
Le parti. Nato il figlio, a me non piace
Che 'l costume tu segua ingiusto ed empio
Di quelle donne, ch' a figliuoli loro,
Che nel ventre portar, negano il latte.

Ben vediam tutto il dì molti animali
Gli altrui parti nodrir, ma non vediamo
Però mancar a' proprj: or qual più alpestre
Fera è dell' orsa? e pur verso i suoi figli
Tenera è sì, che la salute loro
Stima assai più che la sua propria vita.
In tutto nega dunque d' esser madre
Chi nega a' figli il latte, e 'n tutto nega
D' esser donna colei; che d' ogni fera
È contra i proprj figli assai più fiera.
Impara dunque ad esser donna e madre,
Donna e madre pietosa; io non vorrei
Però che per soverchia tenerezza
Gli allevassi vezzosi e delicati;
Perchè, se ciò disdice a' cittadini,
Come a noi starà ben, che nati siamo
A continue fatiche, e non abbiamo
Riposo mai nè 'l giorno, nè la notte?
I maschi sian tua cura, in fin che il passo
Movan più fermo, e possan con la verga
Cacciar al pasco il mansueto armento:
Chè da quel tempo in su de' padri dee
Esser uffizio l' insegnargli quello
Ch' a lor s' aspetti, a castigargli, quando
Pertinaci ei gli truovi o negligenti.
Delle femmine poi la madre sempre
Il pensier aver dee, nè pur lasciarle
Giammai d' un passo; se gelosa è punto
Dell' onor proprio; e ciò fin che cresciute
All' età più matura, il padre prenda
Cura di maritarle, a cui s' aspetta,
Non alla madre, il ricercar partito

Conveniente al grado ed alla dote.
Perchè poi l'esser data ad Aristeo,
Che per uomo di villa è ricco assai,
Farà che tu terrai famigli e serve,
T'insegnerò come portar ti degna
Con lor, se brami d'acquistarne il nome
Di padrona amorevole e prudente.
Sarai dunque con lor per mio consiglio
Non aspra, non crudele e non superba,
Nè troppo anco piacevole; chè quello
Partorisce odio estremo, ed è cagione
Di licenza quest'altro, e di disprezzo.
Dunque al mezzo t'appiglia, e giungi insieme
L'esser con lor piacevole e severa.
Avvertisci anco di non esser mai
Scarsa con lor del meritato cibo
E del dovuto premio; essendo queste
Sole e prime cagion di far che i servi
Non curino tesor di libertade.
Non ti fidar di lor, chè nulla è peggio
Del fidarsi de' servi, de' quai s'uno
Fedel tu ne ritrovi, è sorte e quasi
Contro natura: abbi pur sempre l'occhio
Alle cose più care, e se non vuoi
Esser fraudata, non lasciar che alcuno
Di lor dopo te vegghi, e di te primo
Abbandoni le piume: chè il fidarti
E l'esser sonnacchiosa, son due cose
Che mai non partoriscon se non danno.
Non so che dirti più perchè mi pare
D'aver detto abbastanza, ed a te tocca
D'osservar quanto udisti, e ricordarti

Che chi consiglio ascolta e non sen vale,
Senza suo prò da sezzo alfin sen pente.
Qui tacque Aresia, e perchè già s' udia
Cantar per tutto il vigilante augello,
Che della mezza notte altrui dà segno,
E già mancato in tutto all' unta e negra
Lucerna era il liquor che nudre il lume;
Del foco avendo le reliquie estreme
Sotto il tepido cenere coverte,
Senza più dimorar, le membra al sonno
In preda dier, sovra l' usate piume.

BALDI.

ELEGIE.

Il Festino campestre.

Porgi a me stesso almen, se non altrui,
Gentil diletto di soave canto,
Molle Elegia, coi dolci versi tui.
   Spogliansi delle nevi il freddo manto
Gli alti monti, e ritorna Filomena
Alle querele dell' antico pianto.
   Godiamci la tranquilla aria serena
Con le cure in oblio. La lunga vita
Sempre è nemica dei pensier di pena.
   La tacita foresta, o la romita
Collina d' arboscelli coronata,
Le stanche menti ai placid' ozj invita.
   Quivi la forosetta delicata,
Nelle sue vesti semplici più bella,
Di fior campestri i capei biondi ornata,
   Con la fida compagna pastorella
Guida di vaghe ninfe un lieto stuolo
Sulla sparsa di fiori erba novella.
   Stansene in bando la tristezza e il duolo,
E abbandonati i liberi piaceri,
Va seco Amor senza faretra e solo.
   La bianca Eurilla dai begli occhi neri,
Che più d' ogni altra sa nelle carole
Scorrer leggiadra sovra i pie' leggieri,

Qualor sotto dei faggi ascosa al sole
Trae bel riposo colle ninfe amiche,
Dar fiato a un lungo e cavo bosso suole.

E sparger quindi in quelle piagge apriche
Così grata armonia, che ne rammenta
L' aurea stagione delle ghiande antiche.

Bella età, nata appena, ahi! fosti spenta,
E morir' teco i candidi costumi,
Il fido amor, la povertà contenta.

Al suon di tali avene in riva ai fiumi,
E in cima alle amenissime colline,
I prim' inni a lor sacri udiro i numi:

E di vaghi fioretti adorne il crine
In tai canne porgean le ninfe belle
Il fiato delle labbra coralline.

Oh quante volte al molle suon di quelle,
Il curvo muso alzar dalla pastura
Stupide si vedean le pecorelle!

E uscita fuor di selve alla pianura
Tratta dal suon la timida cervetta
Venire con la fronte alta e sicura:

Chè ancor non era dal timor costretta
De i can veloci ad isfuggir la traccia,
E il sibilar di rapida saetta.

Erano ignoti nomi e preda e caccia,
E non avean del sole i raggi ardenti
Fatt' ancor bruna ai cacciator la faccia.

Presso l' acque d' un rio dolce correnti,
Che bel mirare Eurilla, e a lei d' intorno
L' altre ninfe seder liete e ridenti!

E quindi al fresco tramontar del giorno,
Sull' erba verde e i fior vermigli e gialli

Che odorano e dipingono il soggiorno,
   Tesser canti amorosi e vaghi balli,
E l'eco udir che rende tronco e lasso
Il canto e il suon dalle percosse valli.
   Sovra muscoso rilevato sasso
Siede la bella ninfa ad impor legge
Delle vezzose danzatrici al passo.
   Con la manca, sul mento il bosso regge,
E lo sostiene ugual lungi dal volto
Con la destra, e con ambe il suon corregge.
   Tornito è quello e in varie fogge scolto,
E per lo dosso drittamente uniti
Ha molti fori in ordin lungo e folto:
   Franca sovr' essi muove or più spediti,
Ora più lenti, or tremoli e veloci,
Ed or sospende Eurilla i molli diti,
   Sotto a cui sorgon le canore voci
Grate così, che a tigri ed a leoni
Farian l' ira cader dai cor feroci.
   Piena di varj modulati tuoni
Spandesi intorno la sospinta auretta,
E sparge alma allegrezza ove risuoni.
   Dal colmo petto in ver le labbra affretta
La ninfa il lieve fiato, indi 'l ritiene
Fra l' una e l'altra guancia morbidetta;
   Ed ei che con soave impeto viene
Pe 'l bianco collo, alla vermiglia bocca
Stretta e raccolta il corso suo trattiene:
   Indi con legge sottilmente scocca,
E della canna che sul mento siede,
Presto e leggier, picciol forame tocca:
   Alterno agli altri fori indi succede,

E n' esce fuor vestito d' armonia
A regolar di quelle ninfe il piede.

Vieni meco a goder, bella Elegia:
L' umile stato mio sempre è contento,
Perchè facile ottien quel che desia.

Basti che il nembo e il grandinoso vento
Solchin l' aria lontan dalle mie spiche,
E più volte empia l' aje il carro lento.

Basti sperar che l' altre etadi amiche
Sian del mio nome, e che diletto dieno
Le armoniose mie dolci fatiche.

Nulla mi cal se poi poco sereno
Volga in me sorte il ciglio infin che a sera
De' miei dì s' avvicini il corso pieno.

O stagion degli amanti primavera
Vientene pur ricca di fiori il manto
Dei zeffiretti a ricondur la schiera.

E tu compagna de' miei passi intanto
Porgi a me stesso almen, se non altrui,
Gentil diletto di soave canto,

Molle Elegia, coi dolci versi tui.

ROLLI.

In Morte della moglie.

Perchè non tocche mormoran le corde
Dell' appesa mia cetra! e il debil suono
Qual aura desta che in passar la morde?

Ah! che de' miei sospir gli aliti sono,
Che giungon là dove il mio plettro stassi,
Caro un tempo, or negletto e in abbandono.

Sol che in eguale accordo io lo temprassi
Per formar eco a' miei dogliosi accenti,
Cosa saria da impietosirne i sassi.

Ma se del labbro i flebili lamenti
Tornanmi al cor che li sostiene appena,
Rimanga il plettro pur scherzo de' venti.

Pinger non so la luttuosa scena;
Chè, in rammentar nel dì fatàl qual era,
Mi serpeggia un tremor di vena in vena.

Infausto dì! per te l'alba foriera
Non cinga in oriente il roseo manto;
Ma il crepuscolo tuo sia quel di sera.

Ahi quanto ben tu m'involasti! ahi quanto
Un tuo momento oprò, per cui mi resta
Lunga stagion d'inesiccabil pianto!

Opaca chiostra, e nel silenzio mesta,
Quella è che or serba dell'estinta sposa
Sul terreno inegual l'orma funesta.

Spesso io volgo colà dove riposa,
Come si volge calamita al polo,
La faccia scolorata e lagrimosa:

E tanto allor dentro mi cresce il duolo,
Ch'i' crederei lo spirto si fuggisse,
Lasciando il corpo inanimato e solo;

Se un sospirar dal petto non venisse
Sì forte, ch'è un miracol se nol sente
L'amata spoglia che sì poco visse.

Pur quasi serbi ancora e senso e mente,
A lei, che più non m'ode e muta giace,
Talor rivolgo il mio parlar dolente.

Ahi sposa! ahi sposa! un vol d'ombra fugace
Fu il breve trapassar de' tuoi verdi anni,

E un vol fu la mia gioja e la mia pace!...
   Mira del tuo fedel gli acerbi affanni,
Mira al tuo dipartir come s'accora
Vedovo, sconsolato in negri panni.
   Qual resta il fior, se una nemica aurora
Trattien sul grembo l' umida rugiada,
Che il curvo stelo e l' arse foglie irrora;
   Tale io restai poichè l' adunca spada
Di morte a me ti tolse, e lunge spinse
Te per ignota interminabil strada.
   Ma come il fato in pria nostre alme avvinse,
E poi quaggiù provido amor ci unio,
Sicchè due salme in una salma strinse,
   Scemo della metà dell' esser mio,
Or cerco te, come assetata cerva
Nell' ardente stagion ricerca il rio.
   Così parlo e vaneggio; e benchè i' ferva
D' un insano desir, tanto è l' inganno,
Che ragion signoreggia, e vuol che serva.
   Però qualor sovra l' usato scanno
A mensa i' siedo, ove in un cerchio i figli
Chini d' intorno e taciturni stanno.
   Forza è che ne' lor volti io mi consigli;
E or questo or quel vo' che mi venga a lato,
Qual più alla madre parmi che assomigli.
   Pasco alcun poco il ciglio affascinato;
Ma la dolce illusion fugge, e m' accorgo
Che la sposa non è quella ch' io guato.
   Sul desco allora smanioso i' sorgo,
E a temprar la bevanda, e condir l' esca,
D' amarissimo pianto un fiume sgorgo.
   Timor nuovo ne' figli avvien che cresca;

Tutti tendon le braccia, ognun mi dice:
Deh! padre, per pietà di noi t'incresca!
   Orfani della cara genitrice,
Per noi chi resta? A noi, pensa, che or sei
Tu genitor, tu madre e tu nutrice.
   Si dividon così gli affetti miei:
Tenerezza, cordoglio, amore e pena,
Quello che mi restò, quel che perdei.
   Ma il duol più s'esacerba e acquista lena,
Se il maritale abbandonato letto
Pietà molesta a riveder mi mena.
   Corro, e mentre le braccia alte vi getto,
E la scomposta coltre, e il freddo lino
Premo col volto e con l'ansante petto,
   Parmi ch'ei dica: a che mi sei vicino?
Ecco il vedovo grembo io ti disvelo;
Miral come n'appar vuoto e meschino.
   Quella che tanto amasti or più non celo;
Quivi non son le membra dilicate,
Che fur d'alma più bella il più bel velo.
   Io testimon dell'ore tue beate,
Godea vedermi assisa sulle sponde
Con il casto Pudor santa Onestade.
   Più non v'ha tal di lor che mi circonde.
I' son d'amore un desolato campo:
Baciane i tristi avanzi e spera altronde.
   A quel muto parlar gelo ed avvampo;
E in compagnia del duol che mi precede,
I tardi passi in suol romito io stampo.
   Chi di conforto un tal dolor provvede,
Mentre in funeste immagini trasforma
Quanto l'orecchio ascolta e l'occhio vede?

Deh! se anche fuor della corporea forma
L'alme han tra lor la conoscenza antica,
Se di terrene idee serbano l'orma;

Deh! chiunque il sappia per pietà me 'l dica;
Chè quella arresterò dubbia speranza,
Che vien talvolta a consolarmi amica...

E come dopo lunga lontananza
Tra i caldi baci narransi gli amanti
Le passate lor pene e la costanza;

Così quando saran que' lacci infranti,
Onde 'l mio spirto imprigionato geme,
Per la sposa perduta in brevi istanti,

Coll' ali disiose della speme
Da cerchio in cerchio andrà, da sfera in sfera,
Per via che il guidi a riunirsi insieme.

E giunto là dove non è mai sera,
Al primo incontro chiameransi a nome
L'anime fide in lor dolce maniera.

E se lor manca d'abbracciarsi il come,
Aleggiandosi intorno il puro lume
Confonderan di lor celesti chiome.

Oh quali accenti oltre il mortal costume
Teneramente spiegheran d'amore!
Quai cantici al presente eterno nume!

Ah! se l'afflitto inconsolabil core
Può respirar con tal speranza al fianco,
Muovan pur pigri i lustri, e tarde l'ore

A farmi per vecchiezza e curvo e bianco.

SALOMON FIORENTINO.

La Rimembranza.

D' ogni dolor più crudelmente acerbo
È la memoria del tempo felice,
Che viva e vera il misero ne serba.

Quel ben che avea, di cui goder non lice,
Maggior di quel che fu si rappresenta
L' agitato pensier dell' infelice.

Io so quanto l' immagin mi tormenta
Della perduta mia dolce consorte,
Ovunque io sia, come ch' io guati o senta.

E il sovvenir di lei m' ange sì forte,
Che se l' occaso annotta e l' orto aggiorna,
Io provo quel ch' è poco men di morte.

Ecco che in braccio al nuovo April ritorna
La gaja Primavera giovinetta,
Di fiori tenerelli il manto adorna.

Il tempo è questo in cui la mia diletta,
Più vaga dell' istessa Primavera,
D' amarmi disse, incerta e timidetta;

E questo è il tempo in cui, da quel ch' ella era
Diversa tanto, aimè! l' estremo addio
Diemmi, e vide quaggiù l' ultima sera.

Dite, o fidi in amar, come poss' io
Al confronto crudel del vario stato
Non struggermi nel pianto e nel disio?

Ah! che l' acerbo caso sventurato,
Temo pur sia del mio fallir la pena,
Chè in eccesso d' amor forse ho peccato.

Tra l' alma e Dio sol dee formar catena
D' amor l' eccesso; ed io trascorsi il segno

33.

Prescritto nell' amar cosa terrena.

E quel che la creò per mio sostegno
A me che n' abusava il dono ha tolto;
Giusto nella pietade e nello sdegno.

Io son che in danno ho il suo favor rivolto;
Ahi! che col folle traviar dei sensi
In dolce pianta amaro frutto ho colto!

Dunque a che fia, che delirando pensi
Mia mente inferma, e che l' oblio non possa
Sanarla ancor co' pigri flutti e densi?

Chiuse nel cavo sen d' ingorda fossa
Furo le spoglie amate, e sol ne resta
Della sua fame avanzo aride l' ossa.

Eppur l' accesa fantasia molesta
Qualunque volto, ove beltade io veggia,
Qualche parte di lor fa che rivesta.

Cruda pittrice, ove ragion vaneggia,
Cessa dall' opra: ahi troppo, ahi troppo ho d' onde
Apprender quel ch' io rammentarmi or deggia!

Di lei che al tuo pennel fugge e s' asconde,
Ben altri coll' energica favella
Parlami, a cui lo mio dolor risponde.

Notte, del dì più maestosa e bella,
Che le glorie di Dio pel cielo induci
A narrarsi fra lor stella con stella,

Tu la mirasti con immote luci
Vagheggiar meco nel sereno estivo
Le tante meraviglie che conduci;

Meco l' udisti in zel fiammante e vivo,
Gareggiando, all' eterno Facitore
Dar laude, quale i' non so dir, nè scrivo.

In quelle del gioir pacifiche ore,

Per lei stringer vedea nodo soave
Santa pietade e conjugale amore.

Qual cura più pungente, e qual più gravé
I' non sopiva nel suo casto seno,
Con quel piacer che ripentir non ave!

Amica notte, ah se anco il tuo sereno
I' guato, e basso il labbro mio si lagna,
Quanto perdei non rammentarmi almeno.

Ma tu, 'l cui fresco umor sola mi bagna,
Spesso qualche ombra invii che mi richiede:
Infelice, dov' è la tua compagna?.

Ahi, che me 'l cerca ancor l' alba se riede,
E il cor si duole, e l' occhio si rattrista,
Che non puote additar ciocchè non vede.

Quella immago che un dì pingea la vista
Alla memoria, or la memoria a lei
Pinger vorria, nè però fede acquista.

Ben son gli oggetti inanimati quei,
(E il non parlare a lor fede non toglie)
Che fan la somma degli affanni miei.

Se veggio un olmo povero di foglie,
Cui turbo reo divelse dalle braccia,
Ed atterrò la pampinosa moglie,

Il miro sospirando e mesto in faccia;
Chè il nudo vegetabile marito
Parmi che specchio, e in un pietà mi faccia.

Se un fiore osservo allora allora uscito
Dal verde stelo, che più odor comparte,
Che d' altri è più di bei color vestito,

Io penso: delle care membra sparte.
Chi sa, che all' aer commista, o di sotterra
Qualche pingue nol nutra umida parte?

Perciò m'inchino pianamente a terra,
L'odoro, il bacio e coglierlo non oso,
Chè al redivivo fior temo far guerra.
  Ma tu Zeffiro, tu, che in amoroso
Vezzeggiar mi t'aggiri al volto intorno,
Qual solevi ne' dì del mio riposo;
  Quanto importuno or sei nel tuo ritorno!
Qual rimembranza tenera e crudele,
Quale idea mi risvegli, ed ahi qual giorno!
  Così cred'io quando la mia fedele
Si sciolse dal suo fral con un sospiro,
E in più felice mar spiegò le vele,
  Che lo suo spirto equilibrato in giro,
Con atto da poter far molli i marmi,
Circondasse me squallido e in deliro;
  E cento fiate il vol pria di lasciarmi
Ritrocedesse a questa parte bassa,
Per lambirmi le gote e carezzarmi.
  I' nol sentii; chè di carnosa massa
Vestito il senso apprendere non puote
L'urto leggier d'un' anima che passa;
  Ma il Zeffiro che aleggia in lievi ruote,
E quel disio che a lagrimar m'invoglia,
Prova mi fan delle carezze ignote.
  Già della forte età lascio la soglia;
Già sul viril sentier l'orme che imprimo,
Orme non son della più verde spoglia.
  È come il villanel da sommo all'imo
D'erbosa balza trae per gioco il fianco,
E sfida l'altro a chi discende il primo;
  Così strisciando il tempo agile e franco,
Parmi che inviti a sdrucciolar vecchiezza

Ver me, che ho misto il crin di nero e bianco.
  Misero! e qual conforto alla tristezza
Ritroverò più passaggiero e lieve
In quell' età, che ciascun fugge e sprezza?
  Sè il volto macilente, e il crin di neve
Di chi vacilla al vacillar degli anni,
Fuor che a fida consorte a ogn' altro è greve?
  Memoria, tu che all' uom raddoppi i danni,
Quando sei cote a mesta fantasia,
Se nel felice stato obblii gli affanni,
  Nell' infelice ancor le gioje obblia.

SALOMON FIORENTINO.

POESIE LIRICHE.

SONETTI.

Bellezza di M.ma Laura.

In qual parte del ciel, in quale idea
Era l' esempio, onde natura tolse
Quel bel viso leggiadro, in ch' ella volse
Mostrar quaggiù, quanto lassù potea?

Qual ninfa in fonti, in selve mai qual dea
Chiome d' oro sì fino all' aura sciolse?
Quando un cor tante in se virtuti accolse?
Benchè la somma è di mia morte rea.

Per divina bellezza indarno mira
Chi gli occhi di costei giammai non vide,
Come soavemente ella gli gira.

Non sa come Amor sana e come ancide,
Chi non sa come dolce ella sospira,
E come dolce parla e dolce ride.

PETRARCA.

Caducità della bellezza umana.

Chi vuol veder quantunque può natura
E 'l ciel tra noi, venga a mirar costei;

Ch' è sola un sol, non pur agli occhi miei,
Ma al mondo cieco che virtù non cura:
   E venga tosto; perchè morte fura
Prima i migliori e lascia star i rei:
Questa aspettata al regno degli dei
Cosa bella mortal passa e non dura.

   Vedrà se arriva a tempo, ogni virtute,
Ogni bellezza, ogni real costume
Giunti in un corpo con mirabil tempre.

   Allor dirà che mie rime son mute,
L' ingegno offeso dal soverchio lume:
Ma se più tarda, avrà da pianger sempre.

PETRARCA.

La Solitudine.

   Solo e pensoso i più deserti campi
Vo misurando a passi tardi e lenti,
E gli occhi porto per fuggir intenti,
Dove vestigio uman la rena stampi.

   Altro schermo non trovo, che mi scampi
Dal manifesto accorger delle genti:
Perchè negli atti d' allegrezza spenti,
Di fuor si legge com' io dentro avvampi.

   Sì ch' io mi credo omai, che monti e piagge
E fiumi e selve sappian di che tempre
Sia la mia vita, ch' è celata altrui.

   Ma pur sì aspre vie, nè sì selvagge
Cercar non so, ch' Amor non venga sempre
Ragionando con meco ed io con lui.

PETRARCA.

Le Memorie.

Erano i capei d' oro all' aura sparsi,
Che 'n mille dolci nodi gli avvolgea:
E 'l vago lume oltra misura ardea
Di quei begli occhi, ch' or ne son sì scarsi,
  E 'l viso di pietosi color farsi,
Non so se vero o falso mi parea:
I' che l' esca amorosa al petto avea,
'Qual maraviglia se di subit' arsi?
  Non era l' andar suo cosa mortale,
Ma d' angelica forma; e le parole
Suonavan altro che pur voce umana.
  Uno spirto celeste, un vivo sole
Fu quel ch' i' vidi: e se non fosse or tale;
Piaga per allentar d' arco non sana.

PETRARCA.

La Visione.

Levommi il mio pensier in parte ov' era
Quella ch' io cerco, e non ritrovo in terra:
Ivi fra lor, che 'l terzo cerchio serra,
La rividi più bella e meno altera.
  Per man mi prese, e disse: in questa spera
Sarai ancor meco, se 'l desir non erra:
I' son colei che ti die' tanta guerra,
E compie' mia giornata innanzi sera:

Mio ben non cape in intelletto umano:
Te solo aspetto; e quel che tanto amasti,
E laggiuso è rimaso, il mio bel velo.

    Deh perchè tacque ed allargò la mano?
Ch' al suon di detti sì pietosi e casti
Poco mancò ch' io non rimasi in cielo.

PETRARCA.

Le Gelosia.

Cura che di timor ti nutri e cresci,
E più temendo maggior forza acquisti,
E mentre colla fiamma il gelo mesci,
Tutto il regno d' amor turbi e contristi;

    Poichè 'n breve ora entro al mio dolce hai misti
Tutti gli amari tuoi, dal mio cor esci,
Torna a Cocito, ai lagrimosi e tristi
Campi d' inferno; ivi a te stessa incresci:

    Ivi senza riposo i giorni mena,
Senza sonno le notti, ivi ti duoli
Non men di dubbia che di certa pena;

    Vattene; a che più fiera che non suoli,
Se 'l tuo venen m' è corso in ogni vena,
Con nuove larve a me ritorni e voli?

DELLA CASA.

La Cetra di Virgilio.

Quella cetra gentil, che in sulla riva
Cantò di Mincio Dafni e Melibeo,

Sì che non so se in Menalo o in Liceo
In questa o in altra età simil s'udiva:
   Poichè con voce più canora e viva
Celebrato ebbe Pale ed Aristeo;
E le grandi opre che in esilio feo
Il buon figliuol d'Anchise e della diva;
   Dal suo pastore in una quercia ombrosa
Sacrata pende, e se la muove il vento,
Par che dica superba e disdegnosa:
   Non fia chi di toccarmi abbia ardimento;
Chè se non spero aver man sì famosa,
Del gran Titiro mio sol mi contento.

COSTANZO.

La Tomba di Virgilio.

   Cigni felici che le rive e l'acque
Del fortunato Mincio in guardia avete,
Deh, s'egli è ver, per Dio mi rispondete:
Fra vostri nidi il gran Virgilio nacque?
   Dimmi, bella Sirena, ove a lui piacque
Trapassar l'ore sue tranquille e liete,
Così sien l'ossa tue sempre quiete:
È ver che in grembo a te morendo giacque?
   Qual maggior grazia aver dalla fortuna
Potea? Qual fin conforme al nascer tanto?
Qual sepolcro più simile alla cuna?
   Ch'essendo nato tra 'l soave canto
Di bianchi cigni, alfin in veste bruna
Esser dalle sirene in morte pianto.

COSTANZO.

Il Ratto di Proserpina.

Diè un alto strido, gittò i fiori, e volta
All' improvvisa mano che la cinse,
Tutta in se per la tema onde fu colta
La siciliana Vergine si strinse :
  Il nero Dio la calda bocca involta
D' ispido pelo a ingordo bacio spinse,
E di stigia fuligin con la folta
Barba l' eburnea gota e il sen le tinse.
  Ella già in braccio al rapitor puntello
Fea d' una mano al duro orribil mento,
Dell' altra agli occhi paurosi un velo;
  Ma già il carro la porta, e intanto il cielo
Ferian d' un rumor cupo il rio flagello,
Le ferree ruote e il femminil lamento.

CASSIANI.

Polifemo e Galatea.

Quel nappo, o Galatea, che appeso al collo
Porto l' està quando le biade io falcio,
Sculto è d' intorno da man greca, ed hollo
Tolto ad un Fauno che strappommi un salcio.
  Di qua dorme Sileno ebro e satollo
Avvolto al crin di torta vite un tralcio,
Di qua stanno le muse, ed evvi Apollo,
Evvi il caval che diede acqua col calcio.

Donar lo voglio a Foloe graziosa
Dal capel biondo di color di tufo,
Di te se non più bella almen pietosa.

   Così gridò quel giganteo tartufo
Di Polifemo, e fu leggiadra cosa
Che per la ninfa gli rispose un gufo.

LEERS.

Sull' Esilio di Scipione.

Quando il gran Scipio dall' ingrata terra,
Che gli fu patria e 'l cener suo non ebbe,
Esule egregio si partia, qual debbe
Uom che in suo cor maschio valor rinserra;
   Quei che seco pugnando andar' sotterra,
Ombre famose onde sì Italia crebbe,
Arser' di sdegno, e il duro esempio increbbe
Ai genj della pace e della guerra.
   E seguirle fur viste in atto altero
Sull' indegna fremendo offesa atroce
Le virtù antiche del latino impero.
   E allor di Stige sulla negra foce,
Di lui che l' Alpi superò primiero
Rise l' invendicata ombra feroce.

FRUGONI.

Sulla Morte di Cristo.

Quando Gesù coll' ultimo lamento
Schiuse le tombe e la montagna scosse,

Adamo rabbuffato e sonnolento
Levò la testa, e sovra i piè rizzosse:
　Le torbide pupille intorno mosse
Pieno di maravaglia e di spavento,
E palpitando addimandò chi fosse
Lui, che pendeva insanguinato e spento.
　Come lo seppe, alla rugosa fronte,
Al crin canuto ed alle guance smorte
Colla pentita man fe danni ed onte.
　Si volse lagrimando alla consorte,
E sclamò sì che rimbombonne il monte:
Io per te diedi al mio Signor la morte.

MINZONI.

Sulla Morte di S. Gio: Battista.

　Giunta del precursor l'alma severa
Nel sen di Abramo, ove la speme è vita,
Tinta di sangue e pallida com'erà,
Di mano allor del manigoldo uscita;
　Narrò l'orrido incesto e la mogliera
Del re tiranno al suo fratel rapita,
E le danze e l'inchieste, onde la nera
Colpa fu poi nel riprensor punita.
　Accigliaron le fronti atre e rugose
Ai fieri modi di sì orribil fallo
Le ascoltanti dei padri ombre sdegnose;
　E s'udian per la cieca aura segreta
Maledir la lasciva arte del ballo,
Che valse il capo di sì gran Profeta.

FUSCONI.

CANZONI DEL PETRARCA.

All' Italia.

Italia mia, benchè 'l parlar sia indarno
Alle piaghe mortali,
Che nel bel corpo tuo sì spesse veggio;
Piacemi almen, che i miei sospir sien, quali
Spera 'l Tevere e l' Arno,
E 'l Pò, dove doglioso e grave or seggio.
Rettor del ciel, io chieggio,
Che la pietà che ti condusse in terra,
Ti volga al tuo diletto almo paese.
Vedi, signor cortese,
Di che lievi cagion che crudel guerra:
E i cor, ch' 'ndura e serra
Marte superbo e fero,
Apri tu, padre, e 'ntenerisci e snoda:
Ivi fa che 'l tuo vero
(Qual io mi sia) per la mia lingua s' oda.

Voi cui fortuna ha posto in mano il freno
Delle belle contrade,
Di che nulla pietà par che vi stringa;
Che fan qui tante pellegrine spade?
Perchè 'l verde terreno
Del barbarico sangue si dipinga?
Vano error vi lusinga:
Poco vedete e parvi veder molto
Che 'n cor venale amor cercate o fede.
Qual più gente possede,

Colui è più da' suoi nemici avvolto.
O diluvio raccolto
Di che diserti strani
Per innondar i nostri dolci campi!
Se dalle proprie mani
Questo n' avven, or chi fia che ne scampi?
   Ben provvide Natura al nostro stato,
Quando dell' Alpi schermo
Pose fra noi e la Tedesca rabbia.
Ma 'l desir cieco, e 'n contra 'l suo ben fermo
S' è poi tanto ingegnato,
Ch' al corpo sano ha procurato scabbia.
Or dentro ad una gabbia
Fere selvagge, e mansuete gregge
S' annidan sì, che sempre il miglior geme:
Ed è questo del seme,
Per più dolor, del popol senza legge,
Al qual, come si legge,
Mario aperse sì 'l fianco
Che memoria dell' opra anco non langue;
Quando assetato e stanco
Non più bevve del fiume acqua, che sangue.
Cesare taccio; che per ogni piaggia
Fece l' erbe sanguigne
Di lor vene, ove 'l nostro ferro mise.
Or par, non so per che stelle maligne,
Che 'l cielo in odio n' aggia.
Vostra mercè, cui tanto si commise;
Vostre voglie divise
Guastan del mondo la più bella parte.
Qual colpa, qual giudizio, o qual destino,
Fastidire il vicino

I.   34

Povero, e le fortune afflitte e sparte
Perseguire, e 'n disparte
Cercar gente, e gradire
Che sparga 'l sangue, e venda l' alma a prezzo?
Io parlo per ver dire,
Non per odio d' altrui, nè per disprezzo.

   Nè v' accorgete ancor per tante prove
Del bavarico inganno,
Ch' alzando 'l dito con la morte scherza.
Peggio è lo strazio, al mio parer, che 'l danno:
Ma il vostro sangue piove
Più largamente; ch' altr' ira vi sferza.
Dalla mattina a terza
Di voi pensate, e vederete come
Tien caro altrui; chi tien se così vile.
Latin sangue gentile,
Sgombra da te queste dannose some:
Non far idolo un nome
Vano senza soggetto:
Chè 'l furor di lassù, gente ritrosa
Vincerne d' intelletto,
Peccato è nostro, e non natural cosa.

   Non è questo 'l terren ch' io toccai pria?
Non è questo 'l mio nido,
Ove nutrito fui sì dolcemente?
Non è questa la patria, in ch' io mi fido,
Madre benigna e pia,
Che copre l' uno e l' altro mio parente?
Per Dio, questo la mente
Talor vi muova; e con pietà guardate
Le lagrime del popol doloroso,
Che sol da voi riposo
Dopo Dio spera: e, pur che voi mostriate

Segno alcun di pietate,
Virtù contra furore
Prenderà l'arme, e fia 'l combatter corto:
Chè l'antico valore
Negl'italici cor non è ancor morto.

    Signor, mirate come 'l tempo vola,
E siccome la vita
Fugge, e la morte n'è sovra le spalle.
Voi siete or qui: pensate alla partita:
Chè l'alma ignuda e sola,
Convien ch'arrive a quel dubbioso calle.
Al passar questa valle
Piacciavi porre giù l'odio e lo sdegno;
Venti contrarj alla vita serena:
E quel, che 'n altrui pena
Tempo si spende, in qualche atto più degno,
O di mano o d'ingegno,
In qualche bella lode,
In qualche onesto studio si converta:
Così quaggiù si gode,
E la strada del ciel si trova aperta.

    Canzone, io t'ammonisco,
Che tua ragion cortesemente dica:
Perchè fra gente altera ir ti conviene;
E le voglie son piene
Già dell'usanza pessima ed antica,
Del ver sempre nemica.
Proverai tua ventura
Fra magnanimi pochi, a chi 'l ben piace.
Di lor: chi m'assicura?
Io vo gridando pace, pace, pace.

PETRARCA.

34.

A la Fontana di Valchiusa.

Chiare, fresche e dolci acque,
'Ove le belle membra
Pose colei, che sola a me par donna;
Gentil ramo, ove piacque
(Con sospir mi rimembra)
A lei di fare al bel fianco colonna;
Erba e fior, che la gonna
Leggiadra ricoverse
Con l' angelico seno;
Aer sacro sereno,
Ov' Amor co' begli occhi il cor m' aperse;
Date udienza insieme
Alle dolenti mie parole estreme.

S' egli è pur mio destino,
E 'l cielo in ciò s' adopra,
Ch' Amor quest' occhi lagrimando chiuda;
Qualche grazia il meschino
Corpo fra voi ricopra;
E torni l' alma al proprio albergo ignuda.
La morte fia men cruda,
Se questa speme porto
A quel dubbioso passo:
Chè lo spirito lasso
Non poria mai 'n più riposato porto.,
Nè 'n più tranquilla fossa
Fuggir la carne travagliata e l ossa.

Tempo verrà ancor forse,
Ch' all' usato soggiorno
Torni la fera bella e mansueta;

E là, 'v' ella mi scorse
Nel benedetto giorno;
Volga la vista desiosa e lieta,
Cercandomi: ed, o pietà!
Già terra infra le pietre,
Vedendo, Amor l' inspiri
In guisa, che sospiri
Sì dolcemente, che mercè m' impetre,
E faccia forza al cielo,
Asciugandosi gli occhi col bel velo.
   Da' be' rami scendea,
Dolce nella memoria,
Una pioggia di fior sovra 'l suo grembo;
Ed ella si sedea
Umile in tanta gloria,
Coverta già dell' amoroso nembo:
Qual fior cadea sul lembo,
Qual su le trecce bionde;
Ch' oro forbito e perle
Eran quel dì a vederle:
Qual si posava in terra, e qual su l' onde:
Qual con un vago errore
Girando parea dir: qui regna Amore.
   Quante volte diss' io
Allor pien di spavento,
Costei per fermo nacque in paradiso!
Così carco d' oblio
Il divin portamento,
E 'l volto, e le parole e 'l dolce riso
M' aveano, e sì diviso
Dall' immagine vera,
Ch' i' dicea sospirando:

Qui come venn' io, o quando?
Credendo esser in ciel, non là dov' era.
Da indi in qua mi piace
Quest' erba sì, ch' altrove non ho pace.
   Se tu avessi ornamenti quant' hai voglia,
Potresti arditamente
Uscir del bosco, e gir infra la gente.

PETRARCA.

ODI PINDARICHE.

Per Cristoforo Colombo.

Non perchè umile in solitario lido
Ti cingono, Savona, anguste mura,
Fia però che di te memoria oscura
Fama divulghi, o se ne spenga il grido:
Chè pur di fiamme celebrate e note
Picciola stella in ciel splende Boote.

Armata incontro al tempo, aspro tiranno
Fulgida sprezzi di Cocito il fiume.
Su quai rote di gloria? o su quai piume
I tuoi pastor del Vatican non vanno?
Coppia di stabilir sempre pensosa
La sacra dote alla diletta sposa.

E qual sentier su per l'Olimpo ardente
Al tuo Colombo mai fama rinchiude?
Che sopra i lampi dell'altrui virtude
Apparve quasi un sol per l'oriente,
Ogni pregio mortal cacciando in fondo;
E finga quanto ei vuol l'antico mondo.

Certo da cor, ch'alto destin non scelse,
Son l'imprese magnanime neglette;
Ma le bell'alme alle bell'opre elette
Sanno gioir nelle fatiche eccelse;
Nè biasmo popolar, frale catena,
Spirto d'onore in suo cammin raffrena.

Così lunga stagion per modi indegni
Europa diprezzò l'inclita speme,

Schernendo il vulgo, e seco i regi insieme,
Nudo nocchier, promettitor di regni:
Ma per le sconosciute onde marine,
L' invitta prora ei pur sospinse al fine.
    Qual uom che torni alla gentil consorte,
Tal ei da sua magion spiegò l' antenne;
L' ocean corse, e i turbini sostenne,
Vinse le crude immagini di morte;
Poscia dell' ampio mar spenta la guerra,
Scorse la dianzi favolosa terra.

    Allor dal cavo pin scende veloce,
E di grand' orma il nuovo mondo imprime;
Nè men ratto per l' aria erge sublime,
Segno del ciel, l' insuperabil croce;
E porge umile esempio, onde adorarla
Debba sua gente; indi divoto ei parla:

    Eccovi quel che fra cotanti scherni
Già mi finsi nel mar chiuso terreno;
Ma delle genti or più non finte il freno
Altri del mio sudor lieto governi:
Senza regno non son, se stabil sede
Per me s' appresta alla cristiana fede.

    E dicea ver; che più che argento ed oro
Virtù suoi possessor ne manda alteri:
E quanti, o Solimoro, ebbero imperi,
Che densa notte è la memoria loro?
Ma pure illustre per le vie supreme
Vola Colombo, e dell' oblio non teme.

CHIABRERA.

Per Bartolomeo dell'Alviano Generale de' Veneziani.

Certo avverrà, che di Nettun fremente
L' unica sposa le sals' onde avvive
Là dove alta reina
Siede in perpetuo stato,
E l' alma fronte rassereni a' canti,
Che ha di Parnaso il Livian guerriero.

Però ch' ei solo 'al mansueto impero,
All' auree leggi della nobil gente,
Or de' fiumi sonanti
Sulle gelate rive,
Ed or dell' Alpi in fra le selve armato
Valse a cessar barbarica ruina.

Sempre là dove il cielo aspro destina,
Sen vola in cieca notte uman pensiero;
Ma s' era nostro il fato,
Lungo l' Adda corrente,
Italia mia, che sospirosa or vive,
Fatta era Flegra de' più rei giganti.

Vivace amor, troppo trascorri avanti;
Non sai che a' largo dir pena è vicina?
Seguasi dunque, o dive,
Per l' immortal sentiero,
E l' atra stige, il cavalier possente
Fugga sull' ali al corridor stellato.

Dolce bramar, che su nel cielo aurato
Non sorga al nostro giorno alba di pianti,
Nè ch' Espero dolente
Caschi in onda marina;

Ma quando assale empio Orïone e fiero,,
Tifi è nocchier, s' avvien che in porto arrive.

    Chi dunque meta, o Livian, prescrive
Nel ciel di Marte al tuo gran nome alato,
Se tu raccogli altero
Dalle sventure i vanti;
Nè più che al verno antica rupe alpina,
A sorte avversa il tuo valor consente?

    Te dentro il sangue, te nell' armi ardente,
Quasi orribile tuon, fama descrive,
Te l' alta Senna inchina,
Te il Parto faretrato,
Te dell' Istro nevoso ancor tremanti
I gorghi e i gorghi del superbo Ibero.

CHIABRERA.

———————

Per la liberazione di Vienna assediata da' Turchi.

    Le corde d' oro elette
Su su, Musa, percuoti, e al trionfante
Gran Dio delle vendette
Compon d' inni festosi aurea ghirlanda.
Chi è che a lui di contrastar si vante;
A lui, che in guerra manda
Tuoni e tremuoti e turbini e saette?
Ei fu che 'l tracio stuolo
Ruppe, atterrò, disperse; e il rimirarlo,
Struggerlo e dissiparlo,

E farne polve, e pareggiarlo al suolo,
Fu un punto, un punto solo.
Ch' ei può tutto; e città scinta di mura
E chi fede ha in se stesso, e Dio non cura.
    Si crederon quegli empj
Con ruinoso turbine di guerra
Abbatter torri e tempj,
E sver da sua radice il sacro impero.
Empier pensaron di trofei la terra,
Ed oscurar credero
Con più illustri memorie i vecchi esempj.
E disser: l' Austria doma,
Domerem poi l' ampia Germania; e all' Ebro
Fatto vassallo il Tebro,
A turco ceppo il piè, rasa la chioma,
Porgerà Italia e Roma.
Qual Dio, qual Dio delle nostr' arme all' onda
Fia che d' oppor si vanti argine o sponda?
    Ma i temerarj accenti,
Qual tenue fumo, alzaronsi e svaniro,
E ne fer' preda i venti.
Chè sebben di Val d' Ebro attrasse Marte
Vapor, che si fer' nuvoli e s' apriro,
E piovver d' ogni parte
Aspra tempesta sull' austriache genti;
Perir la tua diletta
Greggia, Signor, non tu però lasciasti,
E all' empietà mostrasti,
Che arriva e fere, allor che men s' aspetta,
Giustissima vendetta.
Il sanno i fiumi, che sanguigni vanno,
E 'l san le fiere, e le campagne il sanno.

Qual corse gel per l' ossa
All' arabo Profeta e al sozzo Anubi,
Quando l' ampia tua possa
Tutte fe' scender le sue furie ultrici
Su le penne de' venti e su le nubi!
L' orgogliose cervici
Chinò Bizanzio, e tremò Pelio ed Ossa;
E le squadre rubelle,
Al ciel rivolta la superba fronte,
Videro starsi a fronte
Coll' arco teso i nembi e le procelle,
E guerreggiar le stelle
Di quell' acciar vestite, onde s' armaro
Quel dì che contro ai Cananei pugnaro.
    Tremar l' insegne allora,
Tremar gli scudi, e palpitar le spade
Al popol dell' aurora
Vidi: e qual di salir l' egro talvolta
Sognando agogna, e nel salir già cade;
Tal ei sentì a se tolta
Ogni forza, ogni lena; e in poco d' ora,
Sbaragliato e disfatto,
Feo di se monti, e riempieo le valli
D' uomini e di cavalli
Svenati o morti o di morire in atto.
Del memorabil fatto
Chi la gloria s' arroga? Io già nol taccio;
Nostre fur' l' armi, e tuo, Signor, fu 'l braccio.
    A te dunque de' Traci
Debellator possente, a te, che in una
Vista distruggi e sfaci
La barbarica possa, e al cui decreto

Serve suddito il fato e la fortuna,
In trionfo sì lieto
Alzo la voce, e i secoli fugaci
A darti lode invito.
Saggio e forte sei tu. Pugna il robusto
Tuo braccio a pro del giusto;
Nè indifesa umiltà, nè folle ardito
Furor lascia impunito.
Milita sempre al fianco tuo la gloria,
E al tuo soldo arrollata è la vittoria.

    Là dove l' Istro bee
Barbaro sangue, e dove alzò poc' anzi
Turca empietà moschee;
Ergonsi a te delubri; a te, cui piacque
Salvar di nostra eredità gli avanzi,
Fan plauso i venti e l' acque,
E dicono in lor lingua: a Dio si dee
Degli assalti repressi
Il memorando sforzo, a Dio la cura
Dell' assediate mura.
Rispondon gli antri e ti fan plauso anch' essi.
Veggio i macigni istessi
Pianger di gioja, e gli alti scogli e i monti
A te inchinar l' ossequiose fronti.

    Ma se pur anco lice
Raddoppiar voti, e giugner prieghi a prieghi,
La spada vincitrice
Non ripongasi ancor. Pria tu l' indegna
Stirpe recidi, o fa che 'l collo pieghi
A servitù ben degna.
Pria, Signor, della tronca egra infelice
Pannonia i membri accozza,

E riunirli al capo lor ti piaccia.

Ah no, non più soggiaccia

A doppio giogo in se divisa e mozza.

Regnò, regnò la sozza

Gente ahi! pur troppo; e tempo è omai, che deggia

Tutta tornare ad un pastor la greggia.

   Non chi vittoria ottiene,

Ma chi ben l'usa, il glorioso nome

Di vincitor ritiene.

Nella naval gran pugna, onde divenne

Lepanto illustre, e per cui rotte e dome

Fur le Sitonie antenne,

Vincemmo, è ver; ma l' Idumee catene

Cipro non ruppe unquanco:

Vincemmo; e nocque al vincitore il vinto.

Qual fia dunque, che scinto

Appenda il brando, e ne disarmi il fianco?

Oltre, oltre scorra il franco

Vittorioso esercito, e le vaste

Dell' Asia interne parti arda e devaste.

   Ma la caligin folta

Chi dagli occhi mi sgombra? ecco, che 'l tergo

Dei fuggitivi a sciolta

Briglia, Signor, tu incalzi, ecco gli arresta

Il Rabbe a fronte, ed han la morte a tergo:

Colla gran lancia in resta

Veggio, che già gli atterri e metti in volta;

Veggio, ch' urti e fracassi

Le sparse turme, e di Bizanzio ai danni

Stendi sì ratto i vanni,

Che già i venti e 'l pensiero indietro lassi;

E tant' oltre trapassi,

Che vinto è già del mio veder l' acume;
E allo stanco mio vol mancan le piume.

FILICAJA.

La Fortuna.

Una Donna superba al par di Giuno,
Con le trecce dorate all' aura sparse,
E co' begli occhi di cerulea luce,
Nella capanna mia poc' anzi apparse;
E come suole ornarse
In su l' Eufrate barbara reina,
Di bisso e d' ostro si copria le membra;
Nè verde lauro o fiori,
Ma d' indico smeraldo alti splendori
Le fean ghirlanda al crine.
In sì rigido fasto ed uso altero
Di bellezza e d' impero
Dolci lusinghe scintillaro alfine,
E dall' interno seno
Usciro allor maravigliosi accenti,
Che tutti erano intenti
A torsi in mano di mia mente il freno.
   Pommi, disse, la destra entro la chioma,
E vedrai d' ogni intorno
Liete e belle venture
Venir con aureo piede al tuo soggiorno:
Allor vedrai, ch' io sono
Figlia di Giove, e che germana al Fato
Sovra il trono immortale
A lui mi siedo a lato.

Alle mie voglie l' oceàn commise
Il gran Nettuno, e indarno
Tentan l'·Indo e il Britanno
Di doppie ancore e vele armár le navi,
S' io non governo le volanti antenne,
Sedendo in su le penne
De' miei spirti soavi.
  Io mando alla lor sede
Le sonanti procelle,
E lor sto sopra col sereno piede:
Entro l' Eolie rupi
Lego l' ali de' venti,
E soglio di mia mano
De' turbini spezzar le rote ardenti,
E dentro i proprj fonti
Spegno le fiamme orribili, inquiete,
Avvezze in cielo a colorir comete.
    Questa è la man che fabbricò sul Gange
I regni agl' Indi, e su l' Oronte avvolse
Le regie bende dell' Assiria ai crini:
Pose le gemme a Babilonia in fronte,
Recò sul Tigri le corone al Perso,
Espose al piè di Macedonia i troni.
Del mio poter fur' doni
I trionfali gridi,
Che al giovane Pelleo s' alzaro intorno,
Quando dell' Asia ei corse,
Qual fero turbo, i lidi,
E corse meco vincitor sin dove
Stende gli sguardi il sole.
Allor dinanzi a lui tacque la terra,
E fe' l' alto monarca

Fede agli uomini allor d' esser celeste,
E con eccelse ed ammirabil prove,
Si aggiunse ai numi, e si fe' gloria a Giove.
   Circondaro più volte
I miei genj reali
Di Roma i gran natali;
E l' aquile superbe
Sola in prima avvezzai di Marte al lume;
Ond' alto in su le piume
Cominciaro a sprezzar l'aure vicine,
E le palme Sabine.
Io senato di regi
Su i sette colli apersi:
Me negli alti perigli
Ebbero scorta e duce
I romani consigli:
Io coronai d' allori
Di Fabio le dimore,
E di Marcello i violenti ardori.
Africa trassi in sul Tarpeo captiva,
E per me corse il Nil sotto le leggi
Del gran fiume latino;
Nè si schermiro i Parti
Di fabbricar trofei
Di lor faretre ed archi:
In su le ferree porte infransi i Daci,
Al Caucaso ed al Tauro il giogo imposi.
Alfin tutte de' venti
Le patrie vinsi; e quando
Ebbi sotto a miei piedi
Tutta la terra doma,
Del vinto mondo fei gran dono a Roma.

So, che ne' tuoi pensieri
Altre figlie di Giove
Ragionano d' imperi,
E delle vóglie tue fansi reine:
Da lor speri venture alte e divine:
Speran per loro i tuoi superbi carmi
Arbitrio eterno in su l' età lontane,
E già del loro ardore
Infiammata tua mente
Si crede esser possente
Di destrieri e di vele
Sovra la terra e l' onde,
Quando tu giaci in pastorale albergo
Dentro l' inopia e sotto pelli irsute:
Nè v' è chi a tua salute
Porga soccorso. Io solo
Te chiamo a nuovo e glorioso stato:
Seguimi dunque, e l' alma
Col pensier non contrasti a tanto invito;
Chè neghittoso e lento
Già non può star su l' ale il gran momento.
　　Una felice Donna ed immortale,
Che dalla mente è nata degli dei,
Allor risposi a lei,
Il sommo impero del mio cor si tiene,
E questa i miei pensieri alto sostiene,
E gli avvolge per entro il suo gran lume,
Che tutti i tuoi splendori adombra e preme:
E se ben non presume
Meritare il mio crin le tue corone,
Pur su l' alma io mi sento
Per lei doni maggiori

Di tutti i regni tuoi,
Nè tu recargli, nè rapirgli puoi.
E come non comprende il mio pensiero
Le splendide venture,
Così il pallido aspetto ancor non scorge
Delle misere cure;
L'orror di queste spoglie,
E di questa capanna ancor non vede:
Vive fra l'auree muse,
E i favoriti tuoi figli superbi
Allor sarian felici,
Se avesser merto d'ascoltarsi un giorno
L'eterno suono de' miei versi intorno.

    Arse a' miei detti, e fiammeggiò, siccome
Suole stella crudel, ch'abbia disciolte
Le sanguinose chiome:
Indi proruppe in minaccevol suono:
Me teme il Daco, e me l'errante Scita,
Me de' barbari regi
Paventan l'aspre madri,
E stanno in mezzo all' aste
Per me in timidi affanni
I purpurei tiranni;
E negletto pastor d'Arcadia tenta
Fare insin de' miei doni anco rifiuto?
Il mio furor non è da lui temuto?
Son forse l'opre de' miei sdegni ignote?
Nè ancor si sa, che l'Oriente corsi
Co' piedi irati, e alle provincie impressi
Il petto di profonde orme di morte?
Squarciai le bende imperiali e il crine
A tre gran donne in fronte,

E le commisi alle stagion funeste.
Ben mi sovvien, che il temerario Serse
Cercò dell' Asia con la destra armata
Sul formidabil ponte
Dell' Europa afferrar la man tremante;
Ma sul gran dì delle battaglie il giunsi,
E con le stragi delle turbe Perse
Tingendo al mar di Salamina il volto,
Che ancor s' ammira sanguinoso e bruno,
Io vendicai l' insulto
Fatto sull' Ellesponto al gran Nettuno.
    Corsi sul Nilo, e dell' Egizia donna
Al bel collo appressai l' aspre ritorte,
E gemino veleno
Implacabile porsi
Al bel candido seno:
E pria nell' antro avea
Combattuta e confusa
L' Africana vitrute,
E al Punico feroce
Recate di mia man l' atre cicute.
    Per me Roma avventò le fiamme in grembo
All' emula Cartago,
Ch' andò errando per Libia ombra sdegnata,
Sinchè per me poi vide
Trasformata l' immago
Della sua gran nemica:
E allor placò i desiri
Della feroce sua vendetta antica:
E trasse anco i sospiri
Sovra l' ampia ruina
Dell' odiata maestà latina.

Rammentar non vogl' io l' orrida spada,
Con cui fui sopra al cavalier tradito
Sul Menfitico lito,
Nè la crudel che il duro Cato uccise,
Nè il ferro che de' Cesari le membra ,
Cominciò a violar per man di Bruto.
Teco non tratterò l' alto furore
Sterminator de' regni:
Chè capace non sei de' miei gran sdegni,
Come non fosti delle gran venture:
Avrai dell' ira mia piccioli segni:
Farò, che il suono altero
De' tuoi fervidi carmi
Lento e roco rimbombe,
E che l' umil siringhe
Or sembrino uguagliare anco le trombe.

 Indi levossi furiosa a volo,
E chiamati da lei
Su la capanna mia vennero i nembi:
Venner turbini e tuoni,
E con ciglio sereno
Dalle grandini irate allora io vidi
Infra baleni e lampi
Divorarsi la speme
De' miei proveri campi.

GUIDI.

IMITAZIONI DI OSSIAN.

La Notte descritta da cinque Bardi.

1º CANTORE.

Trista è la notte; tenebrìa s' aduna,
Tingesi il cielo di color di morte:
Qui non si vede nè stella nè luna,
Che metta il capo fuor delle sue porte.
Torbido è 'l lago, e minaccia fortuna;
Odo il vento nel bosco a ruggir forte.
Giù dalla balza va scorrendo il rio
Con roco lamentevol mormorio.

Su quell' alber colà, sopra quel tufo,
Che copre quella pietra sepolcrale,
Il lungo-urlante ed inamabil gufo
L' aer funesta col canto ferale.
Ve', ve':
Fosca forma la piaggia adombra:
Quella è un' ombra:
Striscia, sibila, vola via.
Per questa via
Tosto passar dovrà persona morta;
Quella meteora de' suoi passi è scorta.
Il can della capanna ulula e freme;
Il cervo geme — sul musco del monte;
L' arborea fronte — il vento gli percuote:
Spesso ei si scuote — e si ricorca spesso.
Entro d' un fesso — il cavriol s' acquatta,
Tra l' ale appiatta — il francolin la testa.

Teme tempesta—ogni uccello, ogni belva;
Ciascun s'inselva—e sbucar non ardisce;
Solo stridisce—entro una nube ascoso
Gufo odioso;
E la volpe colà da quella pianta
Brulla di fronde,
Con orrid' urli a' suoi strilli risponde.

    Palpitante, ansante, tremante
Il peregrin
    Va per sterpi, per bronchi, per spine,
Per rovine,
Chè ha smarrito il suo cammin.
    Palude di quà,
Dirupi di là;
Teme i sassi, teme le grotte,
Teme l'ombre della notte.
Lungo il ruscello incespicando,
Brancolando,
Ei strascina l'incerto suo piè.

    Fiaccasi or questa or quella pianta;
Il sasso rotola, il ramo si schianta;
L'aride lappole strascica il vento;
Ecco un'ombra, la veggo, la sento:
Trema di tutto, ne sa di che.
    Notte pregna di nembi e di venti;
Notte gravida d'urli e spaventi:
L'ombre mi volano a fronte e a tergo:
Aprimi, amico, il tuo notturno albergo.

2° CANTORE.

Sbuffa 'l vento, la pioggia precipitasi;

Atri spirti già strillano ed ululano;
Svelti i boschi dall'alto si rotolano;
Le finestre pei colpi si stritolano;
Rugghia il fiume, che torbido ingrossa:
Vuol varcarlo, e non ha possa
L'affannato viator.

Udiste quello strido lamentevole?
Egli è travolto, ei muor.

La ventosa orrenda procella
Schianta i boschi, i sassi sfracella:
Già l'acqua straripa,
Si sfascia la ripa:
Tutto in un fascio la capra belante,
La vacca mugghiante,
La mansueta, e la vorace fera
Porta la rapidissima bufera.

Nella capanna il cacciator si desta,
Solleva la testa,
Stordito avviva il foco spento: intorno
Fumanti
Stillanti
Stangli i suoi veltri: egli di scope i spessi
Fessi riempie, e con terrore ascolta
Due gonfi rivi minacciar vicina
Alla capanna sua strage e rovina.

Là sul fianco di ripida rupe
Sta tremante l'errante pastor.
Una pianta sul capo risuona
E l'orecchio gli assorda e rintrona
Il torrente col roco fragor.

Egli attende la luna,
La luna che risorga,

E alla capanna co' suoi rai lo scorga.

   In tal notte atra e funesta,
Sopra il turbo e la tempesta,
Sopra neri nugoloni
Vanno l' ombre a cavalcioni.

   Pur è giocondo
Il lor canto sul vento,
Che d' altro mondo
Vien quel novo concento!

   Ma già cessa la pioggia: odi che soffia
L' asciutto vento; e onde
Si diguazzano ancora, ancor le porte
Sbattono: a mille a mille
Cadon gelate stille
Da quel tetto e da questo. Oh! oh! pur veggo
Stellato il cielo: ah che di nuovo intorno
Si raccoglie la pioggia; ah che di nuovo
L' occidente s' abbuja.
Tetra è la notte e buja,
L' aer di nembi è pregno:
Ricevetemi, amici, a voi ne vegno.

3°. CANTORE.

   Pur il vento imperversa, e pur ei strepita
Tra l' erbe della rupe: abeti svolvonsi
Dalle radici, e la capanna schiantasi.
Volan per l' aria le spezzate nuvole;
Le rosse stelle ad or ad or traspajono;
Nunzia di morte l' orrida meteora
Fende co' raggi l' addensate tenebre.
Ecco posa sul monte: io veggo l' ispida

Vetta del giogo dirupata, e l' arida
Felce ravviso, e l' atterrata quercia.
    Ma chi è quello colà sotto quell' albero,
Prosteso in riva al lago
Colle vesti di morte?
L' onda si sbatte forte
Sulla scogliosa ripa, è d' acqua carca
La piccioletta barca;
Vanno e vengono i remi
Trasportati dall' onda,
Ch' erra di scoglio in scoglio: oh! su quel sasso
Non siede una donzella?
Che fia? l' onda rotante
Rimira,
Sospira
Misera l' amor suo! misero amante!
Ei di venir promise;
Ella adocchiò la barca,
Mentre il lago era chiaro: oh me dolente!
Oimè, questo è 'l suo legno!
Oimè, questi i suoi remi!
Questi sul vento i suoi sospiri estremi!
    Ma già s' appresta
Nuova tempesta;
Neve in ciocca
Fiocca, fiocca;
Biancheggiano dei monti e cime e fianchi;
Sono i venti già stanchi,
Ma punge l' aria, ed è rigido il cielo:
Accoglietemi, amici, io son di gelo.

4° CANTORE.

Vedi notte, serena, lucente,
Pura, azzurra, stellata, ridente;
I venti fuggiro,
Le nubi svaniro,
Si fan gli arboscelli
Più verdi e più belli,
Gorgogliano i rivi
Più freschi e più vivi;
Scintilla alla luna
La tersa laguna.
Vedi notte, serena, lucente,
Pura, azzurra, stellata, ridente.
Veggo le piante rovesciate, veggo
I covoni che il vento aggira e scioglie,
Ed il cultor che intento
Si curva e li raccoglie.
Chi vien dalle porte
Oscure di morte
Con piè pellegrin?
Chi vien così lieve
Con vesta di neve,
Con candide braccia,
Vermiglia la faccia,
Brunetta il bel crin?
Questa è la figlia del signor sì bella,
Che pocanzi cadèo nel suo bel fiore:
Deh t'accosta, t'accosta, o verginella,
Lasciati vagheggiar, viso d'amore.
Ma già si move il vento e la dilegua;

E vano è che cogli occhi altri la segua.

    I venticelli spingono
  Per la valle ristretta
  La vaga nuvoletta:
  Ella poggiando va,
    Finchè ricopre il cielo
  D' un candidetto velo,
  Che più leggiadro il fa.
Vedi notte, serena, lucente,
Pura, azzurra, stellata, ridente.
Bella notte, più gaja del giorno:
Addio, statevi amici, io non ritorno.

5° CANTORE.

  La notte è cheta, ma spira spavento;
La luna è mezzo tra le nubi ascosa:
Movesi il raggio pallido, e va lento;
S' ode da lungi l' onda romorosa.
Mezza notte varcò, chè 'l gallo io sento:
La buona moglie s' alza frettolosa,
E brancolando pel bujo s' apprende
Alla parete, e 'l suo foco raccende.

  Il cacciator, che già crede il mattino,
Chiama i suoi fidi cani e più non bada;
Poggia sul colle, e fischia per cammino:
Colpo di vento la nube dirada;
Ei lo stellato aratro a se vicino
Vede, che fende la cerulea strada:
Oh, dice, egli è per tempo, ancora annotta,
E s' addormenta sull' erbosa grotta.

  Odi, odi;

Corre pel bosco il turbine
E nella valle mormora
Un suon lugubre e stridulo:
Quest' è la formidabile
Armata degli spiriti,
Che tornano dall' aria.
Dietro il monte si cela la luna,
Mezzo pallida e mezzo bruna:
Scappa un raggio, e luccica ancora,
E un po' po' la vetta colora
Lunga dagli alberi scende l' ombra,
Tutto abbuja, tutto s'adombra,
Tutto è orrido, e pièn di morte:
Amico, ah non tardar, schiudi le porte.

IL SIGNORE.

Sia pur tetra la notte, ululi e strida
Per pioggia o per procella,
Senza luna, nè stella
Volino l' ombre, e 'l peregrin ne tremi:
Imperversino i venti,
Rovinino i torrenti, errino intorno
Verdi–alate meteore; oppur la notte
Esca dalle sue grotte
Coronata di stelle, e senza velo
Rida limpido il cielo;
È lo stesso per me: l' ombra sen fugge
Dinanzi al vivo mattutino raggio,
Quando sgorga dal monte,
E fuor dalle sue nubi
Ride giojoso il giovinetto giorno:

Sol l' uom, come passò, non fa ritorno.

 Ove son ora, o vati,
I duci antichi? ove i famosi regi?
Già della gloria lor passaro i lampi.
Sconosciuti, obbliati
Giaccion coi nomi lor, coi fatti egregi,
E muti son delle lor pugne i campi.
Rado avvien, ch' orma stampi
Il cacciator sulle muscose tombe,
Mal noti avanzi degli eccelsi eroi.
Sì passerem pur noi; profondo obblio
C' involerà: cadrà prostesa alfine
Questa magion superba,
E i figli nostri tra l' arena e l' erba
Più non ravviseran le sue rovine.
E domandando andranno
A quei d' etade e di saper più gravi:
Dove sorgean le mura alte degli avi?

  Sciolgansi i cantici,
 L' arpa ritocchisi,
 Le conche girino;
 Alto sospendansi
 Ben cento fiaccole;
 Donzelle e giovani
 Là danza intreccino
 Al lieto suon.
  Cantore accostisi,
 Il qual raccontimi
 Le imprese celebri
 Dei re maganimi,
 Dei duci nobili,
 Che più non son.

Così passi la notte,
Finchè il mattin le nostre sale irraggi.
Allor sien pronti i destri
Giovani della caccia, e i cani e gli archi.
Noi salirem sul colle, e per le selve
Andrem col corno a risvegliar le belve.

CESAROTTI. *Trad. di Ossian.*

LIRICA DEL SECOLO XVIII.

La Melodia.

O del più limpid' etere
Melodiosa figlia;
Dalle cui labbra piovono
Diletto e maraviglia;
Dalla cerulea volta,
Che le tue note gemina,
Il tuo trionfo ascolta.

A te 'l gentile orecchio
Solo blandir non piace
Col susurrar di zefiro,
O di ruscel fugace,
Nè sol gioisci allora
Che i desti augei salutano
La rinascente aurora.

Chè tu del mobil aere
Ne' tremiti ondeggianti
Spieghi il tesor moltiplice
De' modulati canti:
Ove letizia spira,
Amor sorride e palpita,
E voluttà sospira.

Per te s' ammorza il vindice
Ardor d' irosi petti,
E il fero orgoglio appianasi
De' soverchianti affetti.

Tu ne sopisci i mali,
Onde sì duro è il vivere
A' miseri mortali.

Tu dal torpor difficile,
Che il vital corso implica,
Snodi le fibre, e agevoli
La vigile fatica.
Di buon color fiorita,
Igea tornando allegrasi
Dell' eccitabil vita.

Fin la materia indocile
Piegasi a te non sorda:
I sassi al suon credettero
Dell' Anfionia corda.
Muta stupìa natura;
E Tebe il fianco armavasi
Delle sorgenti mura.

Te le procelle fuggono,
Te, Dea, fuggono i venti;
I tuoi bei modi adescano
I nuotatori armenti.
Sallo il nemboso Egeo,
Sallo di Lesbo il giovane,
Che il gran tragitto feo.

Euro e Libeccio assalgono
I campi di Nettuno;
Il flutto si rimescola
Già ricrescente e bruno:
Orror l' aere circonda:
E mugge dallo scoglio
La ritornevol onda.

E quei, che a voglia perfida

I. 36

Ostia cader dovea,
Benchè gli frema all' animo
La paventata idea,
Misura il fier periglio
A sua virtute, e sorgere
Vede il miglior consiglio.

    Genti da prego indomite
Prega gemendo, e impetra
Trattar le fila armoniche
Della fidata cetra:
Se alle dolenti note,
Avaro cor, sai reggere,
Chi raddolcir ti puote?

    Già su le corde gracili
Meste le grazie spirano;
Molli le note facili
In flebil tuon sospirano,
Che strada al cor si fa.

    Ecco alla cetra querula
Soave un canto aggiungere,
Che a' dei dell' onda cerula
Può il freddo cor compungere,
E meritar pietà.

    Figlie di Nerèo, che inghirlandate
Di verdi canne sul flutto argenteo
I sollazzevoli balli guidate.

    Voi, che riempiere le torte conche,
Triton, godete di suon festevole,
Cui ripercuotono l' ime spelonche;

    Biformi vergini, che dolce incanto
De' passeggieri spirate all' anima
Con l' aura facile del molle canto,

Deh! per le Najadi, che a queste sponde
Dall' arenosa urna riversano
Tesor volubile di rapid' onde;
   Deh! per Ippotade che alle frementi
Procelle impera, e lega e scioglie
Le infaticabili penne de' venti;
   Pel tridentifero sommovitore
Dell' ampia terra ch' ei solo abbraccia,
Nettun degli umidi regni signore;
   Così disciolgano note votive
A voi qualora salvi s' atterrano
Nocchieri, e baciano le vostre rive;
   Figlie di Nereo, deh! qua venite,
Triton pietosi, gli orecchi porgere
Vi piaccia, vergini biformi, udite.
   Oltra l' umide grotte e gli antri gelidi
Discender seppe la preghiera armonica,
E le marine deità commovere.
Già il mare in calma s' addolcisce, e increspasi
Appena il fiotto rappianato e tremolo,
E d' improvviso si ritinge in cerulo.
Già le tempeste dileguando rapide
Ricoveraro alla caverna Eolia:
I venti no; chè ad ascoltar pacifici
Stettero il canto su le penne immobili.
Presso del fianco ondibattuto e lacero
Della nave si trae delfin piacevole,
Che la queta respinge onda col vario
Giocar de' membri roteanti e facili;
Ed atteggiando il levigato agevole
Dosso ricurvo, a su montarvi intrepido,
E se medesimo a sua pietà commettere,

Invita il biondo citarista. Ei ridere
Vede sovr' esso il fortunato augurio,
E d' un salto gli è sopra: e già travalica,
L' equabile libando acqua fuggevole,
(Maraviglia a vedersi) il seno a Tetide;
E già col suon di festeggianti numeri
Doppia il guizzo alle corde. Il molle traggono
Volto e l' ondante petto a fior di pelago
Le figlie di Nerèo; sparse su gli omeri
L' alghintrecciato crin: col guardo attonite
E del lor canto insidioso immemori
Lo seguon le Sirene: e in lui s' affisano,
Sospesa in aria la ritorta buccina
D' avvicinarla in atto a i labbri tumidi,
E per gli orecchi e i cupid' occhi beono
I biformi Triton stupore e giolito.
Il musico gentil tanto fa scorrere
Caro diletto dall' arguta cetera,
Che l' acqua e l' aere di dolcezza inebria;
E Lesbo risaluta, e allegro il ciglio
Canta la sua vittoria e 'l suo periglio.
Tal forse i dei del mar maravigliarono,
E 'l molle flutto mormorò di giubilo,
Quando sul dosso del bovino Egioco
Varcollo a nuoto la Sidonia vergine.
Il gran padre Nettuno a Creta i bipedi
Volse cavalli, guidatore e pronubo
Del natante fratello; e cento aligeri
Sventolanti le faci Amor lambivano
Co' sommi piedi il pavimento equoreo;
Intonando Imeneo, plaudendo a Venere,
Che ad Europa spargea dalla conchiglia

Quantunque ha fiori la pendice Idalia.
Essa con l' una man reggea l' eburneo
Corno, e con l' altra raccogliea lo strascico
Del manto sinuoso e d' aura turgido;
Sì che men greve del torello ondivago,
Qual per vela naval, venìa l' incarico.
Palpitavale il cuore, ed era l' animo
Non col desir delle compagne amabili,
Non col dolor del vedovato Agenore,
Ma con que' moti che potean rispondere
Al talento del Dio; ma con quel semplice
Tremor che nasce dalla gloria insolita;
Tal che nel nuoto un' indistinta immagine
Già prelibando del celeste talamo.

   Sogno sublime dell' argive scuole,
Che, mentre il vero adombra
Sotto ingegnose fole,
Fa trasparir più luminoso il vero.
In esse alto mistero
Celan le muse dal profondo seno.
Raffigurarlo invano
Tenta sguardo profano.
Invan mirar presume
Augel nato alla notte il Dio del lume.

                 MAZZA. *Imit. di Mason.*

In Morte del maestro Sacchini.

    Te con le rose ancora
Della felice gioventù nel volto
Vidi e conobbi, ahi tolto
Sì presto a noi da la fatal tua ora,
O di suoni divini
Pur dianzi egregio trovator Sacchini!
    Maschia beltà fioria
Nell' alte membra: dai vivaci lumi
Splendido di costumi,
E di soavi affetti indizio uscia:
Il labbro era potente
Dell' animo lusinga e de la mente.
    All' armonico ingegno
Quante volte fe' plauso; e vinta poi
Da gli altri pregi tuoi
Male al tenero cor pose ritegno
Damigella immatura,
O matrona di se troppo secura!
    Ma perfido o fastoso
Te giammai non chiamò tardi pentita:
Nè d' improvviso uscita
Madre sgridò, nè furibondo sposo,
Te ingenuo, e del procace
Rito de' tuoi non facile seguace.
    Amò de' bei concenti
Empier la tromba sua poscia la fama;
Tal che d' emula brama
Arser per te le più lodate genti

Che Italia chiuda, o l' Alpe
Da noi rimova, o pur l' Erculea Calpe.
   E spesso a breve obblìo
La da lui declinante in novo impero
Il Britanno severo
America lasciò: tanto il rapìo,
Non avveduto ai tristi
Casi, l' arguzia onde i tuoi modi ordisti.
   O, se la tua dal mare
Arte poi venne a popol più faceto,
Nel teatro inquieto
Tacquer le ardenti musicali gare;
E in te sol uno immoti
Stetter dei cori e de l' orecchio i voti:
   Poi che da' tuoi pensieri
Mirabile di suoni ordin si chiuse,
Che per l' aria diffuse
Non peranco al mortal noti piaceri,
O se tu amasti vanto
Dare a i mobili plettri, o pure al canto.
   Fra la scenica luce
Ben più superbi strascinaron gli ostri
I preziosi mostri,
Che l' Italo crudele ancor produce;
E le avare sirene
Gravi a l' alme speraro impor catene,
   Quando su le sonore
Labbra di lor tuo nobil estro scese;
E nuovi accenti apprese
Delle regali vergini al dolore,
O ne' tragici affanni
Turbò di modulate ire i tiranni.

Ma tu, del non virile
Gregge sprezzando i folli orgogli e l'oro,
Innalzasti il decoro
Della bell' arte tua, spirto gentile,
Di liberi diletti
Sol avido bear gli umani petti.

Nè, se talor converse
La non cieca fortuna a te il suo viso;
E con lieto sorriso
Fulgido di tesoro il lembo aperse,
Indivisi a gli amici
I doni a te di lei parver felici.

Ahi! sperava a le belle
Sue spiagge Italia rivederti alfine;
Coronandoti il crine
Le già cresciute a lei fresche donzelle,
Use di te le lodi
Ascoltar da le madri e i dolci modi!

Ed ecco l' atra mano
Alzò colei, cui nessun pregio move;
E te, cercante nuove
Grazie lungo il sonoro ebano in vano,
Percosse, e di famose
Lagrime oggetto in su la *Senna* pose.

Nè gioconde pupille
Di cara donna, nè d' amici affetto,
Che tante a te nel petto
Valean di senso ad eccitar faville,
Più desteranno arguto
Suono del cener tuo per sempre muto.

PARINI.

Il Pericolo.

In vano in van la chioma
Deforme di canizie,
E l' anima già doma
Dai casi, e fatto rigido
Il senno dall' età,

Si crederà che scudo
Sien contro ad occhi fulgidi,
A mobil seno, a nudo
Braccio e all' altre terribili
Arme della beltà.

Gode assalir nel porto
La contumace Venere;
E, rotto il fune e il torto
Ferro, rapir nel pelago
Invecchiato nocchier;

E per nuovo periglio
Di tempeste, all' arbitrio
Darlo del cieco figlio,
Esultando con perfido
Riso del suo poter.

Ecco me di repente,
Me stesso, per l' undecimo
Lustro di già scendente,
Sentii vicino a porgere
Il piè servo ad amor:

Benchè gran tempo al saldo
Animo in van tentassero
Novello eccitar caldo
Le lusinghiere giovani

Di mia patria splendor.
 Tu dai lidi sonanti
Mandasti, o torbid' Adria,
Chi sola de gli amanti
Potea tornarmi a i gemiti
E al duro sospirar;
 Donna d' incliti pregi
Là fra i togati principi,
Che di consigli egregi
Fanno l' alta Venezia
Star libera sul mar.
 Parve a mirar nel volto
E ne le membra Pallade,
Quando, l' elmo a se tolto,
Fin sopra il fianco scorrere
Si lascia il lungo crin.
 Se non che a lei dintorno
Le volubili grazie
Dannosamente adorno
Rendeano ai guardi cupidi
L' almo aspetto divin.
 Qual, se parlando, eguale
A' gigli e rose il cubito
Molle posava? Quale,
Se improvviso la candida
Mano porgea nel dir?
 E a le nevi del petto,
Chinandosi da i morbidi
Veli non ben costretto,
Fiero dell' alme incendio!
Permetteva fuggir?
 In tanto il vago labbro,

E di rara facondia
E d' altre insidie fabbro,
Già modulando i lepidi
Detti nel patrio suon.
   Che più? Da la vivace
Mente lampi scoppiavano
Di poetica face,
Che tali mai non arsero
L' amica di Faon;
   Nè quando al coro intento
De le fanciulle Lesbie
L' errante violento
Per le midolle fervide
Amoroso velen;
   Nè quando l' interrotto
Dal fuggitivo giovane
Piàcer cantava, sotto
A la percossa cetera
Palpitandole il sen.
   Ahimè quale infelice
Giogo era pronto a scendere
Su la incauta cervice,
S' io nel dolce pericolo
Tornava il quarto dì!
   Ma con veloci rote
Me, quantunque mal docile,
Ratto per le remote
Campagne il mio buon genio
Opportuno rapì.
   Tal che in tristi catene
Ai garzoni ed al popolo
Di giovanili pene

Io canuto spettacolo
Mostrato non sarò.

   Bensì, nudrendo il mio
Pensier di care immagini,
Con soave desio
Intorno all' onde Adriache
Frequente volerò.

PARINI.

Sull' Amore.

   Lunge i profani, arretrinsi
Al suon di sacre note,
Che sulle corde italiche
Di Febo sacerdote,
Oso a gioconde vergini,
Ed a maturi giovani svelar.
   Voi pur, cui veste rigida
Dei bei desir nemica,
Stringe nel voto sterile
Di castità pudica,
Voi dal suon ritraetevi:
Libero io parlo e vuò d' amor cantar.
   Quell' ardor che nell' anima
Ventila sue facelle,
È gentil foco etereo
Rapito dalle stelle,
Quando l' ardir Titanio
L' ignea strada al gran furto carreggiò.
   I piacer da lui sorgono
Quasi da fonte, e 'l riso;

Sorgono i desir fervidi
Fatti fiamma nel viso;
Sorge la speme credula
Del voler mutuo che mentir non può.

    Vago per selve inospite
L' uom primo alpestre e duro,
Non conoscea ricovero
Di tetto e d' abituro,
Nè spoglia difendevalo
Dal vicin sole o dall' acuto gel.

    Fra i perigli ed il disordine
Terribili a mirarsi
I crin si rabbuffavano
Sovra le ciglia sparsi,
Gli occhi di furor lividi
Rado trovar sapean la via del ciel.

    Quando le stelle inducono
Il sonno ai membri lassi,
Sotto chiomata rovere
Giacea tra fronde e sassi,
E nel feral silenzio
Ministro de' suoi sogni era il terror.

    Se foglia in ramo tremula
Mormorava per vento,
Colto da pavor gelido
Premea nel petto il mento:
Scosso raccapricciavasi,
E stringea freddo sangue il tardo cor.

    Per l' atra solitudine,
Tal di se stesso incerto,
Sen gìa con orme pavide
Misurando il deserto,

L' uomo alle belve simile,
Sconoscente a natura, ignoto a se.
   Salve, o fanciullo Idalio,
Spirator di leggiadre
Cure nell' uomo indocile,
Salve, del mondo padre.
In società raccoglierlo,
Se non Amor, qual altro dio potè?
   Errava un dì sul margine
Di fresco argenteo rivo,
Cui dense ombre gratissime
Coprian dal sole estivo.
Ivi ei mirò prodigio
Dal fondo della selva a lui venir.
   Vide in leggiadra immagine
Solitaria donzella.
Mostrò allor l' occhio stupido,
Pien della forma bella
Al cor non consapevole
La via de' desir dolci e de' sospir.
   S' appressò, corse attonito,
S' affissò nel bel volto,
E per lo sguardo cupido
Bebbe l' incendio accolto;
Di vena in vena scorrere
La smania rapidissima sentì.
   Or più non freme e ringhia
Il labbro a ruggir uso:
Ma geme lamentevole,
Poi si ristà confuso.
Parlar tenta: amor spronalo,
E il labbro indotto *io t' amo* proferì.

PARADISI.

La Ferma risoluzione.

E dove mai si perdono
Fra spine, bronchi e sassi,
E mal sicuri stampano
Orme di sangue i passi
Sul rotto aspro cammin?
    Qual tema il petto ingombrami?
Stelle! d'orrore io gelo:
Qui da' burroni inospiti
Metton la fronte in cielo
Querce e funerei pin.
    Le foglie lor s'intrecciano,
E basso arco funèbre
Sembra che qui sospendano
Di squallide tenèbre,
Che mai non turba il sol.
    O antica selva, i taciti
Tuoi spessi rami un nero
Sul capo orror mi scuotono,
E un sepolcral pensiero
Che morte spira e duol.
    Voglio sul putre assidermi
Troncon di questo abete,
Cui d'ogni intorno intricasi
L'edra tessuta in rete,
E un secolo scavò.
    Voglio qui star dov'abita
Sola e dogliosa l'Eco;
Non mai da che nascosesi

In quel profondo speco
Accento uman troncò.

Il solitario passero
Qui visitar mi puote
Soltanto, o l' ali-stridula
Ape che l' elci vuote
Colma di biondo mel;

O qualche aura che spazia
Per l' arido paese,
Ed agitar con timidi
Fiati non anco apprese
Su bianco petto un vel.

Ma tu dove precipiti,
Stigio rampollo, o rio,
Lungo le sponde agli alberi
Con sordo mormorio
Largo scalzando il piè?

Io seguirò la rapida
Da' dumi irti coperta
Onda, che forse guidami
A spiaggia più deserta,
Che questa ancor non è.

Qual fiera vista! Or eccomi
Su altissimo dirupo,
D' onde lo sguardo attonito
Piomba nel vallon cupo,
E m' empie d' alto orror.

Vo' sulla punta assidermi
Di quel pendente masso
Che con ardita linea
Piegò qual arco al basso
Il caso architettor.

Aride felci pendono
Da quel ciglion di monte,
Come i capei che ingombrano
Senz' ordine la fronte
Del rustico Cimon:

    Cimon degli antri taciti
Duro abitante e scabro,
Che mai non giunse a suggere
Le fraghe d' un bel labro,
Nè d' amor chiese un don.

    Per questo omai discendasi
Torto e diffìcil calle;
Meco le tristi immagini
Nel fondo della valle
Verranno a passeggiar.

    Lento n' andrò sul margine
Del vorticoso fiume
Che d' alto vien, rompendosi
Tutto in frementi spume,
Sul piano a tempestar.

    Salve, o vallon, cui cingono
Antri profondi e cupi;
E tu, che roco mormori
Fra le smottate rupi,
Salve, o torrente alpin.

    Fiera boscaglia, ov' abita
La notte e la paura,
Ricevi omai fra l' orrida
Frasca, che il giorno fura,
Un nuovo cittadin.

    Addio per sempre, o Venere,
Amor, per sempre addio;

Qui le spiranti incendio
Quadrella, ah non cred' io
Che giungermi potran.

Me le profonde pagine
Del saggio d' Albione,
O quelle che per gli angeli
Solo vergò Platone
Impallidir vedran.

In pace, o Bruna, restati
Coll' ampie tue pupille,
Che tante mi vibrarono
Calde d'amor faville
Nel mal guardato sen.

Io folleggiar vedeati
In bianca gonna estiva,
Come quell' onda argentea
Dall' una all' altra riva
Or va col raggio, or vien.

Bionda, gli dei ti salvino:
I tuoi sì dolci sguardi,
Che all' imo cor scendeano
Languidamente tardi,
Io ben rimembro ancor.

Ah troppo in duri vincoli
Da te penai ristretto!
Ma quel nativo avorio?...
Tu di tua man nel petto
Gliel ritondasti, amor.

Ah non seduca i rigidi
Pensier sì dolce immago!
Delle mie sparse lagrime
Quel nume alfin sia pago.

Io più non voglio amar.

    Addio, Melinda, o vergine
Dall' ampia fronte altera;
I passi tuoi pareanmi
La maestà severa
Di Pallade spirar.

    E tu sì vispa e tenera
Ne' scherzi tuoi d' un salto
Godevi, o Cloe, lanciandoti
Un breve bacio in alto
Da' labbri miei rapir.

    Addio, ch' io vo' coll' anima
D' alti pensieri ingombra,
Di queste antiche roveri
Alla nerissim' ombra
Filosofia seguir.

    Laddove i rami formano
Insiem tessuti un arco,
E ad un lugùbre schiudono
Vial di pini il varco,
Lento innoltrar mi vo'.

    E.... Ma sull' arsa sabbia
Che miro? O ciel! son desse
Di qualche ninfa tenera
Qui le vestigia impresse?
M' inganno forse? Ah no.

    Oh come il piè dev' esserne
Ritondo, asciutto e breve!
Ei può la rena sterile,
Che l' orma ne riceve,
Tutta di fior vestir.

    Dove i pensier gravissimi

D' alta filosofia,
E le funeste immagini
Dove, o malinconia,
In un balen fuggir?

    Più non resisto. Io seguoti;
Vince l' usanza antica.
Bella, se in questa aggiriti
Selva all' insidie amica,
 Oh me felice appien!

    Voi, della rupe concava
Alati figli, o venti,
Recate a lei le tremole
Voci, e i sospir cocenti
Che rompono dal sen.

    Ah! non fuggirmi, o fuggimi
Come talor ritrose
Del lusinghiero zefiro
Sembran fuggir le rose
Il molle careggiar.

    Sul verde cespo piegansi
In altra parte un poco;
Ma tinte poi ritornano
D' un bel virgineo foco
Suoi baci ad incontrar.

                REZZONICO. *Parafrasi di Gessner.*

A Montgolfier.

Quando Giason dal Pelio
Spinse nel mar gli abeti,
E primo corse a rompere
Co' remi il seno a Teti;
 Sull' alta poppa intrepido
Col fior del sangue Acheo
Vide la Grecia ascendere
Il giovinetto Orfèo.
 Stendea le dita eburnee
Su la materna lira;
E al Tracio suon chetavasi
De' venti il fischio e l' ira.
 Meravigliando accorsero
Di Doride le figlie;
Nettuno ai verdi alipedi
Lasciò cader le briglie.
 Cantava il vate Odrisio
D' Argo la gloria intanto,
E dolce errar sentivasi
Su l' alme greche il canto.
 O della Senna ascoltami
Novello Tifi invitto:
Vinse i portenti Argolici
L' aereo tuo tragitto.
 Tentar del mare i vortici
Forse è si gran pensiero,
Come occupar de' fulmini
L' inviolato impero?

Deh! perchè al nostro secolo
Non diè propizio il fato
D'un altro Orfèo la cetera,
Se un Montgolfier n'ha dato?

Maggior del prode Esonida
Surse di Gallia il figlio.
Applaudi, Europa attonita,
Al volator naviglio.

Non mai natura, all'ordine
Delle sue leggi intesa,
Dalla potenza chimica
Soffrì più bella offesa.

Mirabil arte, ond'alzasi
Di *Sthallio* e *Black* la fama!
Pera lo stolto cinico,
Che frenesia ti chiama.

De' corpi entro le viscere
Tu l'acre sguardo avventi,
E invan celarsi tentano
Gl'indocili elementi.

Dalle tenaci tenebre
La verità traesti:
E delle rauche ipotesi
Tregua al furor ponesti.

Brillò Sofia più fulgida
Del tuo splendor vestita,
E le sorgenti apparvero
Onde il creato ha vita.

L'igneo terribil aere
Che dentro il suol profondo
Pasce i tremuoti, e i cardini
Fa vacillar del mondo,

Reso innocente or vedilo
Da' patrj corpi uscire;
E già domato ed utile
Al domator servire:
   Per lui del pondo immemore,
Mirabil cosa! in alto
Va la materia, e insolito
Porta alle nubi assalto.
   Il gran prodigio immobili
I riguardanti lassa,
E di terrore un palpito
In ogni cor trapassa.
   Tace la terra, e suonano
Del ciel le vie deserte:
Stan mille volti pallidi,
E mille bocche aperte.
   Sorge il diletto e l'estasi
In mezzo allo spavento,
E i piè mal fermi agognano
Ir dietro al guardo attento.
   Pace e silenzio, o turbini:
Deh! non vi prenda sdegno,
Se umane salme varcano
Delle tempeste il regno.
   Rattien la neve, o Borea,
Che giù dal crin ti cola;
L'etra sereno e libero
Cedi a Robert che vola.
   Non egli vien d'Orizia
A insidiar le voglie:
Costa rimorsi e lagrime
Tentar d'un Dio la moglie.

Mise Tesèo ne' talami
Dell' atro Dite il piede:
Punillo il Fato, e in Erebo
Fra ceppi eterni or siede.

Ma già di Francia il Dedalo
Nel mar dell' aure è lunge:
Lieve lo porta Zefiro,
E l' occhio appena il giunge.

Fosco di là profondasi
Il suol fuggente ai lumi,
E come larve appajono
Città, foreste e fiumi.

Certo la vista orribile
L' alme agghiacciar dovria;
Ma di Robert nell' anima
Chiusa è al terror la via.

· E già l' audace esempio
I più ritrosi acquista;
Già mille globi ascendono
Alla fatal conquista.

Umano ardir, pacifica
Filosofia sicura,
Qual forza mai, qual limite
Il tuo poter misura?

Rapisti al ciel le folgori,
Che debellate innante
Con tronche ali ti caddero,
E ti lambir' le piante.

Frenar' guidati calcoli
Dal tuo pensiero ardito
Degli astri il moto e l' orbita,
L' Olimpo e l' infinito.

Svelaro il volto incognito
Le più rimote stelle,
Ed appressar' le timide
Lor vergini fiammelle.

Del sole i rai dividere,
Pesar quest'aria osasti;
La terra, il foco, il pelago
Le fere e l'uom domasti.

Oggi a calcar le nuvole
Giunse la tua virtute,
E di natura stettero
Le leggi inerte e mute.

Che più ti resta? Infrangere
Anche alla morte il telo,
E della vita il nettare
Libar con Giove in cielo.

MONTI.

All' Amica risanata.

Qual dagli antri marini
L'astro più caro a Venere
Co' rugiadosi crini
Fra le fuggenti tenebre
Appare, e il suo viaggio
Orna col lume dell' eterno raggio.

Sorgon così tue dive
Membra dall' egro talamo,
E in te beltà rivive,
L' aurea beltate ond' ebbero

Ristoro unico a' mali
Le nate a vaneggiar menti mortali.

   Fiorir sul caro viso
Veggo la rosa, tornano
I grandi occhi al sorriso
Insidiando; e vegliano
Per te in novelli pianti
Trepide madri, e sospettose amanti.

   Le ore che dianzi meste
Ministre eran de' farmachi,
Oggi l' indica veste,
E i monili cui gemmano
Effigiati dei,
Inclito studio di scalpelli achei;

   E i candidi coturni
E gli amuleti recano,
Onde a' cori notturni
Te, dea, mirando obbliano
I garzoni le danze,
Te principio d' affanni e di speranze.

   O quando l' arpa adorni,
E co' novelli numeri
E co' molli contorni,
Delle forme che facile
Bisso seconda, e intanto
Fra il basso sospirar vola il tuo canto

   Più periglioso: o quando
Balli disegni, e l' agile
Corpo all' aure fidando
Ignoti vezzi sfuggono
Dai manti, e dal negletto
Velo scomposto sul sommosso petto.

All' agitarti, lente
Cascan le trecce, nitide
Per ambrosia recente,
Mal fide all' aureo pettine
E alla rosea ghirlanda,
Che or con l' alma salute april ti manda.

   Così ancelle d' amore
A te d' intorno volano
Invidiate l' ore,
Meste le Grazie mirino
Chi la beltà fugace
Ti membra, e il giorno dell' eterna pace.

   Mortale guidatrice
D' oceanine vergini
La Parrasia pendice
Tenea la casta Artemide,
E fea terror di cervi
Lungi fischiar d' arco Cidonio i nervi.

   Lei predicò la fama
Olimpia prole; pavido
Diva il mondo la chiama,
E le sacrò l' Elisio
Soglio, ed il certo telo,
E i monti, e il carro della luna in cielo.

   Are così a Bellona,
Un tempo invitta amazzone,
Die' il vocale Elicona;
Ella il cimiero e l' egida
Or contro l' Anglia avara
E le cavalle ed il furor prepara.

   E quella a cui di sacro
Mirto te veggo cingere

Devota il simulacro,
Che presiede marmoreo
Agli arcani tuoi lari
Ove a me sol sacerdotessa appari;
   Regina fu, Citera
E Cipro ove perpetua
Odora primavera
Regnò beata, e l' isole
Che col selvoso dorso
Rompono agli Euri e al grande Ionio il corso.
   Ebbi in quel mar la culla,
Ivi erra ignudo spirito
Di Faon la fanciulla,
E se il notturno zeffiro
Blando su i flutti spira,
Suonano i liti un lamentar di lira.

                  FOSCOLO.

IMITAZIONI DI ORAZIO.

La Tranquillità.

Ozio agli dei chiede il nocchier per l' onde
Del vasto Egeo, se il ciel fremendo imbruna,
Se negra nube minacciosa asconde
   Gli astri e la luna;
 Ozio, Viani, chiede il Medo e 'l Trace,
Ozio il cultore dell' Eoe maremme;
Ma, oh Dio! non ponno comperar la pace
   L' oro e le gemme.
 Onor, ricchezza a dissipar non vale
Gli aspri tumulti dell' umane menti,
E le volanti per le regie sale
   Cure frementi.
 A parca mensa vive senza affanno
Chi i cibi in vasi savonesi accoglie,
Nè i cheti sonni a disturbar gli vanno
   Sordide voglie.
 Che mai cerchiamo sconsigliati, quando
Son pochi i lustri della nostra etàde?
Cangiar che giova dalla patria in bando
   Clima e contrade?
 Sale la nave, del destrier sul dorso
Con noi la cura torbida s' asside,
Agil qual cervo, e più veloce in corso
   D' Euro che stride.
 Godi il presente, l' avvenir trascura,
Soffri gl' insulti dell' avverso fato;

Non puote il figlio della polve impura
    Esser beato.
 Nei dì robusti l' Alessandro Sveco
Cadde, Vittorio illanguidì vecchiezza;
Me oblia la morte, mentre forse è teco
    Tutta fierezza.
 A te sorride per la spiaggia erbosa
Flora, e le messi più di un campo aduna,
E presto in dote recherà una sposa
    Nuova fortuna.
 Lo spirto tenue del latino stile
A me la Parca consegnò benigna,
Ed insegnommi a disprezzar la vile
    Turba maligna.

       FANTONI.

A Venere.

 Diva dal cieco figlio,
Speme e timor di verginelle tenere,
 Volgi al tuo vate il ciglio
Dai serragli di Menfi, Egìoca Venere.
 Se l' are tue fumarono
Per me d' incenso, se le Tosche cetere
 Il tuo gran nome osarono,
Seguendo i carmi miei, spinger all' etere;
 Licori dal volubile
Cuore flagella col severo braccio,
 E annoda indissolubile
Quell' anima proterva in aureo laccio.

Tentai sprezzar l' instabile
Tiranna, e l' empia mia catena frangere;
   Sedeva inesorabile
Su quel volto il destin, che mi fa piangere.
   In me di strali gravido
Tutto vuotò il turcasso Amor terribile,
   Nè vuol, che più l' impavido
Canti duce del mar Rodney invincibile;
   Ma un sen di latte tumido,
Su cui tra i fiori azzurro vel s' intreccia,
   Due negre ciglia, un umido
Labbro di rose, ed una bionda treccia.

FANTONI.

CANZONETTE.

La Sua donna più bella dell' Aurora.

Quando l' Alba in oriente
L' almo sol s' appresta a scorgere,
Giù dal mar la veggiam sorgere,
Cinta in gonna rilucente,
Onde lampi si diffondono,
Che le stelle in cielo ascondono.
  Rose, gigli almi immortali
Sfavillando il crine adornano,
Il crin d' oro, onde s' aggiornano
L' atre notti de' mortali,
E fresche aure intorno volano,
Che gli spirti egri consolano.
  Nel bel carro a meraviglia
Son rubin, che l' aria accendono;
I destrier non men risplendono
D' aureo morso e d' aurea briglia,
E nitrendo a gir s' apprestano,
E con l' unghia il ciel calpestano.
  Con la manca ella gli sferza
Pur con fren che scossi ondeggiano;
E se lenti unqua vaneggiano,
Con la destra alza la sferza;
Essi allor che scoppiar l' odono,
Per la via girsene godono.
  Sì di fregi alta e pomposa
Va per strade che s' infiorano,

Va su nembi che s'indorano,
Rugiadosa, luminosa;
L'altre Dee, che la rimirano,
Per invidia ne sospirano.

  È ciò ver; qual più s'apprezza
Per beltade all'alba inchinasi,
Non per questo ella avvicinasi
Di mia donna alla bellezza:
I suoi pregi, Alba, t'oscurano,
Tutte l'alme accese il giurano.

CHIABRERA.

Riso di bella donna.

  Belle rose porporine,
Che tra spine
Sull'aurora non aprite;
Ma ministre degli amori
Bei tesori
Di bei denti custodite:
  Dite, rose preziose,
Amorose;
Dite, ond'è, che s'io m'affiso
Nel bel guardo vivo ardente,
Voi repente,
Disciogliete un bel sorriso?
  È ciò forse per aita
Di mia vita,
Che non regge alle vostr'ire?
O pur è, perchè voi siete
Tutte liete,
Me mirando in sul morire?

Belle rose, o feritate,
O pietate,
Del sì far la cagion sia,
Io vo' dire in nuovi modi
Vostre lodi,
Ma ridete tuttavia.

Se bel rio, se bell' auretta
Fra l' erbetta
Sul mattin mormorando erra;
Se di fiori un praticello
Si fa bello,
Noi diciam: ride la terra.

Quando avvien che un zefiretto
Per diletto
Bagni il piè nell' onde chiare,
Sicchè l' acqua in sull' arena
Scherzi appena,
Noi diciam che ride il mare.

Se giammai tra fior vermigli,
Se tra gigli
Veste l' alba un aureo velo;
E su rote di zaffiro
Move in giro,
Noi diciam che ride il cielo.

Ben è ver, quando è giocondo
Ride il mondo,
Ride il ciel quando è giojoso,
Ben è ver; ma non san poi
Come voi
Fare un riso grazioso.

CHIABRERA.

Dolce sdegno di bella donna.

Se il mio sol vien che dimori
Tra gli amori,
Sol per lei soavi arcieri;
E riponga un core anciso
Con bel riso
Sulla cima de' piaceri:
   Tale appar, che chi la mira
La desira
Ad ognor sì giojosetta;
E non sa viste sperare
Così care,
Benchè Amor glie le prometta.
   Ma se poi chiude le perle,
Che a vederle
Ne porgean tal maraviglia;
E del guardo i raggi ardenti
Tiene intenti
Qual chi seco si consiglia
   Allor subito si vede,
Che le siede
Sul bel viso un bell' orgoglio
Non orgoglio; ah chi poria,
Lingua mia
Farti dir ciò che dir voglio?
   Se avvien, ch' Euro dolcemente
D' oriente
Spieghi piume peregrine,
E co' piè vestigio imprima

Sulla cima
Delle piane onde marine:
 Ben sonando il mare ondeggia,
E biancheggia,
Ma nel sen non sveglia l' ire.
Quel sonar non è disdegno,
Sol fa segno,
Ch' ei può farsi riverire.
 Tal diviene il dolce aspetto,
Rigidetto
Ei non dà pena o tormento;
Quel rigor non è fierezza,
È bellezza,
Che minaccia l' ardimento.
 E l' asprezza mansueta
È sì lieta
In sull' aria del bel viso,
Che ne mette ogni desio
In obblio
La letizia del bel riso.

CHIABRERA.

Amor pitocco.

 Amor mutò mestiero
Non è più, qual si crede,
Quel faretrato arciero
Che saettando va:
In menzognero aspetto
Fa da mendico in terra;

E chiede il poveretto
Per via la carità.

Io l' ho testè trovato;
E il furfantel ridea,
Che così trasformato
Credea celarsi a me.
L' ali desposte avea,
E senza strali ed arco
Famelico movea
Il vagabondo piè.

Lasciava errare incolto
L' oro de' biondi crini,
E in cenci mal avvolto
Il fianco trasparir.
Non volli per Amore
Io ravvisarlo, e il volli
Accorto osservatore
E tacito seguir.

La dea della foresta
Eran quel dì nel tempio
Ninfe e pastori in festa
Intenti a celebrar:
Del tempio su le soglie
Si pose Amor, da tutte
Sotto le nuove spoglie
Conforto ad implorar.

Pregò la bianca Fille,
Che altrove superbetta
Le lucide pupille
Rivolse, e non l' udì.
Pregò la bionda Nice,
Che ai prieghi non si mosse;

Ma pur dell' infelice
Qualche pietà sentì.

Alla sdegnosa Irene
Tirò l' azzurra gonna;
Fermolla, e le sue pene
Non le volea tacer:
Ma fu, qual importuno,
Ripreso e risospinto,
Senza soccorso alcuno
Dalla scortese aver.

Tese la mano bella
Alla vezzosa Aurisbe,
Che al viso, alla favella
Sospesa si fermò:
A consolarlo forse
Pendea col cor pietoso;
Ma sola esser s' accorse,
Nè sola farlo osò.

Piangea sì derelitto
Lo sventurato dio,
Dicendo: e qual delitto
Tanto soffrir mi fa?
Tenero fanciullino;
Vedovo d' ogni bene,
Perchè del mio destino
Non posso far pietà?

Quando fra i suoi languori
Fra i mesti suoi lamenti
La vaga amabil Dori
Ecco opportuna vien:
Dori, che ne' bei lumi
Porta celeste foco,

E somigliante ai numi
Un' alma porta in sen.
   Amor per man la prende,
E nuovi prieghi adorna.
Ella l' inganno intende,
E parla a lui così:
Per qual mai fato avverso,
Bel figlio di Ciprigna,
Così da te diverso
Ti veggo in questo dì?
   Sincero mi rispondi,
Furbetto Amore, ah dimmi,
Perchè così t' ascondi?
Che tenti? che vuoi far?
Intesi, egli ripiglia,
Fra l' arti esser nel mondo
Felice a maraviglia
Quella di mendicar:
   Intesi, che fortuna
Al domandar non manca,
Negano cento, ed una
Vinta concede alfin.
Allor Dori sorrise,
E replicò: deponi
Le ignobili divise,
Amato fanciullin:
   Rimetti l' ali al tergo,
Al fianco la faretra,
E nel mio fido albergo
Seguimi, e non tèmer.
Tacque, e all' amico nume
Dori di sua beltade

Tutta nel pieno lume
Allor si fe' veder.

   Mirolla, e in un momento
Riprese i suoi sembianti,
E d' ubbidir contento
Amore un dio tornò;
E le materne forme
Tutte si vide in lei,
Che più le sue bell' orme
Abbandonar non può.

FRUGONI.

L' Isola amorosa.

   La bella nave è pronta:
Ecco la sponda e il lido,
Dove nocchier Cupido,
Belle, v' invita al mar.
Mirate come l' ancora
Già dall' arena svelsero
Mille Amorin, che apprestansi
Festosi a navigar.
   Di porpora è la vela,
Che ai zefiri si stende,
E a governarla prende
Il Riso condottier.
L' aure se ne innamorano,
E l' ali intorno battono
Scherzando, e la fan turgida
Di fiato lusinghier.

Fregia le forti antenne
Ben lavorato argento;
E l' arte all' ornamento
Pregio accrescendo va.
La poppa è tutta avorio,
D' oro contesta e d' ebano
Dentro la qual s' assidono
Il Vezzo e la Beltà.
 La Speme il timon regge,
E vanno in dolci giri
I teneri Sospiri
Movendo l' agil piè:
Cento Lusinghe amabili
Il bel legno passeggiano:
Liete per man si tengono
La Servitù, la Fe.
 Trecce di vaghi fiori,
Persi, vermigli e bianchi,
Pendono giù dai fianchi
Del ben spalmato pin:
Fra dilettose immagini
Siede l' allegro Genio,
Di rose odorosissime
Ornato il biondo crin.
 Sotto l' altero abete
Par di dolcezza acceso,
Superbo del bel peso,
L' amico flutto andar:
Per l' acque i pesci guizzano,
Quasi d' amore avvampino,
E i duri scogli e gelidi
Sembrano anch' essi amar.

Ed ecco Amor favella,
E a' suoi soavi accenti
Tacciono in aria i venti
E il ciel si fa seren:
Ad ascoltarlo sorgono
Le belle dee marittime,
E fuor dell' acque sporgono
Il delicato sen.

Al mare, ei grida, al mare,
Belle che mi seguite:
Meco a imparar venite
L' arti che detta Amor.
Non molto lungi è un' isola
Tutta ridente e florida,
Dove ad amar s' addestrano
I semplicetti cor.

Tacque; e la bionda Fille,
La bruna Galatea,
La candida Nerea
Sul bel legno salì
E Dori e Nisa e Cloride,
E cent' altre v' ascesero:
E il pino velocissimo
Dal margine fuggì.

Giunte all' amena spiaggia,
Pronta le accolse in pria
La fredda Ritrosia,
Che amor non sa gradir;
E le Ripulse vennero
In atto schive e rigide,
Che contrastando rendono
Più fervido il desir:

Poi la Pietà pudica
Loro si fece avanti;
Degl' infelici amanti
Le pene lor narrò:
Narrò le notti vigili,
Le sconsolate lacrime;
La pura fede, il nobile
Lungo servir lodò.

Venne la Tenerezza,
E nelle lor pupille
Vivissime faville
Fu prima a risvegliar;
E ne' lor cuori tacita
Scese, e tentò d' accendere
I più sottili spiriti,
E amore consigliar.

Quando l' astuto Inganno
Giunse, e in lor gli occhi fisse:
Belle, ascoltate, ei disse,
Consiglio più fedel:
Amate, sì; ma piacciavi
Sempre voi stesse ascondere
Sotto un aspetto vario,
Or placido, or crudel.

Qualor più vive in pace
Sicuro chi v' adora,
Sorga uno sdegno allora
Da facile cagion.
Pianga l' amante misero,
Di duol si strugga e maceri,
E di vostr' ire subite
Vi chiegga invan ragion.

Tema, che il foco antico
Giaccia omai freddo e vinto;
Tema, che l' abbia estinto
Altro nascente àrdor;
E quella fiamma fervida,
Che per voi l' arde e l' agita,
Più viva e più sollecita
Cresca col suo timor.

Poi quando tutta ormai
In chi s' affanna e teme
Muor l' opportuna speme
Dolce dei cuor velen;
Fate improvvisa e provvida
Dal ciglio un po' men torbido
Qualche pietà tralucere,
Qual rapido balen.

Disse; e le belle attente
L' udiro, e sul lor viso
Un tremolo sorriso
Repente balenò.
Poi seco Amor condussele
Per verdi vie recondite,
Dove lor cento incognite
Leggi d' amar dettò.

Di là poscia tornate
Godon su l' alme prese
L' arti in mal punto apprese
Feroci esercitar.
Dori fa strugger Corilo,
Nisa languir fa Titiro;
Io per la bella Fillide
Pur seguo a sospirar.

FRUGONI.

L' Anticamera d' Amore.

Udïenza solenne
Amore un giorno tenne.
Il regolar l' ingresso
Fu al Capriccio commesso,
Che senza aver rispetti
A chi più merto avea
Gli amici prediletti
Al nume introducea.
 Entraro il Riso e il Gioco,
Ma si trattenner poco.
 Con Amore assai più
Parlò la Gioventù.
 Fu la Bellezza udita,
Ma colle Grazie unita.
Dopo la Gelosia,
Ascoltò la Follia,
E momenti non brevi
Ad amendue concesse,
Perchè affari non lievi
Suole affidare ad esse.
 Torbido in viso e tetro
Passava il Tradimento;
Ma nel tornare indietro
Parve lieto e contento.
 Entrò lo Sdegno ancora
A favellar col nume;
E benchè ad esso ognora
Avverso di costume,

Pur gli si lesse in volto
Che avealo bene accolto.

Fu ammessa la Costanza
Coll' Innocenza a lato;
Ma usciron dalla stanza
In aspetto turbato.

Avea già udito Amore
Tutto l' accorso stuolo,
E la Ragione solo
Aspettava al di fuore:
A lei per odio antico
Il Capriccio nemico
Aveva per dispetto
D' annunciarla negletto;
E allor che il nume vide
Dall' udienza stanco;
V' è la Ragion pur anco
Dice: e fra se poi ride.

Quando quel nome ascolta,
Pensoso abbassa i guardi,
Poi dice Amore: è tardi,
Che passi un' altra volta.

GHERARDO DE ROSSI.

La Solitudine.

Lascia i sognati demoni
Di Falerina e Armida,
Porgi l' orecchio a storia
Più antica e meno infida.

Sparta, severo ospizio
Di rigida virtude,
Trasse a lottar le vergini
In su l' arèna ignude.

Non di rossor si videre
Contaminar la gota:
È la vergogna inutile,
Dove la colpa è ignota.

Fra' padri austeri immobile
La gioventù sedea,
E sconosciuto incendio
Per gli occhi il cor bevea.

Ma d' oro e d' arti indebite
Preda beltà non era;
Sacrè alla patria, dissero:
Per lei combatti, e spera.

Grecia tremò; vittoria
De' chiesti amor fu lieta;
Premio gli estinti ottennero
Di lagrima segreta.

Chi v' ha rapito, o secoli
Degni d' eterna lode?
Tutto svanì. Trionfano
Fasto, avarizia e frode.

Fuggiamo, o cara, involati
Dalla città fallace:
Meco ne' boschi annidati;
Chè sol ne' boschi è pace.

Remoto albergo spazia
Sui colli, e al ciel torreggia:
Certo invecchiò Penelope
In men superba reggia.

Là Ciparisso ad Ecate
Sacro le cime innalza:
Là densi abeti crescono
Ombre d' opposta balza.

L' arbore ond' arse in Frigia
La Berecintia Diva,
Contrasta al vento: ei mormora,
E i crin parlanti avviva.

Un antro solitario
Nel tufo apriron l' acque:
Forse che a dì più semplici
Fu rozzo, e rozzo piacque.

Il vide arte, e sollecita
Vi secondò natura;
Teti di sua dovizia
Vestì le opache mura.

Onde argentine in copia
Dalla muscosa conca
Versa tranquilla Najade
Custode alla spelonca.

Spesso la Cipria Venere
Ne' spechi ermi s' assise,
Quando del ciel dimentica
Seguia pei monti Anchise:

Il vide, amollo, e supplice
Furtive nozze offerse:
Fornir l' erbette il talamo,
Un' elce il ricoperse.

Sui gioghi Idalii crebbero
Cento vergate piante,
E le delizie apparvero
Dell' indiscreto amante.

Ah se di gioja insolita
È frutto un tanto errore,
Ricusi alle mie lagrime
Gli estremi doni Amore.

Vieni: te vuoti aspettano
Da cure i dì beati:
Te pure notti e placide
Madri di sogni aurati.

Se i tuoi desir secondano
Le facili speranze....
Ma taci? ohimè tu mediti
Veglie, teatri e danze!

O Gallo, o tu di Druidi
Un tempo orrendo gioco,
Esca infelice e credula
D'un esecrato foco;

Tu regni, e ai ciechi popoli
È legge il tuo costume:
Cangi, e a tua voglia cangiano
In lui le belle un nume.

Ha tua mercè l'imperio
Su i cor ragion perduto:
Per l'arti tue Proserpina
Sarìa rapita a Pluto.

SAVIOLI.

La Lontananza.

Solitario bosco ombroso
  A te viene afflitto cor,
Per trovar qualche riposo
  Nel silenzio e nell' orror.
Ogni oggetto che altrui piace
  Per me lieto più non è:
Ho perduto la mia pace,
  Son io stesso in odio a me.
La mia Fille, il mio bel foco,
  Dite, o piante, è forse qui?
Io la cerco in ogni loco,
  E pur so ch' ella partì..
Quante volte, o fronde amate,
  La vostr' ombra ne coprì!
Corso d' ore sì beate
  Quanto rapido fuggì!
Dite almeno, amiche fronde,
  Se il mio ben più rivedrò?
Ah! che l' eco mi risponde,
  E mi par che dica: no.
Sento un dolce mormorio,
  Un sospir forse sarà:
Un sospir dell' idol mio,
  Che mi dice, tornerà.
Ahi ch' è il suon del rio che frange
  Fra quei sassi il fresco umor,
E non mormora, ma piange
  Per pietà del mio dolor.

Ma se torna fia pur tardo
    Il ritorno e la pietà;
Che pietoso invan lo sguardo
    Su 'l mio cener piangerà.

ROLLI.

La Libertà a Nice.

Grazie agli inganni tuoi,
Al fin respiro, o Nice,
Al fin d' un infelice,
Ebber gli dei pietà.
    Sento da' lacci suoi,
Sento, che l' alma è sciolta,
Non sogno questa volta,
Non sogno libertà.
    Mancò l' antico ardore,
È son tranquillo a segno,
Che in me non trova sdegno
Per mascherarsi amor.
    Non cangio più colore,
Quando il tuo nome ascolto;
Quando ti miro in volto,
Più non mi batte il cor.
    Sogno, ma te non miro
Sempre ne' sogni miei;
Mi desto e tu non sei
Il primo mio pensier.
    Lungi da te m' aggiro,
Senza bramarti mai;

Son teco, e non mi fai
Nè pena, nè piacer.

  Di tua beltà ragiono,
Nè intenerir mi sento,
I torti miei rammento,
E non mi so sdegnar.

  Confuso più non sono,
Quando mi vieni appresso;
Col mio rivale istesso
Posso di te parlar.

  Volgimi il guardo altero,
Parlami in volto umano;
Il tuo disprezzo è vano,
È vano il tuo favor;

  Che più l' usato impero
Quei labbri in me non hanno;
Quegli occhi più non sanno
La via di questo cor.

  Quel, che or m' alletta, o spiace,
Se lieto, o mesto or sono,
Già non è più tuo dono,
Già colpa tua non è.

  Che senza te mi piace
La selva, il colle, il prato;
Ogni soggiorno ingrato
M' annoja ancor con te.

  Odi, s' io son sincero;
Ancor mi sembri bella
Ma non mi sembri quella,
Che paragon non ha.

  E (non t' offenda il vero)
Nel tuo leggiadro aspetto

Or vedo alcun difetto,
Che mi parea beltà.

   Quando lo stral spezzai,
Confesso il mio rossore,
Spezzar m'intesi il core,
Mi parve di morir.

   Ma per uscir di guai,
Per non vedersi oppresso,
Per racquistar se stesso,
Tutto si può soffrir.

   Nel visco, in cui s'avvenne,
Quell'augellin talora
Lascia le penne ancora,
Ma torna in libertà.

   Poi le perdute penne
In pochi dì rinnova,
Cauto divien per prova,
Nè più tradir si fa.

   So, che non credi estinto
In me l'incendio antico,
Perchè sì spesso il dico,
Perchè tacer non so.

   Quel naturale istinto,
Nice, a parlar mi sprona,
Per cui ciascun ragiona
De' rischi che passò.

   Dopo il crudel cimento
Narra i passati sdegni,
Di sue ferite i segni.
Mostra il guerrier così.

   Mostra così contento
Schiavo che uscì di pena,

La barbara catena
Che strascinava un dì.
   Parlo, ma sol parlando
Me soddisfar procuro;
Parlo, ma nulla io curo,
Che tu mi presti fè.
   Parlo, ma non dimando,
Se approvi i detti miei,
Nè se tranquilla sei
Nel ragionar di me.
   Io lascio un' incostante;
Tu perdi un cor sincero;
Non so di noi primiero,
Chi s' abbia a consolar.
   So, che un sì fido amante
Non troverà più Nice,
Che un' altra ingannatrice
È facile a trovar.

                  METASTASIO.

Palinodia a Nice.

   Placa gli sdegni tuoi,
Perdono, amata Nice;
L' error d' un infelice
È degno di pietà.
   È ver, da' lacci suoi
Vantai che l' alma è sciolta;
Ma fu l' estrema volta,
Ch' io vanti libertà.

È ver, l'antico ardore
Celar pretesi a segno,
Che mascherai lo sdegno,
Per non scoprir l'amor.

Ma cangi, o no colore,
Se nominar t'ascolto,
Ognun mi legge in volto,
Come si sta nel cor.

Pur desto ognor ti miro,
Non che ne' sogni miei;
Che ovunque tu non sei,
Ti pinge il mio pensier.

Tu, se con te m'aggiro,
Tu, se ti lascio mai,
Tu delirar mi fai
Di pena, o di piacer.

Di te s'io non ragiono,
Infastidir mi sento,
Di nulla mi rammento,
Tutto mi fa sdegnar.

A nominarti io sono
Sì avvezzo a chi m'appresso,
Che al mio rivale istesso
Soglio di te parlar.

Da un sol tuo sguardo altero
Da un sol tuo detto umano
Io mi difendo in vano,
Sia sprezzo, o sia furor.

Fuor che il tuo dolce impero,
Altro destin non hanno,
Che secondar non sanno,
I moti del mio cor.

Ogni piacer mi spiace,
Se grato a te non sono;
Ciò che non è tuo dono,
Contento mio non è.

Tutto con te mi piace,
Sia colle, o selva, o prato;
Tutto è soggiorno ingrato
Lungi, ben mio, da te.

Or parlerò sincero;
Non sol mi sembri bella,
Non sol mi sembri quella
Che paragon non ha;

Ma spesso ingiusto al vero
Condanno ogn' altro aspetto;
Tutto mi par difetto,
Fuor che la tua beltà.

Lo stral già non spezzai;
Chè in van per mio rossore
Trarlo tentai dal core,
E ne credei morir.

Ah per uscir di guai,
Più me ne vidi oppresso;
Ah di tentar l' istesso
Più non potrei soffrir.

Nel visco, in cui s' avvenne,
Quell' augellin talora
Scuote le penne ancora,
Cercando libertà;

Ma in agitar le penne
Gl' impacci suoi rinnova;
Più di fuggir fa prova,
Più prigionier si fa.

No, ch'io non bramo estinto
Il caro incendio antico;
Quanto più spesso il dico,
Meno bramar lo so.

Sai, che un loquace istinto
Gli amanti a' detti sprona,
Ma fin che si ragiona,
La fiamma non passò.

Biasma nel rio cimento
Di Marte ognor gli sdegni,
E ognor di Marte ai segni
Torna il guerrier così.

Torna così contento
Schiavo che uscì di pena,
Per uso alla catena,
Che detestava un dì.

Parlo, ma ognor parlando
Di te parlar procuro;
Ma nuovo amor non curo,
Non so cambiar di fè.

Parlo, ma poi dimando
Pietà de' detti miei;
Parlo, ma sol tu sei
L'arbitra ognor di me.

Un cor non incostante,
Un reo così sincero
Ah l'amor tuo primiero
Ritorni a consolar.

Nel suo pentito amante
Almen la bella Nice
Un' alma ingannatrice
Sa, che non può trovar.

Se mi dai di pace un pegno,
Se mi rendi, o Nice, il cor,
Quanto già cantai di sdegno;
Ricantar vogl' io d' amor.

METASTASIO.

DITIRAMBO.

Bacco in Toscana.

Dell' indico oriente
Domator glorioso, il dio del vino
Fermato avea l' allegro suo soggiorno
Ai colli etruschi intorno;
E colà dove imperial palagio
L' augusta fronte inver le nubi innalza,
Su verdeggiante prato
Colla vaga Arianna un dì sedea;
E bevendo e cantando,
Al bell' idolo suo così dicea:
   Se dell' uve il sangue amabile
Non rinfranca ognor le vene,
Questa vita è troppo labile,
Troppo breve, e sempre in pene.
   Sì bel sangue è un raggio acceso
Di quel sol che in ciel vedete;
E rimase avvinto e preso
Di più grappoli alla rete.
   Su, su dunque, in questo sangue
Rinnoviam l' arterie e i muscoli;
E per chi s' invecchia e langue,
Prepariam vetri majusculi:
Ed in festa baldanzosa,
Tra gli scherzi e tra le risa,
Lasciam pur, lasciam passare
Lui che in numeri e in misure

Si ravvolge e si consuma,
E quaggiù tempo si chiama;
E bevendo e ribevendo,
I pensier mandiamo in bando.
   Benedetto
Quel *Claretto*
Che si spilla in Avignone:
Questo vasto bellicone
Io ne verso entro 'l mio petto.
Ma di quel che sì puretto
Si vendemmia in Artimino,
Vo' trincarne più d' un tino:
Ed in sì dolce e nobile lavacro
Mentre il polmone mio tutto s' abbevera,
Arianna, mio nume, a te consacro
Il tino, il fiasco, il botticin, la pevera.
   Accusato,
Tormentato,
Condannato
Sia colui che in pian di Lecore
Primo osò piantar le viti:
Infiniti
Capri e pecore
Si divorino quei tralci,
E gli stralci
Pioggia rea di ghiaccio asprissimo.
Ma lodato,
Celebrato,
Coronato
Sia l' eroe che nelle vigne
Di Petraja e di Castello
Piantò prima il *Moscadello*.

Or che stiamo in festa e in giolito,
Bei di questo bel crisolito
Ch' è figliuolo
D' un magliuolo
Che fa viver più del solito.
Se di questo tu berrai,
Arianna mia bellissima,
Crescerà sì tua vaghezza,
Che nel fior di giovinezza
Parrai Venere stessissima.

Del leggiadretto,
Del sì divino
Moscadelletto
Di Montalcino
Talor per scherzo
Ne chieggio un nappo,
Ma non incappo
A berne il terzo ·
Egli è un vin ch' è tutto grazia,
Ma però troppo mi sazia.
Un tal vino
Lo destino
Per stravizzo e per piacere
Delle vergini severe
Che racchiuse in sacro loco
Han di Vesta in cura il foco:
Un tal vino
Lo destino
Per le dame di Parigi,
E per quelle
Che sì belle
Rallegrar fanno il Tamigi.

Il *Pisciancio* del Cotone,
Onde ricco è lo SCARLATTI,
Vo' che il bevan le persone
Che non san farè i lor fatti.
Quel cotanto sdolcinato,
Sì smaccato,
Scolorito, snervatello
Pisciarello di Bracciano,
Non è sano;
E il mio detto vo' che approvi
Ne' suoi dotti scartabelli
L' erudito PIGNATELLÌ:
E se in Roma al volgo piace,
Glielo lascio in santa pace.
E sebben CICCIO D' ANDREA,
Con amabile fierezza,
Con terribile dolcezza,
Tra gran tuoni d' eloquenza,
Nella propria mia presenza,
Innalzare un dì volea
Quel d' Aversa acido *Asprino*
Che non so s' è agresto o vino;
Egli a Napoli sel bea
Del superbo FASANO in compagnia,
Che con lingua profana osò di dire
Che del buon vino al par di me s' intende;
Ed empio ormai bestemmiator pretende
Delle tigri Nisee sul carro aurato
Gire in trionfo al bel Sebeto intorno;
Ed a quei lauri ond' ave il crine adorno,
Anco intralciar la pampinosa vigna
Che lieta alligna in Posilippo e in Ischia;

E più avanti s' inoltra; e infin s' arrischia
Brandire il tirso, e minacciarmi altero:
Ma con esso azzuffarmi ora non chero;
Perocchè lui dal mio furor preserva
Febo e Minerva.
Forse avverrà che sul Sebeto io voglia
Alzar un giorno di delizie un trono:
Allor vedrollo umiliato, e in dono
Offerirmi devoto
Di Posilippo e d' Ischia il nobil *Greco*:
E forse allor rappattumarmi seco
Non fia ch' io sdegni, e beveremo in tresca
All' usanza tedesca;
E tra l' anfore vaste e l' inguistare
Sarà di nostre gare
Giudice illustre, e spettator ben lieto
Il Marchese gentil dell' OLIVETO.
Ma frattanto qui sull' Arno
Io di Pescia il *Buriano*,
Il *Trebbiano*, il *Colombano*
Mi tracanno a piena mano:
Egli è il vero oro potabile
Che mandar suole in esilio
Ogni male irrimediabile;
Egli è d' Elena il nepente
Che fa stare il mondo allegro,
Dai pensieri
Foschi e neri
Sempre sciolto e sempre esente:
Quindi avvien che sempre mai
Tra la sua filosofia
Lo teneva in compagnia

Il buon vecchio RUCELLAI;
Ed al chiaror di lui, ben comprendea
Gli atomi tutti quanti e ogni corpuscolo,
E molto ben distinguere sapea
Dal mattutino il vespertin crepuscolo,
Ed additava donde avesse origine
La pigrizia degli astri e la vertigine.
Quanto errando, oh quanto va
Nel cercar la verità
Chi dal vin lungi si sta!
Io stovvi appresso, ed or godendo accorgomi
Che in bel color di fragola matura
La *Barbarossa* allettami;
E cotanto dilettami,
Che temprarne amerei l' interna arsura,
Se il greco Ippocrate,
Se il vecchio Andromaco
Non mel vietassero,
Nè mi sgridassero,
Che suol talora infievolir lo stomaco.
Lo sconcerti quanto sa,
Voglio berne almen due ciotole,
Perchè so, mentre ch' io votole,
Alla fin quel che ne va:
Con un sorso
Di buon *Corso,*
O di pretto antico *Ispano,*
A quel mal porgo un soccorso
Che non è da cerretano.
Non fia già, che il cioccolatte
V' adoprassi, ovvero il thè:
Medicine così fatte,

Non saran giammai per me.
Beverei prima il veleno,
Che un bicchier che fosse pieno
Dell' amaro e reo caffè:
Colà tra gli arabi
E tra i giannizzeri
Liquor sì ostico,
Sì nero e torbido
Gli schiavi ingollino:
Giù nel Tartaro,
Giù nell' Erebo
L' empie Belidi l' inventarono;.
E Tisifone e l' altre furie
A Proserpina il ministrarono:
E se in Asia il musulmano
Se lo cionca a precipizio,
Mostra aver poco giudizio.

   Han giudizio e non son gonzi
Quei toscani bevitori
Che tracannano gli umori
Della vaga e della bionda,
Che di gioja i cuori inonda,
Malvagia di Montegonzi.
Allorchè per le fauci e per l' esofago
Ella gorgoglia e mormora,
Mi fa nascer nel petto
Un indistinto incognito diletto;
Che si può ben sentire,
Ma non si può ridire.

   Io nol nego, è preziosa
Odorosa
L' ambra liquida cretense:

Ma, tropp' alta ed orgogliosa,
La mia sete mai non spense;
Ed è vinta in leggiadria
Dall' etrusca *Malvagia.*
Ma se fia mai che da cidonio scoglio
Tolti i superbi e nobili rampolli,
Ringentiliscan su i toscani colli,
Depor vedransi il naturale orgoglio;
E qui dove il ber s' apprezza,
Pregio avran di gentilezza.
  Chi la squallida cervogia
Alle labbra sue congiugne,
Presto muore, o rado giugne
All' età vecchia e barbogia.
Beva il sidro d' Inghilterra
Chi vuol gir presto sotterra:
Chi vuol gir presto alla morte,
Le bevande usi del Norte.
Fanno i pazzi beveroni
Quei Norvegi e quei Lapponi:
Quei Lapponi son pur tangheri,
Son pur sozzi nel lor bere:
Solamente nel vedere,
Mi farieno uscir de' gangheri.
Ma si restin col mal die
Sì profane dicerie;
E il mio labbro profanato
Si purifichi, s' immerga,
Si sommerga
Dentro un pecchero indorato,
Colmo in giro di quel vino
Del vitigno

Sì benigno,
Che fiammeggia in Sansavino;
O di quel che vermigliuzzo,
Brillantuzzo,
Fa superbo l' Aretino
Che lo alleva in Tregozzano
E tra' sassi di Giggiano.
Sarà forse più frizzante,
Più razzente e più piccante,
O coppier, se tu richiedi
Quell' *Albano*
Quel *Vajano*,
Che biondeggia,
Che rosseggia
Là negli orti del mio REDI.
Manna dal ciel sulle tue trecce piova,
Vigna gentil che questa ambrosia infondi;
Ogni tua vite in ogni tempo muova
Nuovi fior; nuovi frutti, e nuove frondi;
Un rio di latte in dolce foggia e nuova
I sassi tuoi placidamente inondi;
Nè pigro giel, nè tempestosa piova
Ti perturbi giammai, nè mai ti sfrondi;
E 'l tuo signor nell' età sua più vecchia
Possa del vino tuo ber colla secchia.
Se la druda di Titone
Al canuto suo marito
Con un vasto ciotolone
Di tal vin facesse invito,
Quel buon vecchio colassù
Tornerebbe in gioventù.
    Torniam noi frattanto a bere;

40.

Ma con qual nuovo ristoro
Coronar potrò 'l bicchiere
Per un brindisi canoro?
Col topazio pigiato in Lamporecchio
Ch' è famoso castel per quel Masetto,
A inghirlandar le tazze or m' apparecchio,
Purchè gelato sia e sia puretto;
Gelato quale alla stagion del gielo
Il più freddo aquilon fischia pel cielo.
Cantinette e cantimplore
Stieno in pronto a tutte l' ore
Con forbite bombolette
Chiuse e strette tra le brine
Delle nevi cristalline.
Son le nevi il quinto elemento,
Che compongono il vero bevere:
Ben è folle chi spera ricevere
Senza nevi nel bere un contento.
Venga pur da Vallombrosa
Neve a josa:
Venga pur da ogni bicocca
Neve in chiocca:
E voi, satiri, lasciate
Tante frottole e tanti riboboli,
E del ghiaccio mi portate
Dalla grotta del monte di Boboli.
Con alti picchi
De' mazzapicchi
Dirompetelo,
Sgretolatelo
Infragnetelo,
Stritolatelo

Finchè tutto si possa risolvere
In minuta freddissima polvere
Che mi renda il ber più fresco
Per rinfresco del palato
Or ch' io son morto-assetato.
Del vin caldo s' io ne insacco,
Dite pur, ch' io non son Bacco;
Se giammai n' assaggio un gotto,
Dite pur, e vel perdono,
Ch' io mi sono un vero Arlotto:
E quei che in prima in leggiadretti versi
Ebbe le Grazie lusinghiere al fianco;
E poi pel suo gran core ardito e franco
Vibrò suoi detti in fulmine conversi;
Il grande anacreontico ammirabile,
MENZIN che splende per febea ghirlanda,
Di satirico fiele atra bevanda
Mi porga, ostica, acerba e inevitabile.
Ma se vivo costantissimo
Nel volerlo arcifreddissimo,
Quei che in Pindo è sovrano, e in Pindo gode
Glorie immortali, e al par di Febo ha i vanti,
Quel gentil FILICAJA inni di lode
Sulla cetera sua sempre mi canti;
E altri cigni ebrifestosi
Che di lauro s' incoronino,
Ne' lor canti armoniosi
Il mio nome ognor risuonino,
E rintuonino:
Viva Bacco, il nostro re;
Evoè,
Evoè.

Evoè replichi a gara
Quella turba sì preclara,
Anzi quel regio senato
Che decide, in trono assiso,
Ogni saggio e dotto piato
Là 've l'etrusche voci e cribra e affina
La gran maestra e del parlar regina:
Ed il SEGNI segretario
Scriva gli atti al calendario,
E spediscane *courrier*
A monsieur l'abbé REGNIER.
  Che vino è quel colà,
Che ha quel color *dorè?*
La *Malvagia* sarà,
Ch' al Trebbio onor già diè.
Ell' è davvero, ell' è:
Accostala un po' in qua,
E colmane per me
Quella gran coppa là.
È buona per mia fe,
E molto *à grè* mi va.
Io bevo in sanità,
Toscano re, di te.
Pria ch' io parli di te, re saggio e forte,
Lavo la bocca mia con quest' umore,
Umor che dato al secol nostro in sorte,
Spira gentil soavità d' odore.
Gran COSMO, ascolta: a tue virtudi il cielo
Quaggiù promette eternità di gloria;
E gli oracoli miei, senz' alcun velo
Scritti già son nella immortale istoria.
Sazio poi d' anni, e di grandi opre onusto,

Volgendo il tergo a questa bassa mole
Per tornar colassù donde scendesti,
Splenderai luminoso intorno à Giove
Tra le Medicee stelle astro novello;
E Giove stesso del tuo lume adorno,
Girerà più lucente all'etra intorno.

   Al suon del cembalo,
Al suon del crotalo,
Cinte di nebridi,
Snelle Bassaridi,
Su su mescetemi
Di quella porpora
Che in Monterappoli
Da' neri grappoli
Sì bella spremesi:
E mentre annaffione
L'aride viscere
Ch'ognor m'avvampano,
Gli esperti Fauni
Al crin m'intreccino
Serti di pampano;
Indi allo strepito
Di flauti e nacchere
Trescando intuonino
Strambotti e frottole
D'alto misterio:
E l'ebre Menadi,
E i lieti Egipani
A quel mistico lor rozzo sermone
Tengan bordone.
Turba villana intanto
Applauda al nostro canto,

E dal poggio vicino accordi e suoni
Talabalacchi, tamburacci e corni
E cornamuse e pifferi e sveglioni;
E tra cento colascioni
Cento rozze forosette,
Strimpellando il dabbuddà,
Cantino e ballino il bombababà.
E se cantandolo,
Arciballandolo,
Avvien che stanchinsi
E per grandavida
Sete trafelinsi;
Tornando a bevere,
Sul prato asseggansi,
Canterellandovi
Con rime sdrucciole
Mottetti e cobbole,
Sonetti e cantici:
Poscia, dicendosi
Fiori scambievoli,
Sempre mai tornino
Di nuovo a bevere
L' altera porpora
Che in Monterappoli
Da' neri grappoli
Sì bella spremisi,
E la maritino
Col dolce *Mammolo*
Che colà imbottasi,
Dove selvatico
Il MAGALOTTI in mezzo al solleone
Trova l' autunno a quella stessa fonte,

Anzi a quel sasso onde l'antico Esone
Diè nome e fama al solitario monte.

Questo nappo che sembra una pozzanghera,
Colmo è d'un vin sì forte e sì possente,
Che per ischerzo baldanzosamente
Sbarbica i denti, e le mascelle sganghera:
Quasi ben gonfio e rapido torrente,
Urta il palato, e il gorgozzule inonda;
E precipita in giù tanto fremente,
Ch'appena il cape l'una e l'altra sponda,
Madre gli fu quella scoscesa balza
Dove l'annoso fiesolano Atlante
Nel più fitto meriggio e più brillante
Verso l'occhio del sole il fianco innalza.
Fiesole viva, e seco viva il nome
Del buon SALVIATI, ed il suo bel Majano!
Egli sovente con devota mano
Offre diademi alle mie sacre chiome;
Ed io lui sano preservo
Da ogni mal crudo e protervo,
Ed intanto
Per mia gioja tengo accanto
Quel grande onor di sua real cantina,
Vin di Val di Marina.
Ma del vin di Val di Botte
Voglio berne giorno e notte,
Perchè so che in pregio l'hanno
Anco i maestri di color che sanno:
Ei da un colmo bicchiere e traboccante
In sì dolce contegno il cuor mi tocca,
Che per ridirlo non saria bastante
Il mio SALVIN che ha tante lingue in bocca.

Se per sort' avverrà che un dì lo assaggi
Dentro a' lombarbi suoi grassi cenacoli,
Colla ciotola in man farà miracoli
Lo splendor di Milano, il savio MAGGI.
Il savio MAGGI d' Ippocrene al fonte
Menzognero liquore unqua non bebbe;
Nè sul Parnaso lusinghiero egli ebbe
Serti profani all' onorata fronte:
Altre strade egli corse; e un bel sentiero,
Rado o non mai battuto, aprì ver l' etra:
Solo ai numi e agli eroi nell' aurea cetra
Offrir gli piacque il suo gran canto altero,
E saria veramente un capitano,
Se tralasciando del suo Lesmo il vino,
A trincar si mettesse il vin toscano:
Che tratto a forza dal possente odore,
Post' in non cale i lodigiani armenti;
Seco n' andrebbe in compagnia d' onore,
Colle gote di mosto e tinte e piene,
Il pastor DE LEMENE.
Io dico lui che giovanetto scrisse,
Nella scorza de' faggi e degli allori,
Del paladino Macaron le risse,
E di Narciso i forsennati amori;
E le cose del ciel più sante e belle,
Ora scrive a caratteri di stelle:
Ma quando assidesi
Sotto una rovere,
Al suon del zufolo
Cantando spippola
Egloghe, e celebra
Il purpureo liquor del suo bel colle

Cui bacia il Lambro il piede,
Ed a cui Colombano il nome diede;
Ove le viti in lascivetti intrichi
Sposate sono, in vece d' olmi, a fichi.
 Se vi è alcuno a cui non piaccia
La *Vernaccia*
Vendemmiata in Pietrafitta,
Interdetto
Maledetto
Fugga via dal mio cospetto;
E per pena sempre ingozzi
Vin di Brozzi,
Di Quaracchi e di Peretola;
E per onta e per ischerno
In eterno
Coronato sia di bietola;
E sul destrier del vecchierel Sileno
Cavalcando a ritroso ed a bisdosso,
Da un insolente satiretto osceno
Con infame flagel venga percosso;
E poscia avvinto in vergognoso loco,
Ai fanciulli plebei serva per gioco;
E lo giunga di vendemmia
Questa orribile bestemmia.
 Là d' Antinoro in su quei colli altieri
Ch' han dalle rose il nome,
Oh come lieto, oh come
Dagli acini più neri
D' un canajuol maturo
Spremo un mosto sì puro,
Che ne' vetri zampilla,
Salta, spumeggia e brilla!

E quando in bel paraggio
D' ogni altro vin lo assaggio,
Sveglia nel petto mio
Un certo non so. che,
Che non so dir s' egli è
O gioja, o pur desio:
Egli è un desio novello,
Novel desio di bere,
Che tanto più s' accresce,
Quanto più vin si mesce.
Mescete, o miei compagni;
E nella grande inondazion vinosa
Si tuffi, e si accompagni,
Tutt' allegra e festosa,
Questa che Pan somiglia,
Capribarbicornipede famiglia.
Mescete, su, mescete:
Tutti affoghiam la sete
In qualche vin polputo,
Quale è quel ch' a diluvj oggi è venduto
Dal cavalier DELL' AMBRA,
Per ricomprarne poco muschio ed ambra.
Ei s' è fitto in umore
Di trovar un odore
Sì delicato e fino,
Che sia più grato dell' odor del vino.
Mille inventa odori eletti;
Fa ventagli e guancialetti,
Fa soavi profumiere
E ricchissime cunziere,
Fa polvigli,
Fa borsigli,

Che per certo son perfetti
Ma non trova il poverino
Odor che agguagli il grande odor del vino.

Fin da' gioghi del Perù,
E da' boschi del Tolù
Fa venire,
Sto per dire,
Mille droghe e forse più,
Ma non trova il proverino
Odor che agguagli il grande odor del vino.

Fiuta, Arianna; questo è il vin dell'Ambra:
Oh che robusto, oh che vitale odore!
Sol da questo nel core
Si rifanno gli spirti, e nel celàbro;
Ma quel che è più, ne gode ancora il labro.

Quel gran vino
Di Pumino
Sente un po' dell'affricogno:
Tuttavia di mezzo agosto
Io ne voglio sempre accosto:
E di ciò non mi vergogno,
Perchè a berne sul popone
Parmi proprio sua stagione.
Ma non lice ad ogni vino
Di Pumino
Star a tavola rotonda:
Solo ammetto alla mia mensa
Quello che il nobil ALBIZZI dispensa,
E che fatto d'uve scelte
Fa le menti chiare e svelte.

Fa le menti chiare e svelte
Anco quello

Ch' ora assaggio; e ne favello
Per sentenza senza appello:
Ma ben pria di favellarne,
Vo' gustarne un' altra volta.
Tu, Sileno, intanto ascolta:
Chi 'l crederia giammai? nel bel giardino
Ne' bassi di Gualfonda inabissato,
Dove tiene il RICCARDI alto domino,
In gran palagio e di grand' oro ornato,
Ride un vermiglio che può stare a fronte
Al piropo gentil di Mezzomonte:
Di Mezzomonte ove talora io soglio
Render contenti i miei desiri appieno,
Allorchè, assiso in verdeggiante soglio,
Di quel molle piropo empiomi il seno,
Di quel molle piropo almo e giocondo,
Gemma ben degna de' CORSINI eroi,
Gemma dell' Arno, ed allegria del mondo.
   La rugiada di rubino,
Che in Valdarno i colli onora,
Tanto odora,
Che per lei suo pregio perde
La brunetta
Mammoletta
Quando spunta dal suo verde.
S' io ne bevo,
Mi sollevo
Sovra i gioghi di Permesso;
E nel canto sì m' accendo,
Che pretendo e mi do vanto
Gareggiar con Febo istesso.
Dammi dunque dal boccal d' oro

Quel rubino ch' è il mio tesoro:
Tutto pien d' alto furore,
Canterò versi d' amore,
Che saran via più soavi
E più grati di quel ch' è
Il buon vin di Gersolè:
Quindi al suon d' una ghironda,
O d' un aurea cennamella,
Arianna idolo mio,
Loderò tua chioma bionda,
Loderò tua bocca bella.
Già s' avanza in me l' ardore;
Già mi bolle dentro 'l seno
Un veleno
Ch' è velen d' almo liquore;
Già Gradivo egidarmato
Col fanciullo faretrato
Infernifoca il mio core;
Già nel bagno d' un bicchiere,
Arianna idolo amato,
Mi vo' far tuo cavaliere,
Cavalier sempre bagnato:
Per cagion di sì bell' ordine,
Senza scandalo o disordine,
Su nel cielo in gloria immensa
Potrò seder col mio gran Padre a mensa,
E tu, gentil consorte,
Fatta meco immortal, verrai là dove
I numi eccelsi fan corona a Giove.
    Altri beva il *Falerno* altri la *Tolfa*.
Altri il sangue che lacrima il Vesuvio:
Un gentil bevitor mai non s' ingolfa

In quel fumoso e fervido diluvio.
Oggi vogl' io che regni entro a' miei vetri
La *Verdea* soavissima d' Arcetri:
Ma se chieggio
Di Lappeggio
La bevanda porporina,
Si dia fondo alla cantina.
Su trinchiam di sì buon paese
Mezzograppolo, e alla Franzese;
Su trinchiam *Rincappellato*
Con granella, e *Soleggiato;*
Tracanniamo a guerra rotta
Vin *Rullato, e alla Sciotta;*
E tra noi gozzovigliando,
Gavazzando,
Gareggiamo a chi più imbotta:
Imbottiam senza paura,
Senza regola o misura:
Quando il vino è gentilissimo,
Digeriscesi prestissimo,
E per lui mai non molesta
La spranghetta nella testa:
E far fede ne potria
L' anatomico BELLINI,
Se dell' uve e se de' vini
Far volesse notomia:
Egli almeno, o lingua mia,
T' insegnò con sua bell' arte
In qual parte
Di te stessa, e in qual vigore
Puoi gustarne ogni sapore.
Lingua mia già fatta scaltra,

Gusta un po', gusta quest'altro
Vin robusto che si vanta
D'esser nato in mezzo al Chianti;
E tra sassi
Lo produsse,
Per le genti più bevone,
Vite bassa, e non broncone.
Bramerei veder trafitto
Da una serpe in mezzo al petto
Quell'avaro villanzone
Che per render la sua vite
Di più grappoli feconda
Là ne' monti del buon Chianti,
Veramente villanzone,
Maritolla ad un broncone.

    Del buon Chianti il vin decrepito,
Maestoso,
Imperioso,
Mi passeggia dentro il core,
E ne scaccia senza strepito
Ogni affanno e ogni dolore:
Ma se giara io prendo in mano
Di brillante *Carmignano*,
Così grato in sen mi piove,
Ch'ambrosia e nettar non invidio a Giove.
Or questo che stillò dall'uve brune
Di vigne sassosissime toscane,
Bevi, Arianna, e tien da lui lontane
Le chiomazzurre Najadi importune;
Che saria
Gran follia
E bruttissimo peccato

Bevere il *Carmignan* quando è inacquato.

   Chi l' acqua beve,

Mai non riceve

Grazie da me.

Sia pur l' acqua o bianca e fresca,

O ne' tonfani sia bruna,

Nel suo amor me non invesca

Questa sciocca ed importuna,

Questa sciocca che sovente,

Fatta altiera e capricciosa,

Riottosa ed insolente,

Con furor perfido e ladro

Terra e ciel mette a soqquadro:

Ella rompe i ponti e gli argini

E con sue nembose aspergini

Su i fioriti e verdi margini

Porta oltraggio ai fior più vergini;

E l' ondose scaturigini

Alle moli stabilissime,

Che sarian perpetuissime,

Di rovina sono origini.

Lodi pur l' acque del Nilo

Il soldan de' Mammalucchi,

Nè l' Ispano mai si stucchi,

D' innalzar quelle del Tago;

Ch' io per me non ne son vago;

E se a sorte alcun de' miei

Fosse mai cotanto ardito,

Che bevessene un sol dito,

Di mia man lo strozzerei.

Vadan pur, vadano a svellere

La cicoria e i raperonzoli

Certi magri mediconzoli
Che coll' acqua ogni mal pensan di espellere:
Io di lor non mi fido,
Nè con essi mi affanno;
Anzi di lor mi rido,
Che con tanta lor acqua io so ch' egli hanno
Un cervel così duro e così tondo,
Che quadrar nol potria nè meno in pratica
Del VIVIANI il gran saper profondo
Con tuttaquanta la sua matematica.
Da mia masnada
Lungi sen vada
Ogni bigoncia
Che d' acqua acconcia
Colma si sta:
L' acqua cedrata
Di limoncello
Sia sbandeggiata
Dal nostro ostello:
De' gelsomini
Non faccio bevande,
Ma tesso ghirlande
Su questi miei crini:
Dell' aloscia e del candiero
Non ne bramo e non ne chero:
I sorbetti, ancor che ambrati,
E mille altre acque odorose
Son bevande da svogliati,
E da femmine leziose.
Vino, vino a ciascun bever bisogna
Se fuggir vuole ogni danno;
E non par mica vergogna

Tra i bicchieri impazzir sei volte l'anno:
Io per me son nel caso,
E sol per gentilezza
Avallo questo e poi quest'altro vaso;
E sì facendo, del nevoso cielo
Non temo il gielo;
Nè mai nel più gran ghiado io m'imbacucco
Nel zamberlucco,
Come ognor vi s'imbacucca
Dalla linda sua parrucca
Per infino a tutti i piedi
Il segaligno e freddoloso REDI.
    Quali strani capogiri
D'improvviso mi fan guerra?
Parmi proprio, che la terra
Sotto i piè mi si raggiri:
Ma se la terra comincia a tremare,
E traballando minaccia disastri;
Lascio la terra, mi salvo nel mare.
Vara, vara quella gondola
Più capace e ben fornita,
Ch'è la nostra favorita,
Su questa nave
Che tempre ha di cristallo,
E pur non pave
Del mar cruccioso il ballo,
Io gir non voglio
Per mio gentil diporto,
Conforme io soglio,
Di Brindisi nel porto;
Purchè sia carca
Di brindisevol merce

Questa mia barca
Su voghiamo,
Navighiamo,
Navighiamo infino a Brindisi:
Arianna, Brindis, Brindisi.
Oh bell' andare
Per barca in mare
Verso la sera
Di primavera!
Venticelli e fresche aurette,
Dispiegando ali d' argento,
Sull' azzurro pavimento
Tesson danze amorosette;
E al mormorio de' tremoli cristalli
Sfidano ognora i naviganti ai balli.
Su voghiamo,
Navighiamo,
Navighiamo infino a Brindisi:
Arianna, Brindis, Brindisi.
Passavoga, arranca, arranca;
Che la ciurma non si stanca,
Anzi lieta si rinfranca
Quando arranca inverso Brindisi
Arianna, Brindis, Brindisi:
E se a te brindisi io fo;
Perchè a me faccia il buon pro,
Ariannuccia vaguccia, belluccia,
Cantami un poco, e ricantami tu
Sulla mandola la cuccurucù,
La cuccurucù,
La cuccurucù;
Sulla mandola la cuccurucù.

Passa.... vò....

Passa.... vò....

Passavoga, arranca, arranca;

Che la ciurma non si stanca,

Anzi lieta si rinfranca

Quando arranca,

Quando arranca inverso Brindisi.

Arianna, Brindis, Brindisi:

E se a te,

E se a te brindisi io fo;

Perchè a me,

Perchè a me,

Perchè a me faccia il buon pro,

Il buon pro,

Ariannuccia leggiadribelluccia,

Cantami un po....

Cantami un po....

Cantami un poco, e ricantami tu,

Sulla vio....

Sulla viola la cuccurucù,

La cuccurucù;

Sulla viola la cuccurucù.

    Or qual nera con fremiti orribili

Scatenossi tempesta fierissima,

Che de' tuoni fra gli orridi sibili

Sbuffa nembi di grandine asprissima?

Su, nocchiero ardito e fiero,

Su, nocchiero, adopra ogn' arte

Per fuggire il reo periglio:

Ma già vinto ogni consiglio,

Veggio rotti e remi e sarte;

E s' infurian tuttavia

Venti e mare in traversia.

Gitta spere omai per poppa,
E rintoppa, o marangone,
L'orcipoggia e l'artimone,
Che la nave se ne va
Colà dove è il finimondo,
E forse anco un po' più in là.
Io non so quel ch'io mi dica,
E nell'acque io non son pratico;
Parmi ben, che il ciel predica
Un evento più rematico:
Scendon sioni dall'aerea chiostra
Per rinforzar coll'onde un nuovo assalto;
E per la lizza del ceruleo smalto
I cavalli del mare urtansi in giostra.
    Ecco, oimè! ch'io mi mareggio;
E m'avveggio
Che noi siam tutti perduti:
Ecco, oimè! ch'io faccio getto
Con grandissimo rammarico
Delle merci preziose;
Delle merci mie vinose;
Ma mi sento un po' più scarico.
Allegrezza, allegrezza! io già rimiro
Per apportar salute al legno infermo,
Sull'antenna da prua muoversi in giro
L'oricrinite stelle di Santermo.
Ah! no no, non sono stelle;
Son due belle
Fiasche gravide di buon vini:
I buon vini sono quegli che acquetano
Le procelle sì fosche e rubelle,

Che nel lago del cor l' anime inquietano.
   Satirelli
Ricciutelli,
Satirelli, or chi di voi
Porgerà più pronto a noi
Qualche nuovo smisurato
Sterminato calicione,
Sarà sempre il mio mignone:
Nè m' importa se un tal calice
Sia d' avorio, o sia di salice,
O sia d' oro arciricchissimo;
Purchè sia molto grandissimo.
Chi s' arrisica di bere
Ad un picciolo bicchiere,
Fa la zuppa nel paniere:
Questa altiera, questa mia
Dionea bottiglieria
Non raccetta, non alloggia
Bicchieretti fatti a foggia:
Quei bicchieri arrovesciati,
E quei gozzi strangolati
Sono arnesi da ammalati:
Quelle tazze spase e piane
Son da genti poco sane:
Caraffini,
Buffoncini,
Zampilletti e borbottini,
Son trastulli da bambini;
Son minuzie che raccattole
Per fregiarne in gran dovizia
Le moderne scarabattole
Delle donne fiorentine;

Voglio dir non delle dame,
Ma bensì delle pedine.
In quel vetro che chiamasi il tonfano,
Scherzan le Grazie, e vi trionfano:
Ognun colmilo, ognun votilo;
Ma di che si colmerà?
Bella Arianna, con bianca mano
Versa la manna di Montepulciano;
Colmane il tonfano, e porgilo a me.
Questo liquore che sdrucciola al core,
Oh come l' ugola e baciami e mordemi,
Oh come in lacrime gli occhi disciogliemi!
Me ne strasecolo, me ne strabilio;
E fatto estatico, vo in Asibilio:
Onde ognun che di Lieo,
Riverente il nome adora,
Ascolti questo altissimo decreto
Che Bassareo pronunzia, e gli dia fe:
Montepulciano d' ogni vino è il re.

 A così lieti accenti,
D' edere e di corimbi il crine adorne,
Alternavano i canti
Le festose Baccanti;
Ma i satiri, che avean bevuto a isonne,
Si sdrajaron sull' erbetta,
Tutti cotti come monne.

       REDI.

     FINE.

INDICE.

NARRAZIONI.

PITTURE.

DESCRIZIONI.

DEFINIZIONI.

ALLEGORIE.

FAVOLE.

FILOSOFIA MORALE.

CARATTERI E RITRATTI.

DISCORSI.

DIALOGHI.

EGLOGHE.

ELEGIE.

POESIE LIRICHE.

SONETTI.

CANZONI DEL PETRARCA.

ODI PINDARICHE.

IMITAZIONI DI OSSIAN.

LIRICA DEL SECOLO XVIII.

IMITAZIONI DI ORAZIO.

CANZONETTE.

DITIRAMBO.

FINE DELL' INDICE.

ERRATA.

155,515

Lightning Source UK Ltd.
Milton Keynes UK
UKHW021122110619

344236UK00005B/536/P